Histoires et avenirs de l'éducation

Jacques Attali

Histoires et avenirs de l'éducation

Flammarion

ISBN : 978-2-0804-1534-9

« Un État serait monstrueux si tous ses sujets étaient savants. On y verrait aussi peu d'obéissance que l'orgueil et la présomption y seraient ordinaires : le commerce des lettres bannirait absolument celui de la marchandise, qui comble les États de richesses ; il ruinerait l'agriculture, vraie mère nourrice des peuples, et il déserterait en peu de temps la pépinière des soldats, qui s'élèvent plutôt dans la rudesse de l'ignorance que dans la politesse des sciences ; il remplirait enfin la France de chicaneurs plus propres à ruiner les familles et troubler le repos public qu'à procurer aucun bien aux États. »

Cardinal de Richelieu, *Testament politique*, 1688.

« Je voudrais, moi, que l'école fût le bâtiment le plus beau du village. Je voudrais que l'enfant, en entrant dans l'école, eût le sentiment qu'il entre dans un palais ; je voudrais que les œuvres d'art qui peuvent exister dans le village – et qui devraient être dans l'école au lieu de se trouver dans l'église... – suscitassent en lui des pensées élevées, afin que, suivant la parole de Condorcet, il ne fût étranger à aucun des sentiments qui honorent la nature. »

Georges Clemenceau, 1884.

« Il faut un village pour élever un enfant. »

Proverbe africain.

« Seul enrichit durablement l'humanité
celui qui en accroît le savoir en soi
et en renforce la conscience créatrice. »

Stefan Zweig, Magellan, 1938.

Introduction

Que serions-nous devenus sans tous ceux qui, à un titre ou à un autre, nous ont transmis des valeurs et des savoirs ? Et sans tous ceux qui ont entretenu notre curiosité et notre volonté d'apprendre ? Que sont devenus tous ceux qui n'ont pas eu la chance de vivre dans une société donnant une grande place aux enfants ni d'avoir des parents en situation de leur transmettre, avec amour, des valeurs et des savoirs ? Quel fut le destin de ceux qui n'ont pas rencontré de maîtres enthousiasmants ni bénéficié de conditions équitables et sereines pour étudier ?

Pour ma part, je dois tout à quelques personnes : mes parents, d'abord, qui me transmirent leurs valeurs et qui, bien qu'autodidactes, idolâtraient tant le savoir et l'école qu'ils se sacrifièrent pour donner à ma sœur, à mon frère et à moi tous les moyens d'y réussir. Puis des enseignants magnifiques : un instituteur en CM2 qui éclaira mon univers d'enfant d'un regard généreux et indulgent ; un professeur de français-latin, en sixième et en cinquième, qui me fit découvrir la grande littérature française et ses sources latines ; un autre, en troisième et en seconde, qui m'entraîna vers le théâtre grec ; un autre encore, en première et en terminale qui, en dehors de ses heures de cours, nous lisait Proust avec jubilation ; et aussi un lumineux professeur de mathématiques en classe préparatoire ; un autre, à l'École polytechnique, savant de génie qui nous entraîna, avec une redoutable clarté, aux frontières du savoir le plus abstrait ; un autre encore, immense érudit en histoire de France, à l'Institut d'études politiques de Paris. Et aussi quelques humbles répétiteurs qui surent me transmettre des méthodes de travail, sans lesquelles aucun enseignement ne peut s'inscrire dans la durée. Tout comme un professeur de judo, qui m'a donné la confiance en moi qui me manquait tant. Ou enfin, par antiphrase, ce professeur de physique qui, en classe de seconde, déclara devant toute ma classe que j'étais inapte à tout succès scolaire ; à lui aussi, je dois beaucoup. Et tant d'autres. Qu'aucun de ces enseignants ne soit oublié ; et que leurs noms (Baldenweig, Chiaporre, Fermigier, Journo, Ecalle, Schwartz, Girardet, Smilovici, Stora, Lefevre) soient glorifiés.

Et pourtant, aucun d'entre eux ne connaissait les pédagogies d'aujourd'hui ; et tous n'avaient à leur disposition que des manuels et des cahiers d'exercices. Une seule chose les réunissait : la passion de transmettre.

Et, plus tard, que serais-je sans les rencontres de quelques grands esprits qui ont illuminé mon parcours lors de conversations privées : Joseph Kenneth Arrow, René Thom, René Girard, Fernand Braudel, Henri Atlan, André Leroi-Gourhan, Michel Serres, Henri Laborit, Joël de Rosnay, René-Samuel Sirat, Matthieu Ricard, Yves Stourdzé, Edgar Morin, François Mitterrand et tant d'autres ?

Enfin, que serais-je sans certains de mes élèves, qui m'ont aidé, par leur exigence, à clarifier ma pensée ? C'est d'ailleurs en enseignant, et en écrivant, que je crois avoir eu mes meilleures intuitions. C'est en transmettant qu'on découvre quoi transmettre.

Qu'en est-il pour d'autres ? En particulier les filles ? Que serait devenue l'humanité sans tous ceux qui, depuis des milliers d'années, ont transmis des connaissances et des œuvres d'art ? Que serions-nous si avaient disparu la Bible, les Upanishad, les œuvres de Platon et d'Aristote, les mathématiques d'Al-Khwârizmî, la poésie de Villon et de Rûmî, la musique de Bach, de Mozart, les chants indiens, comme ont disparu l'essentiel des cultures que nous nommons sommairement « préhistoriques » ou « archaïques » ; telles, par exemple, la culture mazdéenne et les sublimes *Gathas*, dont on ne sait presque rien, malgré leur rôle fondateur dans la construction des civilisations eurasiatiques ? Enfin, que serions-nous si des paysans et des artisans n'avaient pas réussi à transmettre, de génération en génération, les techniques de la jachère, de la fabrication du bronze, du fer, du verre et tant d'autres ?

Et demain ? Et après-demain ? Et dans deux siècles ? Pourra-t-on rêver d'une société libre, de gens bien portants et bienveillants, d'un climat et d'une nature préservés, si tous les humains ne sont pas formés pour construire et protéger cet avenir ? Les femmes auront-elles un jour, après tant de millénaires d'oppression, autant de moyens de se former qu'en ont aujourd'hui les garçons des classes supérieures de leurs propres sociétés ?

Que voudra-t-on transmettre ? Y aura-t-il un corpus universel enseigné à tous les enfants du monde ? Fera-t-on table rase des cultures anciennes sous prétexte qu'elles sont les produits de civilisations ayant d'autres valeurs ? Aura-t-on encore besoin d'apprendre à lire, à écrire, à compter ? Saura-t-on donner des chances égales à chacun ? La formation des humains se réduira-t-elle encore plus qu'aujourd'hui, pour l'essentiel, à rendre opérationnelle une force de travail, à discipliner des citoyens, à imposer une idéologie ou une foi ? Aura-t-on au moins essayé, sinon réussi, à transmettre un refus de l'envie, de la haine, de la violence et de la pulsion de mort ? Y aura-t-il une place pour la transmission, à tous et à chacun, de l'importance de la liberté, de la curiosité, du doute, du courage, de l'art, du partage, de la vérité, de la loyauté, de l'empathie ? Réussira-t-on, voudra-t-on, aider chacun à trouver en quoi il est unique ? Saura-t-on faire de l'éducation un moyen de sauver la nature et la vie ?

Qui transmettra ces savoirs ? Les familles ? les enseignants ? les entreprises ? les associations ? les réseaux sociaux ? Pourrait-on imaginer que l'école disparaisse un jour, comme ont disparu le lavoir, la diligence, le téléphone fixe et tous les métiers qui les accompagnaient ? La mémoire cessera-t-elle d'être utile ? Faudra-t-il toujours le même nombre d'heures pour apprendre une langue ? Comment obtiendra-t-on d'un élève un effort ? de la concentration ? de la motivation ? Saura-t-on un jour compenser les inégalités de la prime enfance ? Les châtiments corporels et les abus de toutes sortes broieront-ils encore longtemps la vie d'innombrables enfants ? Saura-t-on actualiser en permanence les connaissances de milliards d'adultes ? À quoi devra ressembler la salle de classe d'après-demain ?

Y aura-t-il encore, comme dans trop peu de pays aujourd'hui, des enseignants bien formés et en nombre suffisant ? Enseigner restera-t-il encore un métier spécifique, exercé pendant toute leur vie par des spécialistes ?

Considérera-t-on enfin l'éducation comme un bien commun essentiel de l'humanité ?

Pour répondre à ces questions, et à tant d'autres, il faut commencer par raconter l'histoire longue de la transmission des savoirs, des cultures, des idéologies, des techniques, des rites et des mœurs ; comprendre pourquoi, et quand, des humains en ont compris la nécessité ; s'ils l'ont fait seulement pour obtenir l'aide de leurs enfants, ou aussi pour que ceux-ci puissent avoir une meilleure vie qu'eux. Il faut aussi comprendre quels processus de transmission ont le mieux aidé à la libération, encore très incomplète, des femmes, des classes sociales opprimées, des groupes minoritaires, et aux progrès économiques, sociaux et politiques ; comment la transmission a orienté le tour qu'a pris le développement agricole, industriel et technologique ; comment elle a influé sur les rapports de pouvoir ainsi que les évolutions géopolitiques.

Pour résumer en quelques lignes ma réponse à toutes ces questions, je dirai que la transmission des savoirs nécessaires au fonctionnement des sociétés s'est faite, pour l'essentiel, partout dans le monde, pendant des millénaires et jusqu'au milieu du XIXe siècle, sans école, hors de l'école ou même contre l'école ; qu'elle s'est jouée et se joue encore dans les toutes premières années de la vie ; en général dans la famille, et, pour trop d'enfants encore, dans le travail ; que les filles en furent exclues et que les maltraitances furent permanentes ; et que si l'école s'est très récemment imposée comme le lieu principal de la transmission des savoirs, elle est à présent, presque partout dans le monde, au bord de l'implosion, parce que confrontée au double tsunami de la démographie et du numérique.

Deux avenirs de cauchemar sont possibles. Dans l'un, faute de moyens, les trois quarts des humains seront bientôt privés d'école et de savoirs ; partout, même en Europe, les systèmes éducatifs peuvent s'effondrer. Dans l'autre, l'essentiel de la transmission se fera par des moyens numériques, puis génétiques, à des individus solitaires ; chacun étant alors gavé de connaissances socialement utiles par des machines de plus en plus directement branchées sur le cerveau ; jusqu'à ce que chaque humain devienne un jour lui-même un artefact bourré d'artefacts. L'éducation, aujourd'hui l'une des activités humaines consommant le moins d'énergie, deviendrait une menace majeure pour le climat.

Dans ces deux scénarios, ou dans un mélange très probable des deux, disparaîtrait l'école physique ; cela s'inscrirait dans un mouvement beaucoup plus général vers l'individualisme et la privatisation de tous les services publics. Seuls, comme dans le passé le plus lointain, les très riches auraient droit à une transmission de qualité des savoirs.

Pour éviter cette double barbarie de l'effondrement ou de l'artificialisation, pour aider chacun à « devenir soi », il faudra, dans le cadre d'une transition globale et radicale vers l'économie de la vie, consacrer beaucoup plus de moyens à l'éducation publique et privée, initiale et permanente, et en utilisant au mieux les fascinantes technologies à venir accorder une place bien plus importante aux parents, aux enseignants, à tous les autres accompagnants, pour qu'ils aient les moyens de transmettre, à tous, un nouveau quadrivium (art, science, écologie, éthique), et des valeurs (le respect de soi, le respect de la vie, l'empathie, l'altruisme, le plaisir d'apprendre et l'amour de la vérité) d'une façon beaucoup plus individualisée, sans nécessairement respecter le lien entre la classe et l'âge.

Jusqu'à faire naître, peut-être, un jour, des êtres humains d'un genre nouveau, des *Homo Hypersapiens* qui, tous ensemble, feront naître, plus tard encore, une *Intelligence collective* puis, plus tard encore, une *Hyperconscience collective*, dont on pourra tout espérer.

Ainsi peut se résumer très sommairement tout ce qui suit.

* * *

Bien plus qu'une histoire globale de l'éducation, ce livre est donc une histoire des diverses formes de transmission des savoirs. Et de leurs avenirs.

De fait, il n'existait encore, à ma connaissance, dans aucune langue, une histoire globale de l'éducation, et encore moins de la transmission ; même si la littérature mondiale sur ces sujets est immense, passionnante et de très grande qualité, elle est essentiellement composée de monographies de pays, de domaines ou de périodes. Elle est parfois désespérément lacunaire et les sources se contredisent, même sur les faits apparemment les mieux établis.

Il existe encore moins de réflexions sur l'avenir à très long terme de l'éducation mondiale ; en particulier sur ce que deviendront les modes de transmission par la famille, et le travail ; ni sur le formidable enjeu que représentera la nécessité de former tous les humains tout au long de leur vie à des connaissances nouvelles ; ni sur les immenses moyens financiers et humains qui seront nécessaires ; ni sur les pédagogies qui seront les plus adaptées ; ni sur les technologies qui vont survenir (des hologrammes à la génétique en passant par les neurosciences et bien d'autres vertiges), ni sur le rôle considérable qu'y jouera le secteur privé. Ni sur ce qu'il faudra transmettre et enseigner. Il existe encore moins de projets éducatifs d'ensemble sur la meilleure façon de faire connaître à tous, à l'avenir, les vertus de la vérité, de l'effort, de l'empathie, de la collaboration, de la bienveillance, de la non-violence et de la vie.

Ce livre s'inscrit aussi dans la série des « Histoires mondiales et avenirs de… », que j'ai commencée il y a plus de quatre décennies avec celle de la musique, suivie de celles de la santé, de la France, du temps, de la propriété, des labyrinthes, de l'amour, de la dette publique, de la géopolitique, du nomadisme, de la modernité, de la consolation, du peuple juif, de la mer, de l'alimentation et des médias.

Toutes ces « histoires de… » parlent aussi, d'une façon ou d'une autre, de la transmission, et sont des sources de ce livre ; elles se nourrissent les unes les autres, pour constituer, à ma façon, une vaste fresque de l'histoire humaine et de ses avenirs.

* * *

On pourrait croire que transmettre un savoir soit le propre de l'homme ; et qu'avant lui, ou à côté de lui, aucune espèce végétale ou animale n'ait jamais mis en place des moyens de transmettre ni d'enseigner des compétences aux générations suivantes. Beaucoup de philosophes l'ont cru. Ainsi, dans son *Discours sur l'origine et les fondements de l'inégalité parmi les hommes*, Jean-Jacques Rousseau écrit qu'« un animal est au bout de quelques mois ce qu'il sera toute sa vie ». Quelques décennies plus tard, Emmanuel Kant renchérit, dans ses *Réflexions sur l'éducation* : « Par son instinct, un animal est d'entrée de jeu tout façonné : une raison étrangère a déjà pris soin de tout pour lui. Mais l'homme doit faire usage d'une raison qui lui est propre. Il n'a aucun instinct, il doit se faire pour lui-même le plan de sa conduite. Comme il n'est pas d'emblée en état de le faire, mais qu'il vient au monde à l'état brut, d'autres doivent le faire à sa place... L'éducation par la discipline est l'acte par lequel on dépouille l'homme de son animalité. » Pour l'un comme pour l'autre, apprendre et transmettre serait donc le propre de l'homme. Pour le premier, il faut lui apprendre à être libre. Pour le second, il faut lui apprendre à être discipliné. Tout est dit.

De fait, il est exact que la plupart des espèces végétales et animales ne transmettent rien, ou presque, après leur naissance, à leurs progénitures ; une fois reçu son bagage génétique, chaque nouveau-né fait seul l'apprentissage de ce qui lui permettra de survivre et de se reproduire. En particulier, la plupart des êtres vivants apprennent seuls, en utilisant leurs seules compétences génétiques, à distinguer des goûts et des odeurs pour se déplacer vers leur nourriture ou s'éloigner de possibles dangers. Dans la plupart des espèces, les adultes abandonnent leurs rejetons à la naissance ; ils sont même parfois très durs avec eux pour leur faire comprendre qu'ils n'ont rien à attendre des aînés : les mères tortues abandonnent à la naissance leurs bébés, qui doivent se fier à leur instinct pour s'adapter ; des oiseaux, tels les merles ou les tourterelles, chassent au bout de quelques semaines leurs oisillons du nid par des coups de bec pour les pousser à s'envoler ; ils apprennent alors seuls ce qui leur est nécessaire en imitant les adultes ; ainsi du chant : il arrive qu'un merle vivant à proximité d'une ferme se croie coq et en imite le chant.

À l'inverse, les adultes de quelques espèces végétales et animales transmettent avec soin et amour des savoirs à leurs descendants ; comme si chaque génération de ces espèces comprenait qu'il est dans son intérêt d'enseigner à la suivante de quoi lui permettre de survivre assez longtemps pour assurer aux aînés une fin de vie heureuse. C'est ce que je nomme ailleurs l'« altruisme intéressé ».

Ainsi, il semble que des parents-arbres de plusieurs espèces privent volontairement leurs descendants de lumière pendant de longues années afin de leur apprendre à survivre dans ce qui sera ensuite l'essentiel de leur cadre de vie, à l'ombre de la canopée. Certaines autres plantes transmettent aux générations suivantes des données tirées d'expériences, qu'elles stockent dans certaines de leurs cellules : ainsi l'*Arabidopsis thaliana*, une plante de la famille des Brassicacées, transmet-elle à sa descendance la capacité de s'adapter à des événements stressants, en augmentant, lorsqu'ils surviennent, la fréquence de certaines recombinaisons spécifiques permettant d'améliorer sa diversité génétique ; cette capacité d'adaptation génétiquement acquise persiste ensuite pendant quatre générations, sans qu'il soit nécessaire de soumettre de nouveau ces plantes aux mêmes facteurs de stress.

Quelques espèces animales vont même beaucoup plus loin et organisent un enseignement explicite de savoirs aux nouvelles générations en utilisant les méthodes qu'on retrouvera ensuite chez les humains : démonstration, imitation, répétition, punition et récompense. Ainsi, la femelle de l'orang-outang, au Congo, montre à sa progéniture comment construire des abris dans les arbres, tandis que le mâle leur enseigne l'usage de quelques outils. Les chimpanzés de la forêt de Bossou, en Guinée, incitent pendant des années les jeunes à observer comment ils cassent des noix en les frappant avec une pierre, puis à les imiter. Les ourses d'Amérique du Nord apprennent à leurs oursons à grimper aux arbres ; elles les punissent de leurs erreurs par des coups de patte ou des morsures. En Namibie, lorsqu'un léopard attrape des gazelles, il ne les tue pas tout de suite, pour que ses petits puissent jouer avec les proies ; puis la mère leur montre comment les achever. Chez les guépards, les mères commencent à initier leurs petits à la chasse dès leur septième mois, et cet apprentissage prend une année. Les femelles des canards huppés d'Amérique montrent à leurs nouveau-nés comment pêcher jusqu'à ce qu'ils soient fatigués, puis les ramènent vers la rive sur leur dos. Les orques du Pacifique enseignent à leurs petits comment imiter le son émis par les dauphins afin de les attirer et les capturer. Sur la côte nord-est des États-Unis, les baleines enseignent aussi des techniques de chasse aux générations suivantes. Chez les dauphins, dans le golfe de Shark Bay, dans l'ouest de l'Australie, l'apprentissage d'une technique de chasse appelée *shelling* se fait aussi par imitation des mères.

Les corbeaux, dont la mémoire est si exceptionnelle (ils se souviennent de visages deux ans après les avoir vus), apprennent à chasser à leurs oisillons en les entraînant à les imiter. Certains perroquets peuvent apprendre des humains à dire cent cinquante mots et à en comprendre plus de mille ; ils peuvent aussi apprendre à nommer la couleur d'un objet et à maîtriser les nombres jusqu'à six, y compris le zéro ; un perroquet gris du Gabon nommé Ale est d'ailleurs le premier non-humain dans l'histoire à avoir posé une question compréhensible à l'homme, en demandant, en se voyant dans un miroir, le nom de la couleur de ses plumes.

Plus encore, certains animaux peuvent transmettre à leurs congénères des compétences acquises : ainsi, en 1920, à Londres, des mésanges ont compris qu'elles pouvaient boire le lait contenu dans les bouteilles déposées sur le pas des portes en perçant l'opercule à coups de bec ; quelques mois plus tard, d'autres mésanges ont fait la même chose dans des villes voisines et, vingt-cinq ans plus tard, dans tout le pays ; sans qu'on sache comment ces compétences ont été transmises. De la même façon, au Japon, en 1953, sur l'île de Koshima, une femelle macaque a spontanément lavé dans de l'eau de mer, avant de les manger, des patates douces dont des humains la nourrissaient ; ce qu'aucun autre macaque ne faisait avant ; trois mois plus tard, elle a été imitée par tout son entourage puis, après cinq années, par presque tous les macaques de l'île ; là aussi sans qu'on comprenne pourquoi la première a pensé à le faire ni comment elle a transmis ces compétences à ses congénères.

Et les humains ? C'est le sujet de ce livre.

On ne sait presque rien de l'organisation sociale des premiers groupes d'*Homo habilis*, il y a deux millions d'années (encore moins de Toumaï, il y a sept millions d'années) ni en particulier de la façon dont ils transmettent des savoirs aux générations suivantes. Des savoirs de plus en plus complexes, tels que se vêtir, s'abriter, chasser, pêcher.

Un des premiers pas dans cette direction est sans doute franchi lorsque des membres d'un même groupe, nomades à la durée de vie très limitée, comprennent qu'ils ont intérêt à augmenter la compétence de leur progéniture pour qu'elle les assiste puis les remplace quand eux-mêmes n'ont plus la force de chasser, de cueillir, de transporter leurs biens, de se protéger. Et peut-être aussi parce qu'ils se mettent à ressentir le besoin explicite de survivre en tant que clan, sinon en tant qu'espèce. Sans doute ont-ils aussi commencé dès ce moment à domestiquer d'autres humains pour remplir ces tâches. Et à les y former.

Parmi ces premiers acquis transmis de génération en génération, bien avant même l'apparition du langage : la façon de conserver un feu, connue et transmise depuis au moins un million d'années (on a trouvé des traces d'ossements calcinés et de cendres de végétaux d'il y a un million d'années dans la grotte de Wonderwerk, en Afrique du Sud, mais on ne sait pas si les *Homo habilis* de cette époque savaient allumer un feu ou seulement protéger et transmettre une flamme obtenue à partir d'incendies naturels) ; il semble d'ailleurs que la cuisson des aliments libère une partie de l'espace du cerveau utilisée pour la mastication d'aliments crus. Puis la façon de fabriquer des leviers, de tailler des pierres (on en a d'innombrables traces) ; de chasser, de guetter, de cuisiner, de concevoir des tissus, de tanner des peaux, de coudre, de fabriquer et de jouer de premiers instruments de musique, de prévoir le climat, d'évaluer les vertus des plantes, les périodes propices à la chasse et à la pêche.

Un peu plus tard, *Homo erectus* est la première espèce d'*Homo* à sortir d'Afrique : il va jusqu'en Chine. Apparaissent, vers – 550000, avec *Homo sapiens*, alors nomade et d'abord seulement africain, puis sur toute la planète, les premiers signes laissés sur les parois des cavernes, transmettant sans doute là des savoirs de chasse et des rituels de voyage : le plus ancien signe connu à ce jour est un zigzag incisé sur une moule d'eau douce découverte à Trinil, sur l'île de Java, dans des couches archéologiques datant de – 540000.

Un peu plus tard, au Paléolithique moyen (qui commence il y 350 000 ans), apparaît le langage ; on commence à raconter des histoires et à transmettre des savoirs par des chants. Aujourd'hui encore, les WoDaaBe, tribu peule du Niger, considérée comme descendante d'un des plus anciens peuples du monde, transmet ses savoirs aux plus jeunes essentiellement par ses chants ; de même que les nomades de Mongolie. Beaucoup d'autres peuples, comme les Sharanahua au Pérou, transmettent des interdits et des rituels par des chants.

Par ailleurs, on ne sait rien des maltraitances de toute nature dont sont victimes les enfants lors de ces processus d'apprentissage.

C'est aussi à ce moment qu'apparaissent les premières sépultures connues à ce jour, dans lesquelles des humains sont accompagnés d'animaux. On peut imaginer que ces rituels funéraires sont aussi transmis de génération en génération.

Il y a 75 000 ans, apparaissent les premiers dessins d'apprentissage, comme si un artiste avait transmis son savoir à des élèves ; on a ainsi retrouvé en Afrique du Sud, dans la grotte de Blombos, des blocs d'ocre gravés sans doute utilisés pour apprendre à dessiner des motifs sur un corps humain ou sur des parois.

Il y a environ 60 000 ans, *Homo sapiens* quitte le continent africain ; toujours nomade, il se pose assez pour transmettre des connaissances par des peintures pariétales dans des grottes, dont les plus anciennes connues datent de – 36000 ans.

Sur toute cette longue période, on ne sait presque rien de la façon dont sont élevés les enfants, de leurs traumatismes, de la violence ou de l'amour dont ils sont l'objet de la part des adultes.

Avec la sédentarisation, (il y a plus de 12 000 ans, sans doute d'abord dans le Sahel et dans les hauts plateaux éthiopiens), puis surtout il y a 7 000 ans, avec le début du Néolithique et les premiers villages, vient la nécessité de constituer des réserves et de tenir des comptes ; pour cela apparaît la numération, confiée à des spécialistes qui forment leurs successeurs de génération en génération. Il y a alors moins de 3 millions d'humains sur la planète.

Ce qui suit constitue un résumé de ce que les chapitres suivants vont détailler.

Après l'invention de l'écriture en Mésopotamie dans les premiers empires, vers – 3400, donc bien après la numération, on commence à transmettre des savoirs sur des tablettes d'argile ou des papyrus, en utilisant des symboles et pas encore des alphabets. Les occupations se spécialisent et les apprentissages s'allongent. Les garçons reprennent presque toujours les métiers des pères ; les filles les charges des mères. Les mieux placés dans la hiérarchie sociale, qui vivent du surplus dégagé par le travail des autres, délèguent une partie de la formation de leurs enfants à des précepteurs (en général des esclaves), qui forment aussi le personnel utile à ces élites (scribes, comptables, médecins, prêtres, enseignants, officiers). Les lieux et les formes d'enseignement n'ont rien à voir avec ce qu'on nommera ensuite une « école ». Des artistes (sculpteurs, orfèvres, armuriers, céramistes, ébénistes, peintres, conteurs, poètes, musiciens, chanteurs) sont formés dans les ateliers de leurs maîtres. Les paysans, les tisserands, les boulangers, les forgerons, les bouchers, les potiers sont formés par le travail dans les champs, les ateliers et les échoppes. Quelques jeunes gens venus des milieux les plus modestes se fraient un chemin jusqu'aux plus puissants ; certaines femmes, échappant à l'obligation de n'apprendre que ce qu'il leur faut savoir pour être une bonne épouse, une bonne mère ou une courtisane, réussissent aussi, très rarement semble-t-il, à occuper jusqu'aux plus hautes fonctions.

Et pendant ce temps, comme jusqu'à aujourd'hui, dans tous les milieux, la quasi-totalité de la formation des très jeunes enfants vient de ce que leur transmet leur entourage familial, qui n'est pas toujours fait d'amour et trop souvent de coups, de maltraitance sexuelle et de travail pénible.

Il y a 4 000 ans, apparaissent les premiers lieux d'enseignement pour quelques jeunes adultes, qu'on pourrait concevoir comme les ancêtres de nos universités ; d'abord en Mésopotamie, puis en Inde, en Égypte et en Chine. S'y déploient des savoirs, qu'on nommerait aujourd'hui mathématiques, physique, médecine, philosophie, poésie, histoire, géographie, géopolitique. Pour l'essentiel, cet enseignement est réservé à ceux qui assurent le contrôle idéologique, religieux et politique de la société et à leurs employés directs. Là encore, la forme de l'enseignement n'a rien avoir avec celle de nos universités.

Avec le judaïsme (d'où surgissent les premiers alphabets à partir du XVIIIe siècle avant notre ère) apparaissent d'autres valeurs et d'autres interdits. Pour la première fois, à partir au moins du VIIIe siècle avant notre ère, sinon bien avant, il devient obligatoire pour tous les membres de ce peuple de savoir lire et écrire, pour connaître et transmettre les enseignements de la Loi. Ainsi, pendant que, en Chine, plus grande puissance du moment, on confine la transmission à la mission très exigeante du respect des ancêtres et très sélective de la formation des cadres d'un empire sans cesse menacé d'éclatement, et que, en Inde, le bouddhisme exprime aussi l'idéal (là totalement théorique) d'un enseignement égal pour tous, c'est dans le monde juif qu'il est pratiqué pour la première fois. Et, c'est là aussi qu'on construit pour la première fois des lieux d'enseignement pour tous, en général près des lieux de prière.

Un peu plus tard, en Grèce puis à Rome, sont bâtis, pour les seuls enfants des classes dirigeantes, des écoles, des lycées et des gymnases, afin de transmettre la philosophie, nom alors donné aux sciences, transmise par des maîtres encore révérés aujourd'hui (même si la plupart d'entre eux, selon nos critères d'aujourd'hui, seraient dénoncés comme misogynes, pédophiles, racistes, thuriféraires de la dictature et de l'esclavage).

Pendant le Ier millénaire de notre ère, l'essentiel de la transmission du savoir continue de se faire partout par les mères ; et par le travail, même pour les très jeunes enfants. En Europe, les modes d'enseignement et les disciplines philosophiques et scientifiques hérités de l'Antiquité grecque et romaine affrontent les dogmes de la foi chrétienne, puis musulmane, qui prennent progressivement le pouvoir.

L'école catholique se glisse d'abord dans l'école antique, et réserve ses enseignements à ceux qui se destinent à devenir prêtres ou serviteurs du prince : il est essentiel, pour l'Église, que personne, sauf ses serviteurs, ne sache ni lire ni écrire. Aussi l'alphabétisation recule-t-elle.

À partir du Xe siècle, en Europe, on enseigne dans de rares écoles, collèges et premières universités, à une infime minorité de garçons, surtout serviteurs des princes, le savoir religieux, le droit, la médecine. Le reste continue d'être transmis dans les familles et par les Églises et par le travail dans les champs, les ateliers et les échoppes.

À partir du XIVe siècle, en Flandre et à Venise, en échappant au contrôle de l'Église, puis plus tard en Allemagne quand arrivent l'imprimerie et la Réforme, on commence à enseigner, dans des écoles, des collèges et des universités des savoirs qui tentent de secouer le joug de l'Église, à d'autres que les seuls futurs prêtres. Sur le tas et à l'école, des fils d'artisans, de marchands et de paysans enrichis apprennent quelques connaissances utiles au commerce, à l'agriculture et à l'industrie ; on y enseigne désormais dans les langues locales, et plus seulement en latin ou en grec. On commence aussi à penser, dans de nombreux milieux, qu'un garçon n'est pas condamné à mener la même vie que ses parents, on considère toujours que les filles n'ont pas droit aux mêmes espérances que leurs frères. Là comme ailleurs, l'enseignement académique et militaire le plus élevé reste réservé à ceux qui ne travaillent pas et à leurs employés les plus directs.

Au XVIIe siècle, aux Pays-Bas et en Suède, devenus protestants, apparaissent les premiers systèmes d'enseignement primaire théoriquement obligatoire ; l'obligation est ensuite reprise, de façon encore théorique, dans les colonies britanniques d'Amérique, puis en Prusse. Plus la répartition des terres est égalitaire, plus vite progresse l'incitation à envoyer les enfants à l'école. Ailleurs aussi, quelques enfants de paysans et d'artisans arrachent les moyens de ne pas être contraints de reprendre le métier de leurs parents, devenant eux-mêmes enseignants, employés ou, dans certains cas, libraires, marchands, généraux, cardinaux, politiciens, savants, artistes. Les pouvoirs n'ont pas encore besoin de former l'essentiel de la population ailleurs et autrement que par le travail. Et encore moins de laisser le peuple avoir accès à des connaissances qui pourraient le conduire à se révolter ; on enferme les jeunes orphelins qui errent dans les rues des villes sans leur offrir une vraie éducation.

Au XVIIIe siècle (alors qu'il y a moins de 500 millions d'humains sur la planète), il suffit encore de transmettre ce qui est nécessaire au fonctionnement économique de la société ; et il n'est pas encore nécessaire de mettre en place une école égale pour tous les citoyens, dont l'utopie commence pourtant à se former (en particulier dans la minuscule bourgeoisie urbaine). Apparaissent de nouvelles méthodes pédagogiques, plus bienveillantes, et de nouveaux moyens de transmission de la culture, tels les journaux, les livres, les musées.

À partir du XIXe siècle, en Europe et en Amérique, avec l'explosion des progrès techniques, il faut transmettre aux jeunes des connaissances nouvelles, ce qui suppose d'envoyer un peu plus d'enfants à l'école et de diffuser ces nouveaux savoirs aux adultes. L'ambition transgénérationnelle se développe, surtout en milieu urbain. De plus, il devient vraiment dangereux de laisser les jeunes pauvres, de plus en plus nombreux, traîner dans les rues des villes où leurs parents ont dû migrer. Des écoles primaires (d'abord seulement le dimanche – et encore largement confiées aux Églises) se développent en

Europe catholique et protestante pour les enfants du peuple ; les institutions d'enseignement secondaire et universitaire restent réservées à la jeunesse urbaine très favorisée. En France en particulier, l'école se construit alors contre la famille, qui reste, en général, entre les mains de l'Église. Les dépenses publiques et privées consacrées à l'éducation commencent à augmenter. La croissance économique, qui s'accélère, la finance aisément.

Ailleurs, en Afrique, en terre islamique, américaine et asiatique, les systèmes de formation restent inchangés : en Islam par les écoles religieuses ; en Chine par des écoles et des concours, dont l'obsession reste la sélection et la formation des cadres pour un empire sans cesse menacé d'implosion. Les colons européens à travers le monde ne s'empressent pas de transmettre des savoirs de raison aux populations locales, qu'ils broient par l'esclavage.

Quand commence le XXe siècle, les pouvoirs économiques ont besoin de plus de gens sachant lire, compter et comprendre ce qui se passe autour d'eux. La société doit donc enseigner ce que l'atelier et la famille ne peuvent plus transmettre, sans pour autant mettre en péril l'ordre social existant. On doit former les jeunes à la chaîne, comme les nouvelles automobiles. Dans bien des pays, surtout les plus marchands, on voit se renforcer l'alliance, à l'œuvre depuis quatre siècles à Venise et dans les Flandres, entre la bourgeoisie marchande et les ennemis du religieux : ils ont l'un et l'autre intérêt à se défaire des grands propriétaires terriens et de l'Église, lesquels, à leur tour, font cause commune. Ils y réussissent dans certains pays d'Europe du Nord ; dans d'autres pays, comme en France, le poids du religieux et de la famille reste écrasant. Partout, seuls les garçons privilégiés ont accès aux bonnes écoles et peuvent s'orienter vers les meilleurs métiers. Apparaissent aussi de nouvelles méthodes pédagogiques et d'autres moyens de transmission de connaissances : les mouvements de jeunesse, le sport, le cinéma, la radio, puis la télévision. Partout dans le monde la dépense publique et privée consacrée à l'éducation augmente considérablement. Le décollage économique s'accélère.

La seconde moitié du XXe siècle est la période faste de l'école, devenue le lieu privilégié de la transmission ; sans jamais réussir, sauf dans de très rares pays d'Europe du Nord, à empêcher la reproduction des inégalités. S'impose, en particulier par des institutions internationales telle l'Unesco, l'utopie d'un enseignement universel de la lecture, de l'écriture et des savoirs les plus fondamentaux. Plus le XXe siècle avance, plus progresse, pas seulement dans les démocraties, la demande de former à ces savoirs des citoyens et pas seulement des travailleurs. Partout se maintient un enseignement idéologique et nationaliste, en particulier de l'histoire. Même si, de plus en plus de jeunes refusent l'autorité des parents, des Églises et des enseignants, et développent leurs propres valeurs.

En 2022, 95 % des presque 8 milliards d'habitants de la planète ont été scolarisés d'une façon souvent très brève et médiocre ; contre seulement 45 % des 2,4 milliards d'humains en 1948. La transmission passe désormais au moins en une petite partie par l'école, de la prime enfance à l'âge adulte.

En réalité, deux cent quarante millions d'enfants ne vont toujours pas à l'école et beaucoup plus n'ont pas les moyens d'apprendre ; malgré d'innombrables évolutions pédagogiques, partout ou presque (quelques pays d'Europe du Nord font exception) se maintient une impitoyable sélection réservant aux enfants des milieux privilégiés l'accès aux meilleures écoles, aux meilleurs professeurs, aux meilleures universités, aux meilleures filières et aux métiers les plus prometteurs en même temps que les relations nécessaires pour y accéder. Le secteur privé commence à considérer l'éducation comme un territoire à conquérir ; le religieux et l'idéologie continuent de dominer de très nombreux cursus d'enseignement ; les écoles, dans de trop nombreux pays, ne sont que des garderies confiées à des enseignants peu formés. Les filles restent presque partout des victimes du système ; pourtant, là où elles ont enfin accès à l'éducation au même âge que les garçons, elles l'emportent sur eux et commencent à bouleverser les sociétés par des savoirs et des valeurs nouvelles.

L'essentiel de la transmission recommence aujourd'hui à se faire hors de l'école (par des voies multiples, périscolaires et digitales). Dans un nombre important de pays, le temps passé devant un écran d'ordinateur, de télévision ou de téléphone par les jeunes, y compris les très jeunes enfants, excède le temps passé à l'école et celui passé en famille. D'immenses bouleversements en découleront.

Les leçons qu'on peut tirer de ce passé (analysées en détail dans les chapitres qui suivent) seront essentielles pour prévoir et agir sur l'avenir. Elles peuvent se résumer ainsi :

- La transmission des connaissances a toujours été, et reste, avec l'adaptation qu'elle accompagne, la clé de la survie de toute espèce vivante.
- La transmission des connaissances a toujours été, et reste encore, une des activités humaines les moins consommatrices d'énergie.
- Les deux fonctions principales de la transmission, sous toutes ses formes, sont de prolonger l'ordre dominant et à l'inverse d'organiser la transmission d'innovations parfois en rébellion contre l'ordre dominant.
- Transmettre, c'est toujours exercer un pouvoir.
- La transmission s'est toujours réduite, pour l'essentiel, à rendre opérationnelle une force de travail, à discipliner des citoyens, à imposer une idéologie ou une foi.
- La maltraitance et les abus sexuels contre les enfants sont des constantes de l'histoire ; la transmission en est un des prétextes.
- Les filles et les femmes ont été, sauf à de très rares exceptions et jusqu'à il y a peu, tenues totalement à l'écart de presque tous les savoirs, dans toutes les civilisations.
- Les garçons des milieux favorisés ont toujours eu, et ont encore, partout, infiniment plus de chances de choisir des études et de les réussir que tous les autres enfants.

- Tout pouvoir se méfie du peuple et limite les savoirs auxquels il lui donne accès à ce qui lui est politiquement, économiquement et socialement nécessaire.
- L'éducation aux savoirs artistiques et scientifiques (qui forment les savoirs critiques) est un facteur essentiel de l'émancipation et de la croissance.
- La transmission s'est faite pendant des millénaires, pour l'essentiel, par le clan, la religion et le travail ; très rarement par l'école, réservée à ceux qui travaillaient à produire ce qui était nécessaire aux puissants.
- Imiter, répéter, contrôler et sanctionner ont été et sont encore les bases de la transmission du savoir.
- Le temps nécessaire à l'apprentissage de connaissances n'a pas diminué.
- Se sont distingués progressivement huit cadres de transmission : la famille, le clan, le travail, l'église, l'armée, l'école, les médias et les réseaux sociaux.
- Se sont peu à peu distingués neuf champs de savoirs à transmettre : sexuelles, pratiques, militaires, théologiques, éthiques, politiques, artistiques, juridiques et scientifiques.
- Plus une population est éduquée aux savoirs critiques, moins elle a d'enfants et plus il lui est facile de financer leurs études.
- La force d'un système de transmission tient à la capacité qu'il a de modifier en permanence ses contenus, en fonction des besoins de la société et des découvertes dont il a connaissance, pour le bénéfice de ceux qui contrôlent ce système.
- L'orientation a depuis toujours été déterminée par les besoins des classes dominantes.
- Le nombre de métiers auxquels il faut former les générations futures croît de façon exponentielle avec la division du travail.
- Le temps de vie passé à apprendre augmente continuellement.

- On n'a jamais réussi à transmettre le refus de la haine, de la violence et de la pulsion de mort.
- Une société progresse quand elle n'est pas résignée à ce que des enfants aient la même vie que leurs parents.
- Plus l'éducation critique se généralise, plus s'accélère la capacité à échanger avec des groupes différents.
- Le niveau d'éducation d'une société dépend très largement des moyens qu'elle peut et veut consacrer aux besoins de chaque enfant.
- La transmission exige une part sans cesse croissante de la richesse nationale, indépendamment même de la croissance démographique.
- Transmettre est devenu progressivement une compétence quasi exclusive de professionnels, enseignants et autres.
- Toute école tend à n'enseigner qu'aux plus riches, sauf à être obligée de faire autrement.
- La transmission s'est presque toujours acharnée à censurer les pensées déviantes.
- L'organisation de la salle de classe a toujours été à l'image du principal lieu du travail du moment.
- Les pays où les éducateurs ont le plus de moyens et de liberté de transmettre ce qui est utile à l'échange intellectuel et matériel, et au progrès scientifique, sont dominants.
- La bataille idéologique, économique et politique entre les divers systèmes politiques se joue depuis toujours sur le terrain éducatif, chacun essayant d'attirer les meilleurs chercheurs, professeurs et étudiants.
- Enseigner et transmettre utilisent de moins en moins les formes les plus brutales de la punition, et de plus en plus les techniques les plus gratifiantes de la distraction.
- Un système éducatif de qualité peut être détruit ou sauvé en moins de deux générations.

J'aurais aussi aimé pouvoir conclure de cette histoire qu'un bon système éducatif suffit à créer la croissance nécessaire pour le financer, mais ce n'est pas le cas ; que plus l'éducation est raisonnable, laïque et généralisée, plus un pays est démocratique, prospère et socialement juste, mais ce n'est pas le cas ; que plus l'éducation est tournée vers la science, la raison et les arts, mieux les sociétés sont protégées contre les barbaries et la dictature, mais ce n'est pas le cas ; que le savoir rationnel aide à défendre la démocratie, mais ce n'est pas le cas.

Je suis cependant convaincu que, sans une éducation critique de très haut niveau de tous les humains, et en particulier à la non-violence, le suicide de notre espèce est pour bientôt.

Peut-on déduire de ce passé et de ces lois une prévision de l'avenir ? *A priori*, c'est possible : à la fin du XVIIIe siècle, on aurait pu prévoir qu'on allait encore laisser longtemps les filles à l'écart de l'école ; et comment on allait transmettre les savoirs (et quels savoirs) au début du XXIe siècle : cela était entièrement contenu dans l'évolution du clan vers la famille nucléaire, de la vie rurale vers l'urbanisation, de l'artisanat vers la production industrielle ; pour l'école proprement dite, tout était aussi déjà inscrit dans la situation d'alors : l'excellence scolaire néerlandaise, le pragmatisme élitiste britannique, l'exigence universitaire prussienne, les utopies des révolutionnaires américains et français, l'obscurantisme ottoman et la sélection chinoise expliquent la situation d'aujourd'hui.

On aurait pu aussi prévoir dès 1800 qu'on allait traverser les pires barbaries de l'histoire humaine, puisqu'on n'avait rien fait pour enseigner, ni par l'école ni autrement, à se débarrasser de la jalousie et de la pulsion de mort ni à cultiver la bienveillance, le respect des femmes et de la vie. Et parce que l'on commençait alors à se doter de moyens de mort de masse.

De la même façon, les formes et les contenus de la transmission et des formes sociales et politiques du XXIIe siècle sont en germe dans la situation de l'éducation en 2022. Ils feront l'objet de ce livre.

Chapitre 1

Transmettre à l'identique

Depuis les débuts d'*Homo sapiens* jusqu'au début de notre ère

On ne sait presque rien des modes de transmission de savoirs et de compétences chez les premiers hominidés d'il y a trois millions d'années et chez leurs successeurs jusqu'à il y a 300 000 ans ; on ne peut que les imaginer à partir des quelques rares traces dont on dispose encore. Et pourtant, pendant ces longues périodes, qu'on croit à tort immobiles, l'humanité a beaucoup voyagé, beaucoup évolué, physiquement, intellectuellement, culturellement, socialement et technologiquement.

Il y a deux millions d'années, les *Homo ergaster* (qui coexistent alors encore avec les *Homo habilis*), dont la moitié n'atteint pas l'âge de 15 ans et dont très peu dépassent les 25 ans, prennent peu à peu conscience qu'ils ont intérêt à ce que les enfants soient capables d'assurer aux rares survivants une fin de vie heureuse. Et que, pour cela, il faut leur transmettre des savoirs essentiels : comment se protéger des ennemis, des bêtes sauvages, des intempéries ; comment reconnaître ce qui est comestible ; comment allumer un feu ; comment chasser, pêcher, dépecer les animaux, cuire, tisser, coudre, fabriquer des outils et des armes, s'occuper à leur tour des jeunes enfants. Alors que n'existe pas encore un langage, il faut apprendre, parmi mille autres choses, à fabriquer certains outils très sophistiqués, comme le biface, et à en transmettre de génération en génération les techniques, qui évoluent sans doute pendant des centaines de millénaires (on a retrouvé des bifaces miniatures, datant de plus d'un million d'années, qu'on pense être des modèles utilisés pour apprendre aux enfants à les fabriquer ; et d'autres, moins bien taillés, qui semblent être des essais insatisfaisants).

Cette transmission n'implique pas, jusqu'il y a 350 000 ans, un langage, et encore moins une écriture. Elle passe par l'exemple, l'imitation, l'approbation, la désapprobation, le grognement, le cri et la sanction. Certains de ces savoirs (telles la maîtrise du feu, la localisation des zones de chasse ou de pêche, ou la lecture du mouvement des étoiles) sont sans doute réservés aux chefs de guerre ; d'autres (telles les vertus médicinales de certaines plantes) sont transmis de génération en génération dans des familles de guérisseurs, qui ont aussi comme fonction de communiquer avec les forces de la nature et avec l'invisible. Certaines de ces expertises sont peut-être spécialement masculines, d'autres sont féminines.

On trouve encore la marque de ces modes de transmission chez les derniers nomades d'aujourd'hui. Chez les Nahuas du Mexique, on ne peut rien transmettre à un enfant de moins de 2 ans, et il ne faut pas le punir car cela pourrait décrocher son âme et le tuer ; à partir de 2 ans, on peut commencer à lui apprendre par les gestes à imiter certains gestes des adultes ; chacun de ses progrès donne lieu à une manifestation de joie de la communauté ; vers 10 ans, on lui apprend, par des gestes encore, la résistance, la persévérance, la pratique de certaines tâches domestiques et l'usage de certains outils. Chez les Nambikwara du nord-ouest du Mato Grosso, la mère enseigne aux filles, par imitation, à filer et à tresser ; et les garçons apprennent de leur père, en le regardant faire, comment confectionner des outils et des armes.

Depuis lors, la famille n'a jamais cessé, jusqu'à aujourd'hui, d'être un lieu essentiel de transmission des connaissances les plus intimes et les plus fondamentales : de la sexualité à l'agriculture, des rites à l'artisanat, des tabous aux ambitions, des valeurs aux langages, de la foi à la science ; même les sanctions semblent ne pas avoir beaucoup évolué : aujourd'hui encore, dans de nombreuses langues anciennes toujours pratiquées, tel le wolof, le même mot signifierait à la fois « bâton » et « éducation ».

Il y a entre 350 000 et 150 000 ans, le langage humain apparaît chez l'*Homo erectus* puis chez l'*Homo sapiens.* D'abord un protolangage utilisé par l'*Homo erectus* pour décrire des situations simples et concrètes ; puis, un peu plus tard, un langage développé par l'*Homo sapiens* pour transmettre des pensées abstraites et des concepts. Les enfants apprennent alors de leur mère les contes et les chants. On trouve trace, là encore, de ces premières langues humaines chez certains des derniers nomades d'aujourd'hui : ainsi, chez les Algonquins du Canada, tous les jeunes garçons apprennent, par le geste et la parole, la chasse et le dépeçage en les pratiquant avec les adultes ; seules certaines femmes apprennent à pratiquer des accouchements ; certaines familles Oken, ou Chao Lay (les « gens de la mer »), vivant dans les îles et sur les côtes de l'archipel des Mergui (entre le Myanmar et la Thaïlande), sont seules habilitées à transmettre de génération en génération de très nombreux secrets de construction navale, de géographie, de météorologie, de navigation et de natation (leurs enfants apprennent aussi à contracter leurs pupilles pour améliorer l'acuité de leur vision sous l'eau).

À partir de – 75000 ou avant, on commence à transmettre certaines techniques par des dessins gravés sur des murs ou des plaques d'argile. Avec la division du travail, chacun n'enseigne de plus en plus, à sa progéniture ou à son clan que des connaissances très spécifiques nécessaires à la transmission de son propre métier. Il y a 30 000 ans apparaît la technique de la terre cuite, ancêtre de la céramique (dont est faite – premier exemple connu – la Vénus de Dolní Věstonice découverte en Tchéquie), qu'on retrouve ensuite il y a 20 000 ans, en Chine, puis au Japon il y a 17 000 ans. Comme depuis des dizaines de millénaires, les mères prennent encore soin des très jeunes enfants, garçons et filles, puis s'occupent de la seule éducation des filles, qui se résume en général à les préparer à servir les hommes : alimentation, couture, vie domestique ; les pères apprennent les techniques de leur propre métier à leurs garçons, qui n'ont d'autre choix que de les exercer. On ne sait rien de la violence extrême dont sont sans doute victimes alors les enfants, surtout les filles.

Avec la sédentarisation (il y a plus de 12 000 ans, sans doute d'abord dans le Sahel et dans les hauts plateaux éthiopiens), puis il y a 7 000 ans, avec le début du Néolithique et les premiers villages (autour des plus grands fleuves d'Afrique, du Moyen-Orient, d'Inde du Nord et de Chine), les changements s'accélèrent : commencent l'agriculture puis l'élevage. Il y a environ 5 000 ans vient la roue, dont la plus ancienne a été découverte enfouie dans un marais près de Ljubljana, dans la Slovénie d'aujourd'hui.

Ces peuples devenus sédentaires continuent à transmettre, comme les peuples nomades, leurs cosmogonies ainsi que des connaissances techniques de très haut niveau, en particulier celles, nouvelles, du cuivre – puis du bronze – fait de cuivre et d'étain. Ensuite, au Proche-Orient, commence et se transmet la fabrication en bronze de poinçons, d'alênes, de poignards, de haches, de hallebardes, de boucliers et de bijoux. Ils bâtissent des villages, puis des bourgs, puis des cités. Au bord des grands fleuves du monde, des empires regroupent bientôt ces cités et les terres environnantes. Le pouvoir politique reste entre les mains de ceux qui savent maîtriser les métiers de la guerre, qu'on nomme alors princes, empereurs et rois, appuyés par des prêtres supposés savoir prévoir l'avenir (tant celui qu'on peut espérer après la mort que celui du climat et des batailles) et appelés à conseiller les princes et à les guérir. Ces deux castes, militaire et religieuse, commandent aux administrateurs qui gèrent leur comptabilité et collectent leurs impôts (et doivent donc pour cela apprendre à compter bien avant que n'apparaisse l'écriture), prélevés sur les paysans (qui les nourrissent) et sur les artisans (qui fabriquent leurs armes, leurs bijoux, leurs vêtements, leurs meubles et leurs palais). Ces proches des princes se regroupent en castes intermédiaires, de plus en plus spécialisées, autour des métiers de plus en plus pointus, auxquels chacun forme ses enfants ou ses assistants.

Tout le reste des savoirs, c'est-à-dire l'essentiel, les rites, les valeurs, les conditions du vivre ensemble, se transmettent encore par les familles et par les clans, au travail dans les champs et les ateliers ; et l'on ne transmet toujours que ce qui est nécessaire à chacun pour tenir sa place dans la société. Il n'est pas question d'enseigner un savoir général à tous. Trop dangereux. Il n'est pas question d'espérer changer de milieu social. Trop illusoire. Encore moins de changer de caste. Trop subversif. Les femmes restent aussi, dans toutes les castes et à quelques exceptions près, soumises aux hommes.

Scribes et tablettes

Vers – 3400, change totalement le rapport au savoir et à la transmission : à Uruk, capitale d'un des premiers empires, sur les rives de l'Euphrate, un des grands fleuves de Mésopotamie, apparaît ce qui semble être le premier système d'écriture de l'humanité : on le nomme « cunéiforme » parce qu'il est composé de pictogrammes en forme de clous, gravés avec des pointes de roseau sur des tablettes d'argile. Il sert à écrire la langue sumérienne, puis l'akkadien. L'impact de l'écriture sur l'évolution du cerveau, de la transmission, du pouvoir, de l'économie sera gigantesque.

Les enfants royaux et les fils des princes de ces premiers empires n'apprennent longtemps ni à lire ni à écrire ni à compter, mais seulement (avec des précepteurs) les mêmes savoirs généraux que les enfants de chefs antérieurs ; en particulier les savoirs militaires, historiques et protocolaires ; les enfants des principaux notables (administrateurs de temples, officiers supérieurs, scribes, médecins, marchands) apprennent quant à eux à compter, à lire et à écrire (en recopiant, sur la colonne de droite de leur tablette, les pictogrammes modèles écrits par un maître sur la colonne de gauche) dans quelques lieux spécialisés, des « edubbas », premières écoles connues au monde, situées dans ou à proximité des temples. Il ne faut pas imaginer que ces écoles ressemblent aux nôtres ; ce sont des lieux informes, comme devaient l'être les ateliers d'artisans ; un maître (en général un esclave) y enseigne séparément à chaque élève et il ne se fait respecter que par la force. Une des premières edubbas connue est fondée par l'un des premiers monarques dont on a la trace, le roi Shulgi (2094-2047 avant notre ère), qui trône à Sumer (et sous le règne duquel est écrit le premier récit cosmologique connu à ce jour, l'*Épopée de Gilgamesh*, à partir de poèmes sumériens relatifs à un roi d'Uruk). C'est à cette époque et à cet endroit qu'on met au point le premier verre et qu'on en transmet dans les ateliers, de père en fils, les secrets de fabrication.

Quelques tablettes trouvées à Babylone et à Sippar, ville sumérienne au nord-ouest de Babylone, sur le site actuel d'Abu Habbah, nous révèlent que certains fils de notables, après 18 ans, se spécialisent – dans ce qui ressemble à des premiers embryons d'université – dans l'une des trois branches du savoir religieux (la divination, l'exorcisme et la prière) ; et que d'autres apprennent l'art de la guerre, la fabrique de la loi, la médecine ou les premiers fondements des mathématiques (très nécessaires à l'astronomie, au commerce et à la comptabilité). On trouve écrit, dans un texte récemment retrouvé sur le site de Sippar : « Que la déesse Nišava rende beau ton roseau à écrire, qu'elle te fasse repérer l'erreur dans tes tablettes ! »

L'apprentissage passe, là comme ailleurs, et comme depuis des dizaines de millénaires, par l'imitation, la répétition, la mémorisation et la punition ; les châtiments corporels sont très durs : les élèves n'ont que trois jours de repos par mois, comme tous les travailleurs de l'époque. On va progressivement distinguer plusieurs types de connaissances : pratique, technique, artistique, juridique, théologique, commerciale, militaire ; très peu de ces connaissances nécessitent encore de savoir compter, lire ou écrire. Vers – 1850, sous le règne de Hammurabi, Babylone, cité jusqu'alors d'importance mineure, devient la capitale d'un royaume dominé comme les autres par des militaires et des prêtres ; et administré par des scribes. Les enfants des princes de cet empire n'apprennent encore ni à lire ni à écrire, mais seulement les mêmes savoirs généraux qu'avant, en particulier militaires, historiques, et protocolaires, avec des précepteurs. À partir de – 1800, on commence à enseigner aussi à ces jeunes élèves des castes supérieures des proverbes et des fables et à leur donner des devoirs à faire à la maison. Lire, écrire et compter restent réservés aux administrateurs et aux prêtres. Pour l'essentiel, c'est encore par les familles et par les clans que se confient les manières de cultiver, de cuisiner, de laver, de tisser, de coudre, de fabriquer, de soigner, de raconter des histoires, de faire de la musique, de prier, de faire l'amour et d'élever les enfants.

Au même moment, en Anatolie centrale, les Hittites créent un autre empire qui, vers – 1200, devient l'un des plus puissants de la région ; ils y développent le travail du fer, qui semble également avoir été connu assez tôt en Inde du Nord, notamment dans l'Uttar Pradesh. De cette période, on a seulement deux tablettes évoquant l'apprentissage : l'une pour celui d'un chanteur et l'autre pour celui d'un cuisinier. Comme ailleurs, tout le reste s'apprend dans les familles, sur les places publiques, dans les temples, les champs, les échoppes et les ateliers.

Quatre siècles plus tard, Assurbanipal (roi de Ninive et d'Assyrie autour de – 660 jusqu'à – 631) se flatte d'être le premier roi sachant écrire ; il réunit une bibliothèque rassemblant, se vante-t-il, l'ensemble des écrits cunéiformes de l'époque, soit vingt mille tablettes, dans des rangements fort encombrants. Sous le règne ultérieur de Nabuchodonosor II, de – 605 à – 562, la capitale culturelle et religieuse de la Mésopotamie se déplace à Nippur ; l'écriture et la lecture se simplifient : les pictogrammes acquièrent une valeur syllabique et permettent de composer des mots en s'assemblant.

Puis avec Cyrus II (qui aurait régné de – 559 à – 530 et qui fonde la dynastie des Achéménides), le monde mésopotamien devient perse. L'éducation des jeunes garçons nobles (telle que la décrit deux siècles plus tard l'historien grec Xénophon) est mieux connue : elle commence à l'âge de 7 ans ; ils apprennent, avec leurs pères et des spécialistes, à s'endurcir à la fatigue, à la faim et à la soif, à manier des armes et des chevaux, à chasser à l'arc, à planter des arbres, à cueillir des plantes ; aucun enseignement proprement intellectuel. Les garçons des autres classes sociales apprennent aussi le métier de leur père, en famille ou dans un atelier : on a retrouvé plusieurs contrats de mise en apprentissage d'enfants datant de cette époque dans des ateliers familiaux, qui commencent à être organisés en guildes, avec leurs divinités propres. La transmission de ces savoirs continue de se faire oralement, sans école et en secret. Les filles, dans tous les milieux, continuent pour la plupart de n'apprendre que ce qui est nécessaire à leur soumission aux pères et aux maris.

Scribes et maisons de vie

Vers – 3000, en même temps que commencent à se développer les empires babyloniens, s'établit autour du Nil une autre société, tout aussi hiérarchisée, dominée par des militaires, régie par des prêtres et administrée par des scribes. Comme à Uruk, mais un peu plus tard, apparaît un système d'écriture hiéroglyphique et non plus cunéiforme ; on n'écrit plus sur des tablettes d'argile, mais sur du papyrus (*pa-p-ouro* signifierait, en égyptien ancien, « celui du roi, royal »), fait de très particuliers roseaux du Nil tressés, et dont la durée de vie n'est que de quelques dizaines d'années.

Tout au long de ces millénaires, parmi les filles (qui sont presque toutes mariées très jeunes), seules celles issues de grandes familles reçoivent un minimum d'éducation en histoire des arts et en politique, afin d'être des compagnes agréables pour leurs futurs époux et d'être en mesure de s'occuper de l'entreprise familiale s'il n'y a pas d'hériter mâle. Les filles des autres classes sociales n'étudient rien de tout cela, participent aux tâches domestiques et aux travaux des champs et apprennent de leur mère les rudiments de la sexualité et de la maternité.

Dans les classes très supérieures (rois, officiers de la cour, généraux, grands prêtres, médecins de la cour), les mères s'occupent des enfants jusqu'à l'âge de 4 ans ; elles gardent ensuite le contrôle des filles, tandis que, à cet âge, les garçons (et quelques filles des familles les plus riches) passent sous la tutelle du père et reçoivent une éducation minimale (lecture, écriture, calcul, littérature, religion, sport), dispensée par des maîtres soit à domicile soit dans un lieu spécifique situé près des temples, qu'on nomme *ât seba* (« lieu de l'instruction »), première école en Égypte qui apparaît sans doute un peu après l'« edubba » mésopotamienne. Là aussi, l'enseignement des matières générales est réservé à ceux qui ne travaillent pas de leurs mains. Là aussi, les enseignants s'occupent séparément de chaque élève, en plein air ou dans des lieux proches des temples. Ceux des adolescents des grandes familles qui se destinent à de grandes fonctions religieuses, militaires, politiques, diplomatiques ou médicales apprennent ensuite, pendant de longues années, dans ce que l'on nomme alors des « maisons de vie » (sorte de premières universités), l'astronomie, la géométrie, le calcul, la musique, les langues étrangères et la religion ; ils y vivent avec leurs maîtres. Entre – 2700 et – 2200, plusieurs de ces « maisons de vie » s'installent tout au long du Nil. On en a retrouvé une à Tell el-Amarna, la capitale du roi Akhenaton, dans le Ramesseum, le « temple des millions d'années » de Ramsès II, sur la rive ouest de Thèbes ; et d'autres à Abydos, Deir el-Bersha, Tell Basta, Saïs, Héliopolis,

Memphis, Akhmîm, Coptos, Esna, Edfou et il y en avait probablement une dans chaque temple de la région thébaine.

Dans la classe moyenne (scribes, juges et grands marchands), l'éducation se résume à la transmission de leurs compétences par les pères à leurs enfants : « Qu'il soit heureux celui qu'a éduqué son père ! » est-il écrit dans l'*Enseignement de Ptahhotep*, recueil de maximes et de préceptes destiné à la caste des scribes, des juges et des fonctionnaires, et rédigé par un haut fonctionnaire au temps du pharaon Djedkarê Isési qui aurait régné de – 2381 à – 2353. Là encore, comme ailleurs et avant, tout passe par l'imitation, la répétition, la mémorisation et la punition. On peut lire dans un texte écrit pour des enfants de scribes : « L'oreille de l'élève est dans son dos. Il n'écoute que quand on le frappe. » Vers – 2050, au Moyen Empire, sous la direction d'un certain Khéty, trésorier du pharaon Mentuhotep II, est créée une école pour former des scribes et des prêtres ; ils y apprennent à déchiffrer les hiéroglyphes des principaux textes sacrés de l'époque : l'*Enseignement de Ptahhotep*, l'*Enseignement de Khéty*, l'*Hymne au Nil*. La pédagogie se limite encore à l'apprentissage par cœur et à l'imitation ; avec toujours des punitions corporelles très sévères.

Pendant cette longue période, et comme partout ailleurs alors dans le monde, l'essentiel des connaissances se transmet oralement, dans les familles, dans les champs, les casernes, les ateliers, sur les places publiques. Les garçons se forment ainsi, comme ailleurs et depuis des millénaires, auprès de leur père aux métiers d'agriculteur, artisan, charpentier, forgeron, maçon… Certains, en particulier les enfants des artisans qualifiés des villes, sont placés chez d'autres artisans afin d'apprendre des techniques inconnues de leurs parents. On a retrouvé parmi les papyrus égyptiens de cette époque de tels contrats d'apprentissage pour le textile, l'orfèvrerie, la maçonnerie, la musique, l'écriture des hiéroglyphes, la danse. Ces apprentis doivent alors être déclarés aux autorités auxquelles les artisans paient des impôts, dont une taxe d'apprentissage.

L'apprentissage dure entre six mois et cinq ans. Des enfants d'esclaves sont parfois mis aussi en apprentissage, mais moins longtemps que les enfants libres. Les apprentis sont logés chez leur employeur. La maîtrise du métier est sanctionnée par un contrôle des compétences par des membres de confréries professionnelles. Ainsi, pendant le Nouvel Empire (de – 1570 à – 1069), la confrérie des tailleurs de pierre (chargés de construire les tombeaux et les temples funéraires des pharaons et de leurs proches) est installée à Deir el-Médineh (ville fondée par Amenhotep Ier vers – 1530 pour les loger) ; on y a trouvé un texte écrit sur une pierre, sûrement par un professeur à destination d'un élève : « Aie à cœur d'écrire, c'est un métier utile pour celui qui le pratique. Ton père avait tracé des hiéroglyphes, et il était honoré dans les rues. » On a aussi retrouvé dans les « maisons de vie » des temples d'Amenhotep II (environ 1430-1400 avant notre ère) et de Ramsès II (vers – 1260), des exercices gravés sur des pierres, destinés aux élèves, parfois signés de l'élève et du professeur, démontrant que les pères et les grands-pères (scribes, dessinateurs, chefs ouvriers…) supervisent l'éducation de leurs fils ou petits-fils et les envoient chez des maîtres pour une formation plus avancée. Les familles les plus pauvres envoient leurs garçons dans l'armée, qui leur inculque les vertus et les techniques nécessaires au combat, sans aucune autre éducation.

Pendant tout ce temps, la formation des futurs pharaons reste assez stable : vers – 1300, le futur Ramsès II ne reçoit qu'une éducation militaire en accompagnant son père dans ses campagnes.

Pendant le Ier millénaire avant notre ère, de nouvelles « ât-seba » et de nouvelles « maisons de vie » apparaissent dans tout l'empire ; la « maison de vie » de Saïs (centre urbain important, dans le Delta occidental, entre le XVIIIe et le IVe siècle avant notre ère) est alors réputée pour former les meilleurs médecins de l'empire. Vers le Ve siècle avant notre ère, celle d'Héliopolis forme des scribes célèbres et des artisans-décorateurs ; Platon y serait venu étudier la philosophie auprès d'un certain Sekhnuphis.

Trois siècles plus tard, en 210 avant notre ère, Ptolémée V, pharaon séleucide descendant des héritiers d'Alexandre et installé à Alexandrie, jaloux de la bibliothèque de Pergame, colonie grecque en Asie Mineure, interdit aux habitants de cette ville d'utiliser du papyrus ; ce qui les conduit à écrire sur des peaux d'animaux, qu'on nommera le *pergamenon*, qui deviendra en français le « parchemin », bouleversant une nouvelle fois le support de l'écriture, après les tablettes et les papyrus.

Parias et brahmanes

Vers – 2000 en Inde du Nord, au bord de grands fleuves dont l'Indus et le Gange, s'installent d'autres villages, puis des villes et des empires, et s'y succèdent deux systèmes de transmission du savoir.

De – 2000 à – 600, pendant la période dite « védique » ou « hindouiste », les enfants mâles des trois castes privilégiées (les brahmanes, les kshatriyas et les vaishyas), formés d'abord par leur mère et des servantes, reçoivent à la maison, à partir de 8 ans, les cours de *gurus* (« enseignants ») qui leur apprennent le sanskrit, les Vedas, les Upanishads, les Shâstras, les Kavas, l'histoire, la logique, l'architecture, la politique, l'agriculture, le commerce, le tir à l'arc et les arts martiaux. Les enfants de familles moins privilégiées vont vivre plusieurs années chez un de ces gurus, rémunéré par les parents, et dont ils deviennent très souvent les valets sinon les esclaves ; ils y apprennent les savoirs religieux de base avant de retourner dans leurs familles pour reprendre les métiers de leur père, qui sont les mêmes qu'ailleurs dans le monde. Quelques filles suivent des études minimales jusqu'à leur mariage ; d'autres, plus rares encore, étudient très longuement la danse, la musique, les rituels de cérémonies sacrées et les Vedas ; certaines deviennent ensuite courtisanes, enseignantes ou médecins.

Vers – 600, selon la légende, Siddhârtha Gautama, fils d'un prince de la caste des kshatriyas, aurait grandi dans l'enceinte du palais familial, entouré, comme les autres enfants de son rang, de gurus qui le tiennent à l'écart de la souffrance et de la mort ; vers 20 ans, il aurait croisé, aux alentours du palais, un vieil infirme et un vagabond et vu un cadavre. Le jeune prince aurait été bouleversé de découvrir que la maladie, la vieillesse et la mort sont des étapes naturelles de la condition humaine. Il aurait alors tout quitté pour chercher la « vérité ultime » et devenir l'Éveillé, le Bouddha. Il édicte, pour l'une des premières fois dans l'histoire humaine (mais pas la première, comme on le verra plus loin avec le peuple hébreu), le droit des enfants de toutes les castes à un enseignement général qui serait financé par des dons ; selon lui, cet enseignement, en langue pāli, devrait transmettre le mépris des biens terrestres et le désir d'accéder au bien suprême dans le nirvana. Cela reste théorique : d'une façon plus restrictive encore que pendant la période védique, seuls les fils de brahmanes reçoivent une éducation, très élitiste, pas du tout centrée sur ces principes moraux : ils apprennent, à partir de 8 ans, à la maison ou dans des temples, le sanskrit, la grammaire, l'art de la guerre, la littérature, les lois, l'astronomie, la médecine, les mathématiques ; les textes des principales écoles bouddhistes remplacent les textes védiques ; la discipline imposée aux élèves est un peu moins sévère. Ceux qui veulent ou doivent continuer d'apprendre vont ensuite dans des *Viharas* (« maisons des enseignants »), à la fois universités et lieux de pèlerinage (qui prétendent, à tort, rivaliser avec les lieux d'études des jeunes adultes babyloniens et avec les « maisons de vie » égyptiennes pour être considérées comme les premières universités du monde). On y forme les prêtres, les médecins, les juges, les comptables, les marchands et les officiers supérieurs de l'armée. Par exemple, à Takshashila, ville située aujourd'hui dans la partie pakistanaise du Pendjab, tel lieu d'enseignement est fondé au VIe siècle avant notre ère (il existera pendant mille ans) ; il enseigne les Vedas, le sanskrit, le droit, la médecine, l'astronomie, les sciences militaires ; et, à Nalanda, dans le

Bihar, au IVe siècle avant notre ère, l'empereur Ashoka, troisième de la dynastie des Mauryas, surtout célèbre pour les messages qu'il faisait graver sur des pierres dans tout son empire, fonde un monastère recevant, parfois pendant dix ou vingt ans, des lettrés de toute l'Asie, que certains veulent aussi désigner comme la première université du monde.

L'éducation des filles se limite dans toutes les familles à l'apprentissage de la sexualité, aux tâches domestiques (cuisine, ménage, soins des enfants, entretien des animaux domestiques, plantes médicinales) et, dans la caste aristocratique, aux arts dits alors « féminins » (danse, musique, théâtre, chant, préparation de parfums, tissage, peinture, jardinage) ; certaines filles de la plus haute caste apprennent aussi l'écriture, la rhétorique, la grammaire, la logique et l'astrologie.

Là comme ailleurs, les enfants des autres castes et ceux des intouchables (les *shudras* et les *parias*) n'ont droit qu'à une transmission familiale des savoirs nécessaires à leurs métiers : nettoyer, cultiver, cuisiner, tisser, coudre, chasser, fabriquer des objets, des armes, des bijoux, des tissus, des vêtements.

Vers – 500, les artisans s'organisent en guildes, appelées *shrenis*, pour protéger les traditions et les secrets commerciaux ; seuls les garçons y sont admis, car on craint qu'une femme, une fois mariée, divulgue les secrets de sa famille à celle de son mari.

Pinceaux et académies

Deux mille ans avant notre ère, en Chine, les *Homo sapiens*, arrivés là depuis seulement 20 000 ans, s'organisent en villages situés autour d'immenses fleuves et précisément au confluent du fleuve Rouge et de son affluent, le Wei He. Ces villages sont peu à peu regroupés par des chefs régionaux, puis plus largement par un pouvoir impérial. L'empereur est alors considéré comme le représentant du Ciel sur la Terre, sur laquelle il est supposé régner. La survie de sa dynastie est tenue pour essentielle à la survie du peuple. Dès lors, il faudra tout faire pour qu'une guerre civile ne nuise pas à la stabilité de l'empire ; le respect des ancêtres et la formation et la sélection de cadres loyaux à la dynastie au pouvoir deviennent le principal enjeu de la transmission. Cette obsession ne quittera pas le pouvoir chinois jusqu'à aujourd'hui.

Là encore, les fils de princes ont des privilèges : des maîtres particuliers leur dispensent un enseignement dont on ne sait rien sinon qu'il porte sans doute sur le culte des ancêtres, du vent, du tonnerre, de la pluie et des éclairs, mélange d'animisme et de chamanisme ; avec des notions d'astronomie et d'astrologie, utilisant des écailles de tortue et des os de bovins pour répondre à des questions sur l'avenir, et naturellement de science militaire. Les premiers écrits retrouvés en Chine, qui datent de la dynastie Shang (de – 1800 à – 1050), dynastie dont l'existence historique n'est d'ailleurs pas établie), sont gravés sur des os de bovins utilisés par des oracles pour leurs prédictions ; on y lit des questions telles que : « Est-il propice pour les enfants d'aller étudier ? », ce qui laisse entendre qu'il existe à cette époque des lieux d'étude. Dans les monastères, les novices apprennent aussi à pratiquer les rituels, le taï-chi, la musique, et à prendre soin de leur corps.

Un peu plus tard, quand, vers – 1046, commence la dynastie Zhou (dont l'existence historique est elle aussi incertaine), apparaît le *Yi Jing* (ou *Classique des rites*), attribué à des sages de la cour (considéré jusqu'à aujourd'hui comme le plus grand texte chinois sur l'art de la divination et de la maîtrise de soi). Il fait mention de rois ayant fondé des écoles où des jeunes hommes de l'aristocratie sont pensionnaires et où on leur enseigne ce qu'on nomme alors les « six arts » : les rites religieux, la musique, le tir à l'arc, la course de chars, l'écriture et les bases des mathématiques. À Xu (actuel Jiangsu), sont fondées à cette époque ce qu'on nommerait aujourd'hui des « écoles primaires » et des « collèges » pour les enfants de familles nobles. L'éducation, laïque et morale, y vise en priorité à préparer les examens sélectionnant les cadres de l'empire et, pour cela, à développer une connaissance des grands textes classiques et un sens du devoir envers les ancêtres, l'empereur et l'État.

Vers – 500, à la fin de la période troublée dite « des Printemps et Automnes », les écoles disparaissent, sauf dans quelques provinces ; elles éduquent encore les enfants de la classe *shi* (située hiérarchiquement entre la vieille noblesse et les gens « communs »), dont fait partie un jeune homme qu'on nommera Confucius en Occident ; il y apprend les « six arts » avec des maîtres taoïstes, devient lui-même précepteur à 17 ans et fonde sa propre école. Comme d'autres avant lui, il est animé par l'obsession de la stabilité de l'empire ; il entend avant tout former et sélectionner des administrateurs « alliant compétence et vertu » ; il ne recrute ses élèves que parmi les enfants des familles privilégiées, ayant seules les moyens de le rémunérer. Selon la légende, il aurait eu jusqu'à 3 000 élèves, dont 72 maîtrisèrent totalement les six arts.

Pendant la deuxième période de la dynastie des Zhou orientaux (de – 480 à – 256), l'ordre impérial se désintègre ; l'urbanisation s'accélère ; une bourgeoisie marchande prend son autonomie à l'égard des empereurs. Dans ces temps de grande créativité s'affrontent le taoïsme, le confucianisme et le pragmatisme. Les empereurs (tel Xuan, vers – 318, dont l'existence n'est pas historiquement totalement établie) se seraient fait conseiller par de grands savants, comme le taoïste Shen Dao, le fondateur de l'École des naturalistes Zou Yan, le confucéen Mencius, qui placent leurs élèves aux plus hauts postes dans la fonction publique. Les écoles et collèges d'État restent réservés aux enfants de la noblesse, avec toujours la formation aux six arts nécessaires à l'exercice des grandes fonctions dans l'administration ; des écoles de district s'ouvrent aussi dans quelques villages ; les programmes, en mandarin courant, s'étalent sur quatre années séparées par des examens ; les adultes des classes populaires, hommes et femmes, peuvent y assister après leur travail. L'éducation des femmes est, là encore, largement limitée aux tâches ménagères. Pour l'essentiel, là comme partout ailleurs dans le monde, tout le savoir nécessaire au fonctionnement de la société se transmet en famille, dans les champs et les ateliers, et non dans des écoles.

En – 221, Qin Shi Huang (premier empereur dont l'existence est historiquement absolument établie) fait détruire tous les livres antérieurs à son règne et interdit en particulier d'étudier l'œuvre de Confucius ; en – 213, l'empereur Huangdi (qui ouvre les premiers éléments de la route de la Soie, de l'actuelle Xi An à Antioche) fait détruire tous les livres antérieurs à son règne. En – 206, un paysan révolté contre la dynastie Qin, Liu Bang, la renverse, fonde la dynastie Han et tente de nommer des hauts fonctionnaires choisis autrement que parmi les lettrés héréditaires ; il réhabilite Confucius et, pour retrouver ses œuvres disparues, il les fait récrire à partir des souvenirs des anciens qui les avaient apprises par cœur. Dans cette période de grande sophistication intellectuelle et d'une très grande croissance démographique en Chine, apparaissent en particulier les nombres négatifs dans *Les Neuf Chapitres sur l'art mathématique*, permettant aux Chinois de résoudre avant le reste du monde certains systèmes d'équations linéaires du second degré utiles au commerce. C'est aussi à ce moment qu'apparaissent les toutes premières porcelaines véritables, dont le secret de fabrication est jalousement conservé. Chez les artisans, la transmission se fait encore dans les familles ou par des maîtres, que l'apprenti, qui ne peut être une fille, appelle « père ».

En – 124, l'empereur Wu fonde une École impériale gratuite pour former des bureaucrates de haut niveau : les élèves, fils de grandes familles, admis à partir de 10 ans, y apprennent à écrire des centaines de caractères en les dessinant au pinceau. Les enseignants sont choisis parmi des fonctionnaires très érudits. D'autres écoles sont ouvertes en province pour donner aux jeunes nobles des régions accès à certaines hautes fonctions de l'administration territoriale de l'empire. Les filles ne peuvent toujours pas aller à l'école, quel que soit leur milieu social.

Transmettre la Loi

Alors que dans toutes les autres sociétés, les élites continuent de réserver l'apprentissage de la lecture et de l'écriture à leurs collaborateurs, le peuple juif va l'exiger de tous ses membres, sans exception, garçons et filles, pour qu'ils accèdent à une connaissance directe des Livres saints et de leurs commentaires, formant leur Loi. Pour que cette éducation soit générale, elle doit être gratuite ; les enseignants ne doivent pas faire payer leurs cours et doivent donc exercer en même temps un autre métier : médecin ou vigneron, boucher, cordonnier, puiseur d'eau ou ramasseur de bois ; quelques-uns d'entre eux prennent en plus la mission de recopier des *Sefer Torah*, les tefillins et les mezouzot. Cette tâche est extrêmement délicate car, à la moindre erreur, il faut brûler tout le manuscrit.

Cet apprentissage universel, totalement révolutionnaire, aurait commencé, selon les textes, vers – 1100, quand Moïse aurait demandé aux Hébreux échappés d'Égypte de transmettre aux générations futures le souvenir de leur errance et l'énoncé de leur mission future. La première prière juive, le *Chema Israël*, qui, selon les textes, date de ce moment, et qui reprend un message reçu par Moïse directement de Dieu, énonce : « Que les paroles que Je t'adresse aujourd'hui soient toujours sur ton cœur ; tu les enseigneras à tes fils, tu en parleras assis dans ta maison, en marchant sur le chemin, à ton coucher et à ton lever. » Moïse fait lire plusieurs fois la Loi (qui commence alors à s'écrire sur des tessons ou des rouleaux de parchemin avec le premier alphabet de l'histoire humaine, dit « protosinaïtique ») à son frère Aaron, qui en fait autant avec ses fils, puis avec les Anciens ; d'où l'habitude juive, aujourd'hui encore, de lire au moins quatre fois un passage de la Loi avant de l'étudier. Pour le judaïsme, la réussite matérielle est un signe de bénédiction divine, et l'ambition individuelle est encouragée. Là aussi apparaît l'ambition transgénérationnelle : chacun veut mieux pour ses enfants.

Après l'installation du peuple hébreu en Judée, vers l'an 1000 avant notre ère, les juges puis les rois imposent à tous l'apprentissage de la lecture, de l'écriture et de l'étude de la Loi. Cet apprentissage se fait dans les familles et les lieux de prière, en même temps que les textes sacrés s'écrivent, se précisent, s'organisent. Un partage de fonction s'installe : par exemple, les membres de la tribu d'Issacar dédient leur temps à l'étude et à l'enseignement de la Torah tandis que les descendants de Zabulon travaillent pour les deux tribus.

Un prophète est chargé de l'éducation de chaque prince héritier (ainsi Salomon, fils du roi David, est-il formé par le prophète Nathan) ; les enfants des riches sont formés par des gouvernantes ou des gouverneurs qui restent toute leur vie auprès de la famille ; les autres garçons, de condition plus modeste, apprennent à lire et à écrire en famille, et étudient ensuite dans des lieux de prière (comme si l'étude elle-même valait prière), avant d'accompagner leur père aux champs, à l'atelier ou dans la boutique. Dans tous les milieux, les filles apprennent les tâches domestiques auprès de leur mère et doivent aussi, au moins en théorie, apprendre à lire et à écrire pour l'enseigner à leurs enfants. C'est la première forme d'instruction primaire obligatoire dans le monde (avant même qu'elle n'apparaisse, on l'a vu, seulement en théorie, dans le monde bouddhique). Elle est ici très suivie, tout au long du siècle. Et il est vraisemblable que cette connaissance de la lecture et de l'écriture a joué un rôle essentiel dans la survie du peuple juif qui, tant de fois dispersé, pourra ainsi communiquer, de village en village, de communauté en communauté, par des messages écrits.

Bientôt la foi s'éloigne, l'alphabétisation se fait plus rare et bien des textes, dont le Deutéronome, disparaissent. Vers – 690, un roi de Judée, Ézéchias, exige très fermement l'ouverture dans chaque village d'un lieu d'enseignement de la Loi, un *Beth Hamidrach* (une « maison d'étude ») ; il fait suspendre une épée au-dessus de la porte de chacun de ces lieux avec une inscription menaçant de la peine capitale tous ceux qui négligeraient l'étude de la Loi. Ces maisons d'étude ne transmettent encore, semble-t-il, aucun autre savoir que la lecture et la discussion de la Loi. Les enseignants ne sont toujours pas des professionnels. Vers – 620, le roi Josias redécouvre le livre du Deutéronome et exige que chacun connaisse et récite tous les jours le *Chema Israël*.

À partir de – 597, après des défaites militaires, le Temple de Jérusalem est détruit ; l'élite du peuple juif est exilée à Babylone. Un siècle et demi plus tard, en – 459, Ezra, prêtre et scribe juif, ramène environ cinq mille exilés judéens à Jérusalem. Ils ont tout oublié de leur culture et ne parlent plus que chaldéen, assyrien et araméen. Ezra fait reconstruire le Temple et impose l'abandon de ces langues, le retour à l'hébreu, la lecture et l'étude publique de la Torah. Il en organise d'abord des lectures à haute voix, sur les marchés et dans les synagogues, par des *Sopherim* (« hommes du livre ») ; puis il fait ouvrir de nouvelles maisons d'étude dans lesquelles tous les enfants, garçons et filles, de 6 à 10 ans, doivent apprendre à lire et à écrire l'hébreu et le chaldéen et à faire une première lecture des textes bibliques ; de 10 à 15 ans, les garçons doivent étudier la Loi plus en profondeur ; de 15 à 18 ans, ils sont autorisés à la discuter et à la critiquer. Comme aux temps de Salomon et d'Ézéchias, cet enseignement est gratuit ; les enseignants vivent d'autres activités. Ezra ajoute qu'ils doivent être âgés, ni irascibles ni orgueilleux, ni alcooliques ni célibataires, car il est dangereux de confier les enfants à des hommes non mariés (on retrouvera cette méfiance à l'égard des relations sexuelles entre enseignants et enseignés tout au long de l'histoire, plus ou moins cachée).

Un peu plus tard, lorsque Athènes, dont on va parler, est au sommet de sa gloire, grande nouveauté à Jérusalem qui change tout : menacés par l'influence grecque, les adolescents des familles juives les plus puissantes et ceux qu'on destine aux fonctions religieuses sont autorisés à étudier ce qu'on nomme alors les « sciences grecques » (les mathématiques, l'astronomie, la physique, la médecine), afin de pouvoir répondre aux arguments tirés de ces sciences pour contredire la Loi ; ils doivent les étudier avec des sages juifs, capables de leur en donner une interprétation conforme à la Loi. En revanche, les parents, qui doivent transmettre à leurs enfants leurs savoirs professionnels et qui ont le droit de leur enseigner à lire et à écrire, ne sont pas autorisés à leur transmettre les savoirs grecs ; on lira un peu plus tard dans le Talmud, qui regroupera ces principes dans un texte unique : « Maudit soit l'homme qui enseigne la sagesse grecque à son fils. » Cette méfiance à l'égard de la pensée grecque sera levée un peu plus tard quand les sages juifs verront dans Aristote un monothéiste qui s'ignore.

Cette obligation de savoir lire et écrire ne semble pas, de nouveau, très respectée, car les rois suivants réclament encore qu'on crée une maison d'étude dans chaque hipparchie (unité de cavalerie de cinq cents soldats) pour les enfants des soldats. Et là où il n'y a pas d'école, les plus riches doivent prêter leur demeure pour qu'on y enseigne : « Que ta maison soit un lieu de rendez-vous pour les sages ; ne dédaigne pas la poussière de leurs pieds et recueille leurs paroles avec avidité » (*Pirké Avoth*, I, 4). Tous les textes de l'époque montrent l'obsession des dirigeants juifs pour le maintien de l'obligation de l'étude de la Loi par tous. Les grands prêtres installent toute une série de fêtes, de jeûnes et de rituels domestiques par lesquels les parents transmettent aux enfants un très grand nombre de valeurs, de règles morales et de prières, et discutent des textes avec eux.

En – 104, Shimon ben Shetah, chef du Sanhédrin et frère de la reine Salomé Alexandra, constate de nouveau qu'il n'y a presque plus d'écoles juives en Judée, et que l'instruction des enfants est laissée à leurs parents, souvent eux-mêmes ignorants. Il fait alors reconstruire ce qu'on nomme maintenant des *yeshivot* (du verbe « s'asseoir ») dans les grandes villes.

Sous l'influence des occupants grecs puis romains, l'hébreu et la connaissance de la Loi sont de nouveau délaissés. Le Temple de Jérusalem lui-même, le lieu le plus sacré, n'est plus respecté. Des révoltes, dont celle de Jésus, enflamment le pays.

Skholè et pédagogue

À partir de l'an 1000 avant notre ère, les bateaux sont plus grands, plus solides et peuvent s'aventurer en haute mer avec des cargaisons lourdes. Aussi, après le temps des villes au bord des grands fleuves, vient celui des ports en bord de mer. Le commerce remplace ou complète l'agriculture comme source principale des richesses. En particulier, la Méditerranée devient un espace de richesses et de culture. La Grèce et les colonies hellènes d'Asie Mineure deviennent des puissances. Pour l'armement et l'outillage, la métallurgie du fer supplante celle du bronze.

Dans ces nouvelles cités, il va falloir former aux métiers nécessaires à la survie d'une société à la fois rurale et urbaine, paysanne et marchande, terrienne et maritime. Il faut aussi, là comme ailleurs, leur enseigner les éléments d'une identité (une langue, une cosmogonie, des valeurs, une histoire nationale), et le maniement des armes. Dans ces nouvelles cités, comme ailleurs, les enfants des deux sexes des citoyens (c'est-à-dire des rares propriétaires fonciers) reçoivent d'abord un enseignement minimal par leur mère avant que les garçons ne soient confiés à leur père. Comme ailleurs, les autres habitants de la cité apprennent ce qu'ils doivent savoir dans les temples, les armées, les champs et les ateliers. La *tekhnè* (le savoir-faire spécialisé) est, comme ailleurs, transmise au sein de l'exploitation familiale. Comme ailleurs, la sexualité et les relations amoureuses s'apprennent par la pratique, les mythes et les conversations. On ne sait pas non plus grand-chose de la violence extrême dont, là comme ailleurs, sont victimes les enfants.

Cette histoire va d'ailleurs être largement mythifiée, par les Grecs eux-mêmes puis par l'ensemble de l'Occident, qui vont faire de ces gens, les Grecs, les inventeurs de bien des choses en réalité antérieures, comme l'alphabet (inventé par les Hébreux, puis un peu modifié par des marchands phéniciens et transmis aux Grecs) et l'école, dont on a vu qu'elle est d'abord babylonienne, chinoise, indienne et égyptienne.

En Crète, où tout commence (et où arrive le fer vers l'an 1000 avant notre ère), l'éducation des garçons est avant tout militaire ; l'enfant est très vite coupé de sa famille. Bien plus tard, l'Athénien Éphore de Cymé, dans son *Histoire universelle des Grecs et autres peuples depuis le retour des Héraclides*, racontera : « Le législateur [de la Crète] a voulu que les adultes prennent leurs repas ensemble pour que les pauvres soient à égalité avec les riches. Et pour que règne le courage, il a voulu qu'on les entraîne dès l'enfance aux armes et aux fatigues pour qu'ils méprisent la chaleur, le froid, les difficultés des chemins rocailleux et escarpés, et les coups reçus dans les gymnases ou dans les combats en bataille rangée ; il a voulu aussi qu'ils s'exercent au tir à l'arc et à la danse en armes. À chaque *andrie* [nom donné aux repas pris en commun entre les hommes] est attaché un pédonome [magistrat des enfants]. Les plus grands des enfants sont incorporés à une *agélè* [littéralement : troupeau]. Chaque *agélè* est dirigé par le père de l'enfant qui l'a rassemblée ; les enfants sont nourris aux frais de l'État. À des dates fixes, ils s'attaquent, *agélè* contre *agélè*, et ils se portent des coups soit avec le poing, soit avec des armes de fer. » Les fils de l'aristocratie crétoise apprennent ensuite le combat, la danse, la mythologie, la poésie et la musique. Des conteurs transmettent, de village en village, les exploits des dieux et des hommes. Les artisans transmettent leur savoir-faire de père en fils, notamment pour les métiers du cuir. On trouve même des gens exerçant des métiers très spécialisés, comme cordonnier pour chaussure féminine, coupeur de tissus, couseur de tissus, bouilleur de viande, rôtisseur.

À partir du VIIIe siècle avant notre ère, Sparte, cité grecque alors la plus prospère, est dominée par une classe militaire qui vit aux dépens des hilotes (population de Laconie réduite en esclavage) et des périèques (paysans libres de Laconie, mais sans droits politiques). Les enfants des citoyens spartiates doivent être formés d'abord comme des combattants ; dès leur naissance, ils sont examinés par une commission d'anciens qui décide si l'enfant est assez beau et robuste pour être gardé ; si ce n'est pas le cas, il est jeté aux Apothètes, un gouffre situé au pied du Taygète, chaîne de montagnes du Péloponnèse. À partir de 7 ans, tous les survivants, garçons et filles, sont envoyés dans des pensionnats et soumis à une discipline très rigoureuse. Jusqu'à 10 ans, ils dorment à même le sol, ont peu de vêtements et sont peu nourris ; leur combativité est sans cesse mise à l'épreuve par des bagarres et des expéditions nocturnes ; des officiers leur apprennent à dissimuler, à mentir, à piller, à lancer le javelot et à lutter ; leur instruction intellectuelle se limite à l'apprentissage de la cosmogonie et des chants religieux et guerriers ; de 10 à 16 ans, ils apprennent à lire et à réciter des maximes, et continuent un entraînement militaire très difficile ; ils passent ensuite des épreuves initiatrices, devant survivre seuls dans la nature. Ils sont alors prêts à affronter leurs voisins d'Arcadie et de Messénie. La société spartiate est tellement militarisée que, un peu plus tard, l'Andromaque d'Euripide dénoncera, depuis Athènes, le comportement très masculin des femmes de Sparte : « Même si elle le voulait, aucune fille de Sparte ne saurait être vertueuse ! Elles désertent leurs maisons et, les cuisses dénudées et le vêtement relâché, partagent les mêmes pistes de course et les mêmes palestres que les garçons. Cela m'est insupportable ! »

En – 376, après vingt ans de bataille, Sparte est battu par une coalition d'autres cités grecques (Athènes, Thèbes, puis Corinthe et Argos) soutenues par la Perse, qui reproche alors à Sparte de s'être mêlé d'une guerre de succession en Perse.

À partir de la fin du VIIe siècle, Athènes prend le relais de Sparte. Y vivent 300 000 personnes, dominées par 4 000 citoyens, et d'abord par les Eupatrides, qui détiennent les meilleures terres et se contentent de contrôler le gouvernement sans jamais combattre eux-mêmes ; l'éducation des enfants de ces citoyens vise à fabriquer des êtres vertueux et non des soldats. Les processus de transmission et la nature de ce qui est transmis sont singuliers : à la différence de la Mésopotamie, de l'Égypte et de l'Inde, les enseignants des enfants de l'élite athénienne ne sont pas des prêtres ; à la différence de la Chine, ils ne sont pas des fonctionnaires impériaux ; à la différence de la Crète et de Sparte, ils ne sont pas des militaires. Ce sont des grammairiens et des philosophes (ce mot désigne alors tous ceux qui réfléchissent, dont les scientifiques). Le verbe *paradidômi*, qui signifie « je transmets », désigne autant la transmission d'un savoir professionnel que celle d'un héritage ou d'un savoir sacré ; de plus, cet héritage n'est pas un savoir proprement dit : un enseignant ne transmet en principe aucun savoir ; son rôle est de développer la sagesse de ses disciples en les faisant réfléchir. Athènes assure aussi l'éducation sexuelle de tous à travers une série de rites et de fêtes religieuses, en particulier de « fêtes de la fécondité », lors desquelles les filles fabriquent des gâteaux en forme de sexes masculins et féminins.

Les enfants, garçons et filles, des classes très supérieures ont des professeurs particuliers. Ainsi, le jeune Périclès, fils d'une famille très puissante, apprend la musique auprès de Damon d'Athènes, qui sera ensuite son conseiller ; la philosophie auprès de Protagoras, de Zénon d'Élée et d'Anaxagore ; l'architecture auprès de Hippodamos (géomètre, ingénieur, architecte) ; la sculpture avec Phidias (sculpteur, orfèvre, peintre) ; le commerce auprès de grands marchands tels que Céphale de Syracuse ; sans doute apprend-il les aventures des dieux par des prêtres ; il épousera une femme d'une immense culture, Aspasie, qui gouvernera la ville avec lui. Une ville devenue le phare de la Grèce : Thucydide fait dire à Périclès : « Notre cité dans son ensemble est l'école de la Grèce. »

Les fils de l'aristocratie moins aisée vont, de 5 à 12 ans, accompagnés par un esclave, le *paidagôgos*, qui n'est alors qu'un garde du corps, étudier auprès de *grammatistes* (dans des lieux financés par les parents), la lecture, l'écriture, le calcul, la poésie et l'histoire des héros mythologiques ; ils écrivent sur des tablettes de bois garnies de cire, sur des tessons de poterie ou sur du papyrus. Leur journée commence généralement par le sport, le grammatiste intervenant l'après-midi. Peu de vacances et de repos hebdomadaire. Comme ailleurs, les enfants ne sont pas regroupés par niveau ; et le maître n'enseigne qu'à un élève à la fois, laissant les autres à l'abandon dans un grand désordre, plus ou moins maîtrisé par des punitions. Quand les enfants ont entre 12 et 16 ans, le grammatiste cède la place au grammairien, qui enseigne à ces jeunes privilégiés les épopées classiques (Homère, Hésiode…), transmises par des conteurs depuis des siècles. On lit à haute voix, on apprend par cœur, puis on explique et on commente le texte. On apprend aussi la lutte, la gymnastique, le maniement des armes, le lancer de javelot, le tir à l'arc, sous le regard du pédotribe, l'entraîneur. On vise la kalokagathie (le fait d'être à la fois beau et bon). On étudie peu le calcul, les sciences, les techniques et la théologie. À partir de 16 ans, ces adolescents vont au « gymnase », (qui rassemble l'ensemble des équipements sportifs dont dispose la cité). Puis chez un rhéteur (de *rhètôr*, « orateur ») pour apprendre l'art oratoire, ainsi que chez un sophiste (« spécialiste du savoir »), qui enseigne plus encore l'art de persuader. Les plus célèbres sophistes se déplacent de ville en ville, accompagnés de leurs élèves, et donnent des conférences pour attirer de nouveaux disciples ; parmi ces sophistes, pendant la seconde partie du Ve siècle, Protagoras d'Abdère, Gorgias de Léontinoi, Antiphon d'Athènes… De 18 à 20 ans, les jeunes hommes accomplissent leur service militaire (*éphébie*), puis ils deviennent citoyens et fréquentent des *lycées*, dont le nom désigne d'abord une école philosophique fondée près du temple d'Apollon lycien au nord-est d'Athènes. Le lycée est d'abord un gymnase (d'où plus tard le mot *Gymnasium*, en allemand, pour désigner un lycée) ; ils représentent aussi des écoles philosophiques, nommées *skholè*, terme qui désigne d'abord un moment réservé à la conversation dans les occupations de la journée. Toutes ces études sont financées par les parents.

Parmi les enseignants dans ces *skholè*, Socrate. Vers – 435, ce fils de sculpteur (on ne sait rien de son éducation) commence à enseigner au gré des rencontres, dans la rue, dans les gymnases, les stades, les échoppes. Pour lui, le rôle du pédagogue est d'aider l'élève à retrouver, par la maïeutique, une vérité enfouie en son esprit depuis sa naissance. Quand, en – 399, Socrate est condamné à mort pour avoir introduit de nouvelles divinités, un de ses disciples, Platon, reprend son enseignement et en déduit une théorie de l'éducation qui formalise ce qu'on pense depuis des siècles dans tout le bassin méditerranéen : l'enseignement, dit-il, n'est pas fait pour tout le monde : « La nature a fait les uns pour s'attacher à la philosophie et commander [...] et les autres pour s'abstenir de philosopher et obéir à celui qui gouverne. » « Ceux qui veulent devenir de bons agriculteurs ou encore architectes doivent s'amuser soit à bâtir quelqu'une de ces maisons que construisent les enfants, soit à travailler la terre, et leur éducateur doit fournir à chacun d'eux des outils miniaturisés qui imitent les vrais ; ils doivent faire l'apprentissage de toutes les sciences dont l'étude préalable leur sera nécessaire, comme le charpentier s'exercer à se servir du cordeau, l'homme de guerre à monter à cheval en jouant et ainsi du reste. » Pour les enfants de l'élite, il déconseille l'apprentissage de la mythologie, et en particulier d'Homère et d'Hésiode. Il recommande qu'on n'enseigne que ses propres dialogues et prône l'enseignement de la musique, pour « détendre les âmes violentes, rendre la tension aux âmes trop déprimées, aider à acquérir la notion d'harmonie et apprendre à distinguer le laid du beau ». Il impose le respect de l'autorité intellectuelle des maîtres et encourage la fascination de l'élève pour le maître, jusqu'à la pédérastie, qui, écrit-il dans *La République*, est une forme de pédagogie. Très vite après sa mort, ses textes sont étudiés dans les gymnases : *Lysias*, sur les relations interpersonnelles, *Charmide*, sur la sagesse, *Protagoras*, sur la possibilité d'enseigner la vertu et l'excellence, et *La République*.

Les enfants des autres classes sociales n'apprennent que le métier que leur transmettent leurs parents, en travaillant avec eux dès l'âge de 3 ou 4 ans ; ils n'apprennent de la culture grecque que les récits mythologiques transmis par les conteurs ambulants.

Un peu plus tard, les citoyens d'Athènes doivent céder le pouvoir à un général venu de la Macédoine voisine, Philippe, qui choisit Léonidas, Lysimaque d'Acarnanie et Aristote comme précepteurs pour son fils Alexandre.

Aristote est le fils du médecin personnel du roi Amyntas de Macédoine. Orphelin de père à 11 ans, il est élevé par son beau-frère, puis est admis à 17 ans à l'Académie de Platon ; il y reste vingt ans. Platon l'appelle « le Liseur » ou « l'Intelligence de l'école ».

À partir de 7 ans, Alexandre reçoit d'abord un entraînement militaire et sportif intensif ; il apprend ensuite avec Aristote la littérature, la musique, la modération, la piété ; Aristote lui enseigne que la répétition développe les dispositions naturelles, que c'est en faisant de bonnes actions qu'on devient juste, et que c'est en pratiquant des actions courageuses qu'on devient courageux. Alexandre affirmera qu'Aristote lui a appris à « vivre bien », lui a inculqué les valeurs d'un bon gouvernant, et lui a enseigné comment développer une amitié, « chose la plus nécessaire à l'existence ».

Devenu roi, Alexandre crée partout où il passe des lieux d'études spécialisées (philosophie, médecine...), à l'image des « maisons de vie » égyptiennes. Après sa mort en – 324, une des villes qu'il a créées, Alexandrie en Égypte, devient le centre de la conservation et de la transmission du savoir grec ; le général qui hérite de cette partie de son empire, Ptolémée Ier Sôter, y fait construire un établissement d'enseignement supérieur avec un musée, des salles de cours et une bibliothèque qui rassemblera jusqu'à huit cent mille rouleaux de papyrus venus du monde entier. Les plus grands savants viennent y enseigner : Euclide, Posidonius, Geminos, Théon, Diophante, Pappus les mathématiques ; Aristarque de Samos, Ératosthène,

Hipparque, Strabon, Claude Ptolémée l'astronomie et la géographie ; Archimède, Ctésibios, Héron, Philon, Claude Ptolémée la physique, la mécanique, l'hydrostatique, l'hydrodynamique et l'optique ; Érasistrate, Hérophile, Dioscoride l'histoire naturelle et la médecine ; et Théophraste la minéralogie.

Tout cela disparaît en – 47 dans les combats entre Jules César et Ptolémée XIII, juste avant que l'Égypte ne devienne romaine.

Schola et magister

Aux débuts de Rome, au VIIIe siècle avant notre ère, la nouvelle cité de la péninsule italique met d'abord, comme Sparte, l'accent sur l'éducation militaire et patriotique ; puis, comme Athènes, elle donne aux enfants de l'aristocratie rurale une formation plus complète, avec un respect inconditionnel des ancêtres et des dieux (dont la cosmogonie mêle des sources hellènes et latines) et une transmission exigeante de leurs rites. Comme partout, on transmet l'essentiel des savoirs concrets dans les familles, dans les champs, les ateliers, les thermes, les théâtres et les amphithéâtres. Même analphabète, tout Romain apprend les récits de sa mythologie, largement copiée de celle des Grecs, en assistant à des pantomimes.

Dans les familles aisées, les enfants, garçons et filles, bénéficient d'abord d'un enseignement à domicile jusqu'à l'âge de 7 ans ; la mère enseigne à ses enfants le culte des dieux et des ancêtres, assistée par une nourrice, esclave souvent affranchie et si bien intégrée aux membres de la famille qu'elle les rejoint dans la sépulture familiale.

Les filles vont à l'école, financée par les parents, jusqu'à 12 ans ; elles étudient au moins les rudiments de l'écriture, lisent les auteurs classiques latins et grecs, et apprennent à chanter ou à jouer d'un instrument de musique ; puis elles sont contraintes d'arrêter leurs études pour se consacrer à l'apprentissage des tâches ménagères avec leur mère. Deux des fresques de Pompéi les plus connues, celle « de Terentius Neo et sa femme » et celle dite « de Sapho », réalisées sans doute au tout début de notre ère, montrent des femmes en train d'écrire ; on trouve des inscriptions écrites par des tenancières de cabaret indiquant les prix, ou de courts textes écrits par des jeunes filles à destination de leur amoureux. On connaît des femmes poètes, comme Caecilia Trebulla ou Eucheria, et des femmes philosophes telles Aesara de Lucania ou Melissa.

Les garçons, eux, sont placés à l'âge de 7 ans sous l'autorité du père ; les fils des familles très riches sont éduqués à la maison de 7 à 11 ans par un précepteur avec une forte dominante d'un enseignement militaire. Dans les familles un peu moins riches, un « pédagogue » accompagne les enfants jusqu'à une « école », financée comme ailleurs par les parents, en général ouverte sur la rue ou sous un des portiques du Forum ; les enfants sont assis sur des bancs ou des tabourets ; le maître (en général un esclave ou un affranchi) s'assied sur une chaise surélevée ; il enseigne séparément à chaque élève les bases du calcul, la lecture, l'écriture, l'art militaire, le respect des ancêtres, la mythologie, le dévouement à la patrie, les bases de l'agriculture, du contrôle des esclaves, des lois et des vertus morales ; c'est la *litteratio*. Les élèves apprennent à écrire avec une pointe de fer sur une couche de cire molle répandue entre deux tablettes de bois. On utilise aussi, comme en Égypte, du papyrus, un roseau taillé en pointe et un encrier. Comme ailleurs, l'apprentissage est toujours fondé sur la mémoire et l'imitation ; on lit à voix haute et on apprend à compter avec des petits cailloux ou des jetons en os appelés *calculi*. Comme ailleurs, les punitions sont violentes. Les maîtres se servent pour cela de baguettes de bois et de lanières de cuir.

Dans les familles populaires, passé l'âge de 5 ou 6 ans, le garçon aide son père aux champs ou à l'atelier, tandis que la fille reste auprès de sa mère pour s'occuper des tâches ménagères. Des communautés d'artisans organisent ensuite la transmission de leurs savoirs ; chaque corps de métier, pour avoir le droit d'enseigner, doit être reconnu par le sénat local ; il peut alors posséder des biens et dispenser un enseignement. On connaît une communauté d'orfèvres à Rome, organisée dès le VIe siècle avant notre ère, dont les membres sont tenus de transmettre leur métier à leurs enfants ; il y a des communautés d'arpenteurs, de fabricants de boîtes à livres, d'architectes, d'infirmiers ; il y a aussi des communautés d'artisans étrangers tels les verriers orientaux et les brodeurs syriens. Dans un poème funéraire célébrant la mémoire d'un apprenti orfèvre mort à 12 ans, on lit : « Il savait fabriquer des colliers d'une main bien formée et disposer avec délicatesse différentes pierres précieuses dans de l'or. » Et on a retrouvé l'épitaphe d'un maître par un de ses apprentis : « Il m'a enseigné son art avec tout le dévouement possible et m'a donné des ressources pour vivre en faisant de moi un tailleur cher à tous mes amis ; lorsqu'il m'eut élevé et enseigné son art, espérant recueillir de moi en échange autant de reconnaissance, il ne l'obtint pas mais mourut à l'âge de 35 ans. » La formation agricole est aussi transmise dans les familles, puis par des spécialistes : au Ier siècle avant notre ère on trouve les premiers traités d'agriculture (ceux de Varron, par exemple), des manuels d'économie rurale, des traités sur l'art d'élever les abeilles ou de soigner les bêtes.

Quelques femmes aussi : beaucoup d'inscriptions romaines mentionnent des lectrices, des secrétaires, des sténographes, des comptables, des enseignantes ; elles sont esclaves dans des familles, ou affranchies de celles-ci, et très estimées pour leur savoir-faire.

Quand, à partir du milieu du IIe siècle avant notre ère, Rome conquiert la Grèce, l'influence de celle-ci devient plus grande encore : l'éducation des garçons de l'élite est confiée à des esclaves grecs qui enseignent à lire et à écrire la langue grecque, puis la grammaire latine, la rhétorique, la littérature. Apparaissent des manuels bilingues (texte grec à gauche, latin à droite ; vocabulaire, fables d'Ésope...). Les écoles restent financées par les parents. Des écoles spéciales, appartenant à des familles riches, forment des gladiateurs. Les enfants des esclaves ne vont pas à l'école, sauf si les parents sont affranchis ; par exemple, le poète Horace (– 65 à – 8) est le fils d'un esclave affranchi devenu receveur municipal et qui a placé tout son argent dans l'éducation de son fils. De 11 à 15 ans, les garçons de familles riches vont chez un *grammaticus latinus*, payé par les parents, pour continuer à étudier le calcul et la rédaction. Après 15 ans, les garçons des familles les plus puissantes poursuivent des études chez un rhéteur où ils étudient le *De inventione* de Cicéron, et plus tard le *De institutione oratoria* de Quintilien. Ils sont ensuite envoyés pendant un an chez un « politicien » (généralement un ami de la famille) pour y apprendre la vie publique. Ils passent ensuite un moment dans l'armée où ils apprennent les différentes façons de tuer.

Vers – 70, Jules César est éduqué ainsi, d'abord à domicile, par sa mère Aurelia ; il apprend (selon ce que rapporte Cicéron dans ses *Lettres à Atticus* et dans son *Brutus ou Dialogue sur les orateurs illustres*) l'art des relations en société (politesse, amabilité, savoir-vivre et prodigalité). À partir de ses 16 ans, il apprend à parler en public, l'équitation, l'athlétisme, la natation, les diverses techniques de combat au corps à corps, la tactique et la stratégie de maniement des troupes. Ses conversations sont brillantes et cultivées. Selon Caton, son contemporain, il est le seul à ne pas s'enivrer pendant les banquets.

Druides et bardes

En Gaule, avant l'arrivée des Romains, le jeune paysan libre apprend en famille, dès l'âge de 4 ans, à garder des troupeaux, à couper du bois, à faire tourner un moulin, à manier le tamis et à assécher les céréales. Les nobles, en général polygames, comme la plupart des peuples antérieurs, placent leurs nombreux fils, avant l'âge de 7 ans, souvent même dès la naissance, chez des pères nourriciers qu'ils payent pour qu'ils leur assurent, selon l'historien Michel Rouche, la « nourriture du corps et de l'esprit » ; ils y apprennent la chasse, la natation, l'équitation, le jeu d'échecs, à danser les armes à la main, à dresser des chiens et des faucons, à chasser les sangliers avec des pieux et des coutelas et les oiseaux avec des javelots ; on les entraîne à des jeux de guerre, souvent contre des esclaves ; on les habitue à la violence (on leur apprend à clouer la tête des ennemis sur les portes) ; les enfants deviennent alors plus proches de leur père adoptif que de leur père biologique, au point de constituer une véritable armée autour de lui, prête à le défendre jusqu'à la mort ou à le venger. Les jeunes filles nobles apprennent leurs devoirs d'épouse, la couture et la broderie. Les druides (les « très savants », selon une étymologie contestée), dont des femmes, transmettent à des adolescents les mystères de la cosmologie. Jules César écrit à leur propos : « Ils fascinent par l'étendue de leur savoir. Ils sont très honorés et un grand nombre d'adolescents viennent à eux pour s'instruire [...] spontanément ou envoyés par les familles. [...] Ils estiment que leur religion ne permet pas de confier à l'écriture la matière de leur enseignement, alors que pour tout le reste, en particulier pour les comptes publics et privés, ils se servent de l'alphabet grec. [...] En outre, ils se livrent à de nombreuses spéculations sur les astres et leurs mouvements, sur les dimensions du monde et celles de la Terre, sur la nature des choses, sur la puissance des dieux et leurs attributions, et ils transmettent ces doctrines à la jeunesse. »

En – 51, la partie conquise de la Gaule, comme les autres parties de l'empire, est rattachée à Rome, qui tente assez vite d'y imposer sa langue, sa culture et sa religion ; en – 8, Auguste interdit la pratique des cultes druidiques et organise un grand remplacement culturel en imposant un système administratif et éducatif reposant sur le latin et le grec.

À Pompéi, ville particulièrement riche, la seule pour laquelle on ait une sorte de recensement, au début du Ier millénaire de notre ère, 60 % des citoyens romains et 20 % des citoyennes savent au moins lire et écrire leur nom.

Tout cela va bientôt s'effondrer (sauf dans le monde juif). Il faudra attendre plus de quinze siècles pour retrouver, où que ce soit dans le monde, un tel niveau d'éducation.

Chapitre 2

Quand le monothéisme prend le contrôle absolu de l'éducation

Du début de notre ère à 1448

Pendant les quinze premiers siècles de notre ère, malgré d'innombrables soubresauts politiques, géopolitiques, économiques et culturels, rien d'essentiel ne change, en apparence en tout cas, dans la façon de transmettre les connaissances nécessaires au fonctionnement des sociétés : cela passe toujours principalement par les familles, les clans, les champs, les ateliers, les armées ; ce qu'on nomme aujourd'hui l'« école » n'y joue presque aucun rôle, sinon pour la formation des prêtres des diverses Églises et des cadres importants au service des puissants. En particulier en Europe et au Moyen-Orient, s'installent plusieurs religions nouvelles, toutes issues du monothéisme juif : un clergé y prend le pouvoir en imposant sa définition de l'éthique et en tentant de limiter la transmission de tous les savoirs à ses propres prêtres, discréditant les savoirs antérieurs à son avènement. Pour autant, le savoir judéo-grec nourrit encore la médecine, l'astronomie, le droit et la philosophie, précieusement transmis et enrichis de découvertes nouvelles. Partout persiste et grandit, plus ou moins caché, le désir de comprendre, d'apprendre, de transmettre des savoirs nouveaux sur la réalité du monde. La Chine, qui échappe à ce contrôle théologique sur le savoir, innove plus que toute autre et s'impose comme la superpuissance démographique et agricole de ce millénaire et demi, même si l'enseignement officiel se réduit à former et à sélectionner, selon des procédures inchangées et sur des savoirs traditionnels, les cadres d'un empire sans cesse menacé.

Rabbi et Talmud

En 63 de notre ère, alors que l'occupation romaine se fait plus dure, le grand prêtre du Temple, Josué ben Gamla, rappelle l'importance de l'apprentissage de la lecture et de l'écriture hébraïques à toutes les communautés juives du pays et d'ailleurs. Il rappelle l'obligation scolaire à partir de l'âge de 6 ans ; il impose de nouveau aux communautés d'ouvrir une école et d'engager un enseignant avant même de construire une synagogue. Cela ne semble pas très entendu : l'année suivante, les rabbins doivent encore rappeler au peuple que fréquenter la maison d'étude est obligatoire pour tous les enfants de 6 à 12 ans et que chaque ville est tenue d'avoir au moins une école, ce qui prouve que cela n'est toujours pas le cas. De fait, on vit en araméen, on étudie en grec et on obéit en latin. L'hébreu n'a plus sa place, sauf pour prier.

Quand, en 70, le Second Temple de Jérusalem est détruit par les Romains, les rabbis ne renoncent pas : rassemblés par l'un d'eux, Yohanan ben Zakkaï, ils créent à Yabneh, avec le consentement des Romains, une maison d'étude, où des dizaines de rabbins réunissent leurs commentaires pour former ce qui deviendra le Talmud ; ils rappellent que la transmission de la langue, de la foi et du savoir est, plus que jamais, la condition de la survie du peuple, qui commence à se disperser : l'enseignant est plus important pour un enfant que son père ; habiter dans une ville sans école est un péché ; si une ville est coupée en deux par un fleuve sans pont solide pour le traverser, il faut une école dans chacune des deux parties ; et si la ville est trop pauvre pour construire une école, elle doit convertir sa synagogue en école. Et puis : « Que la maison de prière soit détruite, mais que les enfants aillent à l'école » (Talmud de Babylone, Shabbat, 119b).

Dans cette académie de Yabneh, on assume désormais ouvertement le fait qu'on peut enseigner les savoirs grecs. Rabbi Chimon ben Gamliel écrit : « Il y avait mille jeunes hommes dans la maison de mon père, dont cinq cents étudiaient la Torah et cinq cents étudiaient la sagesse grecque » (Sotah 49b). D'autres académies s'établissent à Lydda, en Césarée et ailleurs. En plus de la langue et des rites, les écoles de chaque communauté apprennent désormais aussi aux enfants des rudiments de calcul et de science.

Un peu plus tard, quand les Juifs quittent en masse la Judée et se dispersent à travers l'Europe, l'Asie et l'Afrique du Nord, ils retrouvent la situation qu'ils ont connue lors de leurs exils antérieurs : l'identité n'est plus définie par une terre mais par un Livre ; l'oublier signifierait disparaître. Partout dans le monde, la famille reprend son rôle dans la transmission de l'identité nationale, c'est-à-dire de la langue, de la foi et de la culture. Le Livre remplace la Terre ; les Juifs se retrouvent dans les synagogues, où les jeunes apprennent à lire et à écrire l'hébreu, et à commenter les textes. Plus tard, en Europe de l'Est, les Juifs emploieront le même mot, *Schule*, pour désigner l'école et la synagogue. D'autres lieux d'études plus avancées (les *yeshivot*), financés par chaque communauté, sont réservés à ceux qui se spécialisent dans l'étude de la Loi ; ils y analysent les textes à deux et s'entraînent à défendre des interprétations différentes jusqu'à ce que l'un ait convaincu l'autre du bien-fondé de son raisonnement. De plus, certains y étudient aussi, les textes grecs et les comparent aux textes de la Loi. Même si cet enseignement est essentiellement religieux, il va former l'esprit d'innombrables générations de Juifs à la recherche d'invariants derrière les faits, ce qui sera plus tard le propre de la méthode scientifique.

Tous les autres monothéismes auront ensuite la même obsession : faire connaître leur Loi. L'Église catholique ajoutera trois dimensions étrangères au judaïsme : les prêtres auront seuls le droit de lire les textes, ils devront convertir les infidèles et l'étude des textes grecs sera interdite. L'islam reprendra très largement ces obligations.

Former dans l'empire, contre l'empire

Rien ne distingue les premiers chrétiens des Juifs qu'ils ont été. Anne, la mère de Marie, est fréquemment représentée enseignant la lecture de la Torah à sa fille ; Jésus lui-même apprend à lire et à écrire l'hébreu (qu'il parle mieux que le grec et moins bien que l'araméen), dans un *Beth Hammidrasch*, en répétant en cadence des passages de la Loi, des Prophètes et des Psaumes. Rien ne dit qu'il apprend un métier.

Après sa mort se forme en Judée une nouvelle secte juive, le christianisme, pour qui l'essentiel est dans quelques passages du Lévitique (« Tu aimeras ton prochain comme toi-même »). Pour eux, il ne sert à rien d'enseigner la lecture de la Loi à tous les fidèles ; des prêtres auront seuls la charge de lire et de transmettre la bonne parole. Plus personne ou presque, en dehors des prêtres, ne devra savoir lire et écrire. Plus besoin d'écoles pour tous, ni dans les lieux de culte ni en dehors. Il suffira de former des prêtres et de confier aux parents le soin de vérifier que les enfants apprennent par cœur ce que les prêtres leur enseignent oralement. La violence éducative est toujours là. Saint Paul écrit : « Parents, n'exaspérez pas vos enfants, mais usez, en les éduquant, de corrections et de semonces qui s'inspirent du Seigneur » (Éphésiens 6, 4). Bientôt on tuera, au nom de cette philosophie de l'amour.

Pendant ce temps, dans tout l'Empire romain, la transmission des connaissances nécessaires au fonctionnement de la société continue de se faire essentiellement dans les familles ; quelques parents très aisés envoient toujours leurs enfants dans des lieux spécialisés pour y apprendre la rhétorique, la philosophie, les mathématiques, la géographie, les rudiments de la conversation et de la culture, pour l'essentiel en grec. Les professeurs, rhéteurs et grammairiens, recrutés par un concours (*probatio*), sont désormais rémunérés par l'État et exemptés d'impôts, comme les médecins. Sénèque critique sévèrement ces enseignements : il explique que leur pédagogie ne pousse ni à la réflexion personnelle ni à la curiosité ; et que, pour un enfant, se contenter d'apprendre des textes par cœur ne prépare pas à résoudre les problèmes réels. Un certain Fabius Quintilianus, né en Tarraconaise, aura aussi à cette époque une très grande influence sur l'éducation de l'élite romaine : venu à Rome pour apprendre la rhétorique auprès d'orateurs renommés, tels Domitius Afer et Julius Africanus, il ouvre en 68 une école de rhétorique et devient si célèbre que Vespasien (règne de 69 à 79) lui confère le titre de professeur public d'éloquence ; il a alors comme élèves Pline le Jeune et le futur empereur Hadrien ; l'empereur Domitien, qui règne après Vespasien, le choisit pour éduquer ses petits-neveux. Quintilien publie ensuite l'*Institution oratoire*, où il explique comment enseigner la grammaire et la rhétorique : « Tout ce qu'il faut savoir, qu'on l'apprenne toujours de bonne heure : ne souffrons point qu'un enfant perde ses premières années dans l'habitude de l'oisiveté. » Il s'oppose aux châtiments corporels, jugeant les compliments plus efficaces que la brutalité, et s'oppose à la mémorisation des réponses aux problèmes, expliquant qu'il est préférable de laisser les élèves les trouver en réfléchissant. Pour lui, les enseignants doivent être de très haut niveau et très bien payés, mais l'empire déclinant n'en dispose pas, sinon pour une minuscule élite ; le reste du peuple, lorsqu'il a accès à une école – ce qui est encore très rare –, en est réduit à l'apprentissage par cœur et aux punitions corporelles. Les méthodes de Quintilien, si modernes, resurgiront quinze siècles plus tard.

Au même moment, qui correspond aussi à la plus grande extension géographique de l'Empire romain, on commence à abandonner le roseau pour la plume et à écrire les textes sur plusieurs feuilles de parchemin séparées, qu'on attache ensuite par des cordes, en des ensembles qu'on nomme *codex*. C'est un changement considérable : les ouvrages peuvent être feuilletés, ce qui était impossible lorsque tout le texte était sur un seul rouleau ; ils peuvent aussi être entreposés et transportés plus facilement ; et l'on peut maintenant répartir un texte à copier entre plusieurs scribes, avant de réunir les feuillets. Les textes deviennent donc moins coûteux, et plus de gens y ont accès. Le papier, qui vient d'être inventé en Chine, fait son apparition à Rome.

Pendant ce temps, dans le reste de l'Empire romain, et en particulier dans la Gaule romanisée, les garçons des classes sociales les plus élevées étudient toujours la grammaire latine et grecque auprès d'un précepteur privé (un esclave grec ou latin). Lorsqu'ils ont environ 14 ans, un rhéteur leur enseigne les textes de Cicéron, les auteurs grecs et la géographie. À partir de 16 ans, ils fréquentent des écoles de droit et de lettres (esquisses de ce que seront, mille ans plus tard, les premières universités européennes). À Marseille, vers l'an 22, « tous les citoyens de bonne famille s'adonnent à l'art oratoire et à la philosophie, au point que leur cité sert tout récemment d'école pour les barbares et qu'elle fait des Gaulois des philhellènes », écrit Strabon dans le livre IV de sa *Géographie* en dix-sept volumes. Tacite rapporte que « toute la plus noble jeunesse des Gaules s'y rend ». Les fils des classes moyennes commencent à aller aussi dans une école pendant un ou deux ans ; les fils des artisans apprennent toujours le métier avec leur père ou dans des associations professionnelles, qui doivent être reconnues par le sénat local. En 235, après les conquêtes de Sévère Alexandre, les druides sont éliminés ; avec eux disparaissent l'usage et l'enseignement de la langue gauloise et des pratiques druidiques au profit de la langue et du clergé de la religion romaine.

Au début du IIIe siècle, alors que la religion chrétienne commence à attirer les élites romaines, sa nouvelle Église s'insinue peu à peu dans le système pédagogique romain, sans s'imposer ni remettre en cause l'enseignement de la philosophie, de la littérature et des sciences : sous Dioclétien, qui règne de 284 à 305, l'État s'affaiblit et ouvre le système éducatif à l'Église nouvelle. En 288, Eumène, un Gallo-Romain maître de rhétorique, crée, à la demande de Constance Chlore (qui deviendra empereur en 305), une école à Augustodunum (Autun, dont Constance veut faire la capitale de la Gaule), pour y former ce qu'on appellera désormais des « clercs » (du latin *clericus*, « homme d'Église ») et les mettre au service de l'Église ; on leur enseigne les Évangiles, le latin, le grec et la rhétorique ; puis le calcul, le chant et la théologie. Eumène recommande l'utilisation de cartes pour étudier l'histoire et la géographie ; il fait dessiner le monde connu (*orbis pictus*) sur les portiques de l'école d'Autun, où les élèves apprennent à localiser les conquêtes impériales ; il écrit en 298 : « On a représenté la situation des lieux avec leurs noms, leur étendue, leurs distances, la source et l'embouchure de tous les fleuves, les sinuosités des rivages et les circuits de l'Océan qui embrasse les continents, et ses mouvements impétueux, des choses difficiles à saisir par l'enseignement oral étant plus clairement expliquées au regard. » Ses meilleurs élèves étudient ensuite la grammaire à partir des *Distiques de Caton* et de fables moralisantes ; les meilleurs vont jusqu'à la rhétorique et la dialectique et deviennent soit des clercs de l'Église, soit des cadres de l'empire. Comme partout ailleurs et depuis toujours, il n'y a pas de cours collectif ; le maître s'occupe tour à tour de chaque élève dans un brouhaha général.

En même temps, l'Église catholique va tout faire pour qu'on n'enseigne plus à lire et à écrire au peuple ; et elle prend peu à peu le contrôle, hors de l'école, de la transmission des valeurs et du récit religieux, en imposant aux familles toute une série de fêtes et de rituels domestiques calqués sur les fêtes païennes, les saints remplaçant les dieux romains ; les parents transmettent ainsi aux enfants, par un très grand nombre de récits oraux, des valeurs et des règles morales ; sans jamais, à la différence du judaïsme, se sentir tenus de leur apprendre à lire : seuls les prêtres doivent maintenant savoir lire pour expliquer la Bible au peuple, à leur façon.

En 313, avec l'édit de Milan, l'empereur Constantin fait du catholicisme la religion officielle de l'empire, sans se convertir encore lui-même ; des prêtres enseignent oralement aux fidèles (pas seulement aux enfants) les mystères chrétiens ; leur enseignement se conclut par le baptême que Constantin reçoit en 337 sur son lit de mort. Après lui, ses trois fils, Constantin II, Constance II et Constant Ier se proclament Auguste et se partagent l'empire. Dans les diverses capitales provinciales (Rome, Ravenne, Constantinople, Athènes, Alexandrie, Antioche, Gaza, Beyrouth, Édesse, Nisibe, Burdigala, Carthage), des professeurs, rétribués tantôt par leurs élèves tantôt par la ville ou le pouvoir impérial, forment, dans des écoles privées ou publiques, les cadres de l'empire et de l'Église : on leur enseigne les Évangiles, la grammaire, la rhétorique et la dialectique. Une fois ces bases acquises, ces jeunes cadres ont en théorie accès gratuitement à un enseignement de philosophie, dispensé par des religieux chrétiens.

Dans certains lieux reculés, forêts et déserts, d'abord en Égypte, puis en Syrie et en Mésopotamie, des chrétiens s'isolent pour vivre une vie de prière. Ils créent les premiers « monastères » (du grec *monos*, « seul »).

À partir de 338, sous le règne de Constance, fils de Constantin Ier, qui réside à Rome, les enfants des familles les plus riches de la ville et les fils de propriétaires terriens continuent de recevoir une éducation romaine (avec des cours particuliers à domicile par des précepteurs ou dans les écoles de grammaire) ; le précepteur continue de s'occuper tour à tour de chaque élève. Au programme, Virgile, Térence, Salluste, Cicéron, Horace, Ovide, Stace, Tite-Live, Pline le Jeune, Pline l'Ancien, Homère, Hérodote, Démosthène. Les élèves peuvent alors prétendre à des fonctions importantes (cadres de l'État, avocats, magistrats). Les futurs médecins ont l'obligation d'apprendre le grec, qui reste la langue de l'enseignement anatomique. Certains enfants de classes sociales défavorisées parviennent à se frayer un chemin ; Libanios, un rhéteur syrien conseiller de Constance, raconte avoir vu des fils de blanchisseurs, de chaudronniers et de charcutiers accéder aux fonctions de maître des offices, de questeur du palais et même de consul.

En 362, à Rome, l'empereur Julien l'Apostat décide d'en finir avec le christianisme ; entre autres mesures révolutionnaires, il interdit aux chrétiens d'enseigner la philosophie, la grammaire et la rhétorique : « Qu'ils cessent d'enseigner ce qu'ils ne prennent pas au sérieux ou qu'ils l'enseignent comme la vérité et instruisent les élèves en conséquence. » Ce retour à la religion romaine et à la pensée grecque ne dure que deux ans.

En 376, à Rome, l'empereur Gratien, conseillé par Ausone (écrivain, professeur, préfet du prétoire des Gaules), impose la création d'écoles publiques d'obédience catholique dans toutes les cités importantes de l'empire ; ces écoles restent réservées aux seuls garçons de familles riches, à qui il faut apprendre l'éloquence et la littérature grecque et latine en même temps que les bases de la nouvelle religion d'État ; l'empereur finance les professeurs et établit lui-même les rémunérations de chacun.

En 394, Théodose réunifie l'empire et y interdit le polythéisme (preuve qu'il y est encore pratiqué). Sa capitale est d'abord à Byzance, puis à Arles. Il confie progressivement l'éducation des élites à des religieux catholiques, qui enseignent désormais tout en latin et non plus en grec ; même si Grégoire le Thaumaturge, évêque de Néocésarée (actuelle Niksar) dans la région du Pont (aujourd'hui la mer Noire), conseille aussi d'enseigner en grec certaines œuvres des philosophes grecs qui pourraient renforcer la foi chrétienne. Cependant, les enfants ont désormais le plus grand mal à étudier dans cette langue qui leur est devenue étrangère ; Paulin de Pella, poète chrétien du moment, écrit dans un poème autobiographique, « Eucharisticos » : « Pour l'enfant que j'étais, ce fut une épreuve bien pénible, je l'avoue, que de comprendre ces livres écrits dans une langue que je connaissais mal. »

Les moines et les prêtres sont désormais formés dans des écoles particulières qui commencent à se développer, à l'initiative de certains évêques. Ainsi, peu de temps après être devenu évêque d'Hippone en 396, Augustin accueille dans sa résidence épiscopale un bon nombre d'élèves à qui il fait cours. L'Église fait tout pour faire fermer les écoles qui apprennent encore à lire et à écrire à la classe moyenne. Les métiers utiles au fonctionnement de la société restent, eux, enseignés et transmis par les familles, dans les champs et les ateliers.

À la fin du IVe siècle, la décadence s'installe dans tout l'empire ; l'historien Ammien Marcellin regrette que les Romains abandonnent « la lecture sérieuse et que les quelques familles qui, avant, étaient respectées pour l'attention sérieuse qu'elles portaient aux études se laissent désormais dominer par les plaisirs de la paresse. Ainsi, à la place d'un philosophe, on réclame un chanteur et, à la place d'un orateur, un expert en jeux. Et, pendant que les bibliothèques demeurent fermées comme des tombeaux, on fabrique des orgues hydrauliques, des lyres énormes comme des carrosses et des flûtes pour les histrions ».

En changeant quelques mots à peine, c'est une description assez exacte de ce qui se passe en Occident aujourd'hui. On y reviendra.

En 395, Théodose partage l'empire vacillant entre ses deux fils : Arcadius reçoit l'Orient, avec Constantinople comme capitale, et Flavius Honorius l'Occident, dont la capitale est d'abord Milan, puis Ravenne. C'est, d'une certaine façon, la première fin de l'Empire romain. L'Église, qui aurait pu mourir avec lui, va récupérer l'organisation de la transmission. En Europe, comme dans tous les mondes antérieurs (à l'exception du monde chinois), le clergé impose sa définition de l'éthique et des règles morales, monopolisant la transmission de tous les savoirs, discréditant tout ce qui peut lui nuire, en particulier les sciences et la réussite matérielle.

Ceux qu'on nomme à tort les Barbares, qui s'approchent de Rome, se glissent dans ces règles et adoptent la nouvelle religion. Pour autant, le savoir judéo-grec nourrit encore la médecine, l'astronomie, le droit, la philosophie : il survit, caché dans les lieux les plus inattendus, tels les premiers couvents irlandais ou le désert d'Arabie. Persiste le désir de comprendre, d'apprendre, de transmettre des savoirs nouveaux.

Pendant ce temps, en Chine, une éducation athée au service de l'empereur

La Chine reste la superpuissance démographique et économique de ce millénaire et demi. Avec les routes de la Soie, elle rayonne en Asie et, pendant les quatre siècles de domination de la dynastie Han (de – 200 à + 220), elle exporte surtout de la fourrure, de la soie, du fer, des chevaux et des produits agroalimentaires. Les connaissances continuent d'être transmises par les familles et les ateliers. Les familles transmettent le culte des ancêtres et le respect des anciens. Les fonctionnaires de l'empire sont toujours sélectionnés, lors de concours anonymes et confucéens, sur leurs connaissances en littérature classique, en histoire dynastique, en arithmétique et en rhétorique. Les épreuves durent trois jours ; les candidats sont isolés dans des centres d'examen, les copies sont anonymes et recopiées par un scribe avant d'être corrigées, pour éviter que l'écriture du candidat soit reconnue ; les types de grades se complexifient. Il n'empêche : ce sont toujours les enfants des hauts fonctionnaires en place qui récupèrent les charges de leurs parents, parce qu'ils sont les seuls à avoir pu suivre les études complexes qui restent nécessaires ; pour les autres, pas d'école, sinon, pour les fils de marchands, l'apprentissage de quelques dizaines de caractères nécessaires au commerce, et celui de l'arithmétique nécessaire à la comptabilité.

En 220, s'effondre la dynastie Han, suivie par une période de chaos dite des Trois Royaumes : le Wei, le Shu et le Wu. En 258 est créée, à Nankin, dans le royaume de Wu, l'académie impériale, que beaucoup de Chinois disent être la première université mondiale, oubliant ses prédécesseurs égyptiens, indiens, perses, grecs, romains et tant d'autres. En 265, Sima Yan, prince de la famille Sima, fonde la dynastie des Jin occidentaux. L'Académie impériale sert alors d'administration suprême de l'éducation (elle continuera de jouer ce rôle jusqu'en 1912) ; les empereurs de la Chine impériale s'y rendent fréquemment pour lire eux-mêmes les classiques confucéens à des milliers d'étudiants. Le noyau de l'éducation reste le confucianisme et l'étude des classiques. De manière générale, le pouvoir central se consacre peu à l'éducation populaire et laisse ce domaine à ses préfets dans les provinces.

Cette période est suivie de plusieurs siècles de division, puis d'une réunification en 581 qui va durer quatre siècles, sous la dynastie Sui puis sous celle des Song.

Pendant ce temps, en Perse : transmettre les *Gatha*s

Un certain Zarathoustra, qui serait né au nord-est de l'Iran dans la première moitié du Ier millénaire avant notre ère (dont on ne sait rien, pas même s'il a vraiment existé), se serait rebellé contre la religion régnant en Perse, le mazdéisme ; pour lui (comme pour le judaïsme), il faut cesser de prôner l'ascétisme et la pauvreté, mais promouvoir la joie de vivre, l'enrichissement et la générosité. Il développe une doctrine révolutionnaire résumée en une maxime : *Humaitá, Hukhta, Huvarshta* (« bonne pensée, bonne parole, bonne action »). Sa pensée est rassemblée dans un livre, l'Avesta, qui regroupe les *Gathas* (poèmes) et d'autres prières de lui. Ce livre est absolument majeur : c'est un des premiers textes authentiquement monothéistes, et on ne l'a retrouvé qu'au XIXe siècle.

Cette religion s'impose lentement dans la région : il faut attendre 250 pour que Shahpur Ier, le premier empereur de la nouvelle dynastie des Sassanides, l'impose comme religion d'État.

Dans cet empire, les fils de familles pauvres n'ont que trois choses à savoir, en plus du métier de leur père : monter à cheval, tirer à l'arc et dire la vérité. Le but principal de l'éducation des jeunes garçons de l'élite est, comme ailleurs, de leur enseigner les prescriptions religieuses et l'obéissance à l'égard de la famille et de l'État. Les enfants des aristocrates perses sont éduqués par leurs mères jusqu'à l'âge de 5 ans, puis par leurs pères de 5 à 7 ans ; les garçons de cette élite apprennent alors par cœur les textes de l'Avesta, et plus particulièrement les *Gathas*. Puis les jeunes nobles vont jusqu'à 20 ans dans une école dont la tradition veut qu'elle ne soit jamais installée près d'un bazar, lieu de mensonges. Les garçons se lèvent très tôt et, après une longue gymnastique matinale, montent à cheval, puis étudient la langue pahlavi, la langue araméenne, les mathématiques, les matières religieuses, le polo, les échecs, l'escrime, l'équitation, le tir, la chasse et la lutte. Les enseignants sont surtout des mages (devins d'une tribu mède). Les élèves écrivent avec du charbon sur des tablettes de bois. Comme ailleurs, l'apprentissage est fondé sur la mémorisation et chaque élève étudie séparément : on ne sait rien des violences qu'ils subissent. À 20 ans, ils passent un examen devant un jury de mages. Il semble que les filles ne reçoivent aucune éducation. Les garçons de la haute aristocratie continuent ensuite d'étudier jusqu'à leur vingt-quatrième année, dans des embryons d'universités, les sciences politiques et administratives, la science militaire et, parfois, les langues étrangères, avec des cursus spéciaux pour ceux qui étudient les sciences administratives ou la théologie.

Vers 260, Shahpur Ier ouvre à Gondishapur (ville qu'il vient de fonder pour en faire sa résidence d'été, dans l'actuelle province du Khûzistan, au sud-ouest de l'actuel Iran), le centre académique le plus avancé de son époque, pour des étudiants de haut niveau. On y enseigne, en grec, la médecine, la philosophie, la théologie et les sciences. Le centre abrite une bibliothèque, avec beaucoup de textes de philosophie, de mathématiques et de médecine, en grec également. On y trouve aussi un observatoire et le plus ancien hôpital d'enseignement connu au monde : plutôt que d'apprendre avec un seul médecin qui leur transmet ce qu'il sait (comme c'est le cas jusque-là partout ailleurs), les apprentis médecins y apprennent en travaillant avec plusieurs médecins. Plus tard, cette université accueillera de nombreux philosophes grecs et des chrétiens nestoriens fuyant les persécutions de l'Empire byzantin. Ils traduiront en persan, depuis le grec et le syriaque, de nombreuses œuvres de médecine, de philosophie et d'astronomie, dont celles d'Hippocrate et d'Aristote. C'est donc aussi par les zoroastriens que la pensée grecque, désormais pourchassée par l'Église chrétienne, va être protégée et transmise.

En Europe, l'Église prend le pouvoir sur l'éducation

Au début du Ve siècle, l'effondrement de l'Empire romain d'Occident entraîne le déclin de la vie urbaine ; l'appauvrissement général rend impossible la rémunération des maîtres. Beaucoup de savoirs ne sont plus transmis, par exemple dans le domaine du verre et de l'architecture. En Armorique, qui n'a jamais été ni romanisée ni germanisée, l'éducation se limite encore, comme depuis plus de mille ans, à apprendre aux garçons les techniques du combat et aux filles à surveiller leur vertu, faire des enfants et passer de la domination du père à celle d'un mari. En revanche, dans les grandes familles de la Gaule méridionale, la culture romaine subsiste jusque vers 650.

Ailleurs dans la chrétienté, l'Église assure surtout la formation de ses propres cadres, chasse impitoyablement l'enseignement des savoirs grecs et essaie de limiter au maximum la formation des gens du peuple, sinon à la foi catholique. En 415, Jean Cassien crée un monastère à Marseille. De passage en Gaule un peu plus tard, des Irlandais (qui n'ont pas, ou peu, subi la colonisation romaine, et où il n'y a pas encore d'évêques ni de clergé séculiers) créent les premiers monastères européens (autant pour hommes que pour femmes), où ils préparent des jeunes gens, appelés *oblati* (« offerts par leurs parents »), à la vie monastique et à partir propager la foi catholique jusque sur les côtes américaines.

En 427, à Hippone, l'évêque qui deviendra saint Augustin dénonce, dans *La Cité de Dieu*, la culture gréco-latine comme « rivale de la révélation chrétienne » ; et, dans ses *Confessions*, il dénonce l'étude du grec et du calcul : « “Un et un font deux, deux et deux font quatre” était pour moi un rabâchage odieux. » Il regrette d'avoir aimé la mythologie grecque (« Je trouvais [...] le plus grand charme dans les vaines images d'un cheval de bois plein de guerriers, dans l'incendie de Troie »), la rhétorique (« Vaincu par mes passions, je vantais l'art de vaincre par le bavardage ») ; il condamne la philosophie qui, selon lui, écarte de la seule vérité, celle de Dieu. Il veut interdire à tout le monde la transmission de toutes les dimensions de la culture grecque : grammaire, rhétorique, dialectique, arithmétique, géométrie, astronomie, musique.

En 475, un an avant la date retenue comme fin officielle de l'Empire romain, en Gaule, la publication des *Statuts de l'Église* (traité composé dans la Gaule méridionale, qui décrit les grades et fonctions des gens d'Église, du portier à l'évêque) est très explicite : « L'évêque doit s'abstenir de lire les livres des païens, et ne consulter ceux des hérétiques qu'à l'occasion si cela est nécessaire. »

Au même moment, Boèce, un des derniers grands philosophes classiques (qui mourra assassiné en prison à Pavie), regroupe dans sa cellule, dans quelques ouvrages clés, les quatre sciences grecques (arithmétique, géométrie, musique, astronomie), en une sorte de pathétique testament d'une immense érudition. C'est trop tard : l'Église a pris le pouvoir et censure maintenant efficacement ces savoirs.

La première éducation se fait toujours en famille, plus particulièrement sous la houlette des femmes : apprentissage de la parole, de la marche, des bonnes manières, des divers rôles dans la famille, des rituels, de l'Histoire sainte, des articles de la foi, de la liste des péchés capitaux et des vertus chrétiennes ; les mères accompagnent leurs enfants aux sermons dominicaux et aux grandes prédications. Les traités d'éducation de l'époque recommandent de savoir interpréter les pleurs du bébé, de l'allaiter, de ne pas tenter d'apprendre à marcher à un enfant avant l'âge d'un an, de mâcher sa nourriture avant de la lui donner, d'ôter les arêtes de poisson dans ses plats, d'utiliser un langage aux syllabes redoublées (« papa », « mama », « dodo », « bobo », etc.) pour mieux lui apprendre à parler. Le père prend ensuite le relais pour les garçons et leur transmet ses compétences ; la mère reste, jusqu'à leur mariage, la première éducatrice des filles. Et, comme partout ailleurs et depuis toujours, l'éducation populaire se fait aussi par la transmission en famille du métier du père et par d'autres activités : chants de nourrices, chansons de paysans, complaintes, danses, jongleurs et veillées, où tous les milieux sociaux se mêlent pour écouter le récit des hauts faits des guerriers.

À Rome, au début du VIe siècle, bien des écoles du monde romain survivent encore : les enfants des plus riches familles continuent à venir y étudier ; les programmes et les méthodes d'enseignement n'ont pas évolué. Pourtant, à ce moment, et en particulier après un concile régional en Provence en 529, l'Église, qui aurait pu s'effondrer avec l'empire, commence à imposer, pour former ses propres cadres, une école proprement chrétienne.

Ou plutôt deux écoles différentes, l'une à la campagne et l'autre en ville.

À la campagne, l'Église crée des « écoles monastiques » dans les monastères, pour former des moines, d'abord en Irlande et en Espagne : alors que les premiers monastères recommandaient une vie ascétique, arguant que la connaissance de Dieu passe par le cœur plutôt que par le savoir, les nouveaux couvents, développés par le futur saint Benoît (480-547), commencent à former intellectuellement des garçons pour en faire des moines ; outre les heures régulières de travail manuel, ils apprennent à lire, à écrire et à copier les Écritures, les écrits monastiques et ceux des Pères de l'Église. Les cours leur sont dispensés par des disciples de Benoît et du moine irlandais Colomban. Aucune autre éducation.

En ville, l'Église crée d'autres écoles pour former des prêtres : des « écoles paroissiales » dans les petites villes et des « écoles épiscopales » près des premières cathédrales ; leur corps enseignant est exclusivement composé de religieux et l'enseignement est entièrement fondé sur les textes sacrés. En 529, le concile de Vaison incite les évêques à bâtir des écoles paroissiales dans tous les bourgs et des écoles épiscopales dans les villes principales. Il demande aussi que, dans chaque paroisse, les prêtres forment des jeunes gens pour leur succéder, avec un langage simple, afin que « le troupeau du Seigneur puisse atteindre le pâturage spirituel ».

Très vite le pouvoir civil, qui renaît localement, dans les bourgs, sur les décombres de l'Empire romain, ne veut pas laisser à l'Église le monopole de la transmission du savoir et tente de se mêler des cursus de ces écoles paroissiales. En 561, Chilpéric (la troisième génération des Mérovingiens) envoie des circulaires dans toutes les cités de la Gaule germanisée pour que, dans ces écoles, on ajoute trois nouvelles lettres à l'alphabet afin de l'adapter à la phonétique germanique – manière d'affirmer son pouvoir dans l'école de l'Église, contre l'Église. Entre 540 et 572, Cassiodore, sénateur à la cour de Ravenne, fonde le monastère de Vivarium en Calabre, où l'on enseigne aussi les sept arts libéraux (grammaire, rhétorique, dialectique, arithmétique, musique, astronomie et géométrie), le *Voyage autour du monde* de Denys d'Alexandrie (Grec du IIe siècle) et la *Cosmographie* de Julius Honorius (géographe de cette époque, qu'on ne connaît que par un ensemble de notes qu'il aurait fait rédiger par l'un de ses élèves) : « Vous devez savoir avec évidence en quelle partie du monde est situé chacun des lieux que vous lisez dans les livres saints. » Le savoir laïc est ainsi, timidement, clandestinement de retour.

Charlemagne, l'école palatine et les « écoles doubles »

Au début du VIIIe siècle, dans l'Europe chrétienne, l'éducation des fils de seigneurs se fait encore par des précepteurs privés, et elle se termine désormais, dans les tribus germaniques, par la cérémonie de l'adoubement, rite de passation des armes viriles faisant entrer le jeune noble dans la famille du prince en tant que chevalier.

En 755, Pépin le Bref fait appliquer partout à travers le royaume franc la liturgie romaine (adoptée par le pape, à Rome, vers 645 et remaniée vers 740), pour combattre les désordres qu'engendrent les contradictions entre les divers rites gallicans pratiqués dans les églises de Gaule. Il charge Chrodegang, l'évêque de Metz, d'imposer l'usage du latin dans les livres religieux et dans l'enseignement des écoles paroissiales.

En 780, sur le conseil d'Alcuin d'York, savant et religieux anglo-saxon, Charlemagne crée à Aix-la-Chapelle une école spéciale pour former les fonctionnaires supérieurs dont a besoin son empire, vaste regroupement de territoires, amorcé par Pépin le Bref et qu'il a étendu pour englober pratiquement toute l'Europe. Ce sera « l'école palatine » ; il y fait venir de toute l'Europe les meilleurs maîtres de grammaire, de musique et d'arithmétique, et il emmène avec lui cette école dans ses voyages à travers l'empire.

Révolution : il entend aussi former, sous son autorité, à la fois les cadres du clergé et tous les garçons de son empire, mais en les formant séparément. En 789, il décide donc la création, dans chaque monastère et dans chaque évêché de l'empire, d'une « école double » : d'une part une « école intérieure », pour former les futurs membres du clergé (prêtres et moines) ; d'autre part une « école extérieure », pour que, en principe, tous les garçons de toutes les classes sociales apprennent ensemble le calcul, l'écriture, la lecture, l'astronomie et la religion : « Qu'on rassemble les fils de condition modeste et les fils bien nés. Qu'on établisse des écoles pour l'instruction des garçons. Que dans chaque monastère on enseigne les psaumes, les notes, le chant, le comput, la grammaire, et qu'on dispose de livres bien corrigés. » Pour faciliter la compréhension des livres par le plus grand nombre, il amorce aussi une simplification de l'écriture afin d'unifier les graphies régionales et de remplacer l'écriture mérovingienne par une forme facile à déchiffrer et commune à tout l'empire. C'est une première expression en Europe d'un souhait d'une formation à la lecture et à l'écriture de tous les garçons, y compris ceux du peuple dans une même école. Et, après la mort de l'empereur, en 814, Notker, un moine de Saint-Gall, musicien, écrivain et poète, écrit la *Gesta Caroli Magni*, un recueil d'anecdotes sur la vie du monarque, qui installe le mythe d'un Charlemagne père fondateur de l'école universelle.

En réalité, cette tentative d'enseignement obligatoire (qui n'est pas la première, on l'a vu) reste théorique : l'Église y est très réticente ; de plus, malgré la gratuité officielle, les professeurs demandent de fortes sommes d'argent aux parents. Par ailleurs, l'enseignement est déplorable : « Il y a des écoles qui consistent plus en fouet qu'en discours », écrira Egbert de Liège (auteur de la première version connue du *Petit Chaperon rouge*). Enfin, les parents ont toujours besoin de leurs enfants aux champs et dans les ateliers, et il n'est pas question pour eux de s'en passer pour les envoyer apprendre à lire et à écrire. Aussi, l'expérience va vite tourner court. Trois ans après la mort de son père, un des fils de Charlemagne, Louis le Pieux, réserve, sous les applaudissements des évêques, les écoles monastiques, intérieures et extérieures, aux enfants destinés à devenir moines. L'expérience de l'école double, et donc de la promesse d'un enseignement universel et obligatoire, n'aura pas duré trente ans.

Pourtant, certains souhaitent rétablir ces écoles pour enseigner la foi à des enfants du peuple. En 859, lors du concile de Savonnières, les évêques ordonnent d'ouvrir « partout des écoles publiques ». Mais c'est en vain, faute de moyens. En 879, après la mort de Charles le Chauve, l'école palatine d'Aix elle-même est dissoute. La transmission revient, pour l'essentiel, à ce qu'elle est depuis des millénaires : par les parents et les compagnons de travail, par des chants, des récits. S'y ajoutent des sermons, des mosaïques et des vitraux d'église.

Bien des savoirs de l'Antiquité se perdent, par exemple la fabrication du béton ; il faudra des siècles pour les reconstituer.

Certains, pourtant, luttent contre ce déclin : après mille péripéties, Gerbert d'Aurillac, devenu pape en 999 sous le nom de Silvestre II, après avoir introduit la numération décimale en Europe et fait élire Hugues Capet roi des Francs, réussit à rétablir l'enseignement de quelques savoirs grecs dans quelques rares écoles de son temps.

L'Empire romain d'Orient : premières universités en monde chrétien

Au IIIe siècle est créée à Béryte (ancien nom de Beyrouth), par l'empereur de l'Empire romain unifié Sévère Alexandre, une école de grammaire et de rhétorique, non chrétienne, dont les étudiants sont exemptés du service militaire obligatoire ; c'est la première université de la partie orientale de l'empire ; elle est entièrement dédiée à l'étude de la pensée grecque et romaine, dans un monde pas encore devenu chrétien ; elle sera pendant des siècles une des plus réputées du monde chrétien. Elle semble avoir été située à côté de l'église d'Anastase, sur les lieux de l'actuelle cathédrale Saint-Georges. Le célèbre professeur de rhétorique Libanios d'Antioche écrit à Megethius, ancien avocat d'Antioche installé à Beyrouth : « Tous les grands avocats vont à Béryte. »

Quand, en 395 (avec la mort de Théodose), naît l'Empire romain d'Orient, la lecture et l'écriture sont encore enseignées aux enfants de l'élite, de 6 à 10 ans, bien plus largement que dans l'Empire romain d'Occident. En Orient, des écoles secondaires enseignent encore le grec littéraire et le latin à tous les adolescents (de 10 à 16 ans) de l'élite. La grammaire et la rhétorique forment toujours la base de ces études. Les rhéteurs enseignent aux élèves à s'exprimer avec clarté, élégance et persuasion en imitant les modèles classiques avant de leur faire étudier Platon et Aristote. Comme à Rome du temps de sa grandeur, il s'agit toujours de former les cadres de l'empire.

En 425, alors que l'Empire romain d'Orient est devenu chrétien, l'empereur Théodose II, pour former les cadres de l'empire, établit à Constantinople la première université au monde totalement chrétienne, concurrente de celle, laïque, de Béryte. Pour montrer la prééminence de la nouvelle foi, il l'installe dans un temple romain bâti un siècle plus tôt sur le modèle du temple de Jupiter Capitolin de Rome. Les professeurs sont nommés par le sénat : dix grammairiens de langue grecque, dix de langue latine, cinq rhéteurs grecs, trois rhéteurs latins, un philosophe grec et deux juristes latins. Quelques autres écoles forment les futurs prêtres ; ainsi, l'école théologique de Nisibe (aussi nommée la Madʿaba de Neẓybyn), fondée en 457 par des théologiens syriens installée dans un caravansérail désaffecté, près de l'église cathédrale et de la résidence de l'évêque, compte alors plus de mille élèves ; on y apprend le syriaque classique, les cantiques, la composition de sermons, la copie de manuscrits ; audace nouvelle : on y autorise l'étude de l'*Organon* d'Aristote, un peu de rhétorique, d'histoire, de géographie et de sciences naturelles ; l'instruction et la pension y sont gratuites ; les élèves peuvent avoir une activité rémunératrice pendant les vacances de l'école, d'août à octobre. Cette école, qui oscille entre savoirs grec, romain et chrétien, est fermée en 540 par l'empereur zoroastrien et sassanide Khosrô Ier, dans une vague de persécution antichrétienne et de destruction de plusieurs églises et monastères. Les professeurs et les élèves se dispersent alors dans d'autres villes, notamment à Ctésiphon ; la bibliothèque de l'école, riche d'un millier de livres environ, sera incendiée un peu plus tard, sur ordre de Nour ad-Dîn, prince musulman d'Alep.

À Athènes, une école fondée vers 400 dans une maison construite pour l'enseignement atteint son apogée de 438 à 485, avec l'enseignement de célèbres philosophes grecs et athées (Proclos, Syrianos, Marinos de Néapolis, Isidore de Gaza et Damascios). En 529, Justinien, à peine arrivé au pouvoir, ferme cette école et chasse de l'enseignement tous les non-chrétiens. Sous son règne, Béryte devient la « Magnifique Cité » et reste la métropole de la Phénicie. L'université y survit et enseigne toujours le droit. Un géographe de l'époque écrit : « Après Tyr, vient Béryte, une belle cité, siège d'une école de droit d'où toute la jurisprudence romaine est issue. » Et quand, en 551, un séisme détruit la ville, les meilleurs professeurs rejoignent l'université de Constantinople, qui survit jusqu'à la guerre civile de 711-715. En 820, Léon le Mathématicien, médecin et astronome, s'étonne de l'absence d'enseignement et de bibliothèque digne de ce nom à Constantinople et y ouvre une école dans une maison privée ; on y enseigne la géométrie, l'arithmétique, l'astronomie et la grammaire ; dix ans plus tard, l'empereur Théophile l'installe dans l'église des Quarante-Martyrs, puis dans le palais de la Magnaure ; cela restera le principal lieu de la transmission du savoir grec en monde chrétien jusqu'à 1204, quand la ville est détruite par les croisés. En 1261, lorsque la ville est reprise par Michel VIII Paléologue, l'enseignement du savoir grec y est restauré et développé ; il reste réservé à la formation des ultimes cadres de ce qui reste encore de l'Empire romain d'Orient.

Monde islamique : le double savoir

Comme le christianisme à sa naissance, l'islam à ses débuts ne réprime pas la transmission du savoir profane. Il est même dit dans le Coran, sourate 96 (*al-alaq*, l'« adhérence »), que tout musulman doit être doublement formé au savoir profane et à la parole coranique ; le Coran fait d'ailleurs appel, près d'une centaine de fois, à l'exercice de la raison.

Il n'empêche : l'enseignement en Islam devient vite, plus vite encore qu'en chrétienté, entièrement religieux. Peu de gens ont le droit de savoir lire et écrire la langue arabe, devenue langue sacrée.

Les enfants des membres de la cour califale – vizirs, hauts fonctionnaires, riches marchands – ont, eux, des tuteurs privés qui leur enseignent non seulement le Coran mais aussi la calligraphie, les mathématiques, la philosophie, la littérature, la grammaire, le droit et la poésie. Pendant très longtemps encore, les enfants des élites musulmanes auront ainsi accès aux savoirs de la raison et à la philosophie, en même temps qu'à la théologie.

Les garçons des familles populaires étudient seulement le Coran, d'abord dans des *mastabas* rattachés à une mosquée, puis, après quelques années, dans des *madrasas*, simples hôtelleries devenues progressivement des lieux d'enseignement coranique. Dans les premières mosquées, on apprend aussi à tous les enfants à réciter des sourates du Coran, parfois à les lire et plus rarement à les écrire ; et plus rarement encore un peu de calcul. L'islam prend aussi le contrôle de la transmission des valeurs à l'intérieur des familles en imposant aux parents et aux enfants toute une série de rituels, de prières, de jeûnes. Et en réservant les savoirs aux prêtres de la nouvelle religion, comme l'a fait la religion chrétienne. Les filles en sont exclues.

En 638, en Perse, lorsque la dynastie sassanide et zoroastrienne est vaincue par les armées des Omeyyades musulmans, le zoroastrisme s'efface. Les Omeyyades gouverneront l'ensemble du monde musulman de 661 à 750, puis seulement Al-Andalus (la péninsule Ibérique) de 756 à 1031. L'université sassanide de Gondishapur est transformée en un institut musulman d'enseignement supérieur (qui existe encore aujourd'hui sous le nom de Ahvaz Gondishapur University of Medical Sciences).

La capitale de l'Islam se fixe d'abord à Damas, dont la Grande Mosquée devient le principal lieu d'enseignement. À

Bagdad, au Caire, à La Mecque, à Tolède, des savants comme Avicenne, Rhazès et Abulcasis créent des hôpitaux et des lieux d'enseignement de la médecine. Les étudiants y sont nourris et logés et reçoivent parfois un salaire.

À partir de 750, une dynastie musulmane nouvelle, celle des Abbassides, chasse les Omeyyades vers Al-Andalus et installe sa capitale à Bagdad ; dans la région se multiplient les madrasas privées au domicile de professeurs. À Bassorah, par exemple, chacun peut en ouvrir une, sans autorisation d'un gouvernement ou d'une autorité religieuse. La plupart des disciplines théologiques y sont enseignées en trois cycles : primaire (*al-ta'lîm al-awwal*), secondaire (*al-ta'lîm al-thânî*), et supérieur (*alî*) ; la censure est rare et toutes les disciplines sont enseignées, y compris lire et écrire. Vers 830, Al-Jahiz, un théologien de Bassorah, explique que tous les enfants doivent apprendre le Coran, l'écriture, l'arithmétique, le droit, la poésie, la musique, les échecs, la chasse, le polo, l'équitation… Il appelle à réduire la place de la mémorisation « qui néglige la réflexion rationnelle ».

Le bouillonnement intellectuel est immense, et l'enseignement, du moins le supérieur, relativement ouvert. Les enfants de l'élite abbasside échappent ainsi à l'obligation d'un enseignement religieux fermé.

En 832, à Bagdad (qui compte alors plus de 1 million d'habitants et qui est alors considéré comme le centre économique et intellectuel du monde non chinois), le calife abbasside Al-Mamun crée la « maison de la sagesse », centre d'enseignement et de traduction en arabe de tous les textes grecs et indiens ; il y rassemble des ouvrages de mathématiques, de médecine, d'astrologie, d'agriculture, de philosophie, des textes de Platon, de Pythagore, d'Aristote, d'Euclide, d'Hippocrate, de Sushruta, de Brahmagupta. Un peu plus tard, Ibn Sahnun, un pédagogue tunisien, définit ce que doivent être selon lui les programmes d'études primaires et secondaires, avec une vision beaucoup plus restrictive : le

Coran, la linguistique arabe, la calligraphie, la poésie, l'arithmétique et l'histoire arabe. Pour lui, garçons et filles doivent recevoir le même enseignement, mais séparément. Il désapprouve les punitions corporelles alors très sévères. Au même moment, Al-Kindî, à Bagdad, promeut, lui, ouvertement l'enseignement d'Aristote ; Al-Fârâbî, à Damas, explique comment atteindre la perfection (morale, politique et esthétique), en distinguant une éducation pour le peuple et une autre pour l'élite ; et Avicenne, à Ispahan, explique qu'il faut enseigner à la fois le Coran et la poésie amoureuse pour développer la mémoire, utile à l'éloquence. Les universités se multiplient en terre d'Islam. Rares sont celles qui n'enseignent que le Coran, telle l'université de Sankoré à Tombouctou.

À partir du Xe siècle, le clergé de l'Empire omeyyade, qui dirige encore l'émirat de Cordoue (Espagne et Portugal actuels, ainsi que l'Afrique du Nord), impose aux enfants mâles de l'élite politique et économique d'étudier dans des mastabas rattachés à une mosquée, avec des imams. Après quelques années dans ces mastabas, ceux qui désirent acquérir encore plus de connaissances religieuses vont dans des madrasas (des universités). Il y en a à Cordoue, la capitale, mais aussi à Fès (Al-Quaraouiyine, fondée en 859), au Caire (Al-Azhar, fondée en 970), à Tolède, à Séville, à Valence, à Kairouan, à Bejaia ou à Tlemcen. Ces madrasas délivrent des diplômes (philosophie islamique, loi islamique, grammaire arabe, jurisprudence islamique, astronomie islamique et médecine).

À Cordoue, qui devient une immense ville, l'une des plus puissantes du monde, et qui restera sous le contrôle de dynasties musulmanes successives jusqu'en 1236 (date de la prise de la ville par Ferdinand II de Castille), la pensée grecque est encore étudiée, commentée et transmise par et pour les seules élites. Al-Hakam II (deuxième calife omeyyade de Cordoue, de 961 à 976) y rassemble une bibliothèque de plus de quatre cent mille ouvrages et envoie régulièrement des agents à la recherche de textes rares à travers le monde. On y traduit en arabe des ouvrages de médecine grecque et des poètes juifs ; personne, parmi ces gens, n'y voit une contradiction avec la foi. En 1043, Ibn al-Haytham, mathématicien, philosophe, physiologiste et physicien, considéré comme un pionnier de la méthode scientifique et fondateur de l'optique moderne, proclame, dans son livre *Kitâb al-manâzir* (*Livre de l'optique*) : « Notre but sera l'objectivité et nous ne suivrons pas notre inclination. Et dans tout ce que nous jugerons et critiquerons, nous nous efforcerons de rechercher la vérité et non l'inclination vers les opinions. » À partir de 1045, une nouvelle dynastie, les Almoravides, tribu berbère venue du Sahara, renversent les Omeyyades et installent, eux aussi, leur capitale à Cordoue. Après un début fanatique, ils deviennent aussi tolérants que leurs prédécesseurs et élargissent même l'enseignement de la pensée grecque à Cordoue.

À ce moment et dans cette ville, le futur médecin, juge et théologien Ibn Rushd (connu en Occident sous son nom latin d'Averroès) reçoit de maîtres particuliers une formation classique pour son époque et son milieu : le Coran, la grammaire, la poésie, la musique, des rudiments de calcul et l'écriture. Puis il étudie les hadiths et le *fiqh* (le droit) avec son père et la médecine auprès d'Avenzoar. Il s'intéresse en amateur éclairé à la physique, à la botanique, à la zoologie, à l'astronomie. Sans qu'on sache où il l'a étudiée, il semble très bien connaître la pensée d'Aristote. Dans ses livres, il affirme la compatibilité entre la vérité religieuse et la vérité scientifique, et conclut que l'une ne saurait jamais contredire l'autre, qui est dans un autre espace.

Son analyse va exercer une influence considérable jusque dans l'Occident chrétien et sera, beaucoup plus tard, à la source de la laïcisation progressive de l'éducation en Europe chrétienne.

Dans la même ville, au même moment, dans la grande communauté juive qui s'y trouve, un médecin et rabbin, Maïmonide, reçoit les enseignements de Joseph ibn Migash. Il manifeste, lui aussi, un intérêt précoce pour les ouvrages scientifiques et pour ceux de philosophie grecque, qu'il dira plus tard avoir lus dans des traductions arabes. Il veut expliquer aux Juifs « égarés » par le savoir grec que celui-ci est englobé dans le savoir juif ; que la connaissance scientifique, nécessaire et universelle, est vraie pour tout esprit humain, quels que soient le temps et le lieu, et qu'elle ne devrait pas être qualifiée de « grecque ». Il incite les écoles juives de la ville à enseigner Aristote, et pas seulement la Loi et le Talmud.

Un peu plus tard, c'est justement par des enseignants et des traducteurs juifs venus de Cordoue et passés à Tolède, puis à Montpellier, que la pensée aristotélicienne et la science grecque feront leur retour dans l'enseignement européen.

Ailleurs, en Islam comme en monde chrétien, les prêtres imposent leur enseignement : vers 1080, dans l'actuel Irak, Nizam al-Mulk, vizir d'une tribu ayant émigré du Turkestan, transforme les écoles privées de Nichapour en madrasas ; les professeurs y sont nommés par le gouvernement. Au XIIe siècle, il y a soixante-quinze madrasas au Caire, trente-six à Bagdad, cinquante et une à Damas. À Alep, entre 1122 et 1160, quarante-six madrasas sont fondées par des oulémas (théologien, généralement sunnite, de l'islam) ou des émirs qui veulent former des fonctionnaires et des juges à la connaissance du droit musulman, afin d'obtenir un réarmement moral musulman face aux croisés. Différentes écoles juridiques musulmanes (malékite, hanafite, shaféite, hanbalite) y rivalisent. L'une d'elles existe encore à Bassorah.

En 1187, au moment où Saladin reprend Jérusalem aux croisés, une autre dynastie, venue du Maroc, la dynastie des Almohades, renverse à Cordoue celle des Almoravides, chasse Maïmonide et Ibn Rushd et ferme la porte au savoir grec dans l'ultime terre d'Islam où il était encore toléré. C'est la fin du double savoir et de l'islam des Lumières.

Au même moment, la dynastie mongole et bouddhiste des Ilkhanides, dirigée par les khâns, gouverneurs régionaux du grand Khân mongol, prend le pouvoir en Perse ; en 1258, ils entrent dans Bagdad, à l'époque encore le cœur du monde musulman, détruisent les trente-six bibliothèques, la « maison de la sagesse » et massacrent les élites et les intellectuels musulmans. Bagdad ne sera plus jamais un grand centre de transmission du savoir et déclinera jusqu'à ce que, en 1501, le shah Ismail Ier y ramène l'Islam, fonde la dynastie safavide et fasse du chiisme la religion dominante de cette région. Elle l'est encore aujourd'hui.

En Flandre et en Vénétie, écoles civiles contre écoles monastiques

Comme partout ailleurs, l'essentiel de la transmission se fait toujours dans les familles et par le travail ; des couvents continuent d'ouvrir des écoles monastiques, qu'on nomme maintenant « capitulaires », pour former le clergé et aussi (c'est nouveau) des « notaires » (employés par le seigneur pour ses écritures). S'installent d'importantes innovations pratiques, dont beaucoup, telles la fabrication des pâtes ou celle du papier, ou certaines techniques de construction navale, arrivent de Chine par l'intermédiaire du monde arabe ; et il faut apprendre à s'en servir.

Dans les ports de Flandre, à partir du Xe siècle, les marchands et les nobles commencent à attacher un peu plus d'importance à la spécificité de l'enfant, à parler d'« innocence enfantine ». Un nombre croissant d'activités demandent de savoir lire, écrire, compter : pour rédiger des contrats, tenir une comptabilité, calculer des prix, organiser des voyages, donner des nouvelles, lire des plans. Les marchands ont besoin de construire des navires, des moulins, des minoteries, des mines, des ponts. Les employés des marchands doivent avoir une écriture nette et rapide pour rédiger des lettres commerciales ; ils doivent connaître une arithmétique élémentaire, et la comptabilité ; ils doivent maîtriser l'abaque, être capables de lire des cartes, comprendre la description des ports, des routes maritimes et des conditions de navigation ; ils doivent connaître le français et l'italien et savoir assez d'histoire pour glorifier leurs villes. Pour répandre ces savoirs, qu'ils ne connaissent pas eux-mêmes ou qu'ils n'ont pas le temps de transmettre, les marchands ont besoin d'écoles capables d'enseigner tout cela à de futurs employés ; ils n'ont que faire d'écoles paroissiales avec des religieux faisant rabâcher des prières latines.

À la fin du XIe siècle, à Bruges, qui devient alors le premier cœur de l'économie marchande occidentale, le centre de la production des draps et la plaque tournante portuaire, commerciale et financière reliant la mer du Nord à la Méditerranée, la bourgeoisie crée et finance des écoles pour transmettre toutes ces compétences à ses enfants et à ses employés. Dans un manuscrit de la bibliothèque de l'université de Gand datant de la fin du XIIe siècle, on a retrouvé des modèles de lettres commerciales en flamand que les maîtres utilisaient alors comme modèles pour leurs élèves.

Par un jeu dialectique, cet enseignement nouveau favorise la domination économique, politique et culturelle de la Flandre sur le reste du monde occidental autant qu'il s'en nourrit : la libération des connaissances participe à celle des forces productives ; et la libération des forces productives ouvre des ressources pour financer la transmission de connaissances pratiques et scientifiques.

À Venise, rivale de Bruges, porte d'entrée de l'Orient, armateurs et marchands doivent aussi disposer d'employés capables de naviguer, de commercer, de calculer, de gérer. Ils doivent pouvoir construire les formidables nouveaux navires dont ils ont besoin pour contrôler la mer, les *galere da mercato*. L'enseignement de l'Église et l'enseignement sur le tas, en famille, là non plus, ne servent à rien. Dans la seconde moitié du XIIIe siècle, y apparaît un nouveau type d'école : des « écoles civiles », c'est-à-dire ni religieuses ni privées ; les enseignants (souvent des hommes d'Église en rupture avec leur hiérarchie) y enseignent aux enfants des marchands, en vénitien, la lecture, l'écriture, la grammaire vénitienne, la philosophie, la morale, les langues vivantes, l'arithmétique, la comptabilité, la géographie, l'histoire, la littérature vernaculaire, les mathématiques commerciales (appelées *abaco*), l'architecture navale ; peu ou pas de latin ni d'histoires illustrant les bienfaits des vertus chrétiennes et les terribles conséquences des vices. On apprend à lire dans le Psalte en latin et dans le dialecte local ; on étudie encore les *Distiques* de Caton (recueil de dictons moraux de Caton le Censeur), le *Facetus* (manuel de bonnes manières écrit au début du XIIIe siècle par l'Anglais Giovanni di Garlandia) et le *Gualterium* (recueil de fables d'Ésope). On utilise aussi beaucoup de traductions du grec en arabe, venant de Sicile, où l'islam reste très influent. Les filles y sont généralement admises. Les enseignants sont rémunérés par les parents de leurs élèves, la municipalité de Venise prenant en charge les études de certains orphelins, en utilisant l'héritage de leurs parents.

À partir de 1390, Venise prend le pas sur Bruges et devient le deuxième cœur de l'économie du monde. Ses écoles civiles, toujours privées et financées par les plus riches familles de la ville, attirent maintenant les meilleurs enseignants de Bruges, de Parme, de Paris, de Mantoue, de Milan, du Trentin, de Calabre, de Sicile, d'Allemagne, du Portugal. En 1390, on y compte cent soixante écoles civiles, avec chacune une dizaine d'élèves issus de familles riches. Beaucoup des maîtres ont un second métier (notaire ou fonctionnaire auprès de la chancellerie d'État). Au début du XVe siècle, Giovanni Conversini (dit Jean de Ravenne), fils du médecin de Louis Ier de Hongrie, proche de Pétrarque, humaniste, grammairien, philosophe et historien, y ouvre une école civile et décrit la relation purement commerciale des élèves, fils de familles aisées, avec leurs enseignants : « Vos enfants n'embrassent pas les maîtres avec affection, mais passent de l'un à l'autre avec la plus grande légèreté, comme des mouches qui voltigent aveuglément çà et là, semant le mépris qui engendre le mépris. Une fois la facture payée, toute correspondance familière disparaît. »

D'autres écoles de ce genre apparaissent pour les enfants de la bourgeoisie toscane. Léonard de Vinci, par exemple, fils adultérin d'un notaire toscan, est d'abord élevé par ses grands-parents paternels qui lui apprennent à lire, à écrire et à compter jusqu'à ses 10 ans, avant de l'envoyer à Florence, dans une *scuola d'abaco* (une « école d'arithmétique ») financée par de riches commerçants et artisans et réservée à leurs enfants ; il y reste deux ans. À 12 ans, il est placé par son père dans l'atelier d'un très grand peintre et sculpteur, Andrea del Verrocchio : il sera peintre, et aussi ingénieur. Et pour ces métiers, comme pour la plupart des autres, ce n'est toujours pas par l'école que se fait la transmission des savoirs, mais par le travail.

Ailleurs en Europe, jusqu'au XIVe siècle : encore des écoles paroissiales urbaines et des écoles épiscopales

Ailleurs en Europe, au même moment, on ne crée pas « d'écoles civiles » : les enfants des artisans et des marchands sont formés par leurs parents ou par des confrères de leurs parents ; et on continue, comme depuis des siècles, à envoyer certains enfants des bourgs dans des « écoles paroissiales urbaines » pour devenir des clercs. Elles sont encore tenues par le curé de la paroisse ou par le vicaire, ou par un maître laïc placé sous l'autorité de l'évêque. On y enseigne jusqu'à 15 ans la religion, la lecture, l'écriture, le calcul, le chant et la grammaire. Et c'est là l'essentiel : rien de ce qu'on transmet à Bruges ou à Venise. Les meilleures de ces écoles sont réservées à ceux des enfants des seigneurs qu'on destine aux carrières religieuses ; les cours s'y font en latin et, dans les plus hautes classes, en grec. On enseigne toujours séparément à chaque élève. Les châtiments sont très fréquents et encore très brutaux. Guibert de Nogent, un moine très cultivé ayant contribué à la réforme grégorienne, se plaint de l'éducation qu'il a reçue dans son *Autobiographie* écrite en 1117 : « Presque chaque jour, j'étais lapidé par une furieuse grêle de soufflets et de coups de fouet. » Rien n'est dit des sévices sexuels, qui doivent certainement y exister.

Cet enseignement, aussi désastreux soit-il, continue d'être pratiquement interdit aux filles, même à celles des classes aisées. Certaines d'entre elles sont cependant éduquées par des religieuses ou par des maîtresses privées ; elles font leur chemin en société en passant par les couvents, telles Hildegarde de Bingen, Marie de France, Héloïse et quelques autres beaucoup moins connues, à tort, que leurs frères et cousins.

Les mouvements monastiques tentent de réagir à la concurrence de ces écoles paroissiales urbaines, dont ils devinent qu'elles vont prendre le dessus. En 1140, l'abbé de Clairvaux écrit à un élève d'une école parisienne : « Tu trouveras bien plus dans les forêts que dans les livres. Les bois et les pierres t'apprendront plus que n'importe quel maître. »

En France, les adolescents qui ont les moyens de continuer des études au-delà des écoles paroissiales urbaines vont dans des écoles épiscopales destinées à former des prêtres, mais aussi, en cas de moins en moins exceptionnels, des administrateurs publics. L'enseignement, qui reste encore très éloigné des besoins de la société, y est en principe gratuit ; les *magisters* (clercs ayant obtenu une licence d'enseigner délivrée par le chancelier de la cathédrale) vivent des dons de leurs élèves. Parmi les écoles épiscopales reconnues, celles de Reims, de Laon et de Chartres. Certains maîtres y parlent un peu d'Aristote. Personne n'y parle de comptabilité, de commerce, de littérature ni de philosophie. Dans les familles nobles, les garçons apprennent surtout à manier les armes et à monter à cheval. Des précepteurs leur proposent alors d'imiter le prince idéal : force, loyauté, justice, assistance aux humbles, respect de la religion. Rien à voir avec ce qu'on enseigne alors aux fils de marchands flamands et vénitiens. Le premier diplôme d'un jeune noble français est encore l'adoubement, qui se traduit par la remise des armes par un supérieur social. Vers 1200, ces cérémonies commencent à inclure des éléments de rituel chrétien. Les enfants des marchands et des artisans sont formés à domicile ou chez des confrères de leurs parents.

En général, l'enseignement de ces écoles, même les meilleures, reste très sommaire et sert surtout à former des prêtres. En Angleterre, sous les Tudors, des jeunes gens sans éducation servent d'enseignants. En Suède, la plus ancienne école municipale connue date de 1225 ; son enseignement est très faible ; les professeurs y sont nommés par les envoyés du pape ou par les autorités de la ville, sous le contrôle rigoureux de l'Église.

On commence cependant à se poser quelques questions pédagogiques, souvent farfelues : selon le franciscain Salimbene de Adam, l'empereur Frédéric II, au début du XIIIe siècle, curieux de connaître quelle langue parlerait naturellement un enfant, impose à des nouveau-nés d'être élevés par des nourrices qui ont l'ordre absolu de ne pas leur adresser la parole. L'empereur veut savoir quels mots vont sortir de leur bouche : seront-ils en latin, en grec, en hébreu ou en arabe ? Tous meurent sans avoir prononcé un seul mot.

Partout, les savoirs nécessaires au fonctionnement des sociétés continuent d'être transmis par la famille, par les ateliers, et de plus en plus par les corporations de métiers.

Premiers collèges et premières universités en Europe occidentale

Au même moment, les villes marchandes cherchent à former de jeunes adultes à des métiers de plus en plus complexes : les sciences, la comptabilité, le droit, la diplomatie, la médecine. Ainsi s'ouvrent (d'abord en Lombardie et en Vénétie) les premières structures qu'on nommera plus tard « universités » et qu'on nomme alors *studiorum*. La papauté laisse d'abord faire, car elle voit ces nouvelles institutions, qu'elle pense contrôler, comme un bon cadre pour former ses propres dirigeants.

Tout commence à Bologne, où les luttes politiques entre les partisans des papes, des empereurs et des marchands les amènent tous à avoir besoin d'arguments juridiques pour justifier leurs thèses. Il leur faut des juristes, des avocats, des diplomates. En 1088, des marchands de la ville financent ce qui deviendra un an plus tard l'« université » (de *universitas*, « communauté », pour désigner celle des enseignants et des étudiants) de Bologne, première institution à se désigner ainsi. On y engage d'abord des maîtres grammairiens, des maîtres de logique et de rhétorique. Le pape Urbain II laisse faire, entendant contrôler ce qui s'y enseigne et ceux qui peuvent y enseigner, et y former ses futurs cardinaux. L'empereur Frédéric Ier, dit Barberousse, ne veut pas être en reste et, en 1158, promulgue l'*Authentica « Habita »*, qui octroie quelques privilèges aux étudiants de droit romain de cette première université : ils peuvent voyager librement partout dans l'empire et bénéficient d'un privilège de juridiction (*privilegium fori*), échappant à la juridiction des magistrats locaux ordinaires et ne pouvant être recherchés pour les délits et les dettes de leurs compatriotes ; l'empereur les met ainsi largement à l'abri de la justice du pape. On voit déjà que tout l'enjeu est de former à Bologne ceux qui vont servir l'empereur contre le pape, ou le pape contre l'empereur. Ou, ce que peu de gens alors perçoivent, les marchands contre le pape et l'empereur.

Cette université n'enseigne au début que le droit. Pas encore les métiers essentiels du présent et de l'avenir : le commerce, la comptabilité, la fabrication de textiles, de colorants, la construction de bateaux, de minoteries et de mines.

À peu près au même moment, en Angleterre, dans la petite ville d'Oxford, nœud commercial important où la Tamise se divise en de nombreux canaux et où réside une forte communauté monastique, le théologien français Thibaud d'Étampes, connu pour son hostilité au célibat des prêtres, vient donner un premier enseignement, théologique et juridique devant une centaine de clercs. Ainsi commence ce qui deviendra, et est encore, l'une des meilleures universités du monde.

L'Église, obsédée par son hostilité à la science, va vouloir former non seulement les clercs, mais les juristes, qui font les lois, et les médecins, qui peuvent remettre en cause les dogmes.

À Paris, en 1110, Étienne de Garlande, archidiacre de Notre-Dame puis chapelain de la chapelle royale et doyen de la collégiale Saint-Aignan d'Orléans, permet au philosophe et théologien Pierre Abélard de fonder une école de rhétorique et de théologie au sein de l'abbaye Sainte-Geneviève ; elle échappe au contrôle de l'évêque de l'île de la Cité et admet des élèves venus de quatre « nations » (française, picarde, normande et anglaise), à partir de l'âge de 14 ans et pendant huit ans, venus y étudier d'abord l'art, puis la théologie, le droit ou la médecine : ce qu'on nomme alors « art », ou « arts libéraux », est un vaste ensemble (grammaire, dialectique, rhétorique, arithmétique, musique, géométrie, astronomie), et qu'on nommerait aujourd'hui « enseignement secondaire ». Les étudiants d'une même nation sont logés dans une maison nommée « collège » (qui signifie alors « confrérie » ou « regroupement »), généralement financé par de riches donateurs ; ce n'est alors qu'un lieu de résidence, pas un lieu d'enseignement. En 1119, Abélard, à qui Guillaume de Champeaux, professeur à l'école cathédrale de Paris, avait interdit, deux ans auparavant, d'enseigner à Paris, reprend son enseignement, en concurrence avec une école épiscopale située sur l'île de la Cité.

Vers 1137, un philosophe et théologien, Hugues de Saint-Victor, écrit le *Didascalion*, un programme d'enseignement qui exercera une grande influence sur les esprits les plus ouverts de l'Église, dans lequel il insiste sur l'importance de transmettre aussi, parmi les arts, la logique, la dialectique, les mathématiques et même les arts mécaniques. Mais en France, les marchands n'ont aucune influence sur l'enseignement, et ils ne financent pas encore d'écoles privées. L'Église et la monarchie auraient d'ailleurs sans doute tout fait pour les en dissuader.

À partir de 1165, Henri II d'Angleterre octroie des crédits et des privilèges aux groupements d'écoles qui se sont créés à

Oxford ; deux ans plus tard, constatant que les classes sont à moitié vides malgré les crédits accordés, il interdit aux étudiants anglais de partir étudier à l'université de Paris et fait rappeler *manu militari* les clercs anglais dispersés sur le continent européen. En 1181, le seigneur de Montpellier Guilhem VIII accorde à « tout homme, quel qu'il soit et d'où qu'il soit », le droit de « diriger une école de médecine à Montpellier ».

À partir de 1182, les « collèges » parisiens assurent non plus seulement l'hébergement, mais aussi des cours, dans des salles spéciales, avec des bibliothèques. De riches protecteurs donnent des terrains ou des fonds pour construire des logements et des lieux d'étude. Ainsi, un couple de bourgeois de Paris crée le collège des Bons-Enfants pour treize écoliers ; on y introduit des savoirs grecs (science et philosophie notamment), mais toujours pas de savoir utile au commerce. Il ne s'agit encore que de former des clercs pour l'Église, des médecins et des juristes, fidèles à l'Église. On enseigne aussi n'importe où : par exemple, dans une écurie de la rue du Fouarre, à Paris, dans le quartier de la Sorbonne, où les étudiants d'un collège s'assoient sur la paille. Les collèges se regroupent en une corporation sous le nom de *universitas magistrorum et scholarium Parisiensis* (« ensemble des maîtres et des étudiants de Paris »). C'est ainsi qu'on commence en Europe, après Bologne et Paris, à désigner ces lieux d'enseignement supérieur comme des « universités ».

Un premier maître étranger de cette université, Emo de la Frise, rejoint l'université de Paris en 1190. En 1200, Philippe Auguste accorde à l'université des privilèges judiciaires et dispense les étudiants des obligations militaires et de certains impôts. L'université est alors divisée en quatre *facultas* (le terme signifie alors « connaissance, savoir ») : art, droit, théologie et médecine (« art » ou « arts libéraux » signifie alors les enseignements de base de la langue et de la littérature). L'enseignement universitaire ne prépare encore que des théologiens, des prédicateurs, des médecins et des officiers de justice ou d'administration. Le chancelier de l'évêque défend son privilège d'accorder ou de refuser la licence d'enseigner. En 1208, près du Palais-Royal, est fondé l'hôpital des Pauvres-Écoliers, qui deviendra le collège des Bons-Enfants, afin de loger des étudiants qui mendient pour financer leurs études. En 1211, Robert de Courçon devient chancelier de l'université de Paris, avant d'être fait cardinal par Innocent III. En 1215, l'université obtient ses premiers statuts, qui reconnaissent aux étudiants le droit de faire grève si leurs privilèges sont remis en cause. La même année encore, malgré les réticences de l'évêque de Paris et avec le soutien de Philippe Auguste, le légat pontifical octroie son autonomie à l'université de la ville : désormais, c'est le chancelier de l'université, et lui seul, qui accordera le droit d'enseigner et les diplômes aux candidats présentés par les maîtres. Les facultés d'art, puis celles de médecine, de droit et de théologie sont habilitées à délivrer un « baccalauréat » (*bacca lauri* désigne la couronne de lauriers qu'on pose sur la tête des meilleurs élèves) ; les élèves qui parlent latin peuvent passer leur baccalauréat en trois ans. Le baccalauréat en art est un préalable incontournable aux autres. Celui de théologie est considéré comme supérieur aux trois autres. La pédagogie reste fondée sur la lecture en latin et le commentaire : le maître lit un chapitre à voix haute, puis le commente en latin. Il y a aussi des débats entre maîtres et étudiants sur des questions comme : « Faut-il honorer ses parents ? » Un bachelier peut assister un professeur dans son enseignement à des candidats au baccalauréat. Le bachelier peut ensuite préparer la « licence » de sa faculté (*licencia docendi* : « permission d'enseigner »), qui lui permet d'obtenir le droit d'enseigner dans celle-ci. La licence est obtenue après six à huit ans d'études, ou trois années d'études et deux années d'enseignement comme assistant. Elle suppose d'être capable de tenir une « dispute » publique. S'il poursuit ses études après la licence, l'étudiant peut obtenir la « maîtrise » et devenir un professeur au sein de l'université de Paris. Enfin, le « doctorat » permet d'accéder aux meilleurs postes d'enseignant dans l'université. Il faut avoir au moins 28 ans pour devenir docteur en médecine ou en droit ; et 35 ans pour être docteur en théologie.

La même année, en 1215, l'université d'Oxford se voit octroyer des privilèges pontificaux, ce qui fait d'elle une véritable université, sous le contrôle lointain de l'évêque de Lincoln, représenté sur place par un chancelier. On n'y enseigne encore que les arts, la médecine, le droit et la théologie.

La bataille entre les autorités universitaires et les papes pour le contrôle de l'enseignement continue de faire rage. En 1219, le pape Honorius III reprend le contrôle de l'université de Bologne et veut mettre l'enseignement à son service ; en réaction, trois ans plus tard, des professeurs et des étudiants quittent Bologne et créent à Padoue une université indépendante de l'Église, non plus pour le compte de l'empereur, mais pour celui de la République vénitienne, beaucoup plus riche ; avec trois recteurs choisis parmi les nobles les plus érudits de la Sérénissime.

En 1237, une première femme, Bettisia Gozzadini, dont les parents appartiennent à la noblesse de Bologne, fait ses études dans l'université de la ville, déguisée en homme ; puis elle est autorisée à y enseigner le droit ; on imagine la volonté et le talent qu'il lui a fallu pour parvenir à ce résultat.

En 1220, apparaît la nécessité d'encadrer, d'organiser et de garantir l'enseignement de la médecine à Montpellier ; le cardinal Conrad d'Urach, légat apostolique du pape Honorius III, concède à l'*universitas medicorum* ses premiers statuts, lesquels permettent à l'université de déterminer elle-même qui peut enseigner, comment est rendue la justice au sein de l'université et quelles sont les règles de fonctionnement entre enseignants et étudiants.

En 1229, des étudiants de l'université de Paris se révoltent, dans une taverne du faubourg Saint-Marcel, contre le prix du vin ; les sergents royaux noient trois cents d'entre eux dans la Seine. Étudiants et professeurs se mettent en grève et menacent de quitter Paris pour Orléans, Angers ou Oxford s'ils n'obtiennent pas leur autonomie et leur immunité. C'est la première grève de l'histoire universitaire. Deux ans plus tard, en 1231, Grégoire IX cède et accepte que les maîtres parisiens évaluent librement le niveau de leurs étudiants et délivrent les diplômes ; il leur accorde aussi le droit de faire grève, si les loyers des logements étudiants deviennent trop élevés, si un professeur ou un étudiant est blessé ou tué sans que son meurtrier soit jugé, ou en cas d'arrestation d'un étudiant ou d'un professeur.

L'Église toutefois n'a pas dit son dernier mot : à partir de 1233, les ordres mendiants, dont les franciscains, tentent de faire interdire à l'université de Paris l'enseignement des arts libéraux et plus généralement l'étude des textes païens. Ils sont repoussés.

En 1249, Guillaume de Durham quitte Paris pour Oxford où il crée l'University College. Un peu plus tard, le baron Jean de Balliol, proche d'Henri d'Angleterre, y fonde le Balliol College ; Walter de Merton, évêque de Rochester, continue de vouloir y régner et rédige une série de règlements pour organiser à sa guise la vie à l'intérieur des collèges ; les maîtres se rebellent et se regroupent en corporations, ce qui attire à Oxford des maîtres de différents ordres religieux (carmélites, dominicains, augustins, franciscains...) hostiles à l'évêque ; mais un peu plus tard encore, après la condamnation à mort, à Oxford, de trois étudiants accusés sans preuve d'un meurtre, des universitaires déménagent dans une ville voisine : Cambridge.

En 1250, à Paris, la reine Blanche de Castille, régente pour la deuxième fois pendant la septième croisade, octroie au chanoine de Cambrai et confesseur de Saint Louis, maître Robert de Sorbon (qui avait dû mendier pour financer ses propres études), une maison ayant appartenu à un nommé Jean d'Orléans et les écuries contiguës situées dans la rue Coupe-Gueule, pour y loger des étudiants. Il crée le collège qu'on nommera plus tard « de la Sorbonne », puis, en 1260, une bibliothèque, dotée à l'origine de seulement quelques dizaines de livres. Des religieux acceptent d'y donner des leçons de rhétorique gratuites aux écoliers les plus pauvres ; on y étudie toujours les mêmes œuvres incontournables : Caton, Cicéron, Virgile et Priscien de Césarée (grammairien latin du VIe siècle dont l'*Ars grammatica* est alors encore très populaire), toujours pour préparer à des carrières religieuses et juridiques.

Les meilleurs maîtres passent d'une université à l'autre : Albert le Grand enseigne à Paris et à Cologne, Roger Bacon à Oxford et à Paris, Thomas d'Aquin autant à Rome qu'à Paris où il publie *De l'unité de l'intellect, contre Averroès,* en se fondant sur une interprétation erronée des textes du grand philosophe cordouan du siècle précédent, Ibn Rushd. Pour éviter les foudres de l'Église, les uns et les autres tentent timidement de reprendre à leur compte les thèses d'Aristote, telles que les musulmans et les Juifs de Cordoue les ont commentées, puis traduites en latin. L'éternel conflit entre la raison et la foi, entre Aristote et l'Église, entre les marchands et les religieux, fait rage. En 1270, Étienne Tempier, évêque de Paris, condamne treize articles aristotélico-averroïstes et fait interdire deux cent dix-neuf propositions enseignées à la faculté des arts, dont quinze concernent l'aristotélisme de Thomas d'Aquin. Il n'empêche : la raison est entrée dans les universités. Elle n'en sortira plus.

En 1284 apparaît à Cambridge le premier collège formel, à qui, un peu plus tard, le pape Jean XXII attribuera le droit de délivrer des diplômes. Partout en Europe, les universités sont maintenant connues pour leurs spécialités : celles de Bologne et d'Orléans sont réputées pour le droit ; celle de Naples forme des cadres administratifs ; celle de Montpellier excelle en droit et en médecine. Paris pour la théologie, le droit et la médecine ; Paris est si bien vu du Vatican que, en 1292, le pape lui accorde la *licencia ubique docendi* (droit, pour ses professeurs, d'enseigner dans toute la chrétienté).

En 1304, toujours à Paris, Jeanne de Navarre, comtesse de Champagne et reine de France, fait inscrire dans son testament le projet d'un nouveau collège pour accueillir soixante-dix étudiants, dont vingt en grammaire, trente en art et vingt autres en théologie ; elle veut que ce collège soit plus qu'une résidence : un lieu d'enseignement avec un maître dans chaque matière pour assurer des répétitions et diriger des discussions en complément des cours. L'institution, mise en place en 1315, ne proposera d'enseignement véritable (toujours théologique) qu'à la fin du XIVe siècle. Ce premier collège royal est placé sous l'autorité d'un recteur, lui-même sous l'autorité du doyen et des maîtres en théologie de la faculté de Paris. C'est à ce moment-là que le mot « collège » change vraiment de sens : il désigne désormais un lieu d'enseignement ; les « collèges de plein exercice » assurent une formation de base à des élèves issus de la bourgeoisie ou de la noblesse, tandis que les « petits collèges » délivrent quelques cours aux élèves moins fortunés. Alors que la peste noire tue le tiers des Européens de 1347 à 1352, les enfants meurent en plus grande proportion. Les parents les protègent davantage. Pour autant, on ne tient pas à les envoyer à l'école. On a trop besoin à la ferme, ou à l'atelier, des rares survivants.

Transmission familiale et professionnelle en Europe

L'école et l'université ne sont encore que des machines à former des religieux, ou des gens dépendants de l'Église.

La famille reste, en Europe comme ailleurs, et comme depuis des dizaines de millénaires, le lieu principal de transmission des savoirs dont dépend le fonctionnement de la société.

La première éducation continue de se faire sous la houlette des mères : apprentissage de la parole, de la marche, des bonnes manières, de l'alphabet, de la foi… Et cela dans tous les milieux : selon Jean de Joinville, l'un des biographes de Saint Louis, c'est la mère du futur souverain, Blanche de Castille, qui « lui enseigna à croire en Dieu et à l'aimer ».

De même, les seigneurs commencent à vouloir que les familles populaires forment leurs enfants à avoir des manières plus civilisées, pour éviter qu'ils se rebellent ; au milieu du

XIIIe siècle, Berthold de Ratisbonne écrit : « Les pauvres gens n'ont pas de précepteur comme les grands de ce monde, ils doivent éduquer leurs enfants seuls, ils devront répondre de leurs enfants le jour du jugement, comme un prieur, un abbé et tout supérieur de couvent devra répondre de sa communauté. » Des traités de bonnes manières, inspirés des règles de la vie monastique, visent à aider les prêtres et les bourgeois à former les enfants des paysans à ne pas « faire le vilain ». On trouve même des traités de « contenances de table » : il faut se tenir droit, ne pas cracher par terre, ne pas se ruer sur la nourriture, s'essuyer la bouche avant de boire. Tout est fait pour domestiquer le peuple.

L'essentiel de l'éducation continue de se faire par le travail ; pour les garçons par les pères et pour les filles par les mères. En 1270, Thomas d'Aquin écrit à ce propos : « Dans l'espèce humaine tout particulièrement, le mâle est nécessaire à l'éducation de l'enfant, qui consiste non seulement à nourrir le corps, mais encore davantage à nourrir l'âme… » En 1280, le Catalan Raymond Lulle rédige la *Doctrina pueril*, traité adressé à un fils imaginaire, où il résume ce que tout bon chrétien doit apprendre. De nombreux pères de famille rédigent des traités d'éducation pour leurs enfants. Dans la plupart de ces traités, le châtiment et la punition sont recommandés ; on explique que la grande sœur doit garder les plus petits, leur donner le bain, à manger, raccommoder leurs vêtements tandis que le grand frère doit transmettre ses connaissances apprises à l'école aux plus jeunes garçons.

Comme depuis des millénaires, en France comme ailleurs, les filles apprennent auprès de leur mère comment tenir une maison, satisfaire leur époux, faire la cuisine, coudre, et prier – et rien d'autre. Les recettes de cuisine se transmettent encore oralement de mère à fille ; et il faut attendre Taillevent, au XIVe siècle, pour en avoir une première trace écrite en Europe. Jusqu'au mariage, les filles restent auprès de leurs parents pour aider dans les champs et pour les tâches domestiques. Dans les milieux bourgeois, elles reçoivent une éducation minimale dans les couvents ou auprès de leurs parents : catéchisme, lecture et écriture. Dans la noblesse, elles apprennent aussi quelques notions médicales et la musique ; elles commencent à fréquenter de petites écoles tenues par des maîtresses ; quelques écoles élémentaires dans le nord de la France sont fréquentées par les filles de la petite bourgeoisie des campagnes. En moyenne, le parcours scolaire des filles dure de deux à quatre ans, alors que celui des garçons va de trois à huit ans. En 1314, Pierre Dubois, juriste normand, élève de Thomas d'Aquin et de Siger de Brabant, propose, dans *De recuperatione terræ sanctæ*, de fermer les monastères féminins pour que les femmes reçoivent la même éducation que les hommes (grammaire, logique, religion, apologétique, sciences naturelles et médecine), et de supprimer le célibat ecclésiastique. À l'inverse, en 1371, Geoffroi de La Tour Landry, issu de la petite noblesse, rédige le *Livre pour l'enseignement de ses filles*, avec des recommandations sur les manières de se tenir en société, sur l'éducation religieuse, sur le devoir d'obéissance à l'égard de leur futur époux et sur les soins à apporter à leurs futurs enfants. Vers 1430, Jean de Gerson, grand chancelier de l'université de Paris, déclare : « Tout enseignement pour les femmes doit être considéré comme suspect. »

Les corporations, qui existent partout dans le monde depuis l'Antiquité, prennent en Europe de plus en plus le relais des familles lorsque celles-ci ne sont plus capables de former leurs fils. La corporation fixe des règles d'emploi et organise la formation des apprentis dans les ateliers.

Dans les deux villes « cœur » des Flandres et de la Vénétie, les corporations attirent des maîtres venus de partout. À Venise, la corporation des artisans de la soie est surtout composée d'artisans de Lucques ; la corporation de fabricants de verre et de miroirs compte beaucoup de Frioulans ; le tiers des maîtres artisans de la laine provient de Lombardie ; les *battioro* (fabricants de feuilles d'or) sont tous allemands. Il y a aussi des corporations de menuisiers, qui construisent les bateaux, de minotiers, d'architectes, de tisserands – tous les métiers qui font alors la puissance d'une ville.

En France, en 1268, bien après Bruges et Venise, Étienne Boileau, prévôt de Paris, publie le *Livre des métiers*, premier grand recueil de règlements organisant la transmission des savoirs des artisans : les enfants destinés à un métier doivent trouver à 12 ans un maître qui les loge, les nourrit et les forme pendant trois ans ; le travail de nuit leur est en principe interdit, sauf dans des cas très rares (par exemple si les cordonniers doivent répondre à une commande de la famille royale) ; au bout de trois ans, l'apprenti devient « compagnon », se voit confier davantage de tâches et apprend des aspects plus techniques du métier. Pour devenir « maître », il doit réaliser un chef-d'œuvre. À la tête de ces corporations se trouvent les jurés, élus par leurs confrères et chargés de s'assurer que les ressources du maître sont suffisantes pour garantir le bon traitement de l'élève et du sérieux de sa formation ; en 1381, le roi Charles VI octroie certains privilèges à la corporation des maîtres bouchers : ils peuvent désormais juger de façon autonome les malversations, les fraudes, les violences, voire les affaires privées des bouchers, et désigner ceux qui peuvent exercer la profession dans la cité ; il est acté aussi que la transmission des boutiques se fait uniquement de père en fils et que les mariages sont consentis exclusivement entre familles de bouchers.

Les écoles épiscopales s'ouvrent à d'autres que les futurs clercs

Au début du XVe siècle, en France, les mères les moins instruites continuent d'éduquer leurs enfants religieusement en les emmenant à l'église et en leur racontant les histoires saintes à travers les images sacrées et les statues. Jeanne d'Arc raconte que c'est sa mère qui lui apprit le *Pater Noster*, l'*Ave Maria* et le *Credo*. Si le père (ou l'école) prend ensuite le relais pour les jeunes garçons, la mère reste la première éducatrice et conseillère des jeunes filles ; elle leur transmet encore le savoir-faire domestique et amoureux afin de les préparer dans leur vie d'épouse et de mère. Même après le mariage, elle reste souvent présente, prodiguant à sa fille des conseils pour tenir sa maison, enseigner la foi à ses enfants et contenter son époux.

Dans chaque grande ville de France (plus de 10 000 habitants), il y a désormais de vingt à vingt-cinq écoles épiscopales, soit de quoi alphabétiser la quasi-totalité des garçons et le quart des filles. À Reims, par exemple, chaque paroisse a son école ; elles sont à la charge des chanoines de la cathédrale et sont dirigées par un écolâtre. L'uniforme y est de rigueur. L'usage du papier se généralise, même s'il existe encore à Paris une corporation des tabletiers qui continuent à fabriquer les tablettes enduites de cire. Il n'y a pas encore de cahier. Les élèves y apprennent à lire avec un petit livre de prières et les *Métamorphoses* d'Ovide ; ils y apprennent aussi l'écriture, l'arithmétique, la religion et le latin ; rien encore d'utile à l'exercice d'aucun métier. Mais on admet maintenant que les élèves ne deviendront pas tous des religieux.

À la campagne, où vivent plus des neuf-dixièmes de la population française, presque aucun garçon ne va à l'école, ou bien la quitte très tôt pour travailler avec son père qui le forme à son métier. Certains d'entre eux, très rares, réussissent à devenir curé ou clerc de notaire, très rarement, si ce n'est pas déjà dans la famille, artisan, beaucoup plus rarement encore marchand ou patron d'un atelier dans les colorants, d'une mine, d'une minoterie, d'une verrerie, d'une fabrique d'armes ou de tissus.

En Grande-Bretagne apparaissent encore des écoles latines, qui mettent l'accent sur l'apprentissage du latin à partir de 7 ans pour préparer des enfants des classes moyennes supérieures à faire carrière dans l'Église ou dans les métiers du droit, proches de l'Église. À partir du milieu du XVe siècle y sont enseignées la rhétorique, la philosophie de la nature, la dialectique. Certaines de ces écoles sont gérées par l'Église ;

d'autres sont privées ; des enfants de serfs peuvent y étudier si des seigneurs financent leurs études. Mais aucun enseignement sur ce qui fera plus tard le triomphe britannique : les mines, le commerce et la navigation.

Dans la première moitié du XVe siècle, les universités européennes continuent de tenter de s'émanciper de l'Église.

Dans les villes dépendant de Venise (Vérone, Padoue, Ferrare), sont créés des collèges, dégagés de l'influence de la papauté, et spécialisés dans la formation à des métiers utiles au commerce, et plus seulement, comme jusqu'alors, à la diplomatie. Au même moment, Henri VI crée à Eton, à quarante kilomètres de Londres, un nouveau collège pour offrir à soixante-dix élèves pauvres une éducation gratuite leur permettant d'aller ensuite au King's College de Cambridge, qu'il vient de créer. Mais Eton sera vite détourné de sa mission première et réservé aux enfants des familles les plus riches.

L'université de Paris, comme presque toutes celles de l'Europe, sauf en Flandre et au nord de l'Italie, reste entièrement consacrée aux enseignements de la théologie, de la médecine et du droit. Rien encore sur le commerce, la comptabilité, les techniques du tissage, de l'architecture, de la construction de ponts, de mines. Tout cela reste transmis par les corporations. Entre 1407 et 1435, pendant la guerre civile qui oppose Armagnacs et Bourguignons, l'université de Paris prend le parti des Bourguignons, et donc celui des Anglais ; puis elle arguë de son exemption fiscale pour refuser de participer à un emprunt royal. En représailles, Charles VII brise le privilège judiciaire de l'université : tous ses procès sont désormais portés devant le Parlement.

Pendant ce temps, un orphelin de père est confié par sa mère illettrée à Guillaume de Villon, bachelier en droit canonique, chapelain de Saint-Benoît-le-Bétourné (une église près de la Sorbonne) qui se charge de son instruction avant de l'envoyer à la faculté des arts de Paris. En 1449, à 18 ans, il obtient le premier grade de la faculté des arts (le baccalauréat) puis, trois ans plus tard, la maîtrise des arts, qui fait de lui un clerc. Avant de fuir l'état religieux pour devenir François Villon.

Pendant ce temps, en Chine : une éducation au service de l'empereur

En 587, alors que commence la très brève dynastie des Sui (581-618), tous les fonctionnaires, jusqu'au niveau du district, sont nommés après concours par le département central des affaires d'État, et soumis à une évaluation annuelle de leur mérite ; chaque préfecture doit fournir à l'État trois fonctionnaires par an. En 605, le dernier empereur Sui, Yang, précise le système des concours impériaux : des premiers examens sélectionnent les « classicistes » pour servir dans les échelons inférieurs de l'administration ; d'autres, plus difficiles, sélectionnent les « talents cultivés ». L'empereur Yang ajoute une nouvelle catégorie supérieure, les « érudits avancés ». Si, en théorie, tout jeune homme peut concourir, quel que soit son rang social, dans les faits, seuls les enfants de la noblesse peuvent réussir ces examens. Ces trois catégories resteront inchangées jusqu'en 1905.

Aucune école n'enseigne en Chine les techniques nécessaires au fonctionnement de l'économie, de l'agriculture à l'artisanat, de la construction de bateaux à la production de textiles. On n'enseigne que ce qui permet la sélection des meilleurs cadres de l'administration de l'empire. On enseigne partout le culte des ancêtres et le respect des aînés.

À partir de 618, la dynastie Tang, qui va durer trois siècles, installe des écoles publiques dans chaque préfecture ; elles sont aux mains de riches mécènes. On y enseigne aux enfants des plus riches paysans quelques idéogrammes et la grammaire ; on y fait apprendre par cœur un poème confucéen du VIe siècle, le *Classique des mille caractères*. Dans les capitales de province, on ouvre des collèges de mathématiques, de droit et de calligraphie ; les jeunes adultes de familles aisées apprennent les textes classiques et la pensée confucéenne et se préparent aux concours impériaux. En 718, l'empereur Xuanzong crée à Chang'an l'Académie Hanlin, une institution d'élite pour sélectionner les conseillers des empereurs.

En 907, avec la désintégration de la dynastie Tang s'ouvre pendant un demi-siècle une nouvelle période de chaos, dite des Cinq Dynasties et des Dix Royaumes, durant laquelle le système de concours est remplacé par un simple jeu de favoritisme politique. À partir de 960, la dynastie Song rétablit les examens impériaux ; l'invention des caractères mobiles d'imprimerie (en poterie puis en bois et enfin en métal) permet l'impression massive des grands textes confucéens, taoïstes et bouddhistes, sans que cela pousse à faire connaître ces textes en dehors des élites de l'empire ni que cela permette un renouveau intellectuel ou technique ; sinon que les examens mandarinaux se détachent de l'influence bouddhique : les trois niveaux d'examens se nommant désormais le *xiucai* (littéralement « talent en fleur »), le *mingjing* (« comprendre les classiques ») et le *jinshi* (« érudit avancé »).

Vers 1050, le chancelier Fan Zhongyan publie un édit prévoyant une combinaison de financements gouvernementaux et privés pour reconstruire les écoles préfectorales tombées en désuétude et y affecter un personnel enseignant à plein temps. En 1068, un Premier ministre, Wang Anshi, introduit l'enseignement de la politique économique dans la formation des cadres de l'empire. En 1100, l'empereur Song Huizong utilise des fonds destinés à la réparation des catastrophes et à la stabilisation du prix de la nourriture pour reconstruire des écoles préfectorales. Pour contrer cette évolution jugée par certains beaucoup trop ouverte au peuple, quelques très riches familles créent des académies (*shuyuan*), sortes d'universités privées, souvent prudemment installées dans des montagnes, pour transmettre à leurs enfants le taoïsme et le bouddhisme.

Autour de 1250, après la conquête de toute la Chine par Kubilaï Khan, de culture bouddhiste, la langue mongole est enseignée dans les écoles ; les religions traditionnelles restent autorisées à condition de ne pas menacer l'État. L'Empire mongol impose l'utilisation du papier-monnaie, et organise la construction de routes et la mise en place d'un grand service postal. Les concours impériaux sont d'abord réservés aux Mongols, puis (faute de candidats) sont suspendus pour permettre aux Mongols de monopoliser plus aisément les postes.

En 1368, commence la dynastie des Ming, avec Pékin comme capitale, une agriculture prospère et des échanges internationaux florissants. La population du pays atteint environ 200 millions d'individus. En 1384, l'empereur Hongwu remet en place les concours avec des programmes nouveaux, plus orientés vers le droit, les mathématiques, avec toujours la calligraphie, l'équitation, le tir à l'arc. Les riches propriétaires terriens et les marchands pensent toujours protéger leurs propriétés en faisant de certains de leurs enfants des hauts fonctionnaires ; pour assurer leur réussite à ces concours, ils créent des écoles avec l'accord du gouvernement impérial, en particulier dans le sud de la Chine ; on y transmet notamment l'éthique confucianiste et, à la différence des écoles impériales classiques, on y organise aussi la transmission des techniques du commerce, de l'artisanat et de l'industrie.

Seuls ceux des élèves ayant réussi l'examen de *jinshi* (« érudit avancé ») peuvent désormais accéder aux plus hautes fonctions (membre de l'Académie Hanlin, le Grand Secrétariat, ministres ou vice-ministres...). De fait, 90 % des grands chanceliers de la dynastie Ming seront des *jinshi*.

Au même moment, le Japon calque son système de transmission du savoir sur le modèle chinois. Dans les monastères, centres d'enseignement particulièrement importants, on enseigne les bases du bouddhisme, le système d'écriture chinois et le confucianisme. Sont créés aussi quelques établissements d'enseignement supérieur à Kyoto, dont l'école Ashikaga gakkō, fondée par le poète et érudit Ono no Takamura. Le reste du peuple reçoit une formation traditionnelle par les familles et les clans qui transmettent en secret les cérémonies, les rites et les cultes.

Bientôt, le monde va connaître un tremblement de terre dans les mécanismes de transmission des savoirs. Un tremblement de terre technologique et éthique.

Chapitre 3

Impressions, Réforme, ambitions

1448-1700

Quand se termine la première moitié du XVe siècle, la Chine est encore la plus grande puissance du monde, appuyée sur une agriculture abondante et des cadres administratifs rigoureux. Partout dans le monde, les modes de transmission des savoirs nécessaires au fonctionnement de la société restent apparemment très stables : les paysans se forment en famille, comme les commerçants et les artistes ; les artisans sont formés par des corporations ; les cadres administratifs et religieux sont éduqués par des écoles et universités ; les cadres supérieurs sont recrutés dans les classes dominantes ; le système de transmission reste un instrument de réplication à l'identique des classes sociales, qui enseigne aux élites et à leurs collaborateurs comment gérer le pouvoir. Les filles en sont toujours exclues, les maltraitances encore encouragées. L'orientation reste déterminée par les besoins des classes dominantes. Et même si des écoles se déploient, en particulier à travers certaines régions d'Europe, il n'est toujours pas question d'enseigner à lire, à écrire ni à compter à tous les enfants du peuple : ils n'en ont pas besoin et cela les détournerait de leur travail. Si bien des connaissances se diffusent et se transmettent par des compagnons, des voyageurs, des marchands, ce n'est qu'en Flandre et en Italie du Nord que des écoles enseignent ces savoirs nouveaux.

Dans les familles européennes de tous milieux, l'enfant prend de plus en plus d'importance ; même si seulement un jeune sur deux dépasse les 10 ans, et si les abandons d'enfant continuent, on commence à penser dans les milieux les plus populaires que l'enfant n'est pas condamné à avoir la même vie que ses parents. Malgré la pression de l'Église et des autres puissances, des ambitions surgissent. Un concept nouveau se glisse dans le comportement de ces familles : l'ambition transgénérationnelle. Même s'il est encore un signal très faible, il sera un facteur considérable, et trop sous-estimé, du progrès et du développement : une société progresse quand elle n'est pas résignée à ce que les enfants aient la même vie que leurs parents.

Tout va changer avec une innovation technique majeure : l'imprimerie. Elle est d'abord mise au service de l'amélioration de la transmission du savoir dominant (la Bible et ses commentaires), en permettant d'y avoir accès à moindre coût. Puis, certains chrétiens, protestant contre la corruption de l'Église de Rome, vont, dans certaines régions du nord de l'Europe, renouer avec une vieille exigence exprimée vingt siècles plus tôt par les Juifs en Judée : tous les enfants doivent savoir lire et écrire pour pouvoir étudier directement la Loi. Pendant cent cinquante ans encore, peu d'écoles créées pour cela transmettront aussi des savoirs de raison ; dans les villes, qui commencent à grandir, les trop nombreux enfants traînant dans les rues seront enfermés, sous prétexte, illusoire, d'éducation.

En Chine

Sous la dynastie Ming, au pouvoir de 1368 à 1644, la Chine est encore la première économie de la planète. Même si l'imprimerie y est connue depuis longtemps, on n'en fait pas pour autant un instrument de diffusion du savoir. L'empire ne donne toujours pas d'autres rôles à l'éducation que de sélectionner et de former ses administrateurs. Dans les écoles qui y préparent, à travers le pays, on étudie peu les mathématiques et la science, et beaucoup la philosophie et les textes classiques ; les fonctionnaires d'autorité sont sélectionnés par les mêmes examens que depuis un millénaire et demi, évaluant la seule connaissance de ces textes. Les grades dans l'administration se diversifient. On distingue maintenant un *tongsheng* (« élève aspirant »), un *xiucai* (« talent en fleur », reçu à l'examen préfectoral), un *juren* (« lettré sélectionné », reçu à l'examen provincial se tenant tous les trois ans), un *gongshi* (« clerc présenté », sélectionné au concours général de la capitale) et un *jinshi* (« clerc promu », reçu au concours impérial triennal de la cour, grade suprême qui se divise lui-même en plusieurs niveaux). Les diplômés, tous des garçons, qui représentent moins d'un habitant sur trois cents, restent, pour les deux tiers, des enfants de diplômés ; ils sont exemptés du travail forcé et bénéficient d'une certaine immunité contre les châtiments corporels.

Ces cadres réussissent à maintenir l'ordre social et politique dans un État unitaire, que ne contestent ni une aristocratie terrienne, ni des intellectuels dissidents, ni une bourgeoisie urbaine, ni très rarement les militaires ; ils favorisent le développement de l'agriculture, dont dépendent les taxes, et les travaux hydrauliques permettant de diversifier les productions agricoles (thé, fruits, colorants, céréales...) et aussi les matières nécessaires à la fabrication de textiles (coton, lin, soie), qui devient une première véritable industrie.

Le système politique reste, comme depuis deux mille ans, fragilisé par la corruption et le favoritisme ; l'art, la musique, les mathématiques, la technologie et la science sont de plus en plus négligés.

À partir de 1644, la dynastie Ming ne peut résister à l'invasion des Mandchous qui établissent une nouvelle dynastie, les Qing (la dernière dynastie impériale, qui va durer plus de deux siècles et demi), sans remettre en cause l'organisation et la mission de l'éducation, laquelle reste tournée vers le recrutement des cadres de l'empire. Un des premiers de leurs empereurs, Kangxi, comme ses prédécesseurs Ming, rassemble autour de lui des lettrés ; des jésuites européens (dont on parlera plus loin) l'initient aux progrès des mathématiques, de la physique et de la cartographie, sans qu'il pense à diffuser ces savoirs nouveaux dans les écoles du pays. Son ambition se limite à tenter de permettre à des cadres mandchous de réussir aux examens impériaux ; mais, comme ils n'ont pas reçu la formation nécessaire, l'empereur doit se résoudre à imposer des quotas raciaux pour les favoriser au détriment des Han. Pendant ce temps, les marchands éduquent eux-mêmes leurs fils aux arcanes de la comptabilité, du voyage et du commerce ; on ne trouve encore dans aucune ville chinoise l'équivalent des écoles que les marchands ont développées depuis trois siècles en Flandre et à Venise.

Imprimerie, Réforme et transmission des savoirs

En 1448, un riche orfèvre de Mayence, installé d'abord à Strasbourg, ville de foire où passent d'innombrables marchands venus du monde entier, Johannes Gutenberg, après avoir d'abord, en vain, tenté d'utiliser la xylographie chinoise, réussit à construire une presse d'imprimerie en associant un ensemble de techniques disparates (des caractères séparés, une presse utilisée pour les tissus, une encre de copiste, le moulage et le poinçon de l'orfèvrerie). Il imprime d'abord, en 1451, des formulaires d'indulgence pour l'Église, qui les vend aux fidèles pour couvrir ses dettes et financer la construction de la basilique Saint-Pierre à Rome. Certains couvents font imprimer jusqu'à deux cent mille de ces formulaires. L'année suivante il imprime un premier livre, une Bible latine. Puis d'autres. Le coût de chaque volume s'effondre : alors qu'un livre copié à la main coûte autant qu'une maison, une copie imprimée d'une œuvre de Cicéron ne coûte bientôt plus que l'équivalent d'un mois de salaire d'un professeur.

Tout va alors très vite : en 1460, une première Bible en allemand est imprimée à Strasbourg. En 1469, à Venise, alors capitale économique du monde occidental, ouvre la première imprimerie commerciale. En 1470, pendant que, à Rome, est imprimé (à partir d'un procédé un peu différent de celui de Gutenberg et semble-t-il antérieur), un premier texte en hébreu, Jean Henlein, prieur de la Sorbonne, fait venir à Paris trois imprimeurs allemands, qui publient d'abord un recueil de lettres en latin de l'humaniste italien Gasparin de Bergame, destiné à servir de modèle aux étudiants parisiens, puis des livres de rhétorique, dont la Sorbonne reste le grand spécialiste. Et dont elle ne veut pas sortir.

En 1476, à Westminster, William Caxton installe la première imprimerie anglaise. En 1487, les Psaumes sont imprimés à Naples en hébreu. À la fin du XVe siècle, il y a des centres d'impression dans plus de deux cents villes européennes, dont soixante-deux dans le Saint Empire romain germanique ; on a imprimé alors environ vingt-cinq mille titres, avec des tirages moyens de cinq cents exemplaires, soit environ douze millions de volumes, qu'on nomme aujourd'hui les « incunables ». On voit apparaître des bibliothèques dans la maison de chaque marchand aisé. Pour autant, l'imprimerie ne modifie pas encore le mécanisme et le contenu de la transmission du savoir : ce sont toujours les mêmes textes qui sont lus et transmis par les mêmes et pour les mêmes. Ils coûtent simplement beaucoup moins cher.

Si beaucoup s'opposent à cette nouveauté, inquiets de voir la mémoire ne plus être sollicitée et les gens devenir incultes et stupides, les pronostics de ceux qui y sont favorables sont unanimes : grâce à l'imprimerie, le latin va s'imposer comme la langue de communication et de transmission des connaissances dans toute l'Europe, renforçant le rôle du Saint Empire romain germanique ; et l'Église va renforcer son pouvoir en distribuant la Bible à tous.

C'est pourtant exactement le contraire qui va se produire : d'abord le Saint Empire va être fragilisé par l'émergence du nationalisme, que soutient l'imprimerie : en 1492, alors que Colomb traverse l'Atlantique, que s'effondre le dernier royaume musulman d'Europe et que les Juifs sont chassés d'Espagne, est imprimée à Séville une première grammaire en langue vernaculaire, en castillan ; d'autres suivront rapidement et, dans les décennies qui suivent, le latin disparaît des textes officiels. Par ailleurs, les fidèles, pouvant lire à moindres frais la Bible, constatent qu'elle n'a pas grand-chose à voir avec ce qu'en disent les prêtres, en chaire comme dans les écoles. Une révolution couve.

En Allemagne, Luther fait lire la Bible, pour détruire l'Église

En 1517, en Allemagne, un jeune prêtre, Martin Luther, dénonce, avec une force de conviction très supérieure à celle de ses prédécesseurs, les indulgences, dont les formulaires ont été les premiers textes imprimés en masse. Pour lui, chaque chrétien doit pouvoir lire les Évangiles dans sa langue, et prêcher. Ses « quatre-vingt-quinze thèses », qu'il affiche cette année-là à la porte de l'église de Wittenberg, en Saxe, sont reproduites et diffusées, grâce à l'imprimerie, à une vitesse foudroyante à travers toute l'Europe : on les retrouve dix-sept jours plus tard à Londres. L'imprimerie, qui devait renforcer l'Église, la frappe donc en plein cœur. La Réforme est lancée. De très nombreux régents d'écoles paroissiales (qu'on appellera plus tard des « instituteurs ») dans l'empire y adhèrent et en deviennent les principaux propagateurs ; à Strasbourg, Jacques Wimpheling, vers 1520, crée une première école protestante fonctionnant comme les écoles vénitiennes : des maîtres indépendants accueillent des enfants sachant déjà lire et écrire le latin pour une scolarité de plusieurs années, et allant même, quarante ans plus tard, jusqu'à dispenser des enseignements de niveau universitaire. On y enseigne avant tout la théologie. Certaines de ces écoles commencent même à enseigner en allemand et non plus en latin (il existait probablement déjà de telles écoles avant mais on ne sait rien à leur sujet).

En 1524, Luther écrit à tous les princes allemands pour leur demander de créer des écoles nouvelles afin que chacun, en apprenant à lire, puisse non seulement lire la Bible mais aussi s'enrichir ; car, à la différence de l'Église catholique, il considère que l'école doit apprendre à gagner sa vie, et que la pauvreté n'est pas une bénédiction divine, mais que, au contraire, l'enrichissement matériel est un signe de grâce : « La plus belle et la plus grande des prospérités, le salut et la force d'une ville, c'est de compter beaucoup de citoyens instruits, intelligents, honorables et bien éduqués, qui peuvent ensuite amasser, conserver et bien utiliser les trésors et tous les biens. » Il ajoute maintenant le clivage multimillénaire des savoirs entre garçons et filles : « Il nous faut partout des écoles pour nos filles et nos garçons afin que l'homme devienne capable d'exercer convenablement sa profession et la femme de diriger son ménage et d'élever chrétiennement ses enfants. » Pour lui, les maîtres doivent être les nouveaux prêtres, les pasteurs, pour qui le célibat n'est plus exigé.

En 1525, il publie sa propre traduction des Évangiles en allemand. C'est un immense succès : cinq mille exemplaires sont vendus en deux semaines ; elle sera très vite traduite en néerlandais, en italien, en français et en anglais. À cette date, ses écrits représentent même un tiers de tous les livres vendus en Allemagne. Avec l'aide d'un professeur de grec et bachelier en théologie, Philippe Mélanchthon, il rédige la confession d'Augsbourg, présentée en 1530 à Charles Quint, et de nombreux manuels scolaires, en particulier des grammaires grecques et latines, dont beaucoup seront utilisés pendant trois siècles, même dans les écoles catholiques ; il ouvre en Saxe et en Thuringe des écoles pour y enseigner les « matières majeures » (l'hébreu, le grec, le latin, les mathématiques, l'histoire, la gymnastique et la musique), et pour apprendre aux élèves (seulement des garçons) à comprendre la nécessité de la discipline et à commenter la Bible. Pour lui, les maîtres ne doivent pas faire appel seulement à la mémoire mais surtout à la raison. Il ne réussit cependant pas à imposer son projet d'une scolarisation universelle et obligatoire. Le travail des enfants reste nécessaire.

À Genève, en 1541, Jean Calvin, théologien chassé de France, promeut un protestantisme différent de celui de Luther : il fait de la présence du Christ dans le pain et le vin un pur symbole ; plus soucieux que Luther de justice sociale, il plaide pour un absolutisme politique fondé sur la religion, et impose une dictature terrible dans la ville. Pour lui, seules des écoles protestantes doivent être autorisées ; et leurs enseignants doivent être des fonctionnaires « sujets à la discipline ecclésiastique comme les ministres du culte ». En 1559, approuvé par les autorités de la ville, qui lui sont soumises, il fonde l'académie de Genève pour former des pasteurs ; le premier recteur en est le Français Théodore de Bèze.

Des Pays-Bas aux Provinces-Unies : la première alphabétisation de masse

En 1450, on trouve encore en Flandre des écoles latines monastiques ; à Utrecht, siège d'un évêché, on trouve une école épiscopale ; dans les Pays-Bas encore sous domination des Habsbourg, des membres d'un mouvement religieux nommé les « Frères et sœurs de la vie commune » (créée soixante-dix ans plus tôt pour inciter les catholiques à une pratique rigoureuse de la prière et de la pénitence) fondent de petites écoles primaires privées, dont le niveau diffère de ville en ville selon les moyens que la municipalité met à leur disposition ; ce sont des écoles rudimentaires et très violentes. Les plus pauvres peuvent y étudier gratuitement. Jan Van Pauteren, dont la grammaire latine sera longtemps le livre classique par excellence dans les collèges, est professeur à l'école des Frères de la vie commune de Bois-le-Duc ; les deux futurs grands humanistes, Rodolphus Agricola et Didier Érasme, sont élevés par les Frères de la vie commune, le premier à Zwolle, le second à Deventer.

En 1479, Rodolphus Agricola, ayant parcouru toute l'Europe et parlant latin, grec et hébreu, propose, dans son traité *De inventione dialectica*, d'enseigner dans la langue maternelle et de simplifier la grammaire.

Érasme, né sans doute à Rotterdam, fils illégitime d'un calligraphe-copiste et de la fille d'un barbier chirurgien, devient chanoine, théologien, humaniste, philosophe ; il décrira l'école de son enfance comme « barbare » et demandera que l'éducation échappe à l'Église catholique et forme sans violence à l'esprit critique.

À la fin du XVe siècle, les Pays-Bas bourguignons passent entre les mains des Habsbourg ; on y trouve encore des écoles latines, où des garçons entrent à 6 ans et sont formés en grammaire latine, en dialectique, en rhétorique et étudient les auteurs romains et les Évangiles pour devenir des clercs.

Le luthéranisme se répand très vite, notamment dans la bourgeoisie commerçante d'origine allemande. Cependant, les communautés luthériennes sont dispersées par les persécutions catholiques et dépassées par les réformes calvinistes et d'autres (anabaptistes), plus radicales encore. L'empereur tente d'y résister : en 1521, Charles Quint, qui entend défendre la religion catholique contre l'« hérésie », interdit les nouvelles doctrines dans tous les Pays-Bas. En vain.

Au milieu du XVIe siècle, le double mouvement de la Renaissance et de la Réforme entraîne la disparition des écoles (catholiques) des Frères de la vie commune et leur remplacement par des écoles publiques qui visent à enseigner les préceptes de la Réforme ; le maître est nommé et payé en partie par la ville, qui fixe la contribution des parents. D'autres maîtres fournissent une éducation élémentaire à ceux, catholiques, dont les parents veulent éviter l'enseignement réformé. En ville, on trouve des cours de langues, d'arithmétique, de dessin, de musique, d'escrime, donnés par des maîtres d'école, qui s'assurent par là un complément à leur salaire. Les parents aisés ne font parfois confiance qu'à ces enseignements privés. On commence à écrire des leçons et des cours sur des feuilles de papier, qui ne sont pas encore reliées comme les cahiers d'aujourd'hui.

L'essentiel des connaissances se transmet encore dans les familles, les échoppes, les ateliers et les corporations. La révolution agricole (et désormais aussi industrielle), emprunte des voies plus mystérieuses et tout à fait essentielles : une idée surgit, elle fonctionne, elle est répliquée, puis généralisée, sans aucune forme d'enseignement spécialisé. On imprime et fait circuler des manuels de comptabilité, de mathématiques commerciales, d'agriculture.

En 1567, un Italien résidant à Anvers, Louis Guichardin, dans sa *Description de tous les Pays-Bas*, observe que, dans toute la campagne néerlandaise, presque tout le monde sait lire, ce qui est sans doute très excessif.

En 1575, Guillaume Ier, futur *stathouder* (gouverneur général) des provinces du Nord, qui seront réunies un peu plus tard dans l'Union d'Utrecht puis des Provinces-Unies, reprend les idées d'Érasme, mort quarante ans plus tôt, et crée la première université du pays à Leyde, réservée d'abord aux calvinistes et financée par des fonds d'État. On y enseigne la religion, la philosophie, les mathématiques, la science politique et le droit ; puis, comme l'avait souhaité Érasme, la philologie, le latin, l'éloquence, l'histoire romaine, la langue arabe, l'histoire des civilisations et l'astronomie. Sa modernité attire rapidement de nombreux étudiants de toute l'Europe – seulement des garçons de familles aisées, attirés par des carrières religieuses. D'autres universités sont fondées en Frise, en Gueldre, en Utrecht et en Groningue. L'université de Leyde accepte bientôt des élèves catholiques, dont René Descartes. Spinoza et Leibniz y exposent les grandes lignes de la philosophie rationaliste.

En 1581, après une guerre contre Philippe II, roi catholique d'Espagne qui se prétend encore souverain des Pays-Bas, la république est proclamée dans les sept provinces protestantes (Hollande, Zélande, Overijssel, Frise, Groningue, Gueldre,

Utrecht), qui forment les Provinces-Unies. Les dix autres provinces, catholiques, restent sous le contrôle de la couronne d'Espagne.

Amsterdam se place alors, après Venise et un bref intermède à Anvers et à Gênes, au cœur de l'économie mondiale. Il lui faut beaucoup plus d'armateurs, d'ingénieurs, de comptables, de marins, d'artisans et de commerçants sachant lire, écrire, calculer et connaissant la comptabilité et les langues vivantes. On ne peut plus se contenter pour cela ni des écoles latines ni de l'enseignement calviniste de base. Le réseau de l'enseignement élémentaire se densifie. Chaque village dispose progressivement d'une forme d'enseignement primaire et chaque enfant – garçon ou fille – des Provinces-Unies a la possibilité de se rendre à pied à une école.

Après la reconquête, en 1584, par les armées de l'empire, de Bruxelles, de Gand et d'Anvers, de nombreux enseignants protestants émigrent vers les provinces septentrionales. En 1588, Guillaume-Louis, comte de Nassau-Dillenburg, gendre de Guillaume Ier, charge les Églises dites « presbytériennes », qui gèrent la confession calviniste, d'organiser l'enseignement ; les professeurs qui refusent d'enseigner la nouvelle religion sont remplacés par des laïcs presbytériens, salariés par le consistoire calviniste.

En terre catholique comme protestante, en réaction à l'enseignement trop académique des écoles latines, à l'initiative de particuliers et avec l'assentiment des magistrats locaux, apparaissent des écoles dites « françaises », pour former les enfants de la bourgeoisie aux exigences de leur future profession de commerçants. On y enseigne en français, alors langue principale du commerce et de la diplomatie en Europe.

L'enseignement se développe très vite : au début du XVIIe siècle, le Français Joseph Juste Scaliger, alors professeur à l'université de Leyde, constate que les paysans et les servantes de la région savent en général écrire. En 1630, 57 % des hommes et 32 % des femmes sont capables de signer, en inscrivant leur nom, le registre des mariages. En 1631, René Descartes, alors à Amsterdam, écrit à Jean-Louis Guez de Balzac, alors à Paris : « Quel autre pays au monde où l'on puisse jouir d'une liberté si entière, où l'on puisse dormir avec moins d'inquiétude, où il y ait toujours une armée sur pied pour vous garder ? »

Un exemple de formation : Rembrandt, né en 1606, étudie d'abord dans une école latine de Leyde. Il y prend ses premiers cours de dessin et apprend l'*actio* et la *prononciatio*, pratiques visant à allier voix et gestes, qui l'influenceront plus tard dans son travail, notamment dans la pratique du théâtre pour mettre en scène ses compositions. À 14 ans, il s'inscrit à l'université de Leyde mais n'y étudie pas, préférant se tourner vers la peinture. En 1621, il devient l'apprenti d'un peintre d'histoire, Jacob van Swanenburgh, chez lequel, pendant trois ans, il apprend le dessin à la plume. En 1624, il passe six mois à Amsterdam chez Pieter Lastman et Jan Pynas ; il y apprend le dessin au crayon, les principes de la composition et le travail d'après nature. Lastman lui transmet aussi ce qu'il a appris du Caravage, qu'il a côtoyé à Rome.

En 1632, Gerardus Johannes Vossius et Caspar Barlaeus (professeurs d'histoire et de philosophie) fondent, à Amsterdam, l'Atheneum, qui fonctionne comme un collège d'université. On y enseigne en latin, le droit, la médecine et la théologie. Les professeurs y donnent des conférences publiques et des cours particuliers payants. L'établissement n'est pas autorisé à délivrer des diplômes, afin de ne pas concurrencer l'université de Leyde où le médecin Charles Drelincourt impulse une nouvelle manière d'enseigner la médecine avec examens cliniques et autopsies.

En 1648, après le traité de Münster qui met fin à la guerre de Trente Ans, l'enseignement est sécularisé : chaque ville des Provinces-Unies possède désormais au moins une école pour les enfants de 8 à 14 ans. On y enseigne la lecture, l'écriture, la grammaire et la religion, mais pas encore l'arithmétique. En 1657, à Amsterdam, les bourgeois, soucieux du nombre croissant d'orphelins mendiants qui envahissent les rues de la ville, ouvrent (juste après que Rembrandt y a peint sa *Leçon d'anatomie*) une école pour eux ; on y apprend aux filles à prier, à lire, à tricoter et à coudre, et on enseigne aux garçons les principes de la religion réformée, à lire, à écrire et un métier. Les enseignants vivent à l'école, surveillent les enfants, assistent à la prière du soir et au coucher les élèves. Les punitions y sont très sévères.

En 1680, 70 % des hommes et 44 % des femmes sont capables de signer avec leur nom le registre des mariages ; à la fin du XVIIe siècle, les Provinces-Unies sont de loin la région la plus alphabétisée au monde. Cela ne sera pas sans influence sur la puissance économique de ce pays au siècle suivant.

La Suède : le deuxième pays alphabétisant toute sa population, de gré ou de force

En 1521, quand il décide de quitter l'Union de Kalmar formée en 1397 avec la Norvège et le Danemark, le roi Gustave Vasa adopte la Réforme protestante. Il reprend d'abord l'exploitation de sept écoles cathédrales et de onze écoles municipales catholiques, et en fonde de nouvelles protestantes. En 1571, l'Église réformée suédoise demande à tous les enfants des villes, garçons et filles, de fréquenter une école et lance un appel à l'apprentissage de la lecture et à sa pratique en famille. Les citadins sont régulièrement contrôlés ; ceux qui n'apprennent pas à lire sont punis. À la campagne, où vit encore l'essentiel de la population du pays, on estime toujours, comme partout ailleurs, que les paysans, adultes ou enfants, ont des choses plus importantes à faire que d'aller à l'école. En 1610, le parlement du comté d'Örebro demande à l'archevêque d'Uppsala, Petrus Kenicius, de mettre en place un nouveau système scolaire en ville ; il propose de distinguer les écoles municipales de huit ans des écoles cathédrales de douze ans, avec respectivement quatre et six niveaux de deux ans chacune. En 1622, le chancelier de l'université d'Uppsala dote l'université d'une chaire « d'éloquence et de gouvernement », considérée comme la première chaire de sciences politiques au monde ; il fonde ensuite plusieurs écoles primaires pour les enfants de la ville, y compris les filles. En 1623 est fondé le premier lycée du pays, à Västerås. En 1628, les niveaux d'enseignement au collège et au lycée sont uniformisés ; dans chaque lycée, il y a obligatoirement des professeurs de physique, de droit suédois, de mathématiques, de grec et d'hébreu, et deux théologiens. Les rares universités sont réservées aux fils de la noblesse, qui y entrent sans qu'on vérifie leur qualification.

En 1632, l'école devient vraiment obligatoire en ville : Gustav II impose des amendes aux citadins dont les enfants n'apprennent pas à lire et réduit d'un tiers le droit d'héritage des gens de plus de 16 ans qui ne savent ni lire ni écrire. Il tente, en vain, d'imposer une sécularisation de l'enseignement et la création d'une autorité laïque de tutelle des écoles. En 1649, le système scolaire du pays est divisé en trois niveaux successifs : Pedagogium, École triviale et Gymnasium (le collège). Dans l'École triviale, une classe parallèle spéciale, la classe d'arithmétique (appelée plus tard la « classe apologiste »), est réservée aux enfants qui n'ont pas l'intention d'aller au Gymnasium. En 1660, 40 % des Suédois savent lire.

En 1686, grand changement : l'obligation scolaire est étendue aux zones rurales, donc à toute la population du pays. Le clergé a la charge d'organiser l'enseignement primaire dans chaque paroisse. Mais ce n'est pas un enseignement à plein temps et cela n'empêche pas les enfants de travailler. Chaque pasteur doit seulement s'assurer que les membres de sa congrégation savent réellement lire et, pour cela, faire passer chaque année un examen à chaque ménage. Cela crée une forte pression sociale (personne ne veut avoir honte devant les autres villageois) et les gens alphabétisés aident les autres. Naturellement, on n'apprend à lire que sur des textes religieux.

En 1693 est mis fin au privilège qu'avait la noblesse de pouvoir envoyer ses fils à l'université sans une instruction de base : tous ceux qui veulent y entrer doivent subir un examen, quel que soit leur statut social.

À la fin du XVIIe siècle, plus de 70 % des Suédois savent lire ; c'est alors, avec les Pays-Bas, le pays le plus alphabétisé du monde. De très loin.

En Saxe-Gotha, le premier projet d'obligation scolaire absolue

En 1642, à Gotha, ville protestante depuis un siècle où réside la cour royale de Saxe-Weimar, le duc Ernest Ier de Saxe-Gotha, qui veut réparer les dommages causés à son royaume par la peste et la guerre de Trente Ans, demande au nouveau recteur de l'*Ernestinum Gymnasium* (l'école secondaire de la ville), Andreas Reyher, de rénover le système d'enseignement. Reyher est un fils de marchand ; après des études de théologie et de philosophie, il est devenu professeur puis directeur de plusieurs Gymnasium ; il s'inspire de Francis Bacon, dont on reparlera, préconisant un apprentissage dans la langue maternelle, et l'interdiction des punitions et des châtiments corporels. Il définit le *Gothaer Schulmethodus*, système scolaire d'éducation qu'il veut obligatoire : le premier dans le monde à l'être, puisque, à cette date, ceux des Provinces-Unies et de la Suède ne sont pas encore légalement obligatoires.

Il le fonde sur sept principes : obligation scolaire de 5 à 10 ans ; séparation des classes basses, moyennes et élevées ; distinction des matières basiques (lecture, écriture, arithmétique basique, chant, religion) et des autres domaines (histoire naturelle, histoire locale, instruction civique et économie locale) ; introduction de manuels scolaires (pour la lecture, l'arithmétique et les sciences exactes) ; mise en avant de la clarté de la leçon et de l'activité de l'élève ; enseignement dans la langue maternelle ; rejet des châtiments corporels.

Cette réforme est appliquée très partiellement dans le seul duché de Saxe-Gotha, puis sert de modèle au système éducatif de quelques autres petits États allemands. La Prusse rejettera ce modèle, qu'elle jugera trop peu conforme aux exigences d'un empire absolutiste. Et la réforme sera vite oubliée. Elle reste cependant la première tentative en Europe d'un enseignement primaire non essentiellement religieux, explicitement universel et obligatoire. Pour les seuls garçons, évidemment.

La Grande-Bretagne : un enseignement prudent et pragmatique, d'Érasme à Locke

Quand commence le XVIe siècle, les trois cents *grammar schools* (écoles secondaires apparues au VIe siècle, même si le terme ne date que du XIVe) sont encore rattachées aux cathédrales et aux monastères ; elles enseignent, en latin, la liturgie catholique, l'astronomie (pour le calendrier de l'Église) et le droit (pour l'administration épiscopale) aux futurs prêtres et moines. En théorie, ces écoles sont ouvertes à tous ceux qui se destinent à l'Église, et offrent un enseignement gratuit à ceux qui ne peuvent pas payer les frais de scolarité ; en réalité, comme partout ailleurs depuis toujours, très peu d'enfants pauvres les fréquentent.

En 1509, le doyen de la cathédrale Saint-Paul, John Colet, fils d'un richissime marchand qui fut maire de Londres, crée et finance une nouvelle école qu'il veut détacher de l'Église : la St Paul's School ; il en propose la direction à Érasme, qui vient de quitter Oxford et se prépare à publier des grammaires, des ouvrages pédagogiques et son *Éloge de la folie*. Érasme décline l'offre de Colet, mais lui conseille une organisation de l'enseignement en huit classes, qui proscrirait l'usage du bas latin au profit du latin classique et enseignerait la courtoisie et le maintien ; il rédige des manuels combinant l'étude des Écritures et celle des grands auteurs grecs et latins, introduit la grammaire latine de Thomas Linacre et conseille un manuel écrit en 1469, le *De duplici copia verborum ac rerum*, qui sera réédité plus de cent fois, traduit dans de nombreuses langues et deviendra une référence dans les établissements d'enseignement secondaire de toute l'Europe.

En 1516, Thomas More, alors membre du conseil privé du roi Henri VIII estime, à tort sans doute, que, à cette époque, plus de la moitié de la population peut lire l'anglais ; il rédige l'*Utopie*, après une mission diplomatique et commerciale ; il y explique que, comme il l'a constaté aux Pays-Bas, le succès d'une nation tient à l'éducation de masse, y compris des filles. Ses propres filles, éduquées par lui, parlent couramment le latin, comme en témoigne Érasme, après lui avoir rendu visite : « On peut dire que More préside une seconde académie, semblable à celle de Platon, mais où les chiffres et la géométrie sont remplacés par les vertus domestiques. Tous les membres de sa famille se livrent à quelque occupation. Aucune parole dure n'est jamais prononcée chez lui, mais la discipline y règne par douceur et politesse [...]. Il n'y a personne, homme ou femme, qui ne lise ou n'étudie les arts libéraux. Cependant la piété constitue leur soin principal. » More sera condamné à mort et exécuté en 1535 pour avoir refusé d'approuver l'Acte de suprématie par lequel Henri VIII rompt avec Rome et se proclame chef suprême de l'Église d'Angleterre, tout en condamnant les idées de Luther.

Peu après, Henri VIII donne la charge de l'enseignement à un nouveau clergé créé à sa dévotion. Il fait construire et financer par cette nouvelle Église cinquante nouvelles *grammar schools*, des établissements d'enseignement secondaire où l'on commence à donner de l'importance à l'enseignement de l'anglais, des sciences, du français, de l'italien et des sports ; les maîtres de ces écoles sont de plus en plus nombreux à être formés dans les universités. En 1548, son successeur, Édouard VI, confisque les domaines de l'Église anglicane, dont les anciennes *grammar schools*, avec lesquels il constitue un système national de *free grammar schools*, chargées d'offrir un enseignement indépendant de l'Église et gratuit pour les plus pauvres. Dès l'âge de 7 ans, les enfants y apprennent le latin, puis le grec et parfois l'hébreu ; l'usage de l'anglais y est proscrit. Bien que destinées aux plus pauvres et ouvertes en théorie à l'ensemble de la population, elles sont, elles aussi, rapidement réservées aux familles les plus riches de chaque comté. Ce sera une constante du système britannique : ce qui est créé pour les plus pauvres est accaparé par les riches.

À partir de 1558, après le bref intermède du règne de Marie Tudor, Élisabeth Ire transforme beaucoup de chapelles en écoles. On y enseigne, à partir de livres imprimés, l'anglais, la Bible protestante, les lettres classiques, puis l'arithmétique, la cosmologie, la musique, la cosmographie, quelques langues vivantes, l'histoire de l'Angleterre et de la chrétienté. On introduit des demi-journées de sport (grande première) et des examens annuels. Les écoles sont payées par les habitants de la ville ou du village avec, en théorie, des places gratuites pour les enfants les plus pauvres. Elles seront bientôt, elles aussi, réservées aux fils de propriétaires, de commerçants, d'artisans, d'avocats et de membres du clergé. Et elles finiront par retourner dans le giron de l'Église anglicane.

Les familles les plus riches continuent d'avoir recours à des professeurs privés pour leurs fils, avant qu'ils n'entrent dans les meilleures *grammar schools* ; puis, seulement s'ils sont anglicans, à Oxford ou à Cambridge.

Et pas question pour la plupart des enfants de paysans, de mineurs ou d'artisans d'aller à l'école, malgré l'obligation théorique. Encore moins pour les filles.

Puis le besoin de personnel sachant lire et écrire se fait plus pressant.

En 1616, une nouvelle loi sur l'éducation exige que chaque paroisse fonde une école et trouve un maître d'école pour tous les garçons – ce qui démontre que cela n'est toujours pas le cas. Et cela ne l'est pas non plus en 1646, quand une nouvelle loi exige des propriétaires fonciers qu'ils fournissent dans chaque paroisse un bâtiment convenable pour une école et un salaire pour le maître d'école. Bien des parents ne font pas non plus de zèle pour y envoyer leurs enfants ; un officier municipal est souvent obligé d'aller les chercher par la force, sous peine de voir leurs parents condamnés à une amende reversée au maître d'école.

En 1620, dans son *Instauratio magna scientiarum*, appelé aussi le *Novum organum*, Francis Bacon, en disgrâce depuis deux ans après de longues années au plus près du roi Jacques Ier, explique que les trois inventions qui ont changé le monde sont la poudre à canon, la boussole et l'imprimerie. Il critique l'étroitesse d'esprit des enseignants de son temps, prône des méthodes empiriques et demande que les sciences exactes soient plus enseignées que la logique et la rhétorique. La même année, des anglicans puritains, considérant que l'Église d'Angleterre est trop proche de pratiques catholiques et voulant se rapprocher du luthérianisme, embarquent pour l'Amérique à bord du *Mayflower*.

Dans l'Angleterre maritime et commerçante, les découvertes et les innovations, en particulier navales, se multiplient. Et dans cette société qui n'est pas soumise aux exigences de confidentialité des corporations, on peut faire circuler les savoirs et enseigner le commerce, l'agriculture, l'arithmétique, les langues, les contrats et la comptabilité. Les riches marchands font pour cela de plus en plus appel à des tuteurs privés, puis envoient leurs fils poursuivre leurs études à Amsterdam ou à Leyde. Au début du siècle, Sir Thomas Gresham, fondateur du Royal Exchange, ouvre à Londres, avant que n'y existe toute université, par son testament, le Gresham College dans lequel sept professeurs viennent donner des conférences publiques, en latin et en anglais, une chaque jour de la semaine, sur l'astronomie, la géométrie, la physique et les mathématiques utiles à la navigation.

Au même moment, un certain Comenius Komensky, membre du mouvement protestant des Frères tchèques, s'installe à Londres ; selon lui, apprendre est un désir naturel des enfants et la contrainte n'est pas nécessaire. Il écrit : « Instruire, ce n'est pas inculquer un amas de mots, de sentences, d'opinions... C'est ouvrir l'entendement par les choses. » Il explique que l'école doit d'abord être un espace de socialisation de tous les enfants et qu'on doit y employer des méthodes pédagogiques ludiques. La guerre civile, puis Cromwell, le pousseront à partir pour la Suède alors qu'on lui a proposé la présidence de la toute nouvelle université américaine de Harvard, fondée en 1636, dont on parlera plus loin. Il inspirera Rousseau, Pestalozzi et Fröbel et le système éducatif des États-Unis. Il est considéré comme l'un des pionniers de la pédagogie moderne.

En 1653, un certain Samuel Hartlib (qui a mis en place la version anglaise du bureau d'adresses de Théophraste Renaudot) présente au Parlement britannique le projet « d'un système complet d'éducation pour tous, englobant la recherche, la formation des enseignants, l'inspection, les écoles et les maisons de travail pour toutes les classes sociales et les deux sexes ». Cela ne sera jamais réalisé. En 1662, l'Acte d'uniformité, qui uniformise les rites et les cérémonies de l'Église d'Angleterre, oblige le clergé et les enseignants à jurer qu'ils ne chercheront en aucun cas à réformer l'Église ni l'État, et qu'ils se conformeront au *Livre de la prière commune*, décrivant l'ensemble des prières, formules et pratiques du culte des églises de la communion anglicane. Quiconque refuse de prêter ce serment est exclu de l'Église et des emplois publics, civils ou militaires. Donc de l'éducation. Une loi de 1665 interdit même à ceux qui refusent de prêter serment de s'approcher à moins de cinq miles (huit kilomètres) des villes.

En 1684 (cinq ans avant le coup d'État qui fait de la Grande-Bretagne une monarchie constitutionnelle), un certain Edward Clarke demande à son ami le philosophe John Locke des conseils pour éduquer son fils. Celui-ci lui écrit une série de lettres qui forment la base de ses *Pensées sur l'éducation*, publiées anonymement en 1693, et qui exerceront une grande influence dans toute l'Europe. Pour Locke, c'est l'éducation qui fait l'individu : « De tous les hommes que j'ai rencontrés, neuf sur dix sont ce qu'ils sont, bons ou mauvais, utiles ou non, par leur éducation. » Il soutient que tout enfant possède des talents et des intérêts innés, et que ses parents doivent découvrir ses aptitudes afin de les renforcer plutôt que de le pousser dans des activités qu'il n'aimerait pas ; pour lui, un enfant doit être traité comme une personne rationnelle ; les parents et les professeurs doivent d'abord « apprendre à apprendre » et à aimer transmettre aux enfants. Pour lui, il faut d'abord enseigner à parler et à écrire correctement sa langue maternelle, à dessiner ; la géographie, l'astronomie, l'anatomie ; selon lui, la musique et la poésie sont une perte de temps. Il faut que l'éducation inspire la vertu aux enfants, pour qu'« un homme soit capable de maîtriser ses désirs et ses inclinations, et suivre ce que la raison montre comme le mieux, alors que les appétits veulent le mener sur un autre chemin ». Il écrit qu'« une discipline esclavagiste forme un tempérament d'esclave ». Enfin, il ne faut pas laisser « une servante idiote » leur raconter que les « esprits » sont associés à l'obscurité, car « l'obscurité apporterait alors toujours avec elle ces idées effrayantes, et elles seraient si bien liées que les enfants ne pourraient plus la supporter ».

Pour Locke, les fondamentaux de l'éducation sont identiques pour les garçons et pour les filles. Naturellement, cela ne s'applique, selon lui, qu'aux enfants des puissants. Quant aux enfants des classes laborieuses, « pour qui l'école n'est absolument pas utile, il faut éviter de les laisser oisifs » ; il suggère pour cela la création de *working schools*, où ces enfants seront « depuis leur petite enfance [3 ans] habitués au travail », en particulier en leur apprenant à travailler avec les nouvelles machines de l'industrie textile ; pour lui, ces écoles permettraient de « forger une mentalité de travailleurs à ces enfants et assureraient un revenu à la paroisse ». Le travail des enfants n'est plus seulement nécessaire à la campagne. Il l'est désormais aussi en ville.

Le livre de Locke connaîtra immédiatement au moins cinquante-trois éditions, dont vingt-cinq en anglais, seize en français, six en italien, trois en allemand, deux en néerlandais et une en suédois.

Le taux d'alphabétisation des hommes en Angleterre passe d'environ 30 % dans les années 1640 à 50 % à la fin du XVIIe siècle. Celui des femmes est inconnu, mais sans doute inférieur au moins de moitié.

Venise décline, Bologne résiste

Avec la chute de Constantinople en 1453, et l'essor de l'Empire ottoman, certaines routes commerciales se ferment pour Venise, qui perd peu à peu du terrain face aux grands ports atlantiques et méditerranéens. Même si elle n'est plus le cœur de l'économie mondiale (qui a basculé à Anvers, puis à Gênes, avant de remonter à Amsterdam), Venise est encore au centre de l'industrie de la construction navale et d'un réseau très dynamique d'échanges commerciaux. Ses écoles continuent de prospérer ; le vénitien y est maintenant enseigné d'une façon courante. Les enfants passent moins de temps devant des livres théoriques et reçoivent de plus en plus un apprentissage pratique du commerce et de la navigation.

Dès qu'apparaît l'imprimerie, la Sérénissime, qui jouit toujours d'une relative indépendance à l'égard du pape, devient un des pôles d'édition les plus importants de l'époque et accueille un grand nombre d'érudits byzantins qui apportent les savoirs grecs ; en particulier, une famille aristocratique byzantine, proche du patriciat vénitien, la famille Notaras : réfugiée à Venise, y finance la première presse en alphabet grec ; et les reliures byzantines *alla greca* sont diffusées à Venise et à Padoue ; la communauté grecque de Venise, datant de l'époque byzantine, est alors la communauté d'étrangers la plus importante de la ville et compte entre quatre et cinq mille personnes. En 1587, à Venise, un tiers des hommes de la ville savent lire et écrire ; 90 % d'entre eux ont fréquenté des écoles. En 1626, un riche marchand grec vivant à Venise, Thomas Flangínis, finance la fondation d'une nouvelle école pour former des enseignants ; l'enseignement se fait en grec ;

le programme d'études comprend des cours de philosophie avancée, de rhétorique, de philologie et de logique. Le Collège Flanginien produira 550 diplômés au cours de ses deux cent quatorze années d'existence. Aujourd'hui, son bâtiment abrite l'Institut hellénique d'études byzantines et post-byzantines de Venise.

Malgré la papauté et l'Église, les savoirs nouveaux se diffusent, à l'extérieur des écoles et des universités. À Florence, Pic de la Mirandole (élevé par sa mère, il a étudié très jeune en latin et en grec, puis est parti à 10 ans étudier le droit canonique à Bologne, et la philosophie à Ferrare et à Padoue), crée en 1450 l'*Accademia platonica*, un lieu de débats consacré à un encyclopédisme humaniste. D'autres académies apparaissent ailleurs en Italie, protégées par un prince, consacrées au théâtre, à la musique, au droit, à la médecine.

L'université de Bologne survit ; en 1509, on y introduit l'enseignement du droit pénal. Un jardin botanique y est créé en 1568, à la demande du naturaliste Ulisse Aldrovandi ; puis elle décline, car les nouveaux savoirs n'y sont pas enseignés. Elle forme encore l'astronome Giovanni Cassini, qui sera, entre autres, directeur de l'Observatoire de Paris, et Marcello Malpighi, considéré comme le père de l'observation microscopique en anatomie, histologie, physiologie, embryologie et médecine pratique.

Les projets d'école idéale se multiplient dans la péninsule. Ainsi, dans *La Cité du Soleil*, publiée en 1604, le Calabrais Tommaso Campanella décrit ce que devrait être l'éducation dans une cité idéale qui révèle les rêves les plus fous des utopistes de l'époque : « Après le sevrage, l'enfant est remis comme les autres entre les mains des maîtresses si c'est une fille, des maîtres si c'est un garçon […] Les murs sont peints de tout ce qu'il est nécessaire de savoir. Pendant un à trois ans, ils apprennent l'alphabet et la langue sur les murs. Ils font de la gymnastique. » De plus, « on les conduit tous ensemble dans les lieux où l'on pratique des métiers […] afin que la vocation de chacun se détermine. […] Après leur septième année, lorsqu'ils ont appris sur les murailles les termes mathématiques, on leur enseigne toutes les sciences naturelles. [...] Ensuite ils s'appliquent aux hautes mathématiques, à la médecine et à toutes les autres sciences ». Ils passent ensuite à la pratique : ils « vont dans la campagne » pour courir, chasser, connaître les plantes et les minéraux, apprendre l'agriculture et l'élevage. Après 12 ans, garçons et filles apprennent le métier des armes, puis « tous ensemble sont instruits dans tous les arts. [...] Ceux qui se sont distingués [...] sont faits magistrats. Celui qui exerce le mieux le plus grand nombre de métiers est le plus considéré. [...] Tous les arts mécaniques et spéculatifs sont communs aux deux sexes. Seulement les travaux qui exigent plus de vigueur et qui se font hors des murs sont exécutés par les hommes ».

L'enseignement des jésuites : l'excellence pour la foi

En réaction à la Réforme, une forme d'enseignement beaucoup plus exigeante va naître à l'intérieur de l'Église catholique : au lieu de se focaliser sur la transmission de valeurs, elle cherchera à pousser les élèves à l'excellence. La Compagnie de Jésus est créée en 1539 par Ignace de Loyola et François Xavier, et approuvée par le pape Paul III l'année suivante. Les jésuites entendent d'abord apporter une réponse sérieuse à la Réforme qui vient d'éclater en Allemagne. Pour lutter contre Luther et Calvin, ils souhaitent instruire les futurs membres de leur Compagnie dans de petits internats : ces collèges deviendront très vite des lieux d'enseignement des garçons de toutes les bourgeoisies catholiques, qu'ils se destinent au sacerdoce ou non. La Compagnie de Jésus est dirigée par un « général », qui lui-même dirige des « provinciaux », qui dirigent des « recteurs de collège » et des « préfets des études », qui dirigent des professeurs.

En 1551, Loyola, premier général, ouvre un premier collège à Rome, laboratoire de tous les futurs collèges de la Compagnie. À partir de 1556, les jésuites demandent aux riches catholiques de financer, partout en Europe et dans les colonies, la création de tels collèges, qu'ils présentent comme « un grand secours contre l'hérésie ». C'est aussitôt un immense succès ; des collèges s'ouvrent en Espagne, en Allemagne, au Portugal, en Italie. En 1559, à Billom (Puy-de-Dôme), où l'on enseigne depuis le temps de Charlemagne, est créé le premier collège jésuite en France à l'initiative de Guillaume Duprat. Évêque de Clermont à 22 ans, représentant François Ier au concile de Trente, il y a rencontré les premiers membres de la Compagnie de Jésus. Séduit, il leur a fait don de l'hôtel de Clermont, à Paris. Après l'épidémie de peste de 1553, les jésuites se sont réfugiés dans le diocèse de l'évêque Duprat à Clermont ; après le refus de la ville d'Issoire de les accueillir, ils reprennent un collège à Billom.

En théorie, on entre dans un collège jésuite en sachant lire et écrire, et en connaissant un peu de latin. Les élèves (tous des garçons) y vivent en pensionnat avec leurs maîtres. La scolarité dure treize ans : six ans de grammaire et de rhétorique, trois ans de philosophie et quatre ans de théologie, d'histoire et de sciences. Tout l'enseignement est en latin. Les jésuites mettent parfois en place une classe préalable, dite « la sixième d'humanité », pour perfectionner la lecture et l'écriture avant un apprentissage plus poussé du latin. En France, l'autorité royale y encourage l'enseignement des mathématiques et de l'hydrographie. Les collèges sont pourvus de riches bibliothèques. Le théâtre est vu comme un outil d'édification morale et un moyen de développer la maîtrise du langage et du corps. Les élèves récitent leur leçon sous l'autorité de *décurions*. Les punitions corporelles sont fréquentes, en particulier l'autoflagellation.

Alors que, chez les protestants, l'éducation religieuse se limite à la connaissance des textes, chez les jésuites elle est plus axée sur la discussion critique et très proche des méthodes des rabbins : d'abord, le maître lit un texte et le commente, pendant que les élèves prennent des notes : c'est la *lectio*. Dans un deuxième temps, quelques élèves répètent ce qu'ils ont compris et d'autres peuvent intervenir si l'un d'eux se trompe :

c'est la *repetitio*. En fin de semaine, un ou plusieurs élèves soutiennent une opinion personnelle sur le texte : c'est la *concertatio*. Les élèves sont groupés par binômes. Exactement comme dans les yeshivot.

L'enseignement est peu coûteux, mais le pensionnat l'est ; les fils de paysans aisés ou d'artisans doivent souvent se limiter aux trois ou quatre premières années d'études, sauf s'ils obtiennent des bourses offertes par les collèges sur concours.

Sous le généralat de Claudio Acquaviva, en 1582, un comité de douze jésuites est mis en place pour définir une charte mondiale de la pédagogie pour tous les collèges jésuites, d'abord sans résultat. Acquaviva constitue un nouveau comité en 1584 ; on y trouve un Espagnol, un Portugais, un Écossais, un jésuite des Pays-Bas méridionaux et un Sicilien. Ils rédigent en 1586 un projet, le *Ratio studiorum* (« Plan d'études »), qui est envoyé pour commentaires aux dix-huit provinces de la Compagnie. Après l'étude des réactions, un nouveau document est publié en 1591 et appliqué à l'essai dans tous les établissements jésuites pendant trois ans. Cela conduit à de nouvelles modifications. En 1598, la version définitive du document est publiée à Naples par le général des Jésuites : ce *Ratio* devient la charte de l'éducation jésuite dans le monde entier. Tout y est méticuleusement détaillé : la longueur des cours, les horaires, les manuels scolaires à utiliser, les auteurs latins et grecs à lire et à étudier, et la pédagogie (la prélecture, la lecture, les répétitions, les discussions publiques, les débats, les déclamations, et la composition écrite). Trente séries de règles y sont détaillées pour le provincial, le recteur, les préfets d'études et de discipline, les professeurs, les étudiants.

Cette recherche d'excellence va prendre une forme nouvelle après un voyage en Chine de quelques jésuites : en 1582, quelques membres de la Compagnie de Jésus arrivent à Zhaoqing, puis à Pékin en 1601 ; le père Daniello Bartoli (qui écrira plus de mille deux cents pages sur l'Empire céleste) admire le sérieux des concours impériaux et l'entraide entre ceux qui y sont reçus, « incarnant ainsi la seule noblesse digne d'estime : celle de l'âme et de l'esprit qui est la partie de nous la plus divine ». À son retour en Europe, il convainc la Compagnie de les expérimenter dans ses collèges, avec des examens écrits et oraux et un classement en trois catégories : les *optimi*, autorisés à intégrer la classe supérieure ; les *dubii* (les « incertains »), admis mais à l'essai ; et enfin les *inepti*, inaptes et exclus du collège. Ce sont les premiers classements dans des établissements d'enseignement en Europe. À la fin du XVIe siècle, plusieurs collèges jésuites distribuent aussi des prix en argent et des médailles aux meilleurs élèves.

Au XVIIe siècle y seront formés, entre autres : Pedro Calderón de la Barca, Jacques Bénigne Bossuet, Miguel de Cervantes, René Descartes, Michel de Montaigne, Molière. Puis, au siècle suivant, parmi les élèves français : Desmoulins, Denis Diderot, Robespierre, le marquis de Sade et Voltaire.

En France, de Rabelais à Montaigne : tenter, en vain, de soustraire l'école au contrôle de l'Église

Alors que l'imprimerie arrive en France, que l'Église est encore très hostile à la lecture directe des textes et que les enfants du peuple sont plus que jamais nécessaires au travail des champs et des ateliers, la transmission des savoirs continue de se faire surtout par les parents, les compagnons de travail, le prêche du dimanche, le catéchisme du mercredi, les vitraux des églises ; pour ceux qui vont à l'école, chaque maître s'occupe encore de chaque élève séparément, il déchiffre avec lui un texte pendant qu'un autre élève se prépare à prendre la suite, le reste de la classe étant pratiquement abandonné. On y enseigne encore le trivium (grammaire, rhétorique, dialectique) puis le quadrivium (arithmétique, géométrie, musique, astronomie) tels qu'ils ont été définis, par Alcuin, précepteur de Charlemagne, dix siècles plus tôt.

En 1480, Christine de Pizan, fille du médecin personnel de Charles V, mariée à 15 ans avec le secrétaire du roi Étienne de Castel, veuve à 25 ans avec trois enfants, grande poétesse, écrit un ouvrage d'éducation féminine sur l'égalité de nature entre les deux sexes (*Le Livre des trois vertus à l'enseignement des dames*) ; elle éduque ses fils dans le respect des femmes. Marguerite de Navarre (1492-1549), sœur de François Ier, devient elle aussi une grande poétesse.

En 1485, le Flamand Jean Standonck importe au collège de Montaigu à Paris l'ascétisme brutal des Frères de la vie commune, qui vont bientôt être chassés des Pays-Bas ; il impose de très importantes innovations : la division en classes par niveau, la récréation, les exercices physiques. Les jésuites les reprendront, mais il faudra beaucoup de temps pour que tout cela se généralise.

En 1499, Louis XII supprime le droit de grève des étudiants, et il n'y aura plus de grève de l'université de Paris avant 1968. L'État a toujours la même obsession de ne pas laisser les jeunes pauvres errer dans les rues ; on les enferme sous prétexte d'éducation. L'État intervient aussi par le contrôle des universités et des niveaux de qualification.

Quand se termine le XVe siècle, en France comme ailleurs, l'imprimerie réduit massivement le prix des livres ; circulent des livrets bon marché vendus par des colporteurs (des vies de saints, des contes de chevalerie, des almanachs) et des imagiers (recueils d'images religieuses qu'on lit à haute voix, si quelqu'un sait lire, lors de veillées). Quelques jeunes ruraux un peu aisés quittent leur campagne pour des pensionnats religieux payants ; les moins riches d'entre eux doivent trouver un travail pour financer leurs études ; ils sont parfois admis dans les écoles épiscopales des bourgs ; plus rarement, ils vont en pension chez des professeurs particuliers ; les plus aisés d'entre eux sont accompagnés d'un domestique. De toutes ces possibilités, presque toutes les filles sont exclues.

Au même moment, Anne de France, fille aînée du roi Louis XI et de Charlotte de Savoie, et sœur de Charles VIII, alors veuve de Pierre de Bourbon, recommande à sa fille, dans ses *Enseignements d'Anne de France à sa fille Suzanne de Bourbon*, de lire des livres de politique et des traités de gouvernement, d'éviter toute conduite volage et coquette, d'être affable, non médisante et vertueuse ; et, si elle devient veuve, il lui faudra toujours observer avec la plus stricte attention ses gestes, ses mots, ses fréquentations et ses lectures.

À Paris, les prêtres continuent d'avoir le contrôle de l'enseignement dans les « petites écoles », c'est-à-dire dans l'enseignement primaire. Certaines communes tentent cependant d'en prendre le contrôle, en particulier dans le Nord, en Lorraine (où les maîtres sont payés par une portion de la dîme) et dans la région parisienne. De nouvelles écoles ecclésiastiques et paroissiales emploient de plus en plus de maîtres séculiers. À Étiolles, au sud-est de Paris, la fondatrice de l'école demande « que le maître d'école soit séculier et, s'il se peut, qu'il soit marié, afin que sa femme montre aux filles ». On ne sait presque rien des relations sexuelles entre maîtres et élèves, entre prêtres et enfants à cette époque.

En 1525, un règlement du parlement de Rouen crée une « corporation laïque des maîtres écrivains » chargés d'enseigner l'écriture et les mathématiques ; ils font aussi office « d'experts jurés vérificateurs », de précepteurs, de comptables et d'écrivains publics ; il est interdit à toute personne qui ne fait pas partie de cette corporation d'enseigner ; les élèves n'y apprennent plus seulement à lire dans des livres religieux mais aussi dans des abécédaires apportés par des colporteurs. Le chancelier de l'Église à Rouen proteste et demande au parlement de la ville de chasser les maîtres écrivains et d'interdire cette corporation. En vain. Il réclame alors au parlement de la ville d'exiger au moins des écoles de « prendre garde qu'il ne soit enseigné à la jeunesse choses répugnantes à l'honneur de Dieu, aux traditions de l'Église et direction des bonnes mœurs ». Il ajoute que « tous les pauvres orphelins et autres nécessiteux, qui n'ont pas moyen de payer les maîtres, iront aux écoles des pauvres où ils seront enseignés pour l'amour de

Dieu, et seront obligés d'avoir une marque attachée à leur chapeau ou estomac, où il y aura imprimé, sur un morceau de parchemin contenant environ quatre ou cinq pouces en carré : "pauvres de la ville de Rouen", avec le nom de l'enfant, et au-dessous notre cachet et celui de notre subdélégué ».

À Paris, les collèges universitaires tenus par les ordres religieux sont maintenant pratiquement réservés aux enfants de leurs donateurs privés. Des maîtres en grammaire, en art et en théologie y donnent des cours ; d'autres assurent des répétitions et dirigent des discussions en complément des cours. Toujours en latin. On y trouve aussi des bibliothèques.

Les facultés des universités françaises demeurent, elles, les forteresses de la scolastique et de la routine : en 1520, dans *La Division des arts et des sciences*, Josse Clichtove, docteur en théologie, professeur à la Sorbonne, rappelle la distinction entre l'enseignement des « arts mécaniques » ou « serviles » (qui ont pour objet le travail du bois ou du fer, la marine ou l'agriculture), et celui, réservé à l'élite, des « arts libéraux » (qui ont comme but, on l'a vu, la connaissance pure et la beauté, comme la grammaire, la logique, les mathématiques ou la musique). Il écrit : « La supériorité des "arts libéraux" sur les "arts serviles", et celle de l'esprit sur le corps, sont si grandes, qu'il est de votre devoir à tous, ô nobles jeunes gens destinés à l'étude des lettres, de vous élancer en esprit vers ce qui constitue la dignité de votre condition, vers cette plus grande perfection de l'esprit à laquelle êtes appelés plus que tous les autres qui doivent se consacrer tout entiers aux seuls arts mécaniques. » Ce texte majeur explique mieux qu'aucun autre pourquoi toutes les élites françaises se sont fourvoyées pendant des siècles, en refusant d'enseigner les sciences et les techniques à leurs enfants de peur de ne pas être conformes à « la dignité de leur condition ».

En 1524 naît Louise Labé, fille d'un riche cordier de Lyon qui lui donne une éducation très rare pour une fille de l'époque (français, latin, grec, italien, espagnol, escrime, équitation, luth), avant qu'elle ne devienne une immense poétesse.

À partir de 1530, quelques craquements se font entendre : des professeurs commencent à enseigner en français à la Sorbonne, comme le grammairien Ramuz et le mathématicien Forcadel. Puis l'éducation des petites écoles se fait, progressivement, aussi en français, tant par les Frères des écoles chrétiennes que dans les autres écoles. L'éducation des quelques filles scolarisées (lecture, écriture, grammaire, histoire et littérature) se fait en français : l'institution de Saint-Cyr, pour l'éducation de jeunes filles nobles désargentées, en est un exemple.

En 1532, un fils de bourgeois de Touraine, François Rabelais, reçoit d'abord l'enseignement classique de l'époque ; devenu moine franciscain puis bénédictin, puis médecin après avoir défroqué, il écrit *Pantagruel* puis *Gargantua*, où il condamne les méthodes d'éducation fondées sur la mémoire et négligeant l'hygiène et les activités physiques. Pour lui, chaque instant de la vie doit être mis à profit pour apprendre : le repas est l'occasion d'étudier les propriétés des aliments, les jeux de cartes doivent être prétexte à des leçons de mathématiques... Il recommande d'enseigner les langues anciennes, le droit et la morale ; « puis, [de] soigneusement revisiter les livres des médecins grecs, arabes et latins, et par fréquentes anatomies [d'acquérir] parfaite connaissance de l'autre monde qui est l'homme ». Soupçonné de protestantisme, il fuit à Metz, puis obtient d'Henri II un privilège d'édition pour toutes ses œuvres et les cures de Saint-Martin de Meudon et de Saint-Christophe-du-Jambet.

Comme partout ailleurs dans l'Europe catholique, les universités françaises sont de plus en plus discréditées, sauf en droit et médecine, elles ne participent pas au grand essor culturel et intellectuel de cette époque. Aucune ne se réforme, et aucune université scientifique, ou technique, ou marchande, n'est créée en France.

Pour y remédier, en 1530, Guillaume Budé, riche notaire et secrétaire du roi François Ier, crée le Collège royal (devenu trois cent cinquante ans plus tard le Collège de France) pour enseigner toutes les disciplines que l'université de Paris persiste à ignorer : le grec, l'hébreu, les mathématiques, puis l'éloquence latine en 1534, les langues orientales en 1538, la philosophie grecque et latine et la médecine en 1542. Rien encore, même au Collège royal, sur les sciences, les techniques, la comptabilité, la gestion, les métiers du commerce et de la mer, et la géographie, tout ce qu'on enseigne à Venise, à Amsterdam et à Leyde.

À Lyon, en 1534, pour réduire la mendicité, des orphelins sont placés par l'Aumône générale (qui vient d'être créée) au couvent des Cordeliers ; on leur enseigne la lecture, l'écriture, le catéchisme et la musique ; on y distingue les garçons « adoptifs » (les orphelins qui peuvent être adoptés par de riches citoyens), les garçons « exposés » (synonyme de « bâtards », qui ne peuvent être adoptés et sont placés comme domestiques ou novices dans les couvents, ou en apprentissage dès que possible) et les « petits passants » et « petites passantes », (enfants légitimes abandonnés, « délaissés », et susceptibles d'être récupérés, qui, eux, ne sont pas placés) ; cette initiative sera reprise à Paris, confronté au même problème, avec la création du Grand Bureau des pauvres.

La même année, François Ier, qui veut prouver que le français peut reproduire les subtilités des langues anciennes, confie la traduction des *Métamorphoses* d'Ovide à Clément Marot. En 1539, à Villers-Cotterêts, il impose l'usage de la langue française dans les actes judiciaires. En 1549 paraît *La Défense et illustration de la langue française* de Joachim du Bellay. Les premiers dictionnaires en français apparaissent et, près de cinquante ans après les premières grammaires en langue vernaculaire, en castillan.

Des bureaux des pauvres sont créés alors un peu partout dans le pays et prennent parfois l'initiative d'instruire des enfants : en 1555, à Rouen, comme l'avait souhaité l'évêque, une ordonnance de ce bureau permet d'ouvrir quatre écoles pour les plus pauvres ; elles sont dirigées par des prêtres, rémunérés directement par le bureau. Plus tard, grâce à d'autres dons, un enseignement de degré supérieur est organisé pour préparer quelques jeunes mendiants à divers emplois de teneur de livres, de secrétaire ou même de maître d'écriture. Parfois, comme en Normandie, les habitants choisissent le maître d'école ; à l'inverse, à Troyes, ce sont les chanoines de la cathédrale qui ordonnent « que les parents envoient leurs enfants aux écoles », sous le contrôle de l'Église. Dans le sud de la France, la gestion de l'école (budget, cahier des charges, choix et révocation du maître) se décide dans les conseils communaux : sur les cent onze maîtres que l'historien Michel Vovelle répertorie dans cinq localités de Provence entre 1550 et 1600, seuls 7 % sont des religieux et 93 % des laïcs.

Les protestants français ne sont pas en reste : en 1559, après la publication, en français, de la « Discipline ecclésiastique » (l'équivalent protestant du droit canonique dans l'Église catholique romaine), chaque communauté réformée crée son école : tous les enfants (garçons et filles) de la communauté y sont inscrits ; le maître est recruté par le consistoire de chaque communauté, qui lui fournit un logement et une indemnité complétée par un « écolage » payé par les parents.

En 1560, par l'ordonnance d'Orléans, l'État entend faire financer l'école pour les pauvres par l'Église ; celle-ci se réserve le droit de n'enseigner que ce qui lui convient : en 1564, à Angers, l'évêque Gabriel Bouvery, revenant du concile de Trente, ordonne « que chaque paroisse ait des écoles où pourront se rendre les enfants et les jeunes gens ; ou du moins qu'il y ait toujours un prêtre ou un clerc suffisamment instruit pour pouvoir enseigner aux enfants les rudiments de notre foi et expliquer aux autres familièrement les premières lettres, l'Oraison dominicale, le Symbole des apôtres, la Confession et les autres éléments de la piété et de la religion chrétienne ».

Les cahiers de doléances de l'époque révèlent que la population veut des écoles pour apprendre plus que les notions de théologie et les rudiments de la langue ; les parents exigent que les écoles de leurs enfants soient financées par l'Église, dont ils dénoncent la richesse ; en 1567, on peut lire dans le cahier de doléances des États de Normandie que « les revenus des léproseries et des hôpitaux, où il n'y a aucun malade, soient employés à l'entretien des maîtres d'école ». À Lyon, les notables financent le logement des enfants orphelins et un maître pour apprendre aux garçons les métiers du bois et du fer et aux filles les tâches domestiques. En 1570, la corporation des maîtres écrivains (c'est-à-dire d'enseignants, créée quarante ans plus tôt à Rouen) est généralisée au reste de la France par Charles IX. L'Église continue de tenter d'interdire tout enseignement non religieux ou athée : en 1582, à Sainte-Ruffine (dans l'actuelle Moselle), un maître, Noël Journet, qui aurait prétendu que Jésus-Christ est « un homme comme les autres, mort avec ses péchés comme malfaiteur », est condamné à mort et brûlé vif.

Pendant ce temps, les jeunes nobles boudent toujours les universités françaises et partent fréquenter les nouvelles académies italiennes (académie de dessin de Florence créée en 1563, académie des beaux-arts de Rome en 1577, académie musicale de Rome en 1585 et les académies équestres, qui enseignent aussi la danse et l'escrime, pour transmettre « un art du paraître », une « attitude corporelle »). Apparaissent aussi, à leur imitation, en France, des académies qui deviendront plus tard des « académies royales », telles l'Académie française en 1635 et l'Académie des beaux-arts en 1648. Très peu d'étudiants vont à Leyde ou à Amsterdam, où souffle la liberté d'esprit et où on enseigne la science, les langues et le commerce.

En 1580, Michel de Montaigne (éduqué par son père, hors de toute école, comme tant de gens hors de commun de ces siècles), alors âgé de 47 ans et qui va bientôt devenir maire de Bordeaux, dénonce l'éducation de son temps. Il écrit dans le chapitre 25 du livre I de ses *Essais*, « Du pédantisme » : « À voir la manière dont nous sommes instruits, il n'y a pas à s'étonner si les écoliers et les maîtres n'en deviennent pas plus intelligents, quelques savants qu'ils se fassent. Nous nous informons volontiers : "sait-il du grec ou du latin ? Écrit-il en vers ou en prose ?" Mais s'il est devenu meilleur ou plus avisé, c'eût été le principal, et c'est ce qui demeure de mon côté. Il aurait fallu demander qui est le mieux savant, non qui est le plus savant. Nous ne travaillons qu'à remplir la mémoire et nous laissons l'intelligence et la conscience vides. [...] Je hais par-dessus tout un savoir pédantesque. [...] De même que les oiseaux qui donnent la becquée à leurs petits portent au bec le grain sans le tester, ainsi nos pédants pillotent [*sic*] la science dans les livres et ne la logent qu'au bout de leurs lèvres, pour la dégorger seulement et mettre au vent. ». Un peu plus loin, il dénonce aussi l'autorité et la condescendance des précepteurs ; il souhaite que les enseignants se mettent au niveau des enfants, les écoutent, les guident et engagent un véritable dialogue. Pour lui, apprendre par cœur n'est pas savoir. Il souhaite qu'on fabrique « des têtes bien faites plus que des têtes bien pleines ».

Pourtant, comme tous avant lui en France, il ne voit pas encore l'éducation comme un moyen de transmettre des compétences techniques. Il dit encore : « C'est un grand et bel agencement que le grec et le latin, mais on l'achète trop cher. » Et : « Ce n'est pas une âme, ce n'est pas un corps, qu'on dresse, c'est un homme. » La conscience, c'est-à-dire l'honnêteté et la moralité, sont, selon lui, l'ultime finalité de tout enseignement. Selon lui, il faut donner la parole aux élèves. L'enfant doit s'approprier le savoir pour le transformer en son jugement et en vertu. Il propose une éducation par le plaisir avec divers moyens permettant de susciter l'attention de l'élève. Il veut des enseignants capables de délivrer un enseignement individualisé et bienveillant, plutôt que des tuteurs méprisants, pédants et violents.

Il exercera une grande influence sur la pensée pédagogique du XVIIIe siècle, et en particulier sur celle de Rousseau.

Au même moment, Armand Jean du Plessis de Richelieu, né en 1585, fils du grand prévôt de France, est envoyé à Paris, à 9 ans par son oncle Amador de La Porte, au collège de Navarre, pour étudier la philosophie, le latin, le grec et l'hébreu. Il va ensuite à l'académie équestre de monsieur de

Pluvinel ; il y apprend l'équitation, l'escrime, la danse, la littérature, les mathématiques et le dessin. À 20 ans, il commence des études de théologie et obtient son doctorat à la Sorbonne en 1607 à 22 ans.

À la fin du XVIe siècle, la France est, en matière d'éducation, très en retard sur certains de ses voisins : si, en Normandie (où, on l'a vu, le peuple a pris le pouvoir dans l'école, contre l'Église), 80 % des hommes et 50 % de femmes sont capables d'écrire leur nom, c'est le cas seulement de 20 % des adultes en Bretagne et de 10 % en Limousin.

Les écoles de charité : former un peu mieux les plus pauvres

Au début du XVIIe siècle, dans les campagnes françaises, les enfants pauvres n'ont encore droit qu'à une alphabétisation rudimentaire à partir de livres de prières, en latin et en langues régionales, sans empiéter sur les terribles horaires de travail en famille ou en atelier. En ville, de plus en plus d'enfants pauvres, migrants des campagnes affamées, sont enfermés dans des pensionnats, afin qu'ils ne traînent pas dans les rues ; on leur y apprend un strict minimum, sous le contrôle de l'Église. L'Église veille, et il n'est pas question de laisser des enseignants ouvrir leurs propres écoles. Le 22 avril 1600, le parlement de Paris confirme que « les maîtres d'école de la ville et des faubourgs de Paris pourront enseigner leurs écoliers à former des lettres et écrire, et outre leur bailler exemples en lignes, sans pouvoir tenir école d'écriture ni montrer l'art d'icelle séparément ». En 1606, Henri IV, devenu catholique, prescrit que les maîtres des petites écoles devront être « approuvés » par les curés des paroisses. En 1625, à Rouen (ville pourtant pionnière de la laïcité de l'enseignement), une veuve est condamnée pour avoir affiché sur sa porte « École d'écriture et d'arithmétique ». Les maîtres écrivains (ces enseignants regroupés dans une corporation) ne renoncent pourtant pas : ils ne se contentent pas de donner des cours d'écriture dans leurs écoles, ils produisent maintenant des manuels d'écriture qu'ils vendent ; en 1633, le parlement de Paris les charge de réformer les modèles d'écriture afin de rendre lisible l'écriture de ses greffiers ; un certain Jean Petré publie alors un *Traité de l'art d'escriture*, méthode pédagogique pour apprendre à former les écritures ronde, italienne et bâtarde.

Pour enseigner les valeurs chrétiennes et un métier aux orphelins pauvres, sans les mélanger aux enfants de la classe moyenne (car « les pères et mères riches ne souffriraient pas que l'on meslât les pauvres gueux garçons et filles, avec leurs enfants, lesquels les auraient à mépris et leur saleté et leurs haillons », écrivent des curés de Paris, cités par Pierre Goubert dans son livre *Les Français et l'Ancien Régime* [2001]), la Compagnie de la charité (congrégation religieuse féminine catholique, fondée en 1633 par Vincent de Paul et Louise de Marillac) crée des « écoles de charité », où l'on enseigne aux garçons, le dimanche seulement, l'écriture, la lecture, quelques notions de calcul, le catéchisme et le chant d'église. Gratuit pour les plus pauvres, cet enseignement peut être payant et de niveau plus élevé pour des pensionnaires un peu plus aisés. À Lyon, quelques enfants de pauvres sont placés chez des artisans de la ville, parfois pour apprendre des métiers très qualifiés, comme l'imprimerie, la fonderie, la dorure d'épée, la broderie. L'Église veille aussi à ce qu'on ne mêle pas garçons et filles dans les petites écoles, et se développent des congrégations féminines où l'on n'enseigne encore rien d'autre que la tenue d'un ménage. Là encore, on ne voit rien des brutalités et des perversions, encore très peu étudiées par les historiens.

Certains hôpitaux (en fait, des asiles de pauvres) fournissent aussi un enseignement aux enfants pauvres et aux orphelins qu'ils accueillent ; ainsi l'hôpital du Saint-Esprit de Paris, qui recueille des orphelins, filles et garçons ; ils sont « couchés, levés, vêtus, alimentés, gouvernés de toutes choses qui leur étaient nécessaires [...], introduits et appris à l'école, tant de l'art de la musique qu'autrement, et après mis à aucun métier pour pouvoir et savoir gagner leur vie honnêtement », précise le code de l'Hôpital général de Paris.

Au même moment, Jean-Baptiste Colbert, né en 1619, fils d'un négociant, neveu du conseiller d'État Henri Pussort, fait ses études dans un collège jésuite, suivies d'un apprentissage à Lyon, chez des banquiers, les Mascrany, puis chez un notaire parisien.

Au même moment, Étienne Pascal, père de Blaise Pascal, s'inspirant de Montaigne et de Rabelais, se consacre à l'éducation de ses trois enfants (deux filles et un garçon), à qui il apprend à lire le français avec des lettres en carton et non pas dans des recueils religieux. Il leur enseigne la grammaire au travers de conversations et sans leur faire apprendre par cœur des règles. Il leur apprend l'histoire et la géographie au détour de discussions lors des repas familiaux plutôt que dans des livres. Bien qu'il se passionne pour les mathématiques, il attend que ses enfants aient suffisamment de maturité pour apprécier l'abstraction. Blaise deviendra le porte-parole des ennemis des jésuites, les jansénistes, pour qui seule la grâce de Dieu peut sauver l'homme du péché originel, et qui développeront une autre forme d'éducation, que recevra par exemple Jean Racine : on enseigne en français ; pas plus de vingt-cinq enfants par classe ; une éducation très stricte, avec une prédominance du spirituel sur le temporel. Leurs collèges, combattus par le roi (qui n'aime pas qu'ils le défient par leur austérité), resteront très peu nombreux, pendant que ceux des jésuites, soutenus par le souverain, se multiplieront dans les petites villes et dans les gros bourgs ruraux, en France comme partout dans l'Europe catholique.

Pendant ce temps, la faculté de théologie de la Sorbonne continue de perdre de son prestige, dépassée par celles d'Europe du Nord, et continue de n'enseigner que le droit, la médecine et la théologie. Nul n'y n'enseigne encore les savoirs nouveaux : la géographie, la botanique, l'économie. Marin Mersenne crée l'Academia Parisiensis, qui se réunit dans la maison de chacun des membres, ou chez Mersenne lui-même ;

on y parle de science, de philosophie, d'astronomie, de littérature. On y verra bientôt Blaise Pascal.

Certains s'effraient encore que l'éducation des enfants pauvres puisse les détourner du travail. Richelieu, juste avant sa mort en 1642, écrit un texte très éclairant, son *Testament politique*, publié quarante ans plus tard : « Comme la connaissance des lettres est tout à fait nécessaire à une république, il est certain qu'elles ne doivent pas être indifféremment enseignées à tout le monde. Ainsi qu'un corps, qui aurait des yeux en toutes ses parties, serait monstrueux, de même un État le serait-il si tous ses sujets étaient savants. On y verrait aussi peu d'obéissance que l'orgueil et la présomption y seraient ordinaires : le commerce des lettres bannirait absolument celui de la marchandise, qui comble les États de richesses ; il ruinerait l'agriculture, vraie mère nourrice des peuples, et il déserterait en peu de temps la pépinière des soldats, qui s'élèvent plutôt dans la rudesse de l'ignorance que dans la politesse des sciences ; il remplirait enfin la France de chicaneurs plus propres à ruiner les familles et troubler le repos public qu'à procurer aucun bien aux États. »

Vers 1660, les « gens de condition » représentent la moitié des élèves des petites écoles (jusqu'à 14 ans) ; ceux des marchands, des médecins et des petits officiers, du quart au tiers ; les fils d'artisans et de paysans représentent le (petit) quart restant. Progressivement, on cesse d'imposer le latin dans les conversations entre les élèves.

En 1661, Mazarin crée à Paris le collège des Quatre-Nations, destiné à l'instruction gratuite de soixante jeunes nobles venant des quatre nations différentes. En 1662, dans le *Socrate chrétien* de Jean-Louis Guez de Balzac, le quartier de l'Université de Paris est désigné pour la première fois sous le nom de « Pays latin »

En 1669, à Lyon, la Compagnie de la charité crée une première « petite école des pauvres » (différente de l'Aumône, née dix ans plus tôt), dans le quartier Saint-Georges ; elle est dirigée par le père Charles Démia ; ce fils d'un pharmacien de

Bourg-en-Bresse a fréquenté le collège des jésuites de Bourg et a terminé ses études à Lyon, au collège de la Trinité, avant de devenir prêtre. Il ouvre ensuite à Lyon, en 1671, le séminaire Saint-Charles, destiné à former des jeunes gens pauvres à la prêtrise et à l'enseignement ; puis il ouvre d'autres écoles des pauvres : en 1679, il y en a dix dans la ville, et seize à sa mort, en 1689. Il y impose l'enseignement simultané par niveau, qui prime enfin en France sur la méthode individuelle ; il met en place des « séminaires pour les maîtres de la campagne », afin de former ses enseignants.

En 1670, Bossuet, ancien élève des jésuites, chargé de l'éducation du fils de Louis XIV, établit un plan d'instruction totalement religieux pour tous les enfants du pays, dans sa *Lettre au pape Innocent XI* et dans son *Abrégé de la doctrine chrétienne*, où il écrit : « Dès qu'ils bégaient, il faut apprendre [aux enfants] à faire le signe de la croix ; il est bon aussi de leur faire dire en latin, afin que dès le berceau ils s'accoutument au langage de l'Église. » Il demande que « dès lors que les premières alarmes du diable, du monde et de la chair s'élèvent contre l'homme », c'est-à-dire à 7 ans, le prêtre de la paroisse prenne le relais de la famille, avec catéchisme deux fois par semaine et apprentissage par cœur.

En 1679, le fondateur d'un institut des Frères des écoles chrétiennes, Jean-Baptiste de La Salle, ouvre à Reims, sa ville natale, une école gratuite pour les pauvres, puis un séminaire pour former des maîtres d'école, et enfin un autre à Paris avec une école d'application et un enseignement professionnel préparant au commerce et à l'industrie.

Colbert qui, comme Richelieu, trouve « inquiétant » que les enfants des paysans, même aisés, quittent leur « vocation » pour aller étudier, tente de réduire le nombre des collèges dans les petits bourgs ; mais il se heurte à la résistance des municipalités, où les collèges sont des sources de revenus et de prestige, et à la résistance des familles de la petite bourgeoisie, qui veulent y scolariser leurs enfants.

Les femmes restent, en France comme ailleurs, pour la plupart écartées du savoir ; et quand elles y ont accès, elles sont brocardées. En 1672, Molière fait dire à l'un de ses personnages masculins, dans *Les Femmes savantes* : « Je consens qu'une femme ait des clartés de tout :/ Mais je ne lui veux point la passion choquante/ De se rendre savante afin d'être savante. »

En 1686, à la demande de Mme de Maintenon, Louis XIV crée la Maison royale de Saint-Louis, à Saint-Cyr, pensionnat pour jeunes filles de la noblesse pauvre (« aux filles des gentilshommes tués ou ayant ruiné leur santé et leur fortune pour le service de l'État ») ; les familles des postulantes doivent appartenir à la noblesse depuis au moins cent quarante ans. Les jeunes filles quittent généralement le pensionnat à l'âge de 20 ans, sauf si elles souhaitent y devenir éducatrices. À leur sortie, elles reçoivent une dot de 3 000 livres destinée à leur assurer un bon mariage ou à leur permettre d'entrer au couvent.

Les femmes doivent encore, comme depuis des millénaires, trouver des subterfuges pour apprendre : malgré l'interdiction qui leur est faite d'entrer dans les universités, elles se rendent à des cours « hors universités », notamment à des cours de mathématiques. En 1687, François de Salignac de La Mothe-Fénelon, théologien, pédagogue et écrivain français, précepteur du duc de Bourgogne, le petit-fils de Louis XIV, affirme, dans le *Traité de l'éducation des filles*, que l'éducation des femmes doit être la même que celle des garçons. Puis, dans *Les Aventures de Télémaque*, il explique, comme le fera Locke six ans plus tard, qu'il ne faut pas brutaliser l'enfant, mais utiliser des jeux et éviter les châtiments : « Rendons l'étude agréable : cachons-la sous l'apparence de la liberté et du plaisir. »

En 1690, le mot « éducation » apparaît pour la première fois dans le dictionnaire d'Antoine Furetière, avec cette définition : « Soin qu'on prend d'élever, de nourrir les enfants ; se dit plus ordinairement du soin qu'on prend de cultiver leur esprit, soit pour la science, soit pour les bonnes mœurs. »

En 1698, treize ans après la révocation de l'édit de Nantes, la volonté de réprimer définitivement la Réforme inspire à la monarchie française des textes décrétant l'obligation scolaire de tous les enfants dans une école catholique : tous les parents doivent envoyer leurs enfants jusqu'à 14 ans dans des écoles paroissiales catholiques, dites « petites écoles ». Et il est fait obligation aux paroisses d'instruire les enfants des protestants dans la religion catholique. Cette première obligation scolaire reste toutefois très théorique.

Dans les maisons des maîtres écrivains à l'enseignement beaucoup plus laïc, on trouve désormais souvent une salle de classe. Par exemple, en 1699, dans l'inventaire après décès du maître écrivain Guillaume Lefevre, on peut lire la description des biens contenus « dans une grande salle servant de classe au premier étage ». Cette pièce abrite « quatorze tables sur leurs tréteaux, vingt banchelles de bois ».

À la fin du XVIIe siècle, le taux d'alphabétisation est toujours beaucoup plus élevé dans le nord de la France que dans le sud, et dans les villes que dans les campagnes. Moins de 30 % des Français et 10 % des Françaises savent lire et écrire. La France est très loin des pays de l'Europe du Nord.

Quelques exemples de formations particulières

François Mansart (1598-1666) est formé dans son enfance par son père, Absalon, charpentier du roi. À sa mort, quand il a 12 ans, François est formé comme charpentier par son beau-frère, le sculpteur Germain Gaultier, et par son oncle Marcel Le Roy, maître maçon et ingénieur civil. Par la suite, il aurait appris le métier d'architecte dans l'atelier de Salomon de Brosse, alors l'architecte le plus populaire du règne d'Henri IV, qu'il aurait rencontré à Rennes en 1618.

Molière (1622-1673) aurait fait ses humanités et sa philosophie à Paris au prestigieux collège jésuite légué par l'archevêque de Clermont (l'actuel lycée Louis-le-Grand), où il aurait eu « l'avantage de suivre feu Monsieur le Prince de Conti dans toutes ses Classes », relate La Grange, son camarade de scène. Dans sa *Vie de M. de Molière* publiée en 1705, Grimarest rapporte qu'il s'y serait fait comme amis le philosophe, médecin et voyageur François Bernier et le poète libertin Chapelle, et qu'il avait eu pour précepteur Pierre Gassendi, redécouvreur d'Épicure et du matérialisme antique, lequel, écrit Grimarest, « ayant remarqué dans Molière toute la docilité et toute la pénétration nécessaires pour prendre les connaissances de la philosophie », l'aurait admis à ses leçons avec Chapelle, Bernier et Cyrano de Bergerac.

André Charles Boulle (1642-1732) apprend de son père menuisier le dessin, la sculpture, la reparure, la ciselure, la dorure, la peinture. Bien qu'il semble avoir une préférence pour la peinture, son père le pousse vers la menuiserie ; le Bernin, qui le rencontre quand il a 13 ans, lui enseigne la technique du dessin architectural. À partir de 1666, alors qu'il n'a pas encore atteint la majorité, André Charles Boulle est mentionné comme ayant acquis la maîtrise parisienne de menuiserie, que son père n'avait jamais obtenue.

En Amérique ; évangélisation et colonisation

En arrivant en Amérique, les Espagnols découvrent que les Aztèques y ont créé depuis longtemps des écoles appelées *calmecac* pour la formation de leurs guerriers et des écoles appelées *cuicacalli* pour la formation de leurs prêtres. Un manuscrit préparé par des scribes indigènes pour le premier vice-roi du Mexique, le *Codex Mendoza*, donnera les détails de ces deux types d'école.

La Couronne espagnole vise d'abord à l'évangélisation des populations indigènes réduites en esclavage. Le missionnaire

Fray Pedro de Gantea créée quelques premières écoles et produit des textes illustrés pour enseigner aux indigènes la foi catholique. Tous les ordres mendiants (les Franciscains, les Dominicains et les Augustins) viennent construire des églises dans de grandes communautés indigènes et y enseignent le catéchisme, souvent par la force, sans enseigner ni à lire ni à écrire.

En 1536, les franciscains créent une école pour former un clergé catholique indigène, le Colegio de Santa Cruz de Tlatelolco, qui ne réussit pas à former des prêtres, mais alphabétise quelques indigènes en nahuatl, en espagnol et en latin. Ils fondent aussi l'école de San José de los Naturales, à Mexico, qui enseigne l'artisanat à des garçons. Ils alphabétisent des scribes indigènes du centre du Mexique dans leur propre langue. En revanche, on n'a aucune preuve que des femmes soient alphabétisées.

En 1551, à la demande du premier vice-roi du Mexique, Don Antonio de Mendoza, la première université des Amériques voit le jour : l'université royale et pontificale de Mexico. Elle est pratiquement réservée aux Espagnols venus y chercher fortune. L'institution forme des prêtres et des avocats puis, à partir de 1579, des médecins. Ses diplômes portent le même titre de « diplôme d'université royale et pontificale » que les diplômes européens.

Un peu plus tard, à leur arrivée au Mexique, les jésuites fondent des *colegios*, et demandent en 1571 à conférer des diplômes ; mais le Conseil des Indes, l'entité royale supervisant l'Empire espagnol, commence par le leur refuser. Il leur faudra attendre 1622 pour qu'ils fondent à Córdoba, en Argentine, leur première université, suivie de plusieurs autres sur le continent américain, puis sur d'autres continents, et seulement bien plus tard en Europe.

En 1646, l'évêque Juan de Palafox y Mendoza fait don des cinq mille volumes (dont neuf incunables) de sa bibliothèque personnelle aux écoles de San Pedro et San Juan (aujourd'hui Puebla), à condition que soit autorisé à y accéder quiconque pourrait lire, et pas seulement les religieux. Cette bibliothèque Palafoxiana est considérée comme la première bibliothèque publique des Amériques. Devenue une université, elle délivre, pendant la période coloniale, près de trente mille diplômes de licence et plus de mille maîtrises et doctorats à une grande partie de l'élite instruite de la Nouvelle-Espagne. Blanche évidemment.

En Amérique du Nord, une grande partie de la première population européenne est composée de protestants anglais cultivés qui estiment que l'Église anglicane n'a pas suffisamment pris ses distances avec le catholicisme. (À l'origine, le terme « puritains », qui les désigne, est une insulte utilisée par les anglicans pour nommer les personnes qui, selon eux, s'offusquent trop facilement de la liturgie de l'Église anglicane ; les colons préfèrent se nommer « saints ».) La décision d'éduquer leurs enfants est laissée aux familles. À mesure que la colonie attire d'autres colons, en général éduqués, elle recrute des professeurs. Beaucoup d'enfants apprennent à lire avec leurs parents avant d'entrer à l'école. Les livres sont rares et chers ; les manuels sont pour la plupart importés d'Angleterre (ou d'Allemagne, pour ceux qui veulent des manuels luthériens ou calvinistes). Si, en théorie, chaque nouvelle ville doit disposer d'une école élémentaire, à la fin du XVIe siècle, seuls 10 % des enfants sont scolarisés, ce qui correspond aussi à la norme dans l'Angleterre de l'époque. Pas question, naturellement, d'éduquer les esclaves, qui commencent à arriver en masse d'Afrique.

À partir de 1634, la colonie de la baie du Massachusetts, venue d'Angleterre, décide d'organiser un enseignement pour tous les garçons de 8 à 14 ans. En 1636, est fondé près de Boston le premier établissement d'enseignement supérieur d'Amérique du Nord, par un vote de l'assemblée générale de la colonie de la baie du Massachusetts ; l'objectif premier est de former des pasteurs ; trois ans plus tard, l'institution (qui a alors neuf élèves et un professeur) est baptisée « Harvard », en hommage à John

Harvard, un pasteur puritain mort à 30 ans et qui vient de lui léguer sa bibliothèque et la moitié de ses biens ; l'enseignement s'y veut inspiré de celui dispensé par Oxford. En 1639, la ville de Boston et des mécènes financent la Boston Latin School, avec pour mission d'enseigner aux garçons de toutes les classes sociales Homère, Ovide et Cicéron. Certaines écoles commencent à enseigner aussi le commerce, l'agriculture, l'arithmétique, les langues, les contrats ou la comptabilité. Les riches marchands font appel à des tuteurs privés et envoient leurs enfants poursuivre leurs études en Angleterre ou en Écosse.

En 1647, une réglementation, connue sous le nom de « Old Deluder Satan Law », rappelle que tous les enfants des colons du Massachusetts doivent apprendre à lire, ce qui n'est donc pas encore le cas ; toutes les communes de plus de cinquante chefs de famille doivent nommer quelqu'un pour apprendre aux enfants à lire et à écrire. Dans la plupart de ces écoles, l'enseignement se limite à la lecture, à l'écriture, aux mathématiques simples et à la religion. Les enfants des familles les plus riches apprennent en plus le latin, le grec et les mathématiques plus avancées. En 1683, une loi de Pennsylvanie exige que tous les enfants de l'État apprennent à lire et à écrire et soient formés à un métier utile ; elle n'est pas appliquée. Dans le Maryland, des jésuites établissent une mission, et gèrent des écoles pour de jeunes catholiques venus d'Europe. Dans le Sud, où l'Église anglicane domine, l'alphabétisation est plus faible que dans le Nord ; les élèves (garçons et blancs) apprennent l'astronomie pour la navigation, et les filles des techniques de couture et de gestion domestique ; faute d'école, les cours sont souvent donnés dans des bâtiments agricoles. Là encore, cela ne concerne pas les esclaves, interdits d'école.

En Nouvelle-Angleterre, entre 1650 et 1670, le taux d'alphabétisation dépasse les 60 %. On ne sait rien de ce qu'il en est dans le reste de l'Amérique du Nord.

En Islam : refuser l'imprimerie et le savoir

Dès sa mise au point en Allemagne, l'imprimerie arrive dans les communautés juives, grecques et arméniennes de l'Empire ottoman ; mais l'écriture arabe étant liée à la parole de Dieu dès la révélation coranique, elle fait l'objet d'un respect spirituel et esthétique considérable, et les copistes musulmans, qui forment une puissante corporation, s'opposent à l'imprimerie. Plus encore, le Coran, imprimé pour la première fois en arabe en 1538 par Alessandro Paganini à Venise, comporte beaucoup d'erreurs, ce qui discrédite davantage encore l'imprimerie aux yeux de beaucoup de musulmans. Les sultans Bayezid II, en 1485, et Sélim Ier, en 1515, interdisent alors à toute personne dans tout l'Empire ottoman d'imprimer des textes en arabe et en turc.

Les enfants continuent d'apprendre à lire et à écrire sur des corans manuscrits, dans des sortes d'écoles (les *mekteps*) installées dans les mosquées ; elles sont mixtes et peu coûteuses (certaines fournissent aux élèves des repas et des vêtements gratuitement) ; certains garçons vont ensuite dans des madrasas financées par les sultans ; ceux qui en sortent diplômés travaillent alors dans les services gouvernementaux et religieux.

Il faut attendre 1610 pour voir apparaître les premières tentatives d'édition au Moyen-Orient ; elles ont lieu dans les communautés chrétiennes de Syrie et du Liban ; c'est en 1641 seulement qu'une première imprimerie est installée en Perse ; il faudra encore attendre un siècle et demi de plus pour qu'un premier livre soit publié en persan, et deux siècles pour que le premier manuel scolaire soit imprimé dans cette langue. Il n'y a aucun autre enseignement que religieux, avec parfois, comme au Maroc, de très grands érudits.

Quand s'achève le XVIIe siècle, seulement 3 % des musulmans savent lire, alors que l'alphabétisation mondiale moyenne est de 12 %, allant jusqu'à 40 % dans certains pays d'Europe du Nord.

Chapitre 4

L'idéal de l'éducation contre le devoir de transmission

De 1700 aux révolutions

Pendant que la Chine s'assoupit et que le reste du monde ne s'éveille pas encore, et alors que tenir le peuple à l'écart d'un savoir critique reste au cœur des stratégies de tous les pouvoirs politiques, l'Europe installe sa domination sur l'économie et la politique mondiales, en particulier grâce à l'exploitation des êtres humains et des ressources matérielles des continents qu'elle pille. Simultanément, elle entreprend un bouleversement radical de son rapport à la transmission : si, comme par le passé, seuls les enfants des milieux privilégiés ont accès aux meilleures écoles, aux meilleurs professeurs, aux meilleures universités, aux meilleures filières et aux métiers les plus prometteurs en même temps qu'ils ont les relations nécessaires pour y faire leur chemin, de plus en plus d'activités indispensables au fonctionnement de ces sociétés (d'employé à ingénieur, d'architecte à banquier) nécessitent que de plus en plus de gens sachent lire, écrire, compter, et plus encore : le progrès technique fait surgir de nouveaux savoirs et de nouveaux moyens d'enseigner, en particulier le cahier ; enfin, le désir de liberté, apparu avec le commerce, avec la Réforme, le nationalisme et les œuvres d'écrivains audacieux, attise le besoin de connaître, même en dehors de toute exigence professionnelle et contre tous les savoirs imposés et les pensées officielles, formant peu à peu l'utopie d'une école libératrice et égale pour tous ceux qu'à la fin de ce siècle on nommera en Europe et en Amérique du Nord, d'un mot ancien, les « citoyens ».

La Chine et l'Islam : des univers figés

Alors que, pendant plus de mille ans, la Chine a été la première puissance économique du monde et le lieu d'innovations majeures (la brouette, le papier, la porcelaine, l'imprimerie, la poudre à canon et tant d'autres), et qu'elle reste, au XVIIIe siècle, le pays le plus peuplé du monde avec 300 millions d'habitants, contre 190 pour toute l'Europe, et s'enfonce dans un lent déclin. La nouvelle dynastie Qing, installée au pouvoir depuis 1644, néglige de plus en plus la science et la technologie et se ferme au reste du monde.

La peur obsessionnelle de la guerre civile et de la dissolution de l'empire continue de faire passer la formation des cadres avant tout autre ambition. Comme depuis deux mille ans, des écoles apprennent aux enfants de l'élite les milliers de caractères nécessaires pour lire les textes classiques, qui forment encore l'essentiel de ce qui est transmis. Toujours pas question de développer l'esprit critique. Des examens nationaux continuent de sélectionner des technocrates dont l'obsession est de maintenir l'unité du pays.

Les compétences nécessaires à cette gouvernance crispée continuent d'être transmises par des précepteurs aux enfants des nobles de la cour, dans des écoles nationales ; et dans des écoles provinciales à ceux des élites provinciales. On ne réédite que les classiques confucéens, sans contributions originales des intellectuels contemporains, pourtant très nombreux, lesquels sont contraints, pour être entendus, de se contenter de commenter des textes vieux de deux mille ans. Même si la sélection dans ces concours est apparemment honnête (les noms des candidats n'apparaissent toujours pas sur les copies d'examen), les diplômés sont presque toujours issus du même milieu, qui seul a pu financer les études nécessaires à ses enfants. À quelques exceptions près : ainsi, un certain Sun Jiagan, né à la fin du XVIIe siècle dans une famille si pauvre qu'il dut travailler tous les jours de sa jeunesse à ramasser du bois de chauffage, n'étudiant que le soir, obtient, en 1713, sous le règne de l'empereur Kangxi, le titre le plus élevé de *jinshi* à l'examen impérial et devient l'un des plus hauts fonctionnaires de l'empire. Et si quelques enfants de riches marchands apprennent le hollandais ou l'anglais pour faire prospérer les affaires familiales, beaucoup d'entre eux sont encore tenus, par leurs parents, de passer les concours de hauts fonctionnaires afin d'obtenir un poste dans l'administration permettant de protéger le patrimoine familial.

La plupart des autres enfants ne reçoivent aucune éducation formelle, sinon quelques années d'une mauvaise école primaire dans des écoles de village, financées par la sphère publique, qui n'enseignent toujours qu'à quelques enfants à lire et à écrire quelques dizaines de caractères, et à commenter certains textes classiques, dans une interprétation très étroite.

Sans doute moins d'un Chinois sur cinq sait-il alors lire plus d'une centaine de caractères. Moins encore savent tenir une comptabilité simple et faire les calculs nécessaires à des transactions commerciales complexes. On continue à transmettre des récits multimillénaires et des savoirs pratiques par des carnets de route pour voyageurs commerciaux, des recueils de nouvelles et de blagues, des almanachs, des spectacles de marionnettes et de compagnies théâtrales itinérantes, parfois financées par de grands marchands. En revanche, ni le peuple ni même les administrateurs de l'Empire ne sont au courant des acquis chaque jour plus nombreux de la révolution scientifique, agricole et industrielle qui s'accélère en Europe.

Dans le monde musulman, l'éducation n'est pas plus brillante : oubliant qu'à ses débuts l'islam était très ouvert à la science, les religieux, qui dominent toujours l'éducation, la rejettent désormais comme contraire à la vérité révélée ; la pensée grecque, comme le reste de la pensée occidentale, est maintenant considérée comme un danger pour la foi. Et les dirigeants politiques, aux ordres des autorités religieuses, refusent, comme en Chine, de faire connaître aux peuples les innovations scientifiques, agricoles et industrielles.

Dans l'Empire ottoman, en particulier, une obsession du maintien de l'ordre interdit une transmission de connaissances trop libre : on n'imprime presque rien, pas même le Coran ni les commentaires. Si, au début de ce XVIIIe siècle, le sultan Ahmed III autorise par un décret impérial – enfin entériné par les autorités religieuses – l'installation à Istanbul de la première imprimerie faite par et pour des musulmans, les universités (telles Al-Azhar au Caire, Al-Mustansiriya à Bagdad, Sulaymānīyah à Istanbul, Fawziyeh en Iran et Deoband en Inde) ne transmettent que les exégèses routinières des textes sacrés. Seules, dans l'Empire ottoman, certaines rares écoles privées enseignent à quelques enfants de l'élite marchande les langues, l'histoire, les sciences sociales et les mathématiques. Entre 1729 et 1742, ne paraissent dans tout l'empire que dix-sept livres d'histoire, de géographie, de sciences et de langue, majoritairement en turc. Il faut attendre 1798 pour que l'expédition de Bonaparte introduise en Égypte la première presse à imprimer, qui cessera son activité trois ans plus tard, avec le départ des troupes françaises.

Les Pays-Bas : une formidable réussite économique, sans éducation généralisée

Quand commence le XVIIIe siècle, le cœur de l'économie-monde est encore à Amsterdam : le commerce néerlandais reste le premier de la planète, même s'il est de plus en plus sévèrement concurrencé par les marchands anglais, français et prussiens. Pour conserver leur suprématie, les Néerlandais doivent consacrer une partie importante de leur énergie et de leurs ressources à trois guerres : la guerre de succession d'Espagne (1701-1713) ;

la guerre de succession d'Autriche (1740-1748) ; et la guerre de succesion de l'Angleterre (1780-1784), tout en finançant la dette publique anglaise, leur plus puissant rival.

Pendant tout le siècle, l'enseignement néerlandais est toujours dépendant du calvinisme, devenu religion d'État. L'école, supposée pour tous (*Volksschool*, « école du peuple »), continue de n'enseigner qu'à lire les textes religieux et à prier ; celles de ces écoles primaires qui donnent aussi un enseignement laïc de base sont très coûteuses pour les parents ; les enseignants ne connaissent pas et ne transmettent pas les immenses savoirs accumulés par les marchands et les armateurs, sauf dans les « écoles françaises », dont il a été question précédemment, désormais nommées « instituts » ; ces établissements scolaires, conçus en réaction à l'enseignement trop académique des écoles latines, préparent les enfants de la bourgeoisie hollandaise aux exigences de leur future profession de commerçant ; en plus du français, on y apprend d'abord à lire, à écrire le néerlandais et à compter ; puis, pour 400 à 500 florins l'an, on peut choisir en plus une grande diversité de cours, en logeant dans un cadre somptueux. Cela reste donc un enseignement pour les seuls riches.

En 1784, un prédicateur d'un mouvement chrétien anabaptiste fonde la Société du bien public, association nationale avec des chapitres locaux financée par des fonds privés, crée des bibliothèques et lance un mouvement en faveur de la création d'écoles maternelles et primaires gratuites, laïques, qui seraient ouvertes aux filles comme aux garçons. Cela ne se généralise pas : en 1793, le conseil de l'église de la ville de Zevenaar rappelle qu'un enfant doit payer 3 stuivers hollandais pour apprendre à épeler et à lire ; 4 stuivers pour apprendre à écrire ; 6 stuivers pour apprendre à compter. La paroisse ne paie que les frais de scolarité des enfants les plus pauvres et des orphelins.

En 1798, trois ans après la naissance de la République batave, est créé un ministère de l'Instruction publique, le premier d'Europe, avec un corps d'inspection qui vérifie les diplômes des maîtres, accorde les autorisations aux écoles et définit les matières à enseigner.

Mais c'est trop tard : le pouvoir a basculé de l'autre côté de la mer du Nord.

En Grande-Bretagne : pas d'école, sinon pour transmettre le pouvoir

Alors que le pays accélère sa prise de pouvoir économique et géopolitique mondial, la transmission des connaissances se fait encore, comme depuis des siècles, par la famille, les échoppes et les ateliers, sauf pour les fils des riches qui, après une école primaire avec des tuteurs privés, vont dans des *grammar schools*, puis à Oxford ou Cambridge dans le but ultime de jouir toute leur vie de leur oisiveté et de leurs rentes.

La transmission des savoirs nouveaux, surgis de la révolution agricole et industrielle, emprunte pour l'essentiel des voies multiples hors de l'école : une idée surgit, elle fonctionne, elle est répliquée, puis généralisée. Cela passe par des réunions de pairs, des journaux, des livres, dont ceux d'Arthur Young, fils de paysans du Suffolk qui, après un apprentissage chez un négociant en vins, s'installe sur une propriété familiale, fait de nombreuses expérimentations et publie des livres de technique agricole ; ou encore ceux de Jethro Tull, qui invente et dissémine un nouveau système de culture inspiré des techniques du maraîchage et met au point le semoir qui peut traiter trois rangées à la fois. En 1712, premier usage industriel de la machine à vapeur.

L'amélioration de la productivité agricole entraîne un appauvrissement de la population rurale, qui quitte la campagne pour chercher du travail dans les villes ; les enfants de ces familles traînent dans les rues ou viennent travailler dans les ateliers ou les usines avec leur père, de la même façon qu'ils les accompagnaient aux champs. Pour eux, toujours, pas d'école ; seules quelques *dame schools* et *charity schools* leur enseignent, le dimanche, à lire les Évangiles, jusqu'à leurs 11 ans. Rien de plus. Si, en 1754, 60 % des hommes et 40 % des femmes peuvent signer leur contrat de mariage, ils ne savent, pour la plupart d'entre eux, rien de plus.

Là comme ailleurs, et comme depuis des millénaires, certains réussissent à ne pas se contenter de ce qui leur est transmis par leur milieu. Ils veulent échapper à une formation, à une pensée, à une idéologie, à un métier, à un milieu. La motivation, l'énergie font le reste. Quelques exemples :

Thomas Holcroft, né en 1745 d'un père cordonnier contraint de devenir colporteur, suit ce dernier dans ses vagabondages ; devenu garçon d'écurie à Newmarket, Thomas passe ses soirées à apprendre à lire et à écrire l'anglais, à étudier la musique, le français, l'allemand et l'italien. Il revient seconder son père, redevenu cordonnier à Londres, puis il enseigne dans une petite école primaire de Liverpool ; il deviendra un auteur de théâtre et de romans, et l'ami de Thomas Paine et de Beaumarchais.

James Lackington, né en 1746 d'un père cordonnier alcoolique et d'une mère au foyer, aide d'abord son père puis, vers 14 ans, devient apprenti chez un autre cordonnier anabaptiste qui lui apprend à lire. Il deviendra l'un des plus grands libraires du XVIIIe siècle.

Mary Wollstonecraft, née en 1759 d'un père possédant une fortune moyenne, devient demoiselle de compagnie ; avec l'aide d'une de ses amies d'enfance et de ses sœurs, elle fonde une école pour filles ; en 1787, elle publie *Sur l'éducation des filles*, où elle encourage les femmes à faire preuve d'un « esprit rationnel » et à éviter les futilités pour ne pas être réduites à n'être que des « ornements de la société ». En 1788, elle publie un premier roman (*Mary : A fiction*) où elle met en scène une femme, génie autodidacte qui refuse l'« esclavage du mariage ». En 1792, elle publie un traité, *Défense des droits de la femme, suivie de quelques considérations sur des sujets politiques et moraux* : « Endoctrinées dès leur enfance à croire que la beauté est le sceptre de la femme, leur esprit prend la forme de leur corps et, enfermé dans cette cage dorée, ne cherche qu'à décorer sa prison. » Elle revendique la création d'écoles mixtes : « Je ne souhaite pas que les femmes aient du pouvoir sur les hommes, mais sur elles-mêmes. »

John Clare est né en 1793 de deux parents paysans illettrés ; chaque année, jusqu'à ses 12 ans, il quitte la ferme familiale pendant trois mois pour suivre des cours, d'abord auprès d'une vieille femme du village, puis auprès d'un maître, un peu plus loin. Il deviendra l'un des poètes les plus importants de sa génération avec John Keats et William Wordsworth.

Dans le dernier quart du XVIIIe siècle, de nouvelles formes de transmission des connaissances s'organisent en Grande-Bretagne : en 1775, est fondée la Lunar Society of Birmingham pour échanger et transmettre les idées et les techniques nouvelles appliquées à l'industrie ; y participent les principaux acteurs de la révolution industrielle du moment : Matthew Boulton et James Watt (à l'origine de l'usage de la machine à vapeur), et Erasmus Darwin (grand-père de Charles et premier théoricien de l'évolution). En 1776, dans *The Wealth of Nations*, Adam Smith réclame la mise en place d'une éducation populaire qu'il pense être un facteur essentiel de la croissance de la production industrielle. La noblesse, elle, continue de monopoliser les meilleures *public schools* et l'accès aux deux universités, Oxford et Cambridge. Des écoles spécialisées, en particulier militaires, voient le jour.

Apparaissent en 1769, à côté des *charity schools* et des *dame schools*, les *Sunday schools*, avec la méthodiste Hannah Ball à High Wycombe ; puis une autre en 1781, dans un bidonville de Gloucester, avec Robert Raikes, philanthrope et rédacteur en chef du *Gloucester Journal* ; on y enseigne, le dimanche, aux jeunes garçons pauvres, à lire dans la Bible et à comprendre le catéchisme. Rien de plus. En 1785, deux cent cinquante mille enfants fréquentent une *Sunday school*, ancêtre de ce qui deviendra plus tard l'enseignement public britannique. En 1795, le Speenhamland Act accorde un supplément de revenus aux plus pauvres ; mais pas une école. En 1799 est fondée à

Woolwich l'Académie militaire royale, qui forme des officiers du génie et de l'artillerie.

La superpuissance britannique se construit ainsi sans l'école, et même contre l'école, toujours considérée comme inutile au développement du capitalisme industriel et dangereuse pour l'équilibre social et politique de la nation.

En Prusse : l'école, comme l'armée et l'Église, au service de l'État

La Prusse, elle, va choisir une tout autre voie : généraliser très vite l'enseignement pour tous, afin de transformer les citoyens en soldats au service de l'État.

Au début du XVIIIe siècle, l'obligation luthérienne de la lecture continue d'imposer en Prusse, et dans une grande partie de l'empire, une vision très militaire de l'école. Un membre de l'Académie des sciences de Berlin, J.G. Sulzer, dans son *Essai de quelques idées raisonnables sur l'éducation et l'instruction des enfants*, donne alors une vision assez claire de la violence légitimée à l'école : « Ces premières années de la vie présentent l'avantage de pouvoir exercer la violence et la contrainte… Si on parvient à prendre la volonté de l'enfant, il ne se souviendra pas ensuite en avoir eu une. »

On est loin de ce qui avait été tenté, quelques décennies plus tôt, sans grand succès, pas très loin, dans le duché de Saxe-Gotha, avec une pédagogie si bienveillante.

En 1717, Frédéric-Guillaume Ier, souverain avare et brutal, institue, en théorie du moins, l'enseignement primaire gratuit et obligatoire pour tous les enfants de Prusse, de la lecture, de l'écriture et du calcul ; en fait, surtout de la discipline et de l'obéissance qu'il impose aussi à ses propres enfants. L'application de cette décision est très lente : le premier séminaire (Institution de formation des enseignants) est créé en 1748 par Johann Julius Hecker. En 1763, le roi de Prusse suivant, fils du précédent, Frédéric II, rappelle, par le règlement général des écoles, que l'instruction est gratuite et obligatoire pour tous entre 7 et 14 ans afin d'y apprendre la lecture, l'écriture, l'arithmétique, l'éthique, le devoir, la discipline et l'obéissance ; preuve que cela n'était pas encore appliqué. L'enseignement secondaire se fait toujours en latin. Désormais, l'obligation est prise très au sérieux : les parents qui n'envoient pas leurs enfants sont avertis, puis punis par des amendes ou des incapacités civiles ; en dernier recours, l'enfant peut même être retiré de la garde de ses parents. L'impact de cette menace est considérable : le nombre d'écoles de village quintuple entre 1717 et 1760 ; mais on est encore loin d'un enseignement gratuit et intéressant ; l'école ne vaut pas grand-chose : on fait souvent appel, pour enseigner, à des sous-officiers en retraite qui ne savent pas bien eux-mêmes lire, écrire et compter ; avant 1770, mille sept cents séminaires sont créés pour former des enseignants. La Prusse devient le pays « le mieux instruit du monde », imitée peu à peu par le reste de l'Allemagne. Des écoles militaires et techniques spécialisées apparaissent. Tout cela se fait dans la violence et la soumission extrême au pouvoir.

En 1774, en Saxe, en réaction contre cette conception militaire de la transmission, et fidèle à la tradition bienveillante de cet État, un précepteur de familles nobles, disciple de Rousseau et professeur de philosophie morale, Johann Bernhard Basedow, explique qu'il faut faire confiance à l'émulation et aux récompenses plutôt qu'à la crainte et aux châtiments ; il ouvre en Saxe, à Dessau, le Philanthropinum, un établissement pour « former des Européens, des citoyens du monde, et les préparer à une existence aussi utile et aussi heureuse que possible ». Bien que cette école n'ait fonctionné que pendant vingt ans, son influence sera considérable et inspirera la fondation d'institutions similaires en France, en Suisse, en Russie et en Amérique du Nord. Basedow est aussi à l'origine d'un des tout premiers projets d'éducation sexuelle des enfants.

La même année, en 1774, l'Empire austro-hongrois imite la Prusse et rend l'instruction élémentaire obligatoire entre 6 et 12 ans. Le préambule du règlement général des écoles autrichiennes de l'époque déclare : « L'éducation de la jeunesse des deux sexes est vitale pour le bonheur de la nation. » À partir de 1784, le latin cesse d'être la langue des écoles secondaires et des lycées ; on unifie aussi le discours sur l'histoire des peuples de l'empire, pour la gloire de l'empereur.

En 1788 est créé l'*Abitur*, qui normalise le niveau nécessaire à l'entrée dans toutes les universités de Prusse.

En 1794, le Code général prussien définit les droits et les devoirs des Églises et introduit une parité entre les Églises réformées et catholique, reconnues comme « corporations privilégiées », distinctes des sociétés religieuses simplement tolérées.

Pendant ce temps, là comme ailleurs, les meilleurs continuent de n'être formés qu'en famille ; ainsi de Jean-Sébastien Bach formé au début du siècle par son père, violoniste, puis par son frère aîné et par un cousin de son père, organiste et claveciniste. Autodidacte passionné, capable de recopier sans relâche les grandes œuvres pour apprendre la composition, Bach fréquente l'école latine des dominicains de sa ville natale, Eisenach, en Thuringe, puis le lycée d'Ohrdruf ; à 15 ans, il est admis dans la manécanterie de la Michaelisschule, à Lunebourg, en Basse-Saxe, qui regroupe des jeunes pauvres sachant chanter ; il y apprend aussi la rhétorique, le latin, le grec et le français. Ainsi également de Wolfgang Amadeus Mozart, qui apprend de son père le clavecin à partir de 5 ans, puis le violon, l'orgue et la composition.

Russie : surtout, n'éduquer personne

En Russie, l'enseignement reste réservé à une minuscule élite, faisant venir pour ses enfants des précepteurs privés de France et d'Angleterre, qui ne leur enseignent qu'à lire, à écrire, les bonnes manières, la danse, les langues et l'art. En 1731, est fondée à Saint-Pétersbourg une première école militaire, le Corps des cadets nobles de l'armée de terre, qui accueille les fils de familles nobles de 13 à 18 ans ; elle sera pendant deux siècles le principal lieu de formation des cadres du régime ; suivront le Corps des cadets nobles de la marine (1752), le Corps des pages (1757) et quelques établissements d'enseignement public. En 1764, l'impératrice de Russie, Catherine II, ouvre une première école publique pour filles à Saint-Pétersbourg, l'Institut Smolny, et l'année suivante l'Institut Novodevichii, à Moscou. En 1775, l'impératrice demande au philosophe français Denis Diderot de venir lui proposer le « programme d'une école publique de toutes les sciences et un plan d'étude pour les jeunes gens, depuis l'abc jusqu'à l'université inclusivement » ; le philosophe français vient et rédige pour elle un « Plan d'une université russe », où il propose une éducation pour tous, qui n'existe alors qu'en Suède, aux Pays-Bas, et depuis douze ans en Prusse : « Depuis le Premier ministre jusqu'au dernier paysan, il est bon que chacun sache lire, écrire et compter », écrit-il. Il suggère de commencer l'apprentissage des mathématiques le plus tôt possible, rejette l'apprentissage des langues mortes, demande qu'on enseigne plus de sciences ; il propose d'introduire en faculté de droit plus de droit moderne et moins de droit romain, de faire plus de pratique en faculté de médecine et de médicaliser l'accouchement.

Suivant très partiellement ses conseils (qui allaient jusqu'à lui parler de démocratisation du régime), l'impératrice met en place un petit réseau d'écoles publiques primaires et secondaires, pour les familles nobles et les marchands, dans plusieurs grandes villes de Russie ; et elle fait enseigner, dans des hôpitaux, à quelques enfants trouvés, quelques rudiments de lecture. Pas question d'apprendre à lire à l'essentiel de la population, encore soumise au servage. Le nombre d'élèves des écoles double presque entre le début de son règne en 1762 et la fin de son règne, en 1796, passant de 10 230 à 18 128 garçons ; de 858 à 1 178 filles ; de même, on passe de 165 à 302 écoles ; de 394 à 718 professeurs. Ce qui reste absolument dérisoire pour une population de 36 millions d'habitants. Elle ne remet pas en cause le servage et rejette le reste du projet de Diderot, car, selon elle, « il n'est pas adapté aux conditions sociales existantes en Russie ».

En France : une éducation un peu moins religieuse, mais toujours contrôlée par les religieux

Quand commence le XVIIIe siècle, les processus de transmission des savoirs en France restent sous le contrôle absolu de l'Église.

Les princes royaux sont encore éduqués jusqu'à 7 ans par leur mère, des gouvernantes et des confesseurs ; ils apprennent un peu à lire, à écrire, à compter ; s'y ajoutent l'Histoire sainte, un peu de la mythologie gréco-romaine, les bases de la science naturelle, de la géographie et de la géométrie pratique. Ils sont ensuite confiés à un gouverneur qui leur apprend ce qu'un monarque doit savoir ; par exemple, le gouverneur du futur Louis XV, le cardinal de Fleury, lui assène, avec ses adjoints, sept heures de cours par jour, consacrées à la religion, au latin, à l'histoire, au droit, à la politique, à la géographie, aux sciences, au dessin et aux langues vivantes ; avec aussi des cours d'équitation, de typographie et de serrurerie.

Les autres jeunes garçons nobles sont, comme aux siècles précédents, formés par des précepteurs, puis fréquentent des « collèges » de l'Église, tels celui de La Flèche ou de Louis-le-Grand. Les cours sont toujours en latin et restent centrés sur les lettres classiques, la philosophie et la théologie. D'autres établissements, réservés presque uniquement aux jeunes nobles de 10 à 17 ans, gravitent autour des principales universités et assurent l'enseignement du trivium (rhétorique, grammaire, logique) et d'une partie du quadrivium (arithmétique, musique, géométrie, astronomie). En histoire, on ne leur enseigne que l'Histoire sainte et l'Antiquité ; en physique, ils apprennent des savoirs sommaires, rigoureusement compatibles avec la doctrine de l'Église, véhiculés par des livres comme *Le Spectacle de la nature*, de l'abbé Pluche, ou les *Leçons de physique expérimentale*, de l'abbé Nollet. Après 17 ans, les jeunes nobles vont dans une ou l'autre des « académies » créées au siècle précédent, pour y apprendre, au choix, l'escrime, l'équitation, la danse, la musique instrumentale et vocale, le dessin, l'art de la fortification, l'histoire, la géographie, le droit, la cartographie, parfois des langues étrangères et un peu de mathématiques. Certains se destinent ensuite à la carrière militaire.

Certains garçons de la classe moyenne vont dans des écoles primaires tenues par des maîtres écrivains ou par l'Église ; elles enseignent encore souvent en latin ; elles sont toujours irrégulièrement réparties sur le territoire, avec des frais d'écolage assez élevés. Les plus riches des élèves parviennent quelquefois à rejoindre un collège, parfois jésuite, s'ils réussissent à franchir la « barrière du latin » (l'expression est de l'historien Pierre Goubert). Les fils de la petite bourgeoisie rurale et d'artisans forment jusqu'à 30 % des effectifs de certains collèges.

Toutes ces écoles sont sous le contrôle de l'Église : en 1706, le parlement de Paris, soutenu par Mme de Maintenon, exige des écoles des Frères des écoles chrétiennes (créées, on l'a vu plus haut, par Jean-Baptiste de La Salle) qu'elles n'entrent pas en concurrence avec celles des maîtres écrivains, contrôlées désormais aussi par l'Église, et qui forment les enfants de la bourgeoisie. Et pourtant, comme ailleurs, les écoles tendent à n'enseigner qu'aux plus riches. Le Parlement menace même de les fermer si elles ne se contentent pas de « n'admettre que pauvres enfants et non autres ». En 1703, Jean-Baptiste de La Salle, publie *Les Règles de la bienséance et de la civilité chrétienne*, qui précise tout ce qui doit se faire ou ne pas se faire dans son institut et ses écoles. Par exemple, il est interdit d'utiliser pour écrire sa main gauche, supposée réservée aux basses besognes, telles que se moucher ou nettoyer.

Les enfants des paysans sont encore formés en famille et par le travail, qui débute toujours dès l'enfance.

En ce début du siècle, un jeune homme, dont on ne sait pas vraiment si son père était notaire ou propriétaire terrien, entre à 10 ans comme interne au collège Louis-le-Grand, tenu par les Jésuites, et y reste sept ans. Il y est l'élève du père Charles Poree, professeur de rhétorique, qui restera son ami. Contre l'avis de son père, qui veut faire de lui un conseiller au Parlement, il s'inscrit à l'école de droit de la Sorbonne et fréquente la société du Temple, qui réunit dans l'hôtel de Philippe de Vendôme des membres de la haute noblesse et des poètes épicuriens, connus pour leur esprit libre et leur scepticisme. Il se fera appeler Voltaire.

Apparaissent, de façon marginale, quelques écoles spécialisées dans la transmission des innovations venues des artisans, et des premières fabriques, des Pays-Bas et d'Angleterre : en 1741, à Rouen, est ouverte une école de dessin, surtout destinées à la conception et à la fabrication de tissus. Apparaissent aussi quelques écoles d'ingénieurs, en particulier spécialistes de fortification et d'armement, à partir des besoins de l'armée ; ainsi de l'école d'artillerie de La Fère (cinquante ans avant son équivalent britannique), où un ingénieur, Bélidor, fait paraître trois livres à l'intention des élèves officiers, *La Science des ingénieurs dans la conduite des travaux de fortifications et d'architecture civile*, *Le Bombardier français* et *Architecture hydraulique*, en découlera un peu plus tard, en 1747, la création de l'École des ponts et chaussées.

Vers le milieu du siècle, les parents commencent à reprocher aux collèges, notamment à ceux des jésuites, de trop insister sur les classiques et sur la mémorisation ; on cesse définitivement d'imposer le latin dans les conversations entre les élèves mais pas encore dans les cours. On se met à apprendre les sciences, avec la publication, à partir de 1749, de l'*Histoire naturelle* de Buffon. On s'intéresse encore peu aux langues étrangères vivantes et aux sciences, sauf dans la bourgeoisie commerçante.

Le projet de l'*Encyclopédie*, dont j'ai longuement parlé dans un autre livre (*Diderot ou le Bonheur de penser*), accélère cette remise en cause radicale de l'éducation française. En 1751, d'Alembert la décrit avec lucidité : « Un jeune homme, après avoir passé dans un collège dix années qu'on doit mettre au nombre des plus précieuses de sa vie, en sort, lorsqu'il a le mieux employé son temps, avec la connaissance très imparfaite d'une langue morte, avec des préceptes de rhétorique et des principes de philosophie qu'il doit tâcher d'oublier. [...] On étudie sous le nom de "belles lettres" deux langues mortes qui ne sont utiles qu'à un très petit nombre ; on enseigne sous le nom de "rhétorique", l'art de parler avant de penser et celui de bien dire avant d'avoir des idées. » Et Diderot, lui-même formé par des jésuites après l'avoir été dans la corporation de son père coutelier, y propose l'instruction pour tous, comme il le fera un peu plus tard à Catherine II pour la Russie. Pour lui, l'éducation est là pour compenser ce que la nature ne fournit pas ; avec plus d'un siècle et demi d'avance sur ce qui adviendra, il propose une école laïque, égalitaire et d'excellence, une instruction obligatoire, gratuite, aux frais de l'État ; les enfants étant « nourris à l'école aux frais de l'État : avec des livres il faut qu'ils y trouvent du pain ». Il propose d'organiser l'école en trois degrés : le primaire, le primaire développé et le primaire supérieur. Les cinq premières années sont consacrées à l'étude approfondie des sciences, et les suivantes à l'apprentissage des lettres : « Je commencerai l'enseignement par l'arithmétique, l'algèbre et la géométrie, parce que, dans toutes les conditions de la vie, depuis la plus relevée jusqu'au dernier des arts mécaniques, on a besoin de ces connaissances. Tout se compte, tout se mesure. L'exercice de notre raison se réduit souvent à une règle de trois. Point d'objets plus généraux que le nombre et l'espace. Savoir de la géométrie ou être géomètre sont deux choses très diverses. Il est donné à peu d'hommes d'être géomètres ; il est donné à tous d'apprendre de l'arithmétique et de la géométrie. » Il demande qu'on réduise la place du latin ; qu'on modifie l'enseignement de l'histoire et de la géographie ; il recommande aussi, ce qui est véritablement révolutionnaire, que tous les enfants, garçons et filles de toutes les classes sociales, même les plus riches, découvrent « les professions de la dernière classe des citoyens ». Il propose enfin de changer les contenus d'enseignement de ce qu'on nomme encore la « faculté des arts » (l'enseignement secondaire) en réduisant la place des sept arts libéraux (trivium et quadrivium) et en donnant la priorité aux sciences fondamentales et aux sciences appliquées. Il va sans dire que, pour lui, les filles doivent être éduquées comme les garçons. Et il écrit cette phrase, si moderne : « Il faut des poètes, des historiens, des philosophes, des critiques, mais on n'aura jamais assez d'ingénieurs, d'agriculteurs, d'économistes, de techniciens. » Il a un siècle et demi d'avance.

À peu près au même moment, en 1755, un inconnu de 43 ans, Jean-Jacques Rousseau, élevé dans l'amour des livres par un père horloger à Genève, puis placé comme apprenti greffier, puis comme apprenti graveur, ce qu'il fuit au bout de trois ans pour errer avant de devenir musicien, explique, dans son *Discours sur l'origine et les fondements de l'inégalité parmi les hommes*, que, contrairement aux animaux, l'être humain a la faculté de se perfectionner, et qu'il faut « élever » le jeune garçon (pas les filles) pour en faire un homme et un citoyen capable de contribuer à l'édification d'une société nouvelle. L'idée est lancée : l'éducation doit servir à former des citoyens, et non des travailleurs ou des fidèles. Sept ans plus tard, il publie un traité sur « l'art de former les hommes », l'*Émile ou De l'éducation*, où il explique que la société est seule responsable de la perversion de l'enfant, qui est intrinsèquement bon. L'éducation doit donc rendre à l'enfant son « état de nature ». « Il est bien étrange que, depuis qu'on se mêle d'élever les enfants, on n'ait imaginé d'autre instrument pour les conduire que l'émulation, la jalousie, la vanité, la vile crainte, toutes les passions les plus promptes à corrompre l'âme [...]. L'enfant, dévoré par les passions les plus irascibles, est un despote, à la fois le plus vil des esclaves et la plus misérable des créatures.

[…] Jeune instituteur, […] vous ne parviendrez jamais à faire des sages si vous ne faites d'abord des polissons ; c'était l'éducation des Spartiates : au lieu de les coller sur des livres, on commençait par leur apprendre à voler leur dîner. »

Contrairement à Diderot, Rousseau prône de commencer par livrer le jeune garçon à ses sens (ce qu'il nomme les « instruments de la connaissance ») et, à travers le jeu, d'expérimenter ce qu'il nomme une éducation « négative » ; puis, à partir de l'âge de 12 ans, de passer à une éducation « positive », « qui forme les esprits et enseigne les devoirs de l'homme » ; jusqu'à 15 ans, il est dans l'« âge de la force », et doit apprendre un métier manuel ; entre 15 et 20 ans, il est dans l'« âge de la puberté » (ouverture sur autrui, amour et foi). L'enseignement doit se faire par des écoles. Les corporations n'ont plus de raison d'être, ni pour former, ni pour organiser, ni pour garder des secrets qui n'ont plus à l'être.

En revanche, pour Rousseau, toujours pas d'éducation des filles : dans ce livre, la petite Sophie ne reçoit qu'une éducation très sommaire ; Mme d'Épinay répondra à Rousseau dans *Les Conversations d'Émilie*, en prônant au contraire une éducation des filles aussi complète que celle des meilleurs enseignements pour garçons.

Les savoirs techniques se transmettent maintenant de plus en plus par des collèges audacieux et des établissements spécialisés : en 1758, les bénédictins de Sorèze se déclarent ouverts « à l'étude de toutes les sciences et aux Lumières », et enseignent la physique et l'histoire naturelle. En 1761, Claude Bourgelat (écuyer et vétérinaire) crée à Lyon la première école vétérinaire au monde. En 1762, Goyon de La Plombanie propose, en vain, de créer des écoles agricoles pour retenir les fils de paysans sur leur territoire. À la même époque, l'agronome François Thomas Moreau de La Rochette fonde un institut horticole destiné à des orphelins parisiens. D'autres expériences, comme celles de Pannelier, à Compiègne, visant à instruire de jeunes laboureurs, ne durent que quelques années.

En 1762, les marchands et soyeux locaux de Lyon lancent un programme d'apprentissage en trois ans de langues étrangères (de 16 à 19 ans) ; à Lille, on enseigne le flamand, l'allemand et l'italien. La même année, imitant ce qui s'est fait trois ans plus tôt au Portugal, et, défiant le roi, le parlement de Paris déclare que la Compagnie de Jésus, devenue beaucoup trop puissante, « nuit à l'ordre civil, viole la loi naturelle, détruit la religion et la moralité, corrompt la jeunesse », et la bannit de France. Certains parlements régionaux (comme celui de Flandre) refusent d'en faire autant ; la plupart temporisent. Là où les jésuites sont bannis, leurs biens sont confisqués, et leurs six cents collèges sont peu à peu repris par d'autres ordres, comme l'ordre des Oratoriens à Lyon.

L'année suivante, deux magistrats du parlement de Bretagne, Rolland d'Erceville et Louis René Caradeuc de La Chalotais, lancent un projet révolutionnaire : ils proposent de placer tous les enseignants sous le contrôle de l'État, avec un programme uniforme commun à toutes les écoles. Selon eux, l'éducation de l'élite doit être faite en français et on doit leur enseigner les « valeurs » humanistes françaises ; en revanche, l'école des pauvres doit rester minimale et strictement religieuse. Cela ne concerne toujours que les garçons. La Chalotais écrit à ce propos, très explicitement, dans un *Essai d'éducation nationale* : « Le bien de la société demande que les connaissances du peuple ne s'étendent pas plus loin que ses occupations » ; ce dont le félicite Voltaire, qui lui écrit : « Je vous remercie de proscrire l'étude chez les laboureurs », avant de préciser à son ami Étienne Damilaville : « Il est à propos que le peuple soit guidé et non qu'il soit instruit ; il n'est pas digne de l'être. »

Ne rien enseigner au peuple restera une constante de la doctrine française (et anglaise) de l'éducation, jusqu'à la fin du XIXe siècle.

La monarchie française, qui se méfie de plus en plus du peuple, va même jusqu'à faire fermer les petits collèges ruraux qui prennent des libertés avec ce qu'il est licite d'enseigner au peuple.

En 1769, à Marcigny, petite ville de Saône-et-Loire, les notables, appuyés par un envoyé du roi, s'opposent à ce qu'on ouvre le collège aux enfants du bourg. Ils décident pour cela de supprimer les gages que la municipalité verse au principal du collège et demandent d'augmenter les droits d'écolage, condamnant le collège à disparaître, ce qui provoque la colère des quelques parents notables qui y envoient déjà leurs enfants. L'envoyé du roi écrit un texte très éclairant sur l'état d'esprit de la monarchie de l'époque : « La suppression de ce collège n'entraînera aucun inconvénient. Les notables qui le demandent sont en état de sortir leurs enfants ; et les opposants n'étant tous que des artisans, si on excepte un chirurgien et deux ou trois procureurs, leurs enfants ne sont point nés pour la Latinité. Il est même de l'intérêt de l'État que ces sortes de gens ne se livrent point à ces études. »

Dans cette dernière phrase, on retrouve l'obsession française : pas d'école pour le peuple.

Les collèges sont désormais explicitement réservés aux enfants de « notables » ; ce qui annonce ce qu'ils deviendront au siècle suivant, après l'échec de la Révolution : un monopole de la bourgeoisie.

Les enfants de l'« élite populaire » (fils de laboureurs ou d'artisans) rejoignent alors dans l'ignorance les enfants de petits paysans et de manouvriers, qui sont récupérés par les multiples structures créées par l'Église : les oratoriens (prêtres), les doctrinaires (religieux d'une congrégation), les barnabites (clercs réguliers), les bénédictins de la congrégation de Saint-Maur (réguliers), les Frères des écoles chrétiennes (fondées par La Salle, à la fin du siècle précédent), les lazaristes (prêtres séculiers missionnaires), qui réussissent ainsi à scolariser de 15 à 40 % des enfants des villes où ils sont implantés ; on y apprend seulement à lire et à écrire, comme depuis quinze siècles, avec les seules Écritures saintes, et seulement pour les comprendre. Pas grand-chose de plus : la route du peuple vers le savoir est de nouveau barrée.

Pour les filles, rien n'est changé non plus : mis à part les filles de très haute condition, qui apprennent à lire, à écrire, à jouer de la musique, leur maigre éducation reste gérée par les seules congrégations religieuses ou par des hôpitaux qui en dépendent. En 1769, l'hôpital d'Orléans impose aux orphelines qu'il héberge une « alternance régulière d'occupations spirituelles et de travail ». On lit dans le règlement de l'hôpital : « Les filles du dortoir de Sainte-Agnès sont éveillées à 5 heures en été, elles disent la prière et la messe jusqu'à 6 heures et demie, puis elles déjeunent et travaillent jusqu'à 11 heures et demie, s'interrompant tous les trois quarts d'heure pour faire une lecture édifiante ou entendre une leçon de catéchisme. Ensuite, c'est le dîner ; l'après-midi, le travail dure de midi et demi à 3 heures et demie, entrecoupé également de lectures et de chants. Jusqu'à 5 heures et demie se tient l'école proprement dite, qui comprend encore des séquences de travail. Enfin arrive le souper, suivi d'une courte récréation jusqu'à 7 heures et demie, heure de la prière du coucher. » Quelques filles apprennent ainsi les rudiments de la lecture, essentiellement pour lire les prières.

À partir de 1770, dans de nombreux collèges on commence à enseigner le français, sa grammaire et l'orthographe, et en français, les mathématiques, les sciences et la philosophie.

En 1775, Johann Heinrich Pestalozzi (né en 1746, élevé par sa mère), après des études à l'Académie de Zurich, très inspiré par les idées de Rousseau, ouvre à Neuhof une école pour des enfants pauvres des deux sexes. On en reparlera.

En 1777, à Caen comme bientôt dans d'autres villes, on supprime l'obligation pour les élèves (toujours que des garçons) d'assister à une messe quotidienne. Des précepteurs ouvrent des pensionnats payants avec des effectifs réduits ; les élèves y suivent des cours de français, d'orthographe, de grec, de latin, de philosophie et d'arithmétique. On commence à transmettre aux fils de la moyenne bourgeoisie des savoirs utiles, différents selon les lieux : à Dunkerque, des écoles privées mettent au programme la navigation, l'hydraulique, les monnaies, les mesures et les poids étrangers ; à Maubeuge, le collège propose des cours d'anglais, de néerlandais et d'arithmétique.

Avec toujours la même antienne : être sévère, tout en ne perdant pas la clientèle des parents. Comme dans d'autres pays, mais plus tard, la transmission des connaissances nouvelles passe par la création de sociétés savantes : en 1778, Félix Vicq d'Azyr, considéré comme le père de l'anatomie comparée, crée la Société royale de médecine ; François Joseph Hunauld, docteur-régent de l'Hôtel-Dieu, se fait accompagner de ses élèves lors de ses visites à l'hôpital et pendant les consultations gratuites qu'il donne aux pauvres ; l'Observatoire et le Jardin des Plantes deviennent aussi des lieux de transmission de savoirs nouveaux ; chacun peut venir les visiter ou assister à des conférences.

En 1780, pour la première fois, dans *Le Journal de littérature, des sciences et des arts*, l'expression « Quartier latin » remplace « Pays latin » pour désigner le quartier où est installée l'université à Paris depuis le XIIe siècle, dont le cursus n'a pratiquement pas changé. L'État intervient de plus en plus dans la création d'écoles, comme l'Académie des mines en 1783, formant désormais plus d'artisans et de techniciens que les corporations, lesquelles perdent leur légitimité.

On estime qu'en 1789, il y a en France cinq mille élèves de dernière année dans les collèges, quatre mille étudiants en faculté de théologie, trois mille cinq cents en faculté de droit, un peu plus de six cents en faculté de médecine. On n'a pas de données du nombre d'élèves dans le primaire. Dans les corporations d'artisans de l'ouest de la France, 40 % des compagnons et 70 % des maîtres et maîtresses savent lire. Dans les grandes villes du nord, du nord-ouest et de l'est de la France, 70 % des hommes et presque autant de femmes savent signer de leur nom, et souvent rien de plus ; ces taux tombent autour de 30 % pour les hommes et 10 % pour les femmes dans les villes du Sud-Ouest et dans les campagnes.

Les mutations transverses : les livres et les journaux

Apparus bien avant, on l'a vu, les livres et les journaux (auxquels j'ai consacré un livre entier) prennent une place considérable, en Europe, comme moyens d'enseignement. Des éditeurs s'y consacrent. Des bibliothèques s'y dévouent. On édite des journaux spécialisés, des dictionnaires, des manuels, des encyclopédies, dont le rôle est clairement, depuis celle de Diderot et d'Alembert, de transmettre des savoirs. Non pas seulement aux jeunes générations, mais aussi aux adultes, débordés par les découvertes et les inventions qui se multiplient.

Ainsi, au moment même où l'école commence à trouver une certaine efficacité et où apparaît l'idée d'un enseignement obligatoire pour tous, ces nouveaux moyens de transmission viennent à la fois l'aider et rivaliser avec elle : les maîtres se servent des livres, et sont concurrencés par eux ; en apprenant à leurs élèves à s'en servir, ils leur permettent de se passer de leurs cours. On en est encore loin, en ce siècle, mais l'apprentissage autonome est là. De plus, il y a d'innombrables exemples de réussite autodidacte et d'enseignement familial.

Ainsi encore d'un grand savant : à partir de ses 5 ans, en 1780, André Marie Ampère se forme librement en puisant dans la bibliothèque de son père, riche négociant en soie de Lyon et admirateur de Rousseau ; ce père apprend à son fils à lire le français et les rudiments du latin. L'adolescent dévore, au moins en partie, *L'Histoire naturelle* de Buffon et l'*Encyclopédie* ; en 1788, à 13 ans, il lit les *Éléments de mathématiques* de Dominique François Rivard, grâce auxquels il se découvre une véritable passion pour l'algèbre et les coniques. Il s'intéresse aux travaux d'Euler et de Bernoulli, et devient le précurseur de la mathématisation de la physique, et l'un des derniers savants universels.

Les colonies anglaises : de la révolution américaine à l'Inde

Dans les colonies anglaises d'Amérique, comme en Angleterre, il y a encore, au XVIIIe siècle comme au siècle précédent, des *dame schools* (pour l'instruction primaire des enfants d'ouvriers et de paysans, faite par des dames, à leur propre domicile, pour quelques shillings par an et par élève), des *charity schools* (écoles primaires construites et entretenues par la contribution volontaire des habitants, pour enseigner aux enfants pauvres d'origine européenne la lecture et l'écriture), des *church schools* (écoles religieuses, pour les classes moyennes, financées par une Église), des *common schools* (écoles religieuses, pour les classes moyennes et supérieures, financées par la communauté), des *grammar schools* (ou *elementary schools*, pour les plus riches, centrées sur le latin), quelques écoles publiques (sur le modèle de la Boston Latin School du siècle précédent), des tuteurs privés et des écoles spécialisées de toutes sortes, qui enseignent le commerce. Il y a aussi des écoles élémentaires protestantes, enseignant en allemand dans des colonies germaniques, à Cincinnati, à Chicago, à Saint Louis, à Milwaukee, dans le Missouri, en Pennsylvanie et dans le Maryland. Et encore : en Louisiane, des écoles catholiques en français ; dans la Californie espagnole, des écoles paroissiales catholiques, administrées par des jésuites ou des franciscains, qui apprennent en espagnol aux Indiens à cultiver le sol, à construire des maisons et des églises, à fabriquer des vêtements et des outils et, surtout, à pratiquer le christianisme.

Un exemple : Benjamin Franklin, né en 1706, fils d'un marchand de suif et de chandelles qui l'envoie dans de nombreuses écoles, sans succès, devient successivement maçon, tonnelier, chaudronnier ; à 12 ans, il part travailler chez son frère, James, récemment revenu de Londres et installé comme imprimeur à Boston. En 1731, Benjamin Franklin fondera, avec des amis, sans beaucoup de moyens, la première bibliothèque, la Library Company of Philadelphia, et en 1751 une école secondaire privée enseignant mathématiques, langues, sciences, astronomie, théâtre, agriculture, navigation et sport.

D'autres écoles apparaissent ; certaines ne sont pas sous influence religieuse et, à la différence des écoles européennes, accueillent des garçons ou des filles : en 1755, Anthony Benezet, un enseignant philanthrope et abolitionniste, fonde la première école publique pour filles en Amérique.

Naturellement, rien de tout cela ne concerne les esclaves noirs à qui l'on n'apprend rien. Sauf par des initiatives très isolées telle une école du soir fondée par Anthony Benezet avec l'aide de la Société des amis, la Negro School ; enfin il développe une école pour les sourds-muets. Dans ces colonies isolées, les livres sont un compagnon précieux. En 1772, Jacob Duché, futur aumônier du Congrès, écrit : « Tel est le goût dominant pour les livres de toutes sortes, que presque tout homme est lecteur ; et en prononçant des jugements, bons ou mauvais, sur les diverses publications qui se présentent à lui, il se met au niveau, au point de vue de la connaissance, de leurs divers auteurs. »

En 1774, au moment du premier Congrès continental, Thomas Jefferson, magistrat en Virginie, et William Rush, médecin et professeur de chimie à Philadelphie, inspirés par John Locke, expliquent que la diffusion du savoir doit permettre de former un corps politique homogène, de remplacer l'aristocratie de naissance et de fortune par une aristocratie de la vertu et des talents, de créer des citoyens instruits et attachés à la démocratie, et de « sélectionner les génies parmi les jeunes des classes pauvres ». L'école est donc, pour eux, le ciment de la future nation.

Après l'indépendance, en 1776, l'école devient vraiment un outil de la nouvelle nation.

En 1779, Jefferson propose à l'État de Virginie un plan pour une école obligatoire publique de trois ans (où seraient enseignés le calcul, la lecture et l'écriture) ; elle serait financée par l'État ; après ces trois ans, les plus doués des élèves recevraient pendant trois années supplémentaires « un enseignement plus poussé dans un établissement de district » si leurs parents peuvent le leur financer ; les meilleurs recevraient une bourse pour entrer au collège William and Mary, à Williamsburg, en Virginie, devenu ainsi la plus ancienne institution d'éducation supérieure fondée sur le sol des États-Unis après l'université Harvard où Jefferson a fait ses études. Son plan, comme un autre projet qu'il proposera quarante ans plus tard, est refusé par la classe dirigeante et par le clergé, pour qui l'instruction doit être certes très répandue, mais doit rester privée ou religieuse, non pas devenir une affaire d'État.

En 1783, la Constitution des États-Unis laisse aux États fédérés une indépendance totale dans l'organisation des écoles, le choix des manuels, le salaire des enseignants et le budget consacré à l'enseignement public et privé ; on cesse d'importer des manuels d'Angleterre. Le lexicographe et enseignant Noah Webster fait paraître *A Grammatical Institute of the English Language*, premier manuel américain qui normalise l'orthographe et la prononciation ; il sera utilisé pendant plus d'un siècle. De nouveaux manuels promeuvent le patriotisme et la foi religieuse ; avec beaucoup de mensonges sur les Amérindiens et sur les Noirs, présentés comme barbares, stupides, sauvages, superstitieux.

L'éducation est de plus en plus considérée comme le ciment de la nation sans concerner encore les esclaves, et peu d'anciens esclaves, libérés par les Anglais et les États du nord-est. En 1785, John Adams (qui sera en 1797 le deuxième président des États-Unis après George Washington) déclare : « Le peuple tout entier doit prendre sur lui l'éducation de tout le peuple et être prêt à en supporter les frais. Il ne devrait pas y avoir de quartier d'un mile carré sans école, non fondée par un individu charitable, mais entretenue aux frais publics du peuple lui-même. » En 1789, l'enseignement primaire est rendu obligatoire dans le Massachusetts. En 1790, la Constitution de la Pennsylvanie édicte dans son article 7 qu'il faut créer des écoles dans tout l'État pour enseigner gratuitement aux pauvres. En réalité, il y a très peu de livres et d'enseignants.

Officiellement, les filles ont autant le droit que les garçons d'aller à l'école, mais dans les faits la plupart d'entre elles apprennent à lire auprès de leur mère. En 1792, Sarah Pierce crée dans le Connecticut la Litchfield Female Academy, qui devient l'une des plus importantes institutions d'éducation des femmes aux États-Unis.

En 1793, le Congrès adopte une loi qui oblige les États à utiliser l'argent de la vente de leurs terres dans l'Ohio pour le financement d'écoles. Des écoles du dimanche sont lancées, d'abord par l'industriel Samuel Slater pour les ouvriers de ses usines de textile, à Pawtucket, dans le Rhode Island ; elles sont ouvertes à tous, enfants et adultes, qui y apprennent à lire et à écrire dans la Bible. En 1793, Franklin écrit dans son autobiographie que les bibliothèques nord-américaines, à elles seules, dont la sienne, « ont amélioré la conversation générale des Américains, rendu les commerçants et les fermiers ordinaires aussi intelligents que la plupart des messieurs des autres pays, et les ont aidés à défendre leurs droits ».

Selon certains historiens, la Nouvelle-Angleterre, à la fin du XVIIIe siècle, a le taux d'alphabétisation le plus élevé au monde (avec les Pays-Bas et la Suède) : en 1762, presque 100 % à Boston et, en moyenne sur l'État, 85 % ; et 90 % en 1795. Alors qu'en Virginie où l'esclavage persiste, il ne se situe qu'entre 54 % et 60 %.

À la même période, en 1787, le prêtre et pédagogue britannique Andrew Bell part pour l'Inde, autre colonie de la Couronne. Il débarque à Madras et devient l'aumônier de plusieurs régiments britanniques ; en 1789, il est nommé surintendant dans un asile qui accueille des orphelins et des fils illégitimes d'officiers ; voyant des enfants malabares enseigner l'alphabet à d'autres en dessinant sur le sable, il a l'idée de confier à ses meilleurs élèves le soin d'aider leurs camarades. En 1796, de retour d'Inde, il publie un compte rendu de son système et l'introduit dans quelques écoles anglaises à partir de 1798-1799 ; au siècle suivant, cette méthode, pratiquée par ailleurs depuis longtemps en Flandre et en Italie, qui utilise les meilleurs élèves comme des assistants du maître, connaîtra un grand succès à travers toute l'Europe ; elle permet de réduire le besoin d'enseignants et d'envisager un enseignement de masse, en alternative du système, des classes par niveau, lui aussi utilisé déjà un peu partout en Europe. Plus encore, cela met en lumière ce qui reviendra bien plus tard sous le nom d'enseignement par les pairs, sans professeurs.

En France, premières utopies d'une école pour citoyens

En janvier 1789, de très nombreux messages, dans les premiers cahiers de doléances des états généraux, réclament une éducation unissant « les sciences utiles pour la médecine, les entreprises militaires et les arts ; et de préférer les belles lettres, les langues modernes, les lois des nations, l'histoire et la loi naturelle à la morale ». Les cahiers du Pas-de-Calais déplorent que les salles de classe ne soient en général qu'un « réduit resserré, rendu plus dangereux encore par la chaleur suffocante que répand un poêle ». Et encore : « Les femmes du tiers état naissent presque toutes sans fortune ; leur éducation est très négligée ou très vicieuse : elle consiste à les envoyer à l'école chez un maître qui, lui-même, ne sait pas le premier mot de la langue qu'il enseigne ; elles continuent d'y aller jusqu'à ce qu'elles sachent bien lire l'office de la messe en français, et les vêpres en latin [...]. Si la nature leur a refusé la beauté, elles épousent, sans dot, de malheureux artisans, [et] végètent péniblement dans le fond des provinces... Si au contraire elles sont jolies, elles deviennent la proie du premier séducteur. Nous demandons à sortir de l'ignorance pour donner à nos enfants une éducation saine et raisonnable, pour en former des sujets dignes de vous servir. » De même, dans les premiers journaux libres qui paraissent alors, on peut lire la colère de femmes privées d'accès à la philosophie et aux mathématiques.

Le 26 août 1789, en proclamant la liberté de culte dans l'article 10 de la Déclaration des droits de l'homme et du citoyen (sans abolir l'esclavage), la France devient le premier pays européen à autoriser officiellement la liberté religieuse et de conscience. Le décret du 22 décembre 1789 transfère à l'État les pouvoirs de l'Église sur l'école : « Les administrations de département seront encore chargées, sous l'autorité et l'inspection du Roi, comme chef suprême de la nation et de l'administration générale du royaume, de toutes les parties de cette administration, notamment de celles qui sont relatives [...] à la surveillance de l'éducation publique et de l'enseignement politique et moral [...]. » Le 22 mars 1791, tous les maîtres sont astreints à un serment : « Nul individu ne sera appelé à exercer et nul professeur ne pourra continuer aucune fonction ou remplir aucune place dans les établissements appartenant à l'instruction publique dans le royaume qu'auparavant il n'ait prêté le serment civique et, s'il est ecclésiastique, le serment des fonctionnaires publics ecclésiastiques. »

En 1791, la loi Le Chapelier supprime les corporations au motif que nul corps intermédiaire ne peut légitimement prétendre s'interposer entre le citoyen et la nation. C'est la fin du principal instrument de transmission du savoir technique de l'Ancien Régime.

Au même moment, Mirabeau affirme que « l'éducation publique doit se borner à l'instruction » ; il rejette le « modèle spartiate » qui asservit l'individu et la science à l'État. Il ajoute : « Je proposerai peu de choses sur l'éducation des femmes. Les hommes, destinés aux affaires, doivent être élevés en public ; les femmes au contraire, destinées à la vie intérieure, ne doivent peut-être sortir de la maison paternelle que dans quelques cas rares. »

En septembre 1791, Talleyrand, alors député d'Autun, dans un rapport à l'Assemblée constituante, affirme la nécessité de « la plus entière gratuité » pour l'instruction primaire (mais pas obligatoire), parce qu'elle doit être « absolument et rigoureusement commune à tous » – là encore, seulement pour les garçons. Mais pas gratuite aux niveaux secondaire et supérieur, puisque, ajoute Talleyrand, « ceux qui fréquenteront ces écoles en tireront aussi un avantage très réel et il est parfaitement juste qu'ils en supportent une partie des frais ». « Les écoles secondaires sont destinées aux enfants dont les familles peuvent se passer plus longtemps de leur travail, et consacrer à leur éducation un plus grand nombre d'années, et même quelques avances. » Et il ajoute, lui, l'évêque d'Autun : « Il est rigoureusement nécessaire de séparer de la morale les principes de toute religion particulière, et de n'admettre dans l'instruction publique l'enseignement d'aucun culte religieux. » Ce rapport entraînera seulement la création de l'Institut de France. Un décret d'octobre 1791 introduit le nom d'« instituteurs » pour désigner les enseignants du primaire.

Le 20 avril 1792, Condorcet présente un autre rapport sur l'instruction publique, où il propose lui aussi de rendre l'école gratuite et universelle, mais pas obligatoire, en trois degrés selon l'âge, et pour les deux sexes. Il estime que l'un des buts de l'enseignement primaire est « le développement des premières idées morales, et des règles de conduite qui en dérivent ». Il défend aussi l'idée d'un enseignement de l'agriculture dans l'enseignement général. Ce même jour, l'Assemblée déclare la guerre au roi de Bohême et de Hongrie et le rapport de Condorcet est enterré.

Le 18 août 1792, un décret supprime les congrégations séculières et interdit d'enseigner dans les « maisons de charité ». La loi du 12 décembre 1792 crée des écoles primaires et entérine le nom d'instituteur : « Les écoles primaires formeront le premier degré d'instruction. On y enseignera les connaissances rigoureusement nécessaires à tous les citoyens. Les personnes chargées de l'enseignement dans ces écoles s'appelleront instituteurs » (art. 1er).

Le 26 juin 1793, Joseph Lakanal, ex-prêtre catholique devenu député de l'Ariège à la Convention, présente un « Projet de décret pour l'établissement de l'instruction nationale », préparé avec Emmanuel Joseph Sieyès et Pierre Daunou. Ce projet propose d'établir des « écoles nationales », dirigées par des institutrices, pour les enfants des deux sexes, pour apprendre les premiers éléments de lecture et de l'écriture. Puis un instituteur perfectionnera les garçons dans la lecture et l'écriture, et leur enseignera l'arithmétique, la géométrie, la morale, l'exercice militaire, l'hygiène ; une institutrice apprendra la couture aux filles. Lakanal précise : « La nation accordera aux enfants peu fortunés qui auront montré dans les écoles nationales le plus de dispositions pour les sciences, lettres et arts, des secours particuliers qui les mettent à portée d'acquérir des connaissances supérieures et des talents dans les écoles particulières, auprès des professeurs libres. ». Le projet se heurte aux Montagnards, et il est écarté par Robespierre.

Le lendemain, une loi fonde la « protection de l'enfance » : en théorie au moins, la nation prend désormais en charge les orphelins.

Le 13 juillet 1793, Robespierre lit à la tribune de la Convention un nouveau plan d'éducation rédigé par Louis Michel Lepeletier, assassiné quelques mois plus tôt, qui reprend les trois degrés de l'enseignement proposé par Condorcet, mais ne fait que du premier degré un monopole d'État : « La République prendrait à sa charge tous les enfants de 5 à 11 ans pour les filles et de 5 à 12 ans pour les garçons. » Tous, sans distinction et sans exception, seraient élevés en commun dans des internats, des « maisons d'éducation » et « sous la saine loi de l'égalité, recevraient mêmes vêtements, même nourriture, même instruction, mêmes soins ». Ce serait surtout une éducation fondée sur le travail manuel et la discipline, afin de les préparer à leur future vie sociale, une éducation « nationale et républicaine », commune à tous, la seule capable, selon Lepeletier, « de régénérer l'espèce humaine soit par des dons physiques soit par le caractère moral ». En dehors de cette éducation exclusivement laïque, les enfants pourraient recevoir, certains jours, à l'extérieur, un enseignement religieux conforme aux croyances de leurs familles. Pendant ces sept ans, tous les enfants seraient logés dans de grands édifices appartenant à la nation ou réquisitionnés (bâtiments religieux, habitations d'émigrés). Ces internats seraient gratuits et financés par un impôt sur le revenu de tous. Pour les filles, il propose une éducation primaire plus courte, puis elles seraient libres de poursuivre leurs études ou d'apprendre un métier. Le projet de Lepeletier, que reprend ainsi Robespierre, envisage aussi la gratuité des établissements du secondaire, mais en limite drastiquement l'accès : « Pour l'étude des belles-lettres, des sciences et des beaux-arts, il en sera choisi un [enfant] sur cinquante. » Les autres devront être « rendus aux travaux des divers métiers et de l'agriculture » dès la sortie du primaire. On offrirait aussi aux pauvres les plus méritants, choisis par concours, la prise en charge de leurs frais d'instruction. Après débat, seul l'article 1er de ce plan est retenu.

Plus tard, Jaurès dira que le projet de Lepeletier était « le terme idéal vers lequel évoluait l'enseignement dans la démocratie française » et que, faisant abstraction de la question de l'internat très controversée, c'était « vers le type de l'éducation commune que tout notre système se mouvait ». Aucun de ces projets ne connaît le moindre commencement d'exécution.

L'abbé Rozier tente alors, avec l'appui de François de Neufchâteau, de faire créer une école nationale d'agriculture à Chambord. Le 4 octobre 1793, l'abbé Grégoire propose à la Convention d'instituer dans chaque département « une maison d'économie rurale qui sera consacrée aux expériences propres à accélérer les progrès de l'agriculture ». Ces projets n'aboutissent pas. Un décret présenté à la Convention le 20 octobre 1793 au nom de la Commission d'éducation mentionne que « tous ceux qui remplissent l'honorable fonction d'élever et d'instruire les enfants de la République portent le titre d'instituteurs. Ils sont fonctionnaires publics ». Le 12 décembre 1793, Danton proclame dans un discours : « Les enfants appartiennent à la République avant d'appartenir à leurs parents. » Puis, par un décret du 19 décembre 1793, alors que se termine l'élimination des robespierristes, la Convention n'adopte finalement ni le plan de Condorcet ni celui de Lepeletier, mais un plan de Pierre Bouquier (peintre et poète devenu secrétaire de la Convention nationale) qui comporte la liberté d'enseigner, ce qui permet aux religieux de venir ouvrir des écoles et d'y enseigner ; tout père de famille doit envoyer ses enfants, pendant trois ans au moins, à l'école de son choix : l'école devient donc obligatoire, mais elle n'est plus laïque. Bien qu'il soit voté, ce plan n'est pas appliqué non plus.

Le 25 décembre 1793, un jacobin, Léonard Bourdon, propose encore un autre plan : dans les écoles primaires, les élèves devront apprendre par la pratique leur futur métier de citoyen ; ils seraient « réunis sous le régime de la liberté et de l'égalité », y formeraient « eux-mêmes leur gouvernement », y élaboreraient « leurs lois », y choisiraient « ceux d'entre eux qui méritent d'être chargés de leur exécution » et y assigneraient « les récompenses et les peines ». Les instituteurs devraient y délaisser la posture du maître, pour ne pas inculquer aux futurs citoyens de la République l'habitude de la soumission, et adopter avec leurs écoliers les « relations de l'amitié et de la confiance ». Autrement dit, il prône l'autogestion des établissements scolaires. Le 27 janvier 1794, sur le rapport de Barère, au nom du Comité de salut public, ce plan est adopté sans discussion. « Nous enseignerons le français, aux populations qui parlent le bas-breton, l'allemand, l'italien ou le basque, afin de les mettre en état de comprendre les lois républicaines, et de les rattacher à la cause de la Révolution. » Naturellement, ce plan n'est pas appliqué non plus.

Le 4 février 1794 est aboli l'esclavage, quatre ans après la Déclaration des droits de l'homme et du citoyen. Cette abolition va durer huit ans.

Le 18 septembre 1794, la Convention instaure la première séparation de l'Église et de l'État en supprimant le budget de l'Église constitutionnelle. Cette séparation va durer sept ans.

Cette année 1794 est l'occasion de fixer enfin un système qu'on espère stable :

La Convention décide de la fondation de vingt-quatre mille écoles primaires, de l'École centrale des travaux publics (qui deviendra l'École polytechnique), de l'École normale supérieure, de l'École militaire, du Conservatoire national des arts et métiers, de l'École des langues orientales vivantes, de la Bibliothèque nationale, du Bureau des longitudes et d'une première école normale primaire. Fourcroy, le rapporteur de Lakanal, chimiste et député à la Convention nationale, prend une grande part dans l'établissement des programmes scientifiques des nouvelles écoles primaires. Fourcroy écrit : « Au lieu de fatiguer les élèves à ressasser les éléments d'une langue morte, c'est le spectacle de la nature, de ses créations, de ses phénomènes, qu'on offre à leur active imagination… On ne bornera plus leurs facultés intellectuelles à la seule étude des mots : que ce soit des faits, des choses dont on nourrira leur esprit. » Les instituteurs reçoivent de chacun de leurs élèves une rétribution annuelle, dont l'administration municipale peut exempter un quart des élèves de chaque école primaire s'ils n'ont pas les moyens.

Le 17 octobre 1794, une loi, proposée par Joseph Lakanal, assigne aux instituteurs agréés par un jury et payés par l'État « la tâche d'enseigner : 1) à lire et à écrire, et les exemples de lecture rappelleront leurs droits et leurs devoirs ; 2) la Déclaration des droits de l'homme et du citoyen et la Constitution de la République française ; 3) des instructions élémentaires sur la morale républicaine ; 4) les éléments de la langue française, soit parlée, soit écrite ; 5) les règles du calcul simple et de l'arpentage ; 6) les éléments de la géographie et de l'histoire des peuples libres ; 7) des instructions sur les principaux phénomènes et les productions les plus usuelles de la nature. On fera apprendre le *Recueil des actions héroïques* et les chants de triomphe ».

Fourcroy travaille aussi aux programmes des écoles centrales et à l'élaboration du décret du 4 décembre 1794, créant des écoles de santé à Paris, à Montpellier et à Strasbourg en remplacement des anciennes facultés de médecine.

Le décret du 21 février 1795 sur la liberté des cultes précise, à son article 2, que « la République ne salarie aucun culte » ; elle établit des « écoles centrales » (nos lycées), à raison d'une pour trois cent mille habitants, où les élèves sont admis de 12 à 18 ans. On y apprend les mathématiques, la physique, les sciences expérimentales, les sciences morales et sociales. Chaque établissement est accompagné d'une bibliothèque, d'un jardin, d'un cabinet d'histoire naturelle, d'un cabinet de physique et de chimie expérimentale.

Dès les débuts du Directoire, ce bel édifice théorique s'effondre : les municipalités rencontrent des difficultés financières, la rémunération des instituteurs ne cesse de diminuer et on a du mal à les recruter ; la plupart des nouveaux ne savent même pas vraiment lire, ni écrire, ni compter. Dès le 25 octobre 1795, devant les critiques des familles et de ceux qui craignent le retour des corporations, la loi Daunou réduit le nombre des écoles primaires et supprime l'obligation et la gratuité de l'enseignement, en faisant payer l'instituteur par des familles, sauf en cas d'indigence, toujours dans la limite d'un quart de l'effectif de l'école. Les instituteurs sont choisis par un jury d'instruction et nommés par les administrations de département. La loi assure la liberté de créer des établissements privés. L'instruction n'est donc plus gratuite, ni obligatoire, ni laïque : le beau projet de Lakanal n'aura duré qu'un an.

La même loi Daunou organise un Institut national des sciences et des arts pour « perfectionner les sciences et les arts par les recherches non interrompues, par la publication des découvertes, par la correspondance avec les sociétés savantes et étrangères, suivre les travaux scientifiques et littéraires qui auront pour objet l'utilité générale et la gloire de la République ».

Désormais, la voie est vraiment ouverte pour le retour de l'enseignement catholique ; des anciens religieux rouvrent des établissements sans aucune sanction ; bien souvent même, l'instituteur public, sous la pression du village, cède sa place au prêtre. La propagande antirépublicaine reprend de plus belle.

Les républicains tentent de réagir. Le 3 octobre 1797, Chazal, député au Conseil des Cinq-Cents, dénonce « les maisons d'éducation (privées et religieuses) où l'on élève les enfants des citoyens dans la haine de la République ». Un arrêté du 5 février 1798 impose aux administrations cantonales de visiter, au moins une fois par mois, les écoles privées, pour vérifier si les maîtres mettent bien entre les mains de leurs élèves la Constitution et les manuels retenus par la Convention ; en cas de manquement, dit l'arrêté, on pourra décider la suspension ou la clôture de ces écoles. Le 1er novembre 1798, François de Neufchâteau, devenu ministre de l'Intérieur, constitue un Conseil d'instruction publique, formé de huit membres de l'Institut chargés d'examiner les manuels pour « améliorer l'éducation républicaine » ; il entreprend lui-même la rédaction d'ouvrages. Aucun impact.

La Révolution est bien finie, à l'école comme ailleurs. L'Église est de retour, avec l'appui de nombreux notables et de la plupart des familles. L'utopie d'une école de citoyens pour tous n'aura pas vu le jour.

Chapitre 5

Transmettre les exigences du capital

XIXe siècle

Partout, la transmission des innombrables savoirs constitués et bouleversés depuis des millénaires continue d'emprunter les mêmes chemins : les familles, les églises, les champs, les ateliers, les échoppes, les réseaux d'amitié et de compagnonnage, les foires, les contes, les récits, les jeux, les lettres. S'y ajoutent maintenant les premières fabriques industrielles. Et, bien sûr, les écoles, là où elles existent, en particulier en ville. Les propriétaires terriens envoient d'autant plus leurs enfants à l'école qu'ils en ont moins besoin pour les champs. Le savoir transmis est toujours celui qui protège l'ordre existant, presque jamais celui qui pousse à se rebeller, à changer, à remettre en cause, à penser autrement ; et moins encore celui qui pourrait inciter à la protection de toute forme de vie.

En Occident s'ajoutent depuis peu la presse et l'édition (qu'on nomme encore la « librairie »), qui transmettent mille savoirs nouveaux à ceux qui peuvent les lire, les acheter ou les emprunter dans les premières bibliothèques ; les plus éclairés et riches se retrouvent dans des clubs pour échanger des connaissances ; et les industriels, eux, commencent à réclamer une main-d'œuvre nouvelle, formée à la mécanique, à la physique, à la chimie, pour leurs usines.

Pour renforcer sa légitimité, la bourgeoisie a besoin d'entretenir l'ambition individuelle, à la fois personnelle et transgénérationnelle, ou au moins son illusion, pour motiver ses employés : on raconte de plus en plus d'histoires de gens partis de rien et ayant fait fortune dans le commerce ou la finance ; on lit dans les romans et dans les journaux que « demain sera mieux qu'aujourd'hui » et que « nos enfants peuvent espérer une meilleure vie que la nôtre ». L'école est parfois, rarement, présentée comme un chemin vers ce progrès. Dans les pays où le capitalisme s'installe, on voit se renforcer l'alliance, à l'œuvre depuis quatre siècles à Venise et en Flandre, entre la bourgeoisie marchande et les tenants d'un savoir rationnel : l'un et l'autre s'allient pour supplanter les détenteurs de la rente foncière et de l'Église qui, eux aussi, font cause commune. La famille bourgeoise est de plus en plus au centre de la transmission d'un savoir qu'elle va jalousement monopoliser.

En ville, on a de plus en plus besoin de savoir lire pour comprendre ce que disent les journaux, les livres, les affiches ; et de savoir écrire pour remplir les formulaires administratifs et communiquer avec les autres par la correspondance ; de savoir compter, pour accomplir des actes de plus en plus nombreux de la vie marchande, artisanale et maintenant industrielle : si la comptabilité a justifié depuis des millénaires d'enseigner l'arithmétique à quelques-uns, si l'architecture a nécessité d'enseigner à certains la géométrie, ces savoirs, et d'autres, sont désormais de plus en plus nécessaires à l'exercice de métiers nouveaux : fabricant de machines à vapeur ou de métiers à tisser, mécanicien, contremaître, technicien agricole ou industriel. Pourtant, inventer, avancer, innover n'a presque toujours rien à voir avec ce qu'enseigne l'école.

De plus, il n'est pas encore question d'envoyer les enfants du peuple à l'école : comme depuis des millénaires, ce serait priver les champs, les échoppes, les ateliers, et à présent les usines, de bras nécessaires ; ce serait aussi faire connaître au peuple des idées dangereuses et prendre le risque de le voir nourrir des ambitions excessives ; ce serait enfin céder aux chants maléfiques de sirènes mortelles, que véhiculeront bientôt quelques professeurs, quelques universitaires, quelques intellectuels : la révolution et le socialisme dont on vient de voir, pensent les bourgeois, les ravages en France.

Tout le XIXe siècle, en particulier en Europe, va être traversé par cette contradiction, présente depuis déjà très longtemps, entre le pouvoir, qui a besoin que rien ne change, et le peuple, qui a besoin que tout change. L'école et les autres formes de la transmission en seront les principaux champs de bataille.

En Grande-Bretagne : former les pauvres, mais pas trop

Devenue, à la fin du siècle précédent, la première puissance industrielle, économique et géopolitique du monde, la Grande-Bretagne doit disposer de cadres industriels et techniques de plus en plus nombreux, sans pour autant donner au peuple les moyens de savoir ce qui pourrait le conduire à réclamer des droits et à suivre le terrible exemple de la Révolution française. La classe dirigeante va y parvenir sans nuire à ses propres intérêts : l'industrie n'a pas encore besoin d'une main-d'œuvre éduquée et, dans les colonies, les esclaves font l'affaire.

L'élite dirigeante britannique s'intéresse de plus en plus à la science et à ses applications pratiques ; on voit surgir des académies scientifiques, comme la Lunar Society of Birmingham. La Royal Society for the Encouragement of Arts, Manufactures and Commerce, fondée un demi-siècle auparavant, propose une forte prime à qui inventera une machine à filer « six fois plus productive que le rouet traditionnel ». D'autres mettent au concours l'amélioration du chronomètre, si vital pour la navigation hauturière. À Newcastle, des physiciens donnent des conférences dans les cafés, qu'un journal local présente comme « particulièrement utiles aux gentlemen qui s'occupent de mines ». La machine à vapeur, qui fait merveille, ouvre la voie à des machines nouvelles, utiles en particulier dans les mines et pour les chemins de fer.

En même temps, on encadre et surveille les plus pauvres ; se multiplient les *Sunday schools*, initiées au siècle précédent, afin de « promouvoir l'éducation religieuse et morale des classes laborieuses ». Au début de ce XIXe siècle, le *Speedhamland Act*, qui vient à peine d'entrer en vigueur, accorde aux pauvres un complément de ressources en numéraire, lequel varie selon le prix du pain (ou du blé) dans chaque paroisse et selon la taille de la famille.

En 1801, le gouvernement britannique interdit, en théorie du moins, le travail des enfants de moins de 8 ans ; en 1802, le *Factory Act* réglemente le temps de travail, le travail de nuit et les conditions de travail des enfants, qui sont autorisés à travailler à partir de 8 ans. De fait, nombre d'enfants de 6 ans continuent de travailler, poussés par la misère et la faim, avalés par les besoins toujours croissants des mines et des fabriques. Cette même année, le docteur Thomas Beddoes semble être l'un des premiers à faire un cours consacré à l'information sexuelle ; l'idée persiste alors qu'une fille réglée ne peut pas faire d'études longues, car la puberté serait pour elle une telle épreuve physique qu'il lui serait impossible de consacrer du temps à des études.

En 1811 (au moment où apparaît l'une des premières innovations techniques de l'enseignement depuis deux millénaires, le tableau noir, fait d'un grand morceau d'ardoise, mis au point par un professeur de géographie à Édimbourg, James Pillans), l'Église d'Angleterre crée la National Society for Promoting the Education of the Poor, afin que « la religion nationale devienne le fondement de l'éducation nationale, et qu'elle soit la première et la principale chose enseignée aux pauvres, selon l'excellente liturgie et le catéchisme assurés par notre Église ». Cette National Society crée des *national schools*, qui dispensent un enseignement strictement religieux et d'une façon très sporadique à quelques enfants des plus pauvres de quelques villes. Puis les initiatives de ce genre se multiplient, parfois de façon non religieuse, pour former les enfants à des métiers artisanaux : en 1816, Robert Owen, qui a créé des coopératives, fonde à

Lanark une première crèche, laquelle accueille des enfants de plus de 18 mois ; en 1818, John Pounds, un cordonnier de Portsmouth, ouvre une école gratuite pour quarante enfants pauvres, à qui il apprend à lire et à écrire, ainsi que les bases de la cuisine, de la menuiserie et de la cordonnerie. L'État ne se charge pas de réglementer tout cela et le système scolaire rebascule vers le privé.

En 1819, le travail des enfants de moins de 9 ans est interdit dans l'industrie du coton, mais cela reste théorique ; en 1820, Samuel Wilderspin ouvre à Spitalfields la première école maternelle. En 1821, à Londres, des imprimeurs fondent une école pour les enfants des membres de leur « société coopérative et économique » : arguant du niveau culturel élevé exigé par leur profession, ils veulent le meilleur pour leurs enfants ; leurs statuts stipulent : « À tous les enfants entrant dans la Communauté ou nés dans celle-ci, nous garantissons la meilleure éducation physique et intellectuelle que l'état actuel des connaissances humaines offre, un avantage pour lequel nos dispositions particulières offrent des facilités qui ne peuvent être obtenues par aucun effort de labeur, ou sacrifice de richesses, dans l'état actuel de la société. » Un peu plus tard, cette coopérative d'imprimeurs sera par ailleurs à l'origine de la création de *The Economist*.

Des patrons créent aussi des écoles pour transmettre aux ouvriers les techniques de leurs nouveaux métiers : en 1824, à Manchester, Robert Hyde Greg (propriétaire d'une filature de coton et futur député), William Henry (industriel dans la chimie) et Richard Roberts (inventeur de machines-outils) fondent le Mechanics' Institute pour permettre à des artisans et des ouvriers, « de quelque métier qu'ils soient, de se familiariser avec les branches de la science qui ont une application pratique dans l'exercice de ce métier ; pour qu'ils puissent acquérir un plus grand degré d'habileté dans la pratique de celui-ci, et être qualifiés pour faire des améliorations et même de nouvelles inventions dans les arts qu'ils professent respectivement ». Cet institut deviendra une université, très loin du modèle et de la clientèle de celles d'Oxford et de Cambridge ; elle est la première de celles que, un siècle plus tard, un professeur à l'université de Liverpool, Edgar Allison Peers, nommera, en référence au matériau de leur construction, des « *Red Bricks* », dans son livre *Red Brick University*.

En 1830, trois cents sociétés coopératives locales organisent des écoles, publient des journaux, proposent des cours pour adultes. En 1831, 1,2 million d'enfants pauvres vont, un jour par semaine, dans les *Sunday schools*. Entre 300 000 et 400 000 vont dans les *national schools*. Pourtant, tous les enfants de pauvres, y compris ceux qui vont dans ces écoles, continuent de travailler, au moins à partir de 8 ans. Même si, en 1833, une nouvelle loi limite, en théorie, le travail des enfants dans les usines, et même s'il est, en théorie, désormais illégal d'employer un enfant de moins de 13 ans, un enfant de 10 ans peut encore légalement travailler si son employeur produit un certificat attestant que l'enfant a atteint un niveau minimal de savoir, dit « norme éducative ». Ce que chaque employeur peut produire à sa guise, sans contrôle. La même année, l'État commence à verser des subventions aux *national schools*. En 1834, la loi sur les pauvres de 1796 est réformée, à l'initiative d'Edwin Chadwick : l'aide qu'elle accordait aux pauvres est maintenant limitée à ceux qui sont accueillis dans les maisons de travail, dans des conditions de vie si sévères que cela décourage quiconque d'y recourir.

Grande audace : en 1838, la Lancashire Public Schools Association propose que les écoles non confessionnelles soient aussi financées par l'État. Mais l'Église garde le contrôle du contenu de l'enseignement, pour le plus grand profit des industriels.

Les enfants des aristocrates et ceux des grands bourgeois anoblis récemment vont toujours dans des *grammar schools* et des *public schools*, pensionnats dont les frais de scolarité sont très élevés et où l'enseignement est de haut niveau ; on y enseigne désormais en anglais et plus seulement les matières classiques, mais aussi des matières plus commerciales. Ainsi,

Thomas Arnold, un enseignant et historien diplômé d'Oxford, introduit à la Rugby School (une *public school* fondée à Rugby, en 1567) l'histoire, les mathématiques et les langues vivantes.

En 1837, la reine Victoria monte sur le trône d'un empire s'étendant sur le cinquième des terres émergées et englobant le quart de la population mondiale. La misère ouvrière anglaise est pire que jamais. Celle des peuples colonisés, sciemment ruinés, est pire encore. En 1840, un groupe de missionnaires créé cinq ans plus tôt par l'industriel David Nasmith, la London City Mission, utilise le terme *ragged* pour désigner les enfants vêtus « en lambeaux » qui traînent dans les villes et qui, souvent, basculent dans la délinquance ; en 1841, à Aberdeen, un shérif local fonde une première *ragged school* pour apprendre à ces enfants la lecture, l'écriture, l'arithmétique, la Bible, la fabrication de chaussures et l'imprimerie ; on leur fournit de la nourriture, des vêtements, un logement ; les enseignants sont des ouvriers bénévoles, travaillant eux-mêmes dans des écuries ou des chemins de fer. L'initiative est un succès et elle est imitée ; l'année suivante, Anthony Ashley-Cooper, 7e comte de Shaftesbury, fonde la *Ragged Schools Union* pour rassembler des écoles du même genre ; il est notamment soutenu par Charles Dickens. Une première *ragged school* pour filles voit le jour en 1843. En vingt ans, plus de deux cents de ces écoles seront créées en Grande-Bretagne ; à Londres, elles reçoivent jusqu'à trois cent mille enfants.

Commencent aussi à apparaître des établissements d'enseignement agricole de haut niveau. Le premier est une initiative de riches propriétaires terriens, le Cirencester College, fondé en 1844 (qui deviendra plus tard le Royal Agricultural College).

Entre 1860 et 1870, sur 4,3 millions d'enfants en âge d'aller à l'école primaire en Angleterre et au Pays de Galles, 2 millions ne suivent aucun enseignement ; 1 million d'entre eux vont de temps en temps dans une des *ragged schools* ; 1,3 million fréquentent des écoles subventionnées par l'État, où ils suivent un enseignement sporadique et minimal. Les enfants de la classe dominante, qui se compte alors en quelques dizaines de milliers, vont dans des *public schools*.

En 1869, deux ans après l'autorisation donnée par la reine Victoria, une première université britannique ouvre ses portes aux filles : la Watt Institution and School of Arts, créée en 1821 à Édimbourg. Puis l'université de Londres. Ce n'est toujours pas le cas à Oxford ni à Cambridge

En 1870, alors qu'ouvrent les premiers collèges pour filles, l'Elementary Education Act crée un premier réseau d'écoles primaires publiques, coordonnées par des *school boards*, sorte de commissions locales assurant la coordination de l'éducation sur le territoire ; leur construction et leur fonctionnement sont financés par un nouvel impôt local ; on y enseigne à temps plein la lecture, l'écriture, le calcul ; on y propose, sans l'imposer, une heure par semaine d'enseignement religieux protestant ; les enfants ayant une autre religion peuvent suivre des cours de leur religion si un enseignant est volontaire pour les dispenser. L'accès est gratuit pour les familles pauvres, mais les enfants travaillant en usine, soit la majorité, en sont exclus.

En 1876, la loi Sandon impose aux parents l'obligation de veiller à ce que leurs enfants soient scolarisés jusqu'à 10 ans, ce qui est une façon implicite – mais qui reste théorique – de rendre l'école obligatoire. En 1880, la loi Mundella demande que l'obligation de présence en cours soit inscrite dans le règlement intérieur de l'école. Pourtant, de très nombreux enfants de plus de 10 ans continuent de travailler, sans aller à l'école autrement que de façon épisodique.

En 1890, une loi rend l'enseignement primaire effectivement gratuit jusqu'à 10 ans, en faisant payer par l'État les frais de scolarité jusqu'à un plafond de 10 shillings par personne ; il n'est toujours pas réellement obligatoire. En 1893, la loi porte l'âge de fin de scolarité à 11 ans et prévoit la création d'écoles spéciales pour les enfants aveugles ou sourds. En 1897, une loi attribue aux écoles élémentaires des subventions annuelles du Trésor public, mais tout cela est encore très largement fictif : hors de Londres, les régions rurales et industrielles restent globalement dépourvues de financement et d'écoles ; les enfants continuent de travailler ; et ceux, rares, qui vont de temps en temps à l'école se contentent d'y apprendre à lire et à écrire, et y entendent surtout des cours de morale religieuse et de discipline.

Dans les années 1890, les filles commencent à être vraiment autorisées à étudier comme les garçons et à se présenter aux mêmes examens. En 1899, une loi porte l'âge de fin de scolarité obligatoire à 12 ans. À cette date, 90 % de la population sait lire et écrire, mais seulement un enfant britannique sur 70, issu des familles les plus riches, peut espérer dépasser le niveau primaire pour aller dans une *grammar schools*, qui sont toutes administrées par des églises, des fondations caritatives ou des communes.

Les nouvelles universités, les futures *Red Brick Universities*, se multiplient : après Manchester en 1824, vient Liverpool en 1882, Reading en 1892, Sheffield en 1897, Birmingham en 1900 pendant qu'Oxford et Cambridge, comme Eton, restent réservées aux garçons des mêmes élites que depuis le XVIe siècle, pour l'essentiel des propriétaires fonciers devenus industriels. Ainsi, l'Angleterre, première puissance du monde, à la fin du XIXe siècle, n'a toujours pas imposé une scolarité minimale à tous ses enfants et a pérennisé un système très élitiste, dont le capitalisme fait, à son profit, le meilleur usage.

États-Unis : une école pour créer une nation

Quand commence ce siècle, les États-Unis ont le taux d'alphabétisation le plus élevé au monde ; les nouveaux migrants sont pour la plupart alphabétisés car ils viennent de milieux sociaux élevés en Europe ; dans certaines régions du Nord-Est, le taux d'alphabétisation dépasse les 70 %.

Même si les États-Unis sont, depuis leur création, un État séculier, garantissant à chacun le libre exercice de sa religion, quelle qu'elle soit, rompant en cela avec la tradition européenne, les écoles ne sont pas toutes laïques pour autant : les baptistes, les méthodistes, les presbytériens et les catholiques réclament et obtiennent des financements pour leurs écoles spécifiques. Avec des conflits : les protestants s'unissent pour s'opposer au financement des institutions catholiques, et tous se disputent sur la version de la Bible qu'il faut enseigner.

Avec l'arrivée de nouvelles vagues d'immigration, beaucoup plus pauvres et venant de pays nouveaux, du sud et de l'est de l'Europe, le niveau d'alphabétisation du pays va baisser et les besoins de formation vont augmenter.

En théorie, chaque citoyen du nouveau pays a droit à une éducation. Les plus riches n'étudient pas dans les écoles publiques, surtout installées dans les villes du Nord-Est et fréquentées pendant tout le siècle surtout par les classes moyennes. Les enfants des pauvres sont formés par leurs parents, par le travail et dans des *charity schools*, ou des *church schools*, qui reçoivent parfois une aide de l'État comme en Nouvelle-Angleterre, ou de mécènes privés, comme dans le Midwest. De plus, au Sud, il est illégal d'éduquer les esclaves ; l'enseignement des riches est de plus en plus tourné vers les besoins du commerce et de l'industrie ; celui des plus pauvres reste totalement limité à un endoctrinement religieux.

En 1810, un marchand de Philadelphie, William Maclure, influencé par le Suisse Pestalozzi (qui a fondé, on l'a vu, à Yverdon une école inspirée par l'*Émile* de Rousseau, et qui influencera aussi, on le verra, l'enseignement en France et en Allemagne), ouvre une école à Philadelphie, puis d'autres au Delaware et au Kentucky, avec une méthode particulière : éveiller la curiosité des élèves en explorant la nature et en utilisant des exemples concrets ; à côté de la lecture, de l'écriture et du calcul, il y enseigne la natation, la danse, l'escrime, le patinage, la cueillette de plantes, le théâtre, le chant ; sans punition ni récompense.

En 1821, est créée à Boston la première *high school* publique des États-Unis, équivalent du lycée européen ; comme elle est très liée à l'industrie textile et navale, on y développe très tôt un enseignement commercial. En 1823, Alexander Lucius Twilight, diplômé du Middlebury College, dans le Vermont, est la première personne de couleur à obtenir un baccalauréat ès arts.

Dans les années 1820, les jeffersoniens de l'université de Virginie (où l'esclavage persiste) et de la nouvelle université de New York proposent de remplacer, dans l'enseignement secondaire, le grec et le latin par des langues étrangères vivantes. En 1828, un rapport de l'université de Yale appelle au contraire à maintenir les traditions, afin de rivaliser avec les universités allemandes, qui sont alors considérées comme les meilleures du monde. Ce rapport aura une influence considérable sur les pratiques universitaires, en particulier sur la côte est, alors encore très traditionalistes : on n'a pas bien compris que ce qui faisait la valeur de l'enseignement allemand était justement sa nouveauté, notamment en matière de recherche expérimentale en médecine, en physique et en chimie, et que c'était cela qui commençait à attirer à Berlin de jeunes universitaires américains.

En 1830, environ 55 % des enfants âgés de 5 à 14 ans sont inscrits dans des écoles publiques. En 1833 est créée la première bibliothèque publique, à Peterborough, dans le New Hampshire.

En 1837, à l'est des États-Unis, l'enseignement primaire commence à se dégager de l'emprise du religieux : au Massachusetts, un certain Horace Mann, secrétaire du Board of Education de l'État, inspiré par le modèle prussien des « écoles communes », interdit l'usage de livres religieux dans des écoles financées par l'État et crée des *common schools*, financées par des fonds publics et ouvertes à tous les enfants, sans que soient pris en considération leur âge, leur statut social, leurs résultats académiques ou leur sexe ; les frais de scolarité et le logement du professeur sont payés par les parents d'élèves ; ce système se développe rapidement dans tout l'État. Le Connecticut adopte un système similaire en 1849 ; puis c'est le cas du Rhode Island, grâce à Henry Barnard, qui deviendra plus tard le premier commissaire (ministre) à l'éducation des États-Unis.

En 1837, l'enseignante Mary Lyon fonde le Mount Holyoke Female Seminary, première université ouverte aux femmes, connue aujourd'hui sous le nom de Mount Holyoke College.

En 1838, le jeune Henry David Thoreau, ne trouvant pas d'emploi comme professeur, ouvre une école privée chez lui, avec l'aide de son frère. Ils intègrent dans leur programme scolaire les nouveaux principes d'éducation prônés par une jeune enseignante américaine, Elizabeth Peabody, qui travaille alors dans une école expérimentale (et dont il sera question plus loin) : sorties d'éveil, refus des sévices, association des enfants à la discipline, promenades dans les bois. Malgré son succès, l'école fermera au bout de trois ans.

Après les révolutions de 1848 en Europe, arrivent en Amérique un grand nombre de catholiques allemands, qui créent leurs propres écoles, dans leur langue, dans les villes où ils se regroupent (Cincinnati, Saint Louis, Chicago et Milwaukee), ainsi que dans certaines zones rurales. L'influence du modèle scolaire et universitaire prussien se renforce ; un premier jardin d'enfants est créé à Watertown, dans le Wisconsin, là encore par des immigrants allemands, sur le modèle des jardins d'enfants prussiens.

En 1852, le Massachusetts est le premier État américain à rendre l'école primaire obligatoire, y compris pour les plus pauvres : soixante-six ans après la Prusse, la Suède et l'Autriche, et bien avant la France et la Grande-Bretagne ; des amendes sont infligées aux parents qui n'y envoient pas leurs enfants, et le gouvernement a même le pouvoir de placer les enfants en pension si les parents sont jugés « inaptes à faire éduquer correctement les enfants ». L'année suivante, l'État de New York fait de même.

En 1855, le Massachusetts est aussi le premier État à abolir, au moins en théorie, la ségrégation raciale, y compris dans les écoles.

En 1860, Elizabeth Peabody ouvre la première école maternelle aux États-Unis en s'inspirant de l'exemple de Fröbel dont il sera question plus loin et publie une revue régulière, le *Kindergarden Messenger.*

En 1862, Mary Jane Patterson est la première Afro-Américaine à obtenir un diplôme universitaire (à l'Oberlin College dans l'Ohio). Elles seront longtemps très peu nombreuses.

La même année est votée la première loi fédérale sur l'éducation, le *Morrill Land-Grant College Act,* qui vise à aider les États à financer des collèges spécialisés dans l'agriculture, l'ingénierie et les sciences militaires, en leur attribuant des terres à vendre pour financer ces collèges.

Henry Ford, né en 1863, fréquente l'école de son village du Michigan jusqu'à l'âge de 15 ans. Il n'apprendra jamais à orthographier ni à lire correctement. Passionné de mécanique, il passe son temps dans un atelier où il construit, à l'âge de 15 ans, sa première machine à vapeur.

À la fin de la guerre de Sécession, en 1865, le Freedmen's Bureau (qui fonctionnera pendant sept ans, pour prendre soin des esclaves affranchis) ouvre mille écoles à travers le Sud ; plus de quatre-vingt-dix mille affranchis, enfants et adultes, s'y inscrivent ; si, en théorie, le programme scolaire ressemble à celui des écoles du Nord, en réalité on se contente de leur apprendre un peu à lire et à écrire. Sans aucun débouché ultérieur.

L'enseignement supérieur (Harvard, Columbia, Yale, Princeton) reste en grande partie entre les mains de l'élite blanche, masculine et protestante du Nord-Est. D'autres universités, toutes privées, sont fondées à cette époque par des mécènes dont elles portent souvent le nom : l'université Duke, en 1838, en Caroline du Nord ; l'université de Californie à Berkeley, en 1868 ; l'université Vanderbilt dans le Tennessee, en

1873 ; Johns Hopkins, en 1876, dans le Maryland ; l'université Stanford, créée en Californie en 1885 ; en 1890, John D. Rockefeller finance l'université de Chicago, sans lui imposer son nom.

De nombreux universitaires et scientifiques américains, souvent d'origine allemande, partent étudier dans des universités prussiennes et autrichiennes avant de revenir travailler aux États-Unis. Selon le *Dictionary of American Medical Biography* de Howard Atwood Kelly (1928), 40 % des médecins américains nés entre 1850 et 1890 ont reçu leur formation en Prusse et en Autriche. Ainsi de William S. Halsted, qui étudie à Vienne et à Berlin avant de revenir concevoir le programme de formation en résidence des médecins américains.

Après 1867, les républicains créent dans les États du Sud le premier système d'écoles publiques financées par les contribuables ; presque toutes sont réservées aux enfants blancs, à l'exception de quelques-unes à La Nouvelle-Orléans. En 1870, tous les États américains ont des écoles élémentaires, et tous les enfants de toutes les classes sociales, y compris les Noirs, peuvent en théorie recevoir une éducation formelle gratuite ; en 1870, 78 % des enfants de 5 à 14 ans sont inscrits dans des écoles. Ce n'est bien sûr que théorique.

La profession d'instituteur est très vite féminisée : en 1875, 82 % des étudiants dans les écoles destinées à former des enseignants sont des femmes ; elles seront 93 % en 1900 ; les cours y sont plus éclectiques que dans les universités, puisqu'on y apprend aussi bien les lettres que la botanique ou l'astronomie. L'École normale de l'État de Californie, à San Jose, par exemple, offre un programme d'histoire naturelle et de sciences, et possède un musée d'histoire naturelle, un laboratoire de chimie et un grand télescope. On commence à comprendre le lien entre éducation de tous et croissance économique.

En 1879, l'enseignement secondaire est encore aux trois quarts privé ; ces écoles ne sont généralement pas subventionnées ni contrôlées par l'État fédéral.

Né en 1882, Franklin Roosevelt reçoit une éducation aristocratique, apprend à monter à cheval, pratique de nombreux sports comme le polo, l'aviron, le tennis et le tir. À 14 ans, il entre dans la Groton School, un établissement privé et élitiste du Massachusetts, avant d'être admis à Harvard.

En 1896, la Cour suprême confirme le droit pour les États du Sud de continuer à imposer des mesures de ségrégation raciale, à condition que les divers groupes « raciaux » aient accès à une éducation égale ; *separate but equal.* Séparée, oui, mais pas du tout égale. L'American Missionary Association soutient la création et le développement de plusieurs collèges réservés aux Noirs, tels que l'université Fisk, dans le Tennessee, et l'université Shaw, en Caroline du Nord. Quelques collèges du Nord acceptent, eux, des étudiants noirs ; en 1900, des Églises – principalement basées dans le Nord – exploitent 247 écoles pour les Noirs venus du Sud et qui commencent en masse à venir travailler dans les usines du Nord ; ils y emploient mille six cents enseignants et enseignent à quarante-six mille élèves.

Un nombre croissant d'universités accepte des étudiantes.

À ce moment, une nouvelle vague d'immigrants italiens, irlandais, polonais et russes débarque aux États-Unis et bouleverse le délicat équilibre construit par l'*establishment* protestant. Très peu de ces migrants parlent anglais. Et, mis à part les Juifs, très peu savent lire ou écrire une langue quelconque. Pour eux, il faut construire très vite des écoles et des lycées publics. Pas question de les admettre dans les universités. À la fin du siècle, plus de 70 % des élèves du secondaire étudient dans des écoles publiques.

La Prusse : l'école de l'obéissance, par la violence

Depuis le siècle précédent, tout est fait en Prusse pour que l'école se réduise à une transmission de savoirs de base avec obéissance de type militaire, créant un système redouté et admiré dans toute l'Europe.

En 1803, Emmanuel Kant, inspiré moins par l'*Émile* de Rousseau que pár le *Traité de pédagogie* de John Locke, en fait la théorie : il définit l'éducation comme un instrument de domestication sociale pour faire passer l'enfant de la liberté « anarchique » à la liberté « raisonnable », en lui donnant « les soins que réclame son enfance, la discipline qui le fait homme, enfin l'instruction avec la culture. [...] L'enfant doit apprendre à développer son penchant pour le travail, à s'absorber dans ce travail et le but qu'il poursuit ». Pour Kant, le rôle de l'éducation est de fixer des limites à l'imagination de l'enfant. Il distingue la « culture de l'esprit » (par la lecture, l'écriture et les langues) et l'« éducation pratique » (l'habileté, la prudence et la moralité, pour écarter les passions et se résigner à son sort). En 1807, Johann Gottlieb Fichte, dans ses *Discours à la nation allemande*, explique aussi que l'éducation doit être obligatoire et fabriquer des citoyens dociles, habitués à la discipline dès leur plus jeune âge.

Tout cela est parfaitement conforme aux ambitions des princes prussiens qui, la même année 1807, confient le ministère de l'Éducation à un haut fonctionnaire, Wilhelm von Humboldt, qui place les écoles religieuses sous le contrôle de l'État et veut faire de l'éducation « l'affaire de la nation. » Il institue dans le primaire des « écoles communes » pour tous ; les professeurs doivent encore faire preuve de leur foi religieuse ; jusque dans les gymnasiums, deux heures par semaine sont dédiées à l'instruction religieuse, même si plusieurs lois réaffirment le droit absolu de l'État à superviser les écoles ; Humboldt fonde l'université de Berlin, introduit un diplôme d'État pour les professeurs, préparant ainsi le début d'une laïcisation du corps enseignant ; à son initiative, les universités prussiennes créent des laboratoires de recherche, dans lesquels des scientifiques se détournent de la philosophie pour développer des méthodes empiriques. Ils seront les premiers chercheurs universitaires modernes et seront à l'origine de presque tout ce qui sera important au XIXe siècle en physiologie, en pathologie, en chimie médicale et en médecine clinique.

En 1812, l'examen final du gymnasium (l'*Abitur*, introduit en 1788) est mis en œuvre dans toutes les écoles secondaires prussiennes ; en 1822, l'obtention de ce diplôme devient la condition préalable à l'entrée à l'université et dans les échelons supérieurs de la fonction publique ; il contribuera au prestige des universités allemandes en Europe et en Amérique.

En 1830, l'enseignement primaire, dans les « écoles communes », devient gratuit pour les pauvres. Pour les autres, il est financé par les parents. En 1840, inquiet (comme ses père, grand-père et arrière-grand-père) de voir le peuple s'émanciper, Frédéric-Guillaume IV accuse les universités d'être influencées par les ennemis de la foi et de ne pas tenir compte des exigences de l'Église et de l'État ; il décide de supprimer dans les gymnasiums l'enseignement de la culture générale laquelle, écrit-il, engendre « un esprit d'irréligion, de mécontentement et d'opposition à toute figure d'autorité ». Pour lui, les langues et la religion sont les seules matières importantes à enseigner dans l'enseignement secondaire.

La même année, Friedrich Fröbel (qui a travaillé dans les jouets avant de devenir enseignant dans l'école du Suisse Pestalozzi) prend le contre-pied de la violence éducative prussienne : il imagine un « jardin d'enfants allemand général », le premier *Kindergarden*, et théorise une conception du jeu comme outil pédagogique pour développer personnalité et sens de la coopération. Il crée à Keilhau une école privée, l'Institut général allemand d'éducation – atmosphère familiale, pas de distinction entre les âges, enseignement global (« la tête, la main et le cœur »), importance des sciences –, puis il ouvre à Bad Blankenburg, en Thuringe, un « établissement pour répondre aux besoins d'activité de l'enfance et de la jeunesse ». Son influence dans le renouveau de la pédagogie sera considérable ; y compris, comme on l'a vu, aux États-Unis.

En 1848, à Berlin, pendant la révolution, des professeurs de gymnasium réclament la suppression de l'enseignement du latin et l'élimination de l'influence religieuse pour donner davantage de place aux sciences et aux langues vivantes.

Quand la révolution est brutalement matée par Frédéric-Guillaume IV, la foi chrétienne redevient la base de tout enseignement – primaire, secondaire et universitaire. L'ordre militaire reste la clef de voûte de la société prussienne. L'Église, sans le savoir, a déjà perdu la partie, au profit de l'armée.

En 1863, Bismarck (qui n'est pas encore chancelier) explique à Eugène Rendu, un inspecteur général de l'Instruction publique en France, venu le voir : « Voulez-vous savoir ce qui a fait la Prusse ? L'obligation du service militaire et l'obligation du service scolaire. La Prusse ne renoncera pas plus à la seconde qu'elle n'a pensé à renoncer à la première. »

Dans l'enseignement primaire comme secondaire, les châtiments corporels les plus extrêmes restent la règle. En 1865, paraît un roman pour enfants en images, qui va devenir un classique dans toutes les familles prussiennes, *Max und Moritz*. Il met en scène deux enfants qui aiment faire des blagues et qui meurent écrasés dans le broyeur d'un meunier. L'auteur conclut, au premier degré : « Dieu merci ! C'en est fini avec ces canailleries ! »

En 1871, après la défaite de la France face à la Prusse, l'historien français Albert Sorel écrit, dans la *Revue des Deux Mondes*, que, pendant la bataille de Sedan, « sur cent conscrits en Prusse, trois seulement ne savaient ni lire ni écrire », alors que, « en France, nous en comptions vingt-sept ».

Cette même année 1871, l'Allemagne est unifiée. On y crée beaucoup d'écoles communes pour le primaire ; pour le secondaire, encore largement facultatif, on propose aux élèves quatre parcours : le *Gymnasium*, de neuf ans (avec latin et grec classique ou hébreu, plus une langue moderne) ; le *Realgymnasium*, de neuf ans (avec latin, langues modernes, sciences et mathématiques) ; l'*Oberrealschule*, de neuf ans (avec langues modernes, sciences et mathématiques) ; et la *Realschule*, de six ans (qui ne permet pas de passer l'*Abitur* ni d'entrer à l'université, mais seulement de devenir apprenti dans l'industrie). L'Abitur s'étend à tout le Reich. En 1893 est inauguré à Karlsruhe le premier lycée de filles, qui leur donne accès à l'*Abitur* et à l'enseignement supérieur.

En 1896, une loi rappelle que le père est « autorisé à utiliser des mesures disciplinaires appropriées contre l'enfant, en vertu des droits parentaux ».

France : le long combat pour enlever à l'Église ses pouvoirs sur l'école

À son arrivée au pouvoir en 1799, Bonaparte explique que l'enseignement doit reposer sur les sciences, les humanités et les principes chrétiens.

À la suite de la signature du Concordat, en 1801, l'Empereur accorde au pape un pouvoir conjoint de nommer les évêques et rouvre les écoles religieuses. Dans les écoles communales, on recommence à enseigner la religion ; et on entend bien protéger les enfants des riches par des écoles séparées de ce qu'on nomme encore la « corruption des enfants du peuple ». Le baccalauréat devient un grade d'État, qui sanctionne la fin des études secondaires et donne accès aux études supérieures. Très peu d'enfants vont dans l'enseignement secondaire. Encore moins dans le supérieur.

Dans les écoles et les lycées, on pratique encore l'enseignement par « partenariat », dans lequel les meilleurs élèves, appelés les « moniteurs », aident leurs camarades. L'enseignement « simultané » (dans lequel le maître s'occupe en même temps de quelques dizaines d'élèves du même âge rassemblés par niveau, initié en France et ailleurs au siècle précédent par Jean-Baptiste de La Salle) s'installe peu à peu. On utilise des manuels, pas encore des cahiers.

La même année (1801), Fanny Raoul, écrivaine, journaliste, philosophe et essayiste, dans *Opinion d'une femme sur les femmes*, plaide pour l'accès des femmes aux études secondaires : « On allègue, pour justifier l'asservissement des femmes, l'infériorité de leurs forces physiques. Si les forces physiques étaient les seuls titres à la sagesse, au pouvoir, à la liberté et à l'égalité, combien d'hommes qui jouissent de ces avantages s'en verraient privés ? Combien donnent des lois, qui en recevraient ? Combien partageraient l'esclavage de vos femmes ? »

En 1802, les écoles de médecine et de droit reprennent le nom de « facultés », comme sous l'Ancien Régime ; les écoles centrales de la Révolution prennent le nom de « lycées », et les anciens lycées deviennent des « collèges ». À Paris, quatre lycées remplacent trois écoles centrales : le lycée Bonaparte, le lycée Impérial, le lycée Charlemagne et le lycée Napoléon. Tous restent des établissements municipaux ou privés, soumis au contrôle des recteurs d'académie, réservés aux garçons et financés par les parents. Les professeurs doivent être célibataires et vivre à l'intérieur de l'établissement ; en raison de la faiblesse des rémunérations, beaucoup de professeurs sont aussi commerçants ou artisans. Pour être proviseur, il faut être marié, ou l'avoir été, ce qui permet d'éviter de nommer des ecclésiastiques à la tête des lycées ; mais l'épouse du proviseur ne peut avoir accès à l'intérieur des bâtiments occupés par les pensionnaires. De fait, cette loi n'est pas appliquée, et sept ecclésiastiques sont tout de suite nommés proviseurs. Et, dès 1803, Jean Étienne Marie de Portalis, directeur des cultes, fait revenir un aumônier dans chaque lycée. L'année suivante, l'esclavage est rétabli dans les colonies.

En 1805 sont créées des maisons d'éducation de la Légion d'honneur pour prendre en charge l'éducation primaire et secondaire de jeunes filles dont les parents, grands-parents ou arrière-grands-parents ont reçu la Légion d'honneur ; il n'y aura de lycées de jeunes filles que quatre-vingts ans plus tard.

En 1806, Napoléon écrit à Jean-Baptiste Nompère de Champagny, son ministre de l'Intérieur, que l'enseignement doit reposer sur les principes chrétiens : « Dans une nation et sous un gouvernement qui professent le christianisme, il n'y a point d'éducation si l'on ne forme des élèves chrétiens. Ce n'est pas seulement en attachant à un lycée un aumônier qui y dit la messe le dimanche qu'on atteindra le but. La religion doit être profondément gravée dans le cœur et dans la raison des élèves. » Il intègre les Frères des écoles chrétiennes dans le système scolaire d'ensemble, et regroupe toute l'éducation dans ce qu'il nomme « l'Université impériale », « un corps chargé exclusivement de l'enseignement et de l'éducation publique dans tout l'Empire », avec à sa tête un grand maître rendant compte directement à l'Empereur. Peuvent subsister des établissements privés, mais à condition d'être dirigés par des diplômés de l'université, pour prévenir le risque de l'apparition d'un enseignement religieux dissident. En 1808, Napoléon écrit au directeur général de l'Instruction publique, le médecin Antoine de Fourcroy : « C'est en les comprenant dans l'Université qu'on les rattachera à l'ordre civil et qu'on préviendra le danger de leur indépendance [...] ; ils ne seront plus dangereux dès qu'ils n'auront plus un chef étranger ou inconnu », c'est-à-dire le pape.

En 1808, est créé un Conseil de l'Université, pour contrôler l'ensemble du système d'instruction publique : premier embryon d'un ministère de l'Éducation ; il juge toutes les questions relatives à la police, à l'administration générale des facultés, des lycées et des collèges, et arrête les budgets sur le rapport du trésorier de l'Université. Un grand maître dirige ce Conseil.

En 1809, revirement : l'Empereur impose le célibat aux proviseurs, ce qui lui permet de nommer ouvertement des ecclésiastiques à la tête de lycées publics. En 1812, en l'absence encore de tout lycée pour filles, est créé un pensionnat privé de jeunes filles au couvent des Oiseaux, à Paris, par Marie-Thérèse Félicité Binart.

Pendant les Cent-Jours, le ministre de l'Intérieur, Lazare Carnot, propose l'implantation, dans chaque chef-lieu de département, d'une « école centrale pour l'éducation gratuite et primaire d'après la méthode d'instruction des enfants par eux-mêmes ». Retour d'un projet révolutionnaire oublié. De là sortiraient des maîtres aptes à exercer dans les chefs-lieux d'arrondissement et dans les communes. Après Waterloo, Carnot part en exil et son projet est abandonné.

En 1816, l'épuration est immédiate : le grand maître et le Conseil de l'Université sont remplacés par une commission de cinq membres sous l'autorité du ministre de l'Intérieur ; dix-sept facultés des lettres et trois facultés des sciences sont supprimées ; des professeurs trop bonapartistes sont suspendus ; les programmes sont modifiés ; dans chaque canton, un comité est chargé de la surveillance des écoles et oblige les communes à « pourvoir à ce que les enfants qui l'habitent reçoivent l'instruction primaire, et à ce que les enfants indigents la reçoivent gratuitement ». En réalité, très peu d'enfants pauvres, à la campagne et en ville, vont à l'école, en dehors de quelques heures le dimanche.

En 1820, est créé un Conseil royal de l'instruction publique et, en 1822, un ministère des Affaires ecclésiastiques et de l'Instruction publique, qui devient l'année suivante le ministère de l'Éducation publique ; il est confié à Mgr Frayssinous, considéré comme le premier ministre de l'Éducation nationale en France ; sous le contrôle de l'Église, il institue la première agrégation de philosophie.

En 1822, à Roville-devant-Bayon, en Lorraine, un agronome, Mathieu de Dombasle, crée une première ferme-école pour diffuser les bonnes pratiques ; d'autres suivent. En 1823, l'État ouvre une École des haras ; puis l'École royale forestière, à Nancy en 1824, et l'École nationale vétérinaire de Toulouse en 1825, puis en 1832 les Écoles d'arts et métiers d'Angers et de Châlons.

Les journaux commencent à jouer un rôle significatif dans la transmission des connaissances ; en particulier les publications d'Édouard Charton, des revues comme *Le Magasin pittoresque*, le journal *Le Globe* et *Le Tour du monde*, et les livres de la collection « La Bibliothèque des merveilles », destinés à

« répandre parmi les gens du monde et la jeunesse la connaissance de ce que la nature, les sciences, les arts et l'industrie ont de plus digne d'admiration ».

En 1833, après la révolution de Juillet, dans un pays où un adulte sur deux est encore analphabète (contre moins de 3 % en Prusse, 10 % en Suède, 15 % aux Pays-Bas et 40 % aux États-Unis), François Guizot, jeune protestant élevé durement par sa mère avant de faire carrière à Paris et de devenir ministre de l'Instruction publique, annonce la création, dans chaque préfecture, d'écoles primaires supérieures, pour que des enfants de petits commerçants, d'agriculteurs, d'employés ou encore d'artisans puissent avoir un peu de formation secondaire, sans pourtant avoir accès aux lycées, qui sont maintenant strictement réservés à la bourgeoisie. Le système scolaire n'est encore ni obligatoire, ni laïc, ni gratuit ; il ne concerne toujours pour l'essentiel que les garçons et reste sous l'emprise absolue de l'Église. Guizot écrit : « Le développement intellectuel tout seul, séparé du développement moral et religieux, devient un principe d'orgueil et par conséquent de danger pour la société. Rien n'est plus désirable que l'accord du prêtre et de l'instituteur ; tous deux sont revêtus d'une autorité morale ; tous deux peuvent s'entendre pour exercer sur les enfants, par des moyens divers, une commune influence. » En 1834, Guizot impose l'enseignement par niveau et crée le corps des inspecteurs départementaux pour surveiller l'école primaire. Une circulaire de cette année-là ose proposer que les élèves protestants aient droit à une éducation religieuse de leur choix : « Dans tous les collèges royaux, toutes les fois qu'il se trouvera des élèves appartenant à l'un des cultes reconnus par la loi, et s'il existe dans la ville une église de ce culte, vous ferez en sorte […] qu'un des pasteurs soit appelé pour donner à ces élèves l'instruction religieuse. » L'Église proteste ; Guizot, le protestant, cède et renonce.

En 1835, des élèves de l'École polytechnique, dont Auguste Comte, créent l'Association polytechnique pour offrir une instruction gratuite à des ouvriers et en faire des gens « plus habiles, plus à l'aise et plus sages ». Les professeurs sont des ingénieurs, anciens élèves de l'École polytechnique ou de l'École centrale, des avocats, des médecins, des hommes de lettres. L'initiative n'ira pas très loin.

En 1836, Guizot, toujours ministre de l'Instruction publique, impose à chaque commune d'avoir au moins une école primaire pour filles. Pendant ce temps, un nombre croissant de paysans deviennent des ouvriers, et leurs enfants avec eux, dans les mines, les filatures, les verreries, les forges. Pas question encore pour ces derniers d'aller à l'école.

En 1839, alors qu'est construit le grand amphithéâtre de la Sorbonne, l'avocat et professeur à la faculté de droit de Strasbourg, Prosper Eschbach, réaffirme la légitimité de la violence familiale et écrit, dans *De la puissance paternelle* : « Le père peut soumettre l'enfant à des sensations plus ou moins douloureuses et le priver de sa liberté pendant un temps plus ou moins long. » Cette année-là, des salles d'asile sont encore instituées, dans la tradition de l'Ancien Régime, comme « établissements charitables, où les jeunes enfants peuvent recevoir une surveillance matérielle et la première éducation que leur âge réclame ».

En 1840, le docteur Louis René Villermé, devenu médecin en 1814, après s'être improvisé chirurgien sur les champs de bataille de l'Empire, se voit confier, par l'Académie des sciences morales, une enquête sur le travail des enfants et leur éducation. Il la publie sous le nom de *Tableau de l'état physique et moral des ouvriers employés dans les manufactures de coton, de laine et de soie.* C'est un réquisitoire implacable contre la misère, les conditions de travail des enfants et le manque d'éducation du peuple : « L'instruction des enfants qui ont été admis dans les ateliers dès l'âge de 6 ans est nulle ; et ordinairement ceux qui sont reçus avant 10 ou 11 ans ne savent ni lire ni écrire. On a bien ouvert quelques écoles du soir et du dimanche ; mais des enfants fatigués par un labeur de douze ou quatorze heures, ou par le travail de la nuit précédente, ne sont pas en état d'en suivre les leçons avec fruit. L'indifférence des parents à cet égard est d'ailleurs communément très grande. Quant à l'instruction religieuse, on lui accorde, en général assure-t-on, le temps nécessaire. Au surplus, les enfants employés dans les manufactures laissent partout à désirer sous le rapport moral, surtout lorsqu'on les y reçoit très jeunes. » Il préconise de « retrancher sur le temps de leur présence dans les ateliers, comme je l'ai vu pratiquer dans quelques manufactures de Suisse et d'Alsace, quelques instants qui seraient consacrés à l'étude. Ce serait ajouter à leur avenir une nouvelle chance de bonheur, sans nuire à l'intérêt des fabricants. On éviterait ainsi le grave reproche d'avoir toléré, favorisé même, une exploitation homicide, et l'on permettrait l'entier développement des enfants qu'entrave leur trop long travail, et qui, devenus un jour hommes faits, récompenseraient la patrie, par leurs services, de la protection qu'elle leur aurait accordée dans l'âge de leur faiblesse. »

Villermé concède cependant (ce qui ne peut qu'horrifier un lecteur d'aujourd'hui) que « l'emploi des enfants dans les ateliers industriels est d'une nécessité absolue : c'est d'abord une économie, et d'ailleurs la tâche qui leur est confiée exige une délicatesse dans les doigts pour rattacher les fils et une souplesse du corps pour se glisser sous les métiers, qu'on ne rencontre pas chez les adultes ».

Les protestations des capitalistes pleuvent contre ce rapport pourtant fort modéré : si l'on contraint les enfants de moins de 8 ans à aller à l'école, disent les bourgeois, ils ne seront plus que des bouches à nourrir ; et les parents seront incités à faire moins d'enfants, ce qui sera mauvais pour l'économie générale du pays et pour ses armées.

Un an plus tard, en 1841, pour donner suite à ce rapport, quarante ans après la Grande-Bretagne, une loi interdit le travail en dessous de l'âge de 8 ans, oblige les enfants de 8 ans jusqu'à 12 ans à aller à l'école, même s'ils travaillent, et précise que « les enfants âgés de plus de 12 ans seront dispensés de suivre une école, lorsqu'un certificat, donné par le maire de leur résidence, attestera qu'ils ont reçu l'instruction primaire élémentaire ». Cette loi qui peine à être appliquée, même si les trois quarts des enfants de moins de 8 ans vont bientôt aller un peu à l'école.

En 1845, après des épidémies et une crise agricole sévère, une commission du Conseil général d'agriculture recommande la création d'instituts agricoles pour former les enseignants et établir des fermes-écoles pour former des techniciens.

En 1848, 64 % des conscrits savent lire ; 80 % des garçons de moins de 8 ans fréquentent parfois l'école. Cette année-là, un certain Delois, lors d'un débat parlementaire à propos d'un projet d'enseignement professionnel de l'agriculture, préconise d'organiser quelques cours du soir pour les enfants travaillant aux champs ; mais pas plus : « L'enfant, messieurs, c'est dans les champs qu'il apprend l'agriculture, avec son père, en conduisant les chevaux. »

Cette même année, première esquisse de formation permanente des adultes : le mathématicien Eugène Lionnet crée l'Association philotechnique pour « donner aux adultes une instruction appropriée à leurs besoins », avec l'appui de Victor Duruy, futur ministre de l'Instruction publique. Les professeurs sont bénévoles, ce qui permet d'offrir des cours, à prix très modiques, à environ six mille élèves, généralement le soir ou le samedi. Il s'agit surtout d'alphabétiser les ouvriers. Cette même année encore, un projet d'Hippolyte Carnot, fils cadet de Lazare, visant à instituer la gratuité pour tous dans les écoles publiques, est rejeté par les députés de droite ; ce projet lance la préparation de ce qui deviendra bientôt la loi Falloux.

En effet, une fois élu président de la République, en 1848, Louis-Napoléon Bonaparte nomme ministre de l'Instruction publique et des Cultes Alfred de Falloux, journaliste très intégriste, député du Maine-et-Loire. Celui-ci va donner tout pouvoir à l'Église sur l'éducation par une loi de 1850 qui distingue, en théorie, un enseignement public financé par l'État et un enseignement « libre » formé d'écoles catholiques. En réalité, par cette loi, le contrôle de l'État sur les écoles privées est réduit au minimum, tandis que le clergé participe à tous les comités de l'enseignement public et en contrôle ainsi l'organisation, les programmes et la nomination des maîtres de l'école primaire à l'université ; un simple rapport du maire ou du curé peut permettre à l'évêque d'obtenir la mutation ou le renvoi d'un instituteur ; l'évêque siège dans le conseil d'académie de l'académie créée dans chaque département ; l'instruction morale et religieuse figure au premier rang des matières enseignées dans toutes les écoles primaires, publiques ou privées ; les congrégations religieuses se voient faciliter l'ouverture d'établissements d'enseignement ; les municipalités ont le droit de choisir un congréganiste comme instituteur dans les écoles primaires publiques ; les jésuites, jusqu'alors interdits, peuvent revenir enseigner et leurs collèges peuvent rouvrir ; les religieuses n'ont besoin que d'une lettre d'obédience de leur supérieure pour enseigner dans le primaire. Enfin, la loi Falloux impose, en théorie, aux communes de plus de huit cents habitants d'ouvrir une école pour filles, mais cela restera très théorique. Rien n'est modifié dans l'enseignement supérieur, qui n'a jamais cessé, depuis 1816, d'être sous le contrôle de l'Église, même si le terme « université » disparaît officiellement, mais pas dans la pratique.

Le jour du vote de cette loi, Victor Hugo (qui a fait ses études dans une institution religieuse de Madrid, où son père était militaire, avant d'entrer dans une pension française à Paris, puis d'abandonner ses études pour se lancer dans une carrière théâtrale et littéraire et qui vient d'être élu député), proteste violemment à l'Assemblée. Pour lui, l'État doit « donner et régler » un enseignement public. « L'éducation, c'est la famille qui la donne ; l'instruction, c'est l'État qui la doit. » Il réclame l'instruction gratuite et obligatoire pour tous : « Partout où il y a un champ, partout où il y a un esprit, qu'il y ait un livre. Pas une commune sans école, pas une ville sans un collège, par un chef-lieu sans une faculté. »

En 1851, une loi impose un âge minimal pour le commencement de l'apprentissage (12 ans), un nombre maximal d'heures quotidiennes de travail des enfants (dix heures de 12 à 14 ans, et douze heures de 14 à 16 ans), et deux heures par jour pour l'éducation de ceux d'entre eux qui ne savent ni lire ni écrire. Tout cela n'est absolument pas appliqué : en 1853, un rapport de police signale que de jeunes couseuses et brodeuses d'une fabrique de bonneterie de Troyes travaillent jusqu'à seize heures par jour, pour 40 à 60 centimes.

Quand commence le Second Empire, aux yeux des républicains, l'échec de la IIe République a été dû à l'insuffisante instruction du peuple ; ils vont donc se battre, pendant trente ans, pour obtenir l'obligation scolaire, et la laïcité, gages pour eux de la victoire et de la pérennité d'un régime républicain. Des patrons pensent de même pour d'autres raisons : ils ont maintenant besoin de travailleurs qualifiés. En 1861, la Société industrielle de Mulhouse envoie une pétition au Sénat pour exiger l'instruction obligatoire pour tous. L'alliance du capital et du travail contre la rente et l'Église se fait plus solide.

Et plus seulement pour les garçons : la même année 1861, Julie Victoire Daubié est, à 37 ans, la première femme française à obtenir le baccalauréat. Le ministre de l'Éducation de l'époque, Gustave Rouland, refuse de signer son diplôme ; elle deviendra ensuite enseignante et mourra avant d'avoir fini sa thèse sur « la condition de la femme dans la société romaine ».

En 1863, Victor Duruy, fils d'un chef d'atelier à la manufacture des Gobelins, devenu agrégé d'histoire et géographie, puis professeur au collège de Reims, puis à Henri-IV et à Saint-Louis, puis ministre de l'Instruction publique, encourage l'ouverture d'une école de filles dans toutes les communes de plus de huit cents habitants, et d'une section de filles dans chaque lycée.

De nombreux instituteurs commencent à se révolter contre la soumission au clergé à laquelle les astreint la loi Falloux. En 1864, l'Église de France sent venir le danger et réagit en faisant appel au pape, qui vient à son secours, inquiet de voir la « fille aînée de l'Église » (titre porté par la France depuis Charles VIII) lui échapper ; Pie IX publie le *Syllabus*, recueil de quatre-vingts propositions enseignées subrepticement par des instituteurs français, mais réprouvées par l'Église traditionnelle, telles que : « L'Église ne doit, dans aucun cas, intervenir contre la philosophie » ; ou : « On doit nier toute action de Dieu sur les hommes et sur le monde » ; ou encore : « Il appartient au pouvoir civil de définir quels sont les droits de l'Église et les limites dans lesquelles elle peut les exercer. »

En 1864, l'historien Ernest Renan, dans la *Revue des Deux Mondes*, oppose les universités allemandes, qui nourrissent « le mouvement intellectuel le plus riche, le plus flexible, le plus varié », à l'enseignement supérieur français, qui « est moins celui de la science moderne que celui des rhéteurs du IVe et du Ve siècle ». De fait, la Sorbonne est encore le lieu du conservatisme le plus absolu ; et, mis à part en droit, en littérature, en médecine et en histoire, l'université française continue de s'accrocher à ses traditions moyenâgeuses.

Victor Duruy commande alors à son administration une enquête comparée sur les établissements supérieurs en France, en Prusse, en Belgique, aux Pays-Bas et en Allemagne. Elle dénonce l'insuffisance des moyens de travail, le trop petit nombre de chaires, le délabrement des bâtiments, l'isolement du corps enseignant, la médiocrité des bibliothèques et l'impécuniosité des chercheurs. Naturellement, aucune suite n'est donnée.

En 1866, l'enseignant et homme politique Jean Macé crée la Ligue de l'enseignement, pour réclamer une école primaire gratuite, obligatoire et laïque et organiser une action éducative et civique autour et en dehors du système scolaire. Commence ce qui deviendra le monde périscolaire.

Au même moment, à Genève, Karl Marx, dans un de ses rares textes sur l'éducation (les « instructions » données aux délégués du conseil général de la Première Internationale), explique qu'il faut tenir l'enfant le plus longtemps possible éloigné du travail et que l'éducation doit comprendre l'éducation intellectuelle, l'éducation physique et une formation polytechnique devant permettre à l'enfant de comprendre les techniques industrielles de son époque et les sciences à la source de ces techniques.

En 1867, Victor Duruy, s'inspirant encore de la Prusse, qui est encore le modèle éducatif admiré de tout l'Occident, met en place un système de financement des écoles par des cotisations volontaires des parents et des subventions de la commune ; il revalorise le salaire des instituteurs, revoit les programmes, renforce le contrôle de l'État sur les écoles privées, sans pour autant revenir sur la loi Falloux. Il impose l'ouverture d'une école de filles dans les communes de plus de cinq cents habitants, et non plus seulement de huit cents habitants. L'histoire et la géographie deviennent obligatoires. Il demande aux instituteurs des communes rurales de donner, « par le choix des dictées, des lectures et des problèmes, une direction agricole à leur enseignement ; et de faire, de temps en temps, dans leurs cours pour adultes, après les leçons ordinaires d'écriture, de calcul et d'orthographe, des lectures agricoles accompagnées d'explications et de conseils. Les instituteurs doivent faire tous leurs efforts pour annexer un jardin à leur école, afin d'exercer les enfants à la pratique de l'horticulture ».

Pour pousser l'université à se réformer, Duruy crée en 1868 une institution périphérique, comme l'avait fait François Ier avec le Collège de France : l'École pratique des hautes études, « ayant pour but de placer, à côté de l'enseignement théorique, les exercices qui peuvent le fortifier et l'étendre », en proposant à ses étudiants des séminaires de personnalités issues du monde académique et des scientifiques travaillant en laboratoire (dans les sciences dures, humaines et sociales).

La même année 1868, dans l'Empire finissant, une loi autorise les réunions publiques, dès lors qu'elles ne traitent ni de politique ni de religion ; on y parle beaucoup d'éducation ; se multiplient aussi les espaces permettant au peuple de s'instruire et d'aborder les questions sociales. Ces réunions publiques sont de réels lieux d'éducation populaire, déterminants dans la formation politique et la diffusion des idées de celles et ceux qui deviendront bientôt des communards, des républicains, des socialistes.

Cette année-là, Madeleine Brès est la première femme à terminer des études de médecine ; Emma Chenu est la première femme à obtenir une licence en sciences. Elles sont extrêmement mal accueillies dans les universités par leurs condisciples et leurs professeurs. De même, les jeunes Juifs sont reçus très parcimonieusement dans l'enseignement supérieur.

En 1870, à Roubaix, le filateur Charles Junker crée une école du soir pour ses ouvriers ; on y fait l'apprentissage de la lecture, de la géographie, de l'arithmétique, de la géométrie, de l'histoire naturelle ; une bibliothèque de cinq cents cinquante volumes relevant principalement des sciences naturelles, des sciences morales, des arts et métiers, des « romans et mélanges » est à leur disposition ; les professeurs sont surtout des directeurs des usines de tissage et de filature.

En 1870, la loi Falloux règne encore sur l'éducation française, en particulier à Paris, où 84 % des établissements primaires sont des écoles religieuses et où 57 % des élèves fréquentent un établissement religieux. Le règlement destiné aux instituteurs de la Seine définit le devoir du professeur comme un « devoir religieux ». Les archives du 17e arrondissement rapportent l'obligation, pour l'instituteur, de dire quotidiennement la prière.

Le système scolaire de l'Empire est pourtant déliquescent : de nombreux instituteurs, du fait de leur bas salaire, quittent leur poste une fois leur engagement décennal achevé. À Paris, un tiers des enfants n'est toujours pas scolarisé pleinement, soit autant que sous l'Ancien Régime. Et le chiffre est plus élevé en province.

Cette année-là, après la défaite de Sedan, Jules Ferry, alors maire de Paris, réclame la mise en place d'une « école républicaine, qui traitera les inégalités sociales et rendra possible l'entente entre les classes, pour éviter que ne s'enclenche une révolution sociale » ; il la conçoit pour les filles autant que pour les garçons : « L'égalité d'éducation pour toutes les classes, ce n'est faire que la moitié de l'œuvre, que la moitié du nécessaire, que la moitié de ce qui est dû ; cette égalité, je la réclame, je la revendique pour les deux sexes. »

En janvier 1871, quand éclate la Commune de Paris, les communards réclament des crèches, proclamant que « l'éducation commence dès la naissance » ; ils revendiquent aussi une réforme profonde des programmes de l'école primaire, qui doit s'appuyer, disent-ils, sur une connaissance scientifique ; ils militent pour la coéducation des sexes. Une société savante, baptisée « L'Éducation nouvelle » (composée d'enseignants et de parents), réclame une instruction laïque, gratuite et obligatoire. En février 1871, Albert Sorel explique, dans la *Revue des Deux Mondes*, que c'est l'éducation prussienne qui, par sa rigueur et sa discipline, a permis de construire une armée puissante : « Tandis qu'en Allemagne le clergé s'est montré favorable à l'instruction obligatoire, il l'a combattue en France. » Il conclut : « C'est en développant la discipline sociale et l'application intellectuelle, qui existaient dans la nation, que l'instruction obligatoire a pu contribuer en Allemagne à l'organisation de la puissance militaire. »

En avril 1871, un décret de la Commune sépare l'Église de l'État et impose le principe d'une école laïque, gratuite et obligatoire, pour filles et garçons. Édouard Vaillant, élu au conseil de la Commune dans le 8e arrondissement, devient délégué à l'Instruction publique et appelle à pourvoir les postes laissés vacants par les religieux ; dans ce même arrondissement, les parents peuvent assister aux cours de leurs enfants ; dans le 3e, les fournitures scolaires sont gratuites ; dans le 20e, nourriture et vêtements sont gratuits pour les élèves ; dans le 13e, est créée une bibliothèque communale avec lectures et conférences populaires. Le 8 mai 1871, dans le journal *Le Père Duchêne*, on peut lire que le rôle de l'éducation est de « faire des hommes complets, c'est-à-dire capables de mettre en œuvre toutes leurs facultés et de produire non seulement par les bras, mais encore par l'intelligence ». Les frères Ducoudray (professeur de lettres et médecin) et Maria Verdure (militante républicaine membre de L'Éducation nouvelle, fille d'un instituteur et épouse de Charles Élie Ducoudray) présentent, les 15 et 17 mai 1871, à Édouard Vaillant un projet de création et d'organisation de crèches (« Dix enseignants pour cent enfants » ; « La salle de jeux doit contenir tout ce qui peut amuser les enfants » ; « Aucun ministre ou représentant d'un culte n'est admis dans le personnel »). Est décidée l'égalité de salaire entre instituteurs et institutrices, ainsi qu'une augmentation du salaire de tous.

C'est aussi avec la Commune qu'apparaît en français le mot « laïcité », qu'Émile Littré recensera pour la première fois dans un article du journal *La Patrie*. Le mot serait emprunté au latin ecclésiastique *laïcus* (« commun, du peuple »), qui, lui, viendrait du grec *laos* (« peuple ») ; le mot « laïc » désignait jusque-là un « baptisé » n'appartenant pas au clergé ; « laïc » est donc l'antonyme de « clerc ».

Le 28 mai 1871, la fin de la Commune (et l'exécution de plusieurs des protagonistes cités plus haut) conduit à l'abandon de ces projets ; mais le principe de laïcité, pensé et tenté par les communards, sera bientôt repris par Jules Ferry, qui quitte la tête de la mairie de Paris le 5 juin 1871.

En 1875, avec le rétablissement fragile de la république, Gambetta, lors d'un discours à Belleville, établit le lien entre les philosophes du XVIIIe siècle, la Révolution française et la laïcité : « Nous voulons que l'État nous ressemble, que la France soit la nation laïque par excellence. [...] Nous continuons l'œuvre de nos pères, la Révolution française préparée par les hommes de la France de la raison, du libre examen. »

Pourtant, la république commence mal pour les laïcs : l'Église, se sentant menacée, prend les devants et veut maintenant créer ses propres institutions universitaires : une loi sur la liberté de l'enseignement supérieur, présentée par le comte Jaubert, met fin au monopole de l'État dans le supérieur, que la loi Falloux n'avait pas eu besoin de remettre en cause, puisque l'université était alors entièrement contrôlée par l'Église. La loi Jaubert permet la création d'universités dites « libres », c'est-à-dire en fait cléricales : « Tout Français âgé de 25 ans, n'ayant encouru aucune des incapacités prévues par l'article 8 [avoir commis un crime, par exemple] de la présente loi, et les associations formées légalement dans un dessein d'enseignement supérieur pourront ouvrir librement des cours et des établissements d'enseignement supérieur. » Des jurys mixtes, formés par moitié de professeurs des facultés de l'État et de professeurs des universités libres, autorisent ces établissements privés d'enseignement supérieur à s'appeler « universités », à être déclarés établissement d'utilité publique et à recevoir des dons et legs. Ainsi est créée « la Catho » (l'université catholique de l'Ouest) dès 1875 ; puis viendront le Collège libre des sciences sociales et l'École supérieure des sciences commerciales d'Angers.

Le combat devient très brutal : en 1877, dans un discours à la Chambre des députés, Gambetta désigne l'Église catholique comme « l'ennemi à abattre » : « Vous sentez donc, vous avouez donc, qu'il y a quelque chose qui, à l'égal de l'Ancien Régime, répugne à ce pays, répugne aux paysans de France. [...] C'est la domination du cléricalisme. » En 1878, le philosophe de l'éducation Ferdinand Buisson, cofondateur, vingt ans plus tard, de la Ligue des droits de l'homme, publie un *Dictionnaire de pédagogie et d'instruction primaire*, recueil d'articles de plus de trois cents auteurs, opposant la mémorisation, voulue par l'Église, à la méthode intuitive, inspirée par les théories de Rousseau et de Pestalozzi, et rattachée à la laïcité.

En 1879, Paul Bert, médecin et député de l'Yonne, propose de remplacer l'Église par l'école : « C'est notre église laïque à nous, où l'on enseigne des vérités scientifiques et démontrables, où l'on enseigne les vertus civiques et la religion de la Patrie. » Une loi (qu'il promeut avec Jules Ferry, Marcellin Berthelot, inspecteur général de l'instruction publique, et Jean Macé, fondateur de la Ligue de l'enseignement) impose la création d'au moins une « École normale » de garçons et une de filles par département, pour former des instituteurs, qui gardent ce nom, donné aux enseignants du primaire en octobre 1791. Les universités françaises forment encore d'excellents spécialistes des langues anciennes, de l'histoire, de la géographie, de l'archéologie, du droit, de la médecine, mais toujours pas, ou presque, des sciences expérimentales.

On commence à prendre un peu plus au sérieux les conditions de travail de l'enfant à l'école ; et comme des théoriciens travaillent à l'amélioration de l'efficacité de l'atelier dans les usines, on réfléchit à rendre plus fonctionnelle la salle de classe : on définit cinq types de « table-banc » (c'est-à-dire d'une assise et d'un plateau associés) en fonction de la taille des élèves ; on explique que l'éclairage doit être unilatéral par la gauche, pour des élèves supposés droitiers afin d'avoir un éclairement optimal du cahier ou du livre. Naturellement, tout cela reste théorique, faute de moyens ; mais beaucoup devinent que l'école va bientôt devoir accueillir de grandes masses d'élèves et qu'on doit s'y préparer.

En 1879, l'institutrice Pauline Kergomard, cousine du géographe Élisée Reclus, devenue déléguée générale à l'inspection des salles d'asile (qui visent à protéger les enfants des ouvrières des dangers de la rue), les transforme en écoles maternelles ; elle fait acter que le jeu est le premier travail des jeunes enfants et réclame un mobilier adapté à leur taille, précédant en cela de trente ans la méthode que développera en Italie Maria Montessori.

En 1880, l'Église doit reculer : une loi exclut les représentants de l'Église du Conseil supérieur de l'instruction publique et des conseils académiques, qu'ils contrôlaient depuis la loi Falloux. Les instituteurs religieux restent néanmoins en fonction, s'ils sont titulaires du Brevet de capacité pour l'enseignement primaire. Les établissements des jésuites sont à nouveau interdits et les autres congrégations sont soumises à une procédure d'autorisation. La loi crée des « écoles d'apprentissage », « pour développer chez les jeunes gens qui se destinent aux professions manuelles la dextérité nécessaire et les connaissances techniques » ; la durée des études y est de trois ans minimum et on ne peut y entrer avant 12 ans, et après avoir obtenu le certificat d'études primaires.

Cette année-là, Camille Sée, député de la Seine puis membre du Conseil d'État, crée un enseignement secondaire public pour les filles, qui reste différent de celui des garçons ; la scolarité est de cinq ans, payante, avec possibilité de bourses ; elle ne prépare pas au baccalauréat mais à un simple diplôme de fin d'études. Cette année-là aussi, Paul Robin (diplômé de l'École normale supérieure – qui survit depuis 1794 – de Paris en mathématiques et physique), pédagogue libertaire, proche de Bakounine, partisan du contrôle des naissances et de l'avortement, est placé par Ferdinand Buisson, alors directeur de l'enseignement primaire auprès de Jules Ferry, à la tête de l'orphelinat Prévost, à Cempuis (Oise) ; il y met en pratique ses théories sur la « coéducation des sexes ». Il en sera chassé quatorze ans plus tard après une violente campagne de presse contre lui.

En 1880, il n'y a plus en France que 15 % d'illettrés, contre 58 % en 1827, 38 % en 1845, et encore 20 % en 1868. Surtout des filles.

En 1881, sous l'impulsion de Gustave Roy, président de la Chambre de commerce de Paris, l'École des hautes études commerciales ouvre ses portes à Paris et accueille cinquante-sept élèves.

Au début de 1882, Jules Ferry, alors ministre de l'Instruction publique et des Beaux-Arts, dans le gouvernement Charles de Freycinet II, veut supprimer l'éducation religieuse, qui est encore obligatoire dans l'enseignement public. Dans un discours à Reims, il relie une nouvelle fois éducation et défense nationale : « L'instituteur prussien a fait la victoire de sa patrie ; l'instituteur de la République préparera la revanche. » Il va plus loin et dépose alors un projet de loi visant à instaurer la scolarité obligatoire et gratuite de 6 à 13 ans, pour les garçons comme pour les filles, sanctionné par un certificat d'études qu'on pourrait présenter dès 11 ans, dans un établissement, public ou privé, ou au sein de sa famille ; l'État devant parallèlement garantir l'exercice du droit à cette éducation. L'instruction morale et religieuse de toutes les écoles primaires serait remplacée par une instruction morale et civique. L'enseignement des notions élémentaires d'agriculture deviendrait obligatoire.

Cela reste un projet sexiste et timide : alors que l'apprentissage des garçons doit les prédisposer « aux futurs travaux de l'ouvrier et du soldat », celui des filles doit « leur faire acquérir les qualités sérieuses de la femme de ménage et les mettre en garde contre les goûts frivoles ou dangereux ». Selon ce même projet de loi seraient proscrits l'enseignement religieux et les instituteurs religieux à l'intérieur des écoles publiques, mais pas dans les écoles privées. Les enseignants resteraient rémunérés en partie par les communes.

Pendant le débat sur cette loi, un amendement déposé en séance par le sénateur Jules Simon (qui fut président du Conseil en 1875) vise à introduire dans le programme scolaire les « devoirs envers Dieu et envers la patrie » ; il implore : « Mettez le nom de Dieu dans cette loi : mettez-le, je vous en supplie, au nom de la République et aussi au nom de la France. » Victor Schoelcher, président de la commission, clôt précipitamment le débat au Sénat, en osant professer son athéisme ; le texte est définitivement adopté le 23 mars 1882, et publié le 28 mars.

Par cette loi, la France installe non seulement la laïcité mais aussi l'éducation gratuite et obligatoire, après la Prusse en 1763, l'Autriche en 1774, la Suède en 1842, le Massachusetts en 1852, le Japon en 1872, la Grande-Bretagne en 1880, et avant les Pays-Bas en 1900, l'Inde en 1906, la Russie en 1919 et la Chine en 1986.

Trois jours après ce vote, l'Église dénonce cette loi comme blasphématoire, instaurant une « école sans Dieu », conduisant inévitablement à une faillite morale de la société. Poussés par elle, cinquante-six députés signent un manifeste contre cette loi qu'ils estiment être « un malheur pour la France ; ils demandent le retrait de quatre manuels d'instruction civique à l'usage de l'école laïque (*L'Instruction civique à l'école*, écrit par Paul Bert ; *Éléments d'éducation civique et morale*, par le député du Tarn Gabriel Compayré ; *Instruction morale et civique : l'homme, le citoyen*, du député de la Gironde Jules Steeg ; et *Instruction morale et civique des jeunes filles*, de Henry Gréville) ; ils accusent ces livres de bafouer le principe de neutralité scolaire en donnant une image négative de l'Église catholique. Devant le refus du ministre d'interdire ces manuels, le clergé les fait chercher et confisquer, et va jusqu'à refuser les sacrements aux parents qui ne retireraient pas leurs enfants des « écoles mauvaises ». L'évêque de Troyes, Mgr Cortet, proclame en chaire : « On veut déchristianiser l'individu, la famille, la France, et, pour atteindre plus sûrement ce but infernal, on s'attaque surtout à l'enfance et à ceux qui sont chargés de son éducation. »

Après un échange entre Jules Ferry et Léon XIII, le pape accepte ces lois en échange du maintien du Concordat, alors très menacé. En signe d'apaisement, Jules Ferry demande ensuite aux instituteurs, par une lettre du 17 novembre 1883, de faire preuve de la plus grande prudence en enseignant des vérités scientifiques même incontestées, « dès lors qu'elles risquent de blesser un sentiment religieux ». On retrouve ce débat encore aujourd'hui.

Incitées par l'État, les communes construisent de nouveaux locaux scolaires, mieux éclairés et aérés. Le temps de classe est réparti de 8 heures à 16 heures, à raison de trois heures par demi-journée, avec la pause du jeudi, des vacances et des jours fériés. L'instituteur devient une figure des bourgs et des villages. L'enseignement secondaire, toujours payant et réservé à la bourgeoisie, reste très austère, avec une discipline quasi militaire et de longues journées qui ne laissent la place ni à la récréation ni à l'exercice physique ; la méthode simultanée développée par les Frères des écoles chrétiennes à partir du XVIIe siècle, et concurrencée par la méthode mutuelle sous la Restauration, devient la norme : s'installent les classes de niveau.

En 1883, Marie Curie, né seize ans plus tôt à Varsovie, sort diplômée d'une école secondaire de la ville, et part poursuivre ses études de physique, chimie et mathématiques à l'université de Paris, où elle est très mal reçue, après un passage à la Flying University, une institution polonaise clandestine d'enseignement supérieur, qui admettait des étudiantes.

En 1884, cent vingt mille instituteurs et institutrices enseignent dans soixante-quatorze mille écoles primaires, dont plusieurs milliers avec un seul maître pour toutes les classes. Dans les villages où les partis républicains l'emportent, l'instituteur, qui n'est pas encore fonctionnaire d'État, devient secrétaire de mairie.

Cette année-là, à la Chambre des députés, Jules Ferry, devenu président du Conseil, défend le bilan de son gouvernement, mettant en avant la mise en place d'écoles dans toutes les campagnes. En réponse, Georges Clemenceau, alors député de la Seine, républicain radical et dans l'opposition, tient ces propos visionnaires, que je veux citer longuement parce qu'ils fixent le cap de la politique de l'enseignement en France pendant tout le siècle à venir : « Je voudrais, moi, que l'école fût le bâtiment le plus beau du village. Je voudrais que l'enfant, en entrant dans l'école, eût le sentiment qu'il entre dans un palais ; je voudrais que les œuvres d'art qui peuvent exister dans le village – et qui devraient être dans l'école au lieu de se trouver dans l'église… – suscitassent en lui des pensées élevées, afin que, suivant la parole de Condorcet, il ne fût étranger à aucun des sentiments qui honorent la nature. » Il poursuit : « L'enseignement primaire est aujourd'hui destiné à faire sortir le paysan de la barbarie ; l'enseignement secondaire est destiné à former la bourgeoisie libérale, à apprendre les règles du beau aux gens bien élevés ; l'enseignement supérieur est destiné à former des artistes, des hommes de lettres, pour récréer ces gens bien élevés, qui sont le pivot de la société. Eh bien, je dis qu'il faut briser ces vieux moules ; dans un pays de suffrage universel, l'instruction publique ne peut pas être la même que ce qu'elle était sous un régime censitaire. » Il ne demande pas cependant de mettre fin à l'enseignement religieux : « L'État, au lieu de s'immobiliser dans le monopole, recevra de ses concurrents l'impulsion nécessaire à son propre développement d'éducateur. » Il conclut : « Il ne faut pas que les citoyens continuent à se parquer dans une spécialité, il faut les amener à pouvoir passer d'une spécialité à une autre. II reste encore les professeurs à former, des bâtiments nombreux à construire, bâtiments qu'il faudra pourvoir de bibliothèques, de musées techniques, de musées d'art. » C'est un programme d'éducation pour tout le siècle suivant. Et pas seulement pour la France.

En 1886, le Parlement autorise l'ouverture d'écoles mixtes à classe unique dans les hameaux ou communes de moins de cint cents habitants. Cette année-là, dans la logique des lois Ferry, la loi Goblet impose une laïcisation progressive du personnel des écoles publiques ; les enfants venus de différentes confessions sont par ailleurs invités à en déposer les signes religieux avant d'entrer en classe.

En 1889, sept années après les « grandes lois laïques », les instituteurs des écoles publiques deviennent, pour la première fois, des fonctionnaires d'État, et sont entièrement rémunérés par lui. Les communes ne se chargent plus que des locaux et du fonctionnement.

En 1892, le pape recommande aux catholiques français le ralliement et la loyauté envers le régime républicain.

Ouvriers et paysans continuent de se former surtout hors de l'école, par des maisons de jeunes, des patronages, des clubs, des troupes de théâtre ou de musique, des universités populaires, des cercles d'études, des musées, des cours du soir, la Ligue de l'enseignement et de l'éducation permanente, et des centres d'entraînement aux méthodes d'éducation active. Les syndicalistes dotent les bourses du travail (créées par les municipalités pour réguler le marché de l'emploi) de services d'entraide, de bibliothèques, de cours du soir, où l'on étudie

© NPL / opale.photo

UN ENSEIGNANT ET SES ÉLÈVES dans la Rome impériale, vers 180. Trèves.

© CCI / Bridgeman Images

L'EMPEREUR CHARLEMAGNE visite une école, vers 800.
Illustration de Joseph et Louis Beuzon, *Premier Livre d'Histoire de France*, Gauthier-Deschamps-Aymard, France, 1929.

ALCUIN D'YORK. Érudit, ecclésiastique, poète et professeur anglais originaire de York, vers 850. Miniature du IXe siècle, bibliothèque du Vatican.

SAINT GRÉGOIRE et ses scribes, vers 850-875. Kunsthistorisches Museum, Vienne, Autriche.

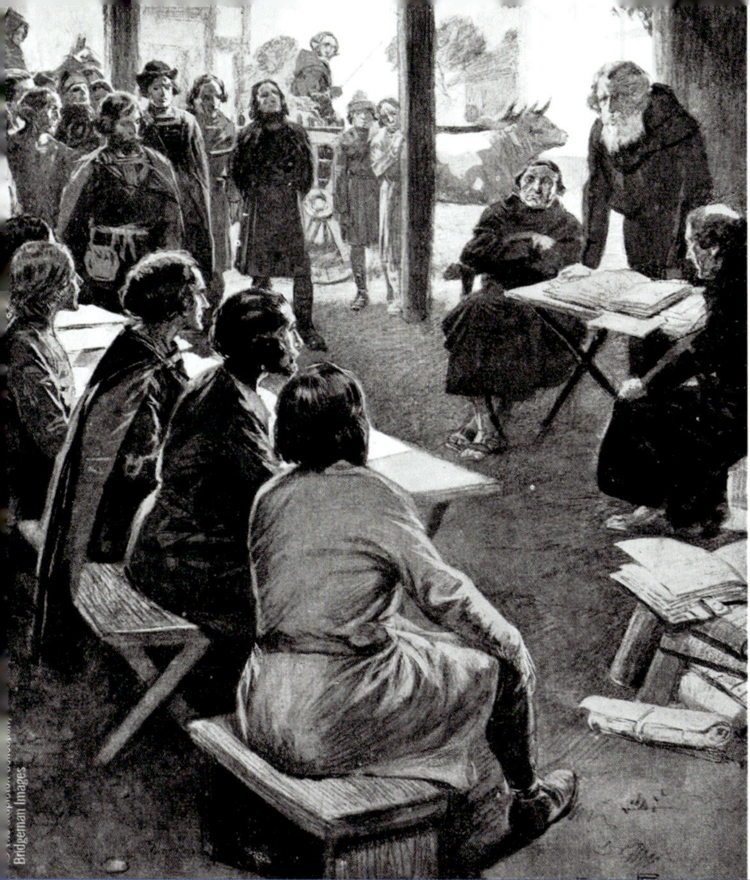

CRÉATION DE CAMBRIDGE en 1109. Illustration d'Ernest Prater pour *Hutchinson's Story of the British Nation*, 1923.

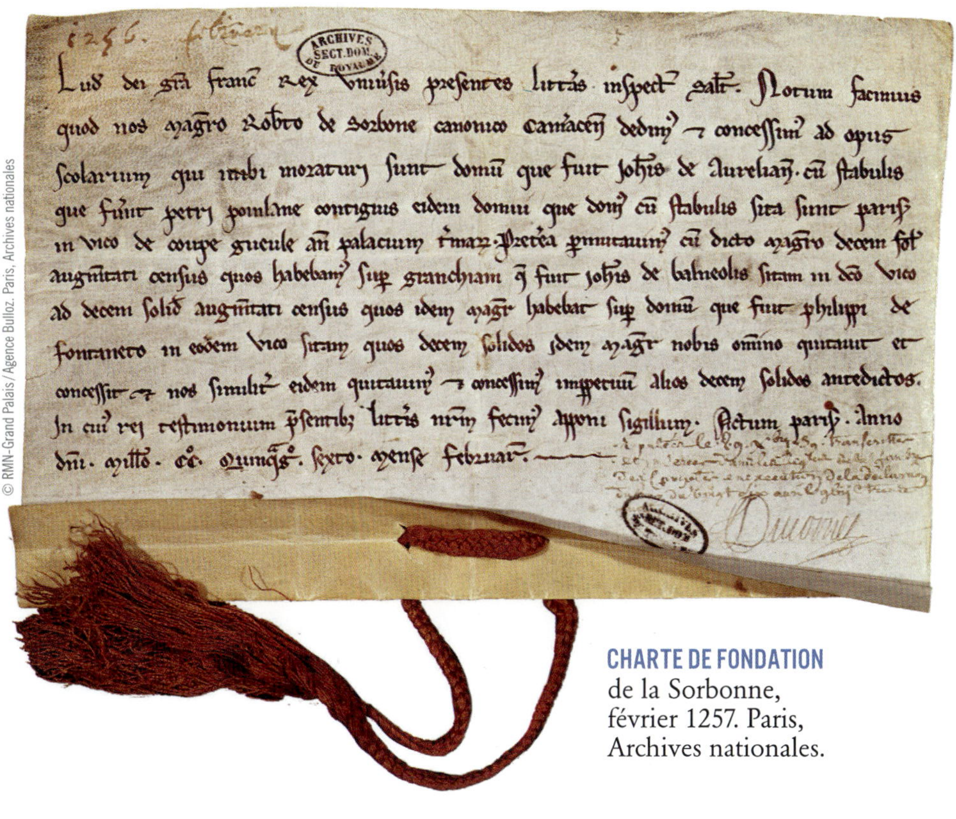

1256. février

Lud dei gra franc rex universis presentes litteras inspect salt. Notum facimus quod nos magistro Robto de Sorbone canonico Camacen dedim et concessim ad opus scolarium qui inibi moratur sunt domu que fuit Johis de Aurelian. cu stabulis que fuit petri pomlane contiguus eidem domui que dom cu stabulis sita sunt paris in vico de coupe gueule an palatium t'mar. Preterea permutavim cu dicto magistro decem sol augustati census quos habebam sup granchiam q fuit Johis de balneolis sitam in dco vico ad decem solid augustati census quos idem magr habebat sup domu que fuit philippi de fontaneto in eodem vico sitam quos decem solidos idem magr nobis omino quitavit et concessit. et nos simulit eidem quitavim et concessim imperpetuu alios decem solides antedictos. In cui rei testimonium psentib litteris nrm fecim apponi sigillum. Actum paris. Anno dni. millo. cc. quinqs. sexto. mense februar.

CHARTE DE FONDATION de la Sorbonne, février 1257. Paris, Archives nationales.

ÉCOLE PAROISSIALE, seconde moitié du XIVe siècle, par Laurentius de Voltolina. Kupferstichkabinett, Berlin.

BAS-RELIEF DU TOMBEAU de Lorenzo del Pino, avocat et professeur de droit de l'université de Bologne, réalisé par l'atelier des Dalle Masegne en 1395. Musée civique de Bologne.

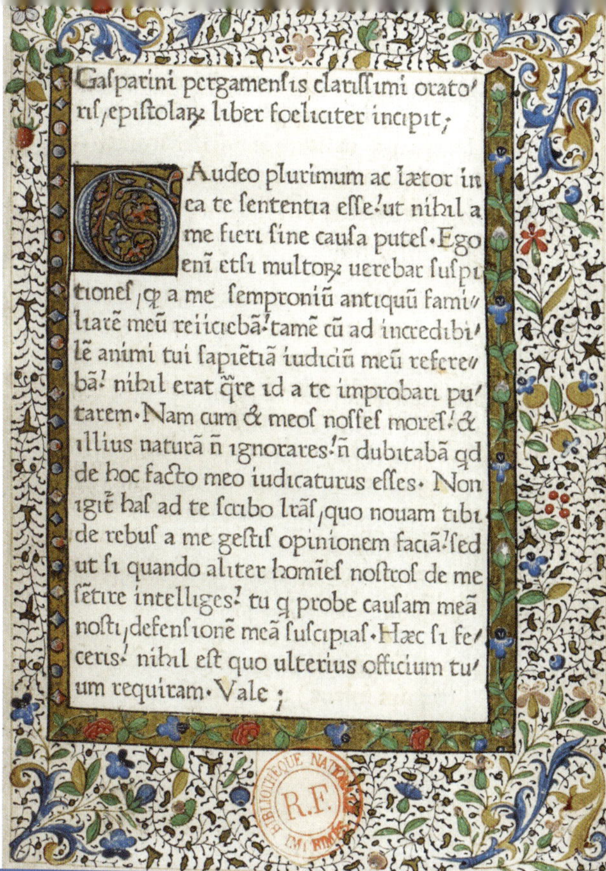
Gaſparini pergamenſis clariſſimi orato/
ris,epiſtolarꝫ liber foeliciter incipit;

GAudeo plurimum ac lætor in
ea te ſententia eſſe:ut nihil a
me fieri ſine cauſa puteſ.Ego
enĩ etſi multorꝫ uerebar ſuſpi
tioneſ,ꝗ a me ſemproniũ antiquũ fami/
liarẽ meũ reiiciebã:tamẽ cũ ad incredibi/
lẽ animi tui ſapiẽtiã iudiciũ meũ refere/
bã: nihil erat q̃re id a te improbari pu/
tarem.Nam cum & meoſ noſſeſ moreſ:&
illius naturã ñ ignorares:ñ dubitabã qd
de hoc facto meo iudicaturus eſſes. Non
igit̃ haſ ad te ſcribo lrãſ,quo nouam tibi
de rebuſ a me geſtiſ opinionem faciã:ſed
ut ſi quando aliter homĩeſ noſtroſ de me
ſẽtire intelliges: tu q probe cauſam meã
noſti,defenſionẽ meã ſuſcipiaſ.Hæc ſi fe/
ceris: nihil eſt quo ulterius officium tu/
um requiram.Vale ;

EPISTOLAE GASPARINI, premier livre imprimé en France en 1470, recueil de lettres latines destinées à servir de modèles stylistiques aux étudiants parisiens. Bibliothèque nationale de France.

ÉDUCATION DE PANTAGRUEL, personnage créé par Rabelais en 1532. Illustration de Robida pour les œuvres complètes de François Rabelais publiées par l'Illustre Librairie en 1885.

ÉCOLE AUX PAYS-BAS, vers 1670. Tableau de Jan Havicksz Steen (1625-1679). National Galleries of Scotland, Édimbourg.

LE MAÎTRE D'ÉCOLE,
Egbert van Heemskerck, 1687. Musée national de l'Éducation.

© akg-images

FRANÇOISE D'AUBIGNÉ, marquise de Maintenon, créatrice en 1686 de la Maison royale de Saint-Louis, un pensionnat pour jeunes filles. Gravure sur bois, 1857, d'après un dessin de Chevignard.

© Andrea Jemolo/Bridgeman Images

EXAMEN impérial chinois, gravure du XVIIIe siècle.

ENFANTS avec un précepteur jésuite, XVIIIe siècle, de Michel-François d'André-Bardon, 1744. The British Museum.

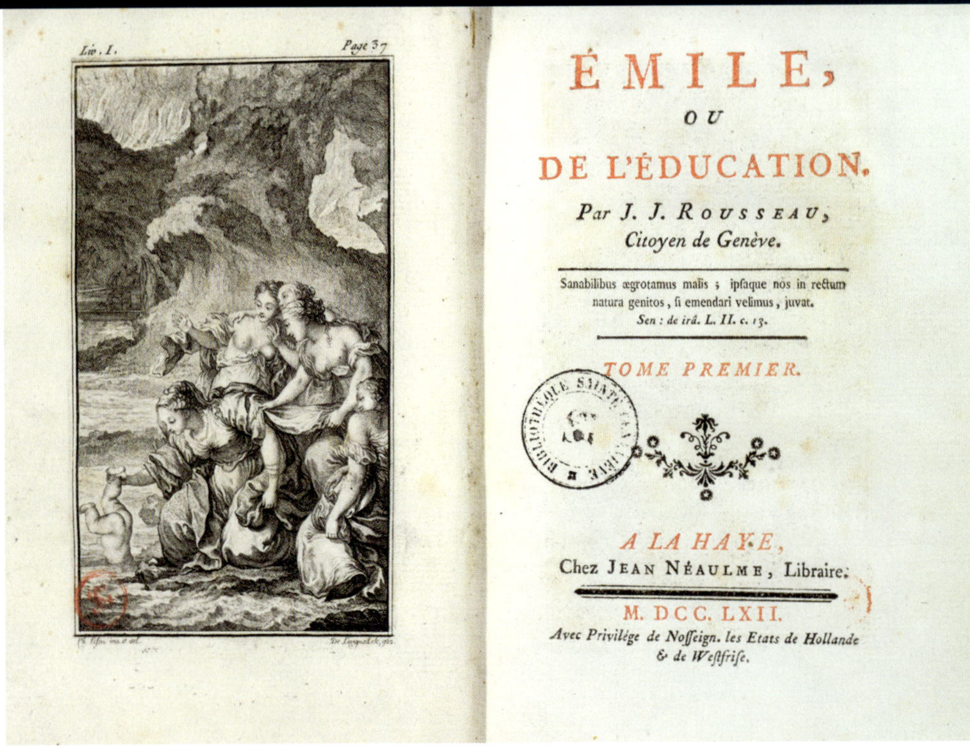

Liv. I. Page 37

ÉMILE,

OU

DE L'ÉDUCATION.

Par J. J. ROUSSEAU,

Citoyen de Genève.

Sanabilibus ægrotamus malis ; ipsaque nos in rectum natura genitos, si emendari velimus, juvat.
Sen : de irâ. L. II. c. 13.

TOME PREMIER.

A LA HAYE,

Chez JEAN NÉAULME, Libraire.

M. DCC. LXII.

Avec Privilége de Nosseign. les Etats de Hollande & de Westfrise.

FRONTISPICE de l'*Émile* de Jean-Jacques Rousseau, 1762.
Gravure de l'École néerlandaise.

LOUISE D'ÉPINAY,
femme de lettres et pédagogue française opposée à Rousseau sur la manière d'éduquer les filles. Gravure d'Henri Charles Antoine Baron (1816-1885), Bibliothèque nationale de France.

LA PREMIÈRE *RAGGED SCHOOL*, Westminster, 1851.
Alexander Blaikley (1816-1903), Birmingham Museum and Art Gallery.

LA FÉMINISTE ET PHILOSOPHE Fanny Raoul (1771-1833) prônant l'égal accès des femmes et des hommes à l'éducation. Gravure de François Désiré Gosselin (1809-1868), Musée Carnavalet, Histoire de Paris.

LÉON TOLSTOÏ avec des élèves de son école Iasnaïa Poliana en 1859.

LA PUNITION :
un bonnet d'âne.
Un futur savant,
tableau de Jean Geoffroy,
1880.

LE JOURNAL
d'extrême droite
Don Quichotte
attaquant Jules Ferry
et l'anticléricalisme,
1880. Illustration
de Charles Gilbert-Martin
(1839-1905).

LA PREMIÈRE *Sunday School* de Robert Raikes. Illustration pour *Robert Raikes, the Man who Founded the Sunday School* par J. Henry Harris (4e édition, Sunday School Union, vers 1890).

LE SPORT À L'ÉCOLE : Match de football entre Yale et Harvard, 1902.

VILLAGE D'ENFANTS selon la méthode Pestalozzi en Suisse, Noël 1952. Photographie de Margrit Baeumlin.

ÉCOLE LIBRE Freinet, Vence, 1953.

UNE YECHIVA dans le quartier de Mea Shearim à Jérusalem, en 1957.

ÉCOLIERS SOVIÉTIQUES,
Moscou, 1986. Photo de David Turnley.

l'économie, la philosophie, l'histoire, la Révolution. En 1894, un jeune bourgeois catholique, Marc Sangnier, fonde « Le Sillon », un mouvement qui organise des cercles d'études d'ouvriers, où ont lieu des conférences, des débats, des exercices de lecture, des études de questions sociales. L'anarchiste Fernand Pelloutier, élu secrétaire de la Fédération des bourses du travail en 1895, écrit alors que « ce qui manque à l'ouvrier, c'est la science de son malheur ». Des universités populaires sont créées à partir de 1898 ; parmi elles, le Cercle démocratique pour l'instruction et l'éducation du peuple, fondé par le poète Victor Bonhommet au Mans, l'université populaire de Bourges et la revue *La Coopération des idées*, à l'initiative d'ouvriers de Montreuil-sous-Bois et du sculpteur Georges Deherme, qui lance un appel à fonder une Société des universités populaires ; elle en regroupera cent vingt-quatre à la fin du siècle. C'est aussi le moment où, en France comme ailleurs, se créent un peu partout des clubs de sport, des conservatoires de musique et de théâtre et des académies de dessin.

En 1898, une loi condamne les violences, voies de fait, actes de cruauté et attentats commis envers les enfants ; elle prévoit le placement des enfants victimes de mauvais traitements et des sanctions contre les parents. On remplace peu à peu, au moins en théorie, à l'école les coups par des sanctions « éducatives » : bonnet d'âne, mise au piquet, renvoi de la classe. La pédagogie reste pourtant fondée sur la sanction des fautes plus que sur l'encouragement des progrès. On ne saura que beaucoup plus tard les sévices de toutes natures, y compris sexuelle, dont sont alors victimes les élèves, en particulier dans l'enseignement religieux.

En 1899, Edmond Demolins fonde l'École des Roches, à Verneuil-sur-Avre, très coûteuse école privée qui sera longtemps la référence pour la pratique de méthodes actives : contact étroit avec la nature, coéducation, travaux manuels, éducation physique, sciences naturelles, langues vivantes, vie communautaire ; les élèves, fils de grands bourgeois, y sont incités à prendre des responsabilités, dans la gestion de l'internat ou de la bibliothèque, pour la distribution de l'argent de poche, jusqu'au « capitanat », pour les élèves plus âgés.

En 1900, si la quasi-totalité des hommes et des femmes mariés réussissent à signer leur acte de mariage, seulement 4 % des enfants commencent des études secondaires, et 0,7 % des jeunes gens de 20 ans étudient à l'université. Il n'y a que 3,3 % de filles parmi les étudiants inscrits à l'université. La transmission des meilleurs savoirs, par les meilleurs enseignants reste réservée aux garçons d'une caste.

L'Algérie et les autres colonies françaises : asservir sans éduquer

En 1830, la France arrive en Algérie avec l'ambition, pour certains, d'apporter la culture à des gens qui n'ont accès, croient-ils, qu'à quelque rares écoles coraniques. Pourtant, on peut lire, un peu après, dans le *Bulletin de la Société d'histoire naturelle et de la Société géologique en France*, un article intitulé « Réalités de la nation algérienne » : « Tous les musulmans d'Alger sont plus instruits qu'en aucune partie de la Barbarie. Il y avait cent écoles publiques et particulières dans Alger avant notre entrée. » De fait, c'est beaucoup moins que cela. Les beys ottomans avaient créé dans la plupart des villages et des douars d'Algérie des écoles de lecture et d'écriture coraniques, dont l'enseignement était suivi par deux à trois mille jeunes par province ; six à huit cents élèves par province arrivaient jusqu'à l'étude des sciences du droit (*fiqh*) et de la théologie dans des madrasas ; les diplômés recevaient alors le titre de *uléma*.

En 1832, les occupants français créent trois écoles « européennes » à Alger, pour les nouveaux colons. En 1836, on en ouvre une autre, pour une soixantaine d'élèves musulmans, dans la Basse-Casbah. En 1837, lors de la prise de la ville de Constantine, les écoles coraniques et les manuscrits religieux sont détruits par l'armée et les colons. Il ne reste bientôt plus rien de l'enseignement antérieur à l'arrivée des Français. Le Second Empire installe des écoles pour Européens et met en place quelques rares lieux de cours pour un petit nombre d'enfants de propriétaires terriens ou de commerçants musulmans aisés ; en 1863, cent quatre élèves musulmans y sont inscrits. En 1870, un des décrets Crémieux distingue l'enseignement primaire de tous les enfants européens (section A), auxquels s'ajoutent les enfants juifs devenus citoyens français, de celui des musulmans (section B) qui vise seulement à leur enseigner le français et quelques rudiments de savoirs techniques. En 1888, un rapport officiel note qu'il n'existe alors en Algérie, pour les musulmans, que trois écoles et trente-trois « écoles gourbis », dont la moitié sont en Kabylie. Ces « écoles gourbis » sont installées dans des locaux traditionnels en pisé, sans chauffage ; l'enseignement qu'y donnent de simples moniteurs indigènes est totalement laïc ; il est décrit par le sociologue et historien algérien Abdelkader Djeghloul comme « un véritable appareil de répression contre la langue arabe et l'islam ». En 1891, lors d'un discours au Sénat, Jules Ferry affirme très ouvertement que son objectif est que les Algériens ne dépassent pas un certain niveau d'éducation : « Nous ne voulons pas leur rendre familiers nos beaux programmes d'enseignement primaire ; nous ne voulons leur apprendre ni beaucoup d'histoire ni beaucoup de géographie mais seulement le français, le français avant tout, le français et rien d'autre. »

Alfred Rambaud, ministre de l'Instruction publique en 1896, promet l'accès au savoir moderne aux Algériens, dans l'annihilation de leur culture : « La première conquête de l'Algérie a été accomplie par les armes et s'est terminée en 1871 par le désarmement de la Kabylie. La seconde conquête a consisté à faire accepter par les indigènes notre administration et notre justice. La troisième conquête se fera par l'école ; elle devra assurer la prédominance de notre langue sur les divers idiomes locaux, inculquer aux musulmans l'idée que nous avons nous-mêmes de la France et de son rôle dans le monde, substituer à l'ignorance et aux préjugés fanatiques des notions élémentaires mais précises de science européenne. »

À la fin du siècle, seulement 2 % des musulmans en âge d'être scolarisés ont accès à l'école, contre 84 % des Européens et des Juifs. Quatre-vingt-dix élèves musulmans suivent les cours des lycées et collèges en 1899. De 1880 à 1890, quatre musulmans obtiennent le grade de bachelier ; ils seront treize en tout entre 1890 et 1904.

En Côte d'Ivoire, c'est à Elima, dans le sud du pays, qu'est créée, en 1887, la première école française, pour trente-trois élèves africains, avec un instituteur venu d'Algérie. Trois ans plus tard, l'école est transférée à Assinie. À partir de 1890, d'autres écoles de village sont créées sur le littoral du golfe de Guinée, à Jacqueville, à Grand-Bassam, à Moossou, à Tabou, à Bettié ; elles fonctionnent avec des maîtres d'école occasionnels et regroupent environ deux cents élèves en 1895. À la fin du siècle, huit cent quatre-vingt-seize enfants ivoiriens vont à l'école, sur une population d'environ deux millions d'habitants.

Au Sénégal, les premières écoles remontent à 1817. Vers 1900, il y a environ soixante-dix écoles, établies surtout sur la côte ; elles sont fréquentées par deux mille cinq cents élèves. Elles sont tenues par les missions ou dirigées par des maîtres, dont une dizaine au plus sont des instituteurs de carrière, engagés par contrat. Il faut attendre 1903 pour que soit créée une première organisation générale de l'enseignement en Afrique-Occidentale française.

La Russie : l'arriération volontaire

En Russie, en 1802, pour lutter contre les idées des Lumières et de la Révolution française, qui commencent à s'y faire entendre, un certain nombre de professeurs d'université sont licenciés, et des « livres peu fiables et nuisibles » sont retirés des bibliothèques. Le tsar Alexandre Ier crée un ministère de l'Instruction publique et institue une Charte des universités de l'Empire russe ; elle distingue six régions éducatives avec cinq types d'institutions : écoles élémentaires, écoles paroissiales, écoles de district, gymnases, et universités. Selon cette charte, l'éducation doit convaincre les étudiants de l'origine divine du tsar et mettre en avant dans tous les cours les particularités de la vie et de l'esprit russes : orthodoxie, autocratie, racines nationales. En 1828, un enseignement en arménien, en géorgien et en azerbaïdjanais commence dans le Caucase. En 1857, les premières écoles secondaires publiques pour filles voient le jour (avec un programme spécifique : alors que les garçons sont préparés à l'université, les filles sont préparées au mariage). En 1859, 5 millions de serfs sur 70 millions savent lire. Dans certaines propriétés, de grands seigneurs ouvrent quelques écoles pour leurs serfs ; en 1859, Léon Tolstoï en ouvre une dans son domaine de Iasnaïa Poliana ; il s'inspire de Rousseau, Montaigne, Pestalozzi et Fröbel ; dans son école, on enseigne la lecture, les mathématiques, la religion, la géographie, l'environnement, le chant, le dessin, la physique et l'histoire, sans emploi du temps strict ni textes à apprendre par cœur, ni devoirs, ni châtiments corporels ; les enfants peuvent aller et venir à leur guise. Dans son journal, Tolstoï explique : « Pour savoir ce qui est bon et ce qui ne l'est pas, celui qu'on instruit doit avoir le plein pouvoir d'exprimer son mécontentement, ou au moins d'esquiver l'instruction qui ne le satisfait pas. Reconnaissons qu'il n'y a qu'un seul critère de la bonne pédagogie : la liberté. » Tolstoï y enseigne lui-même pendant deux ans, jusqu'à son mariage, un an après l'abolition du servage, en 1861.

En 1864, le tsar Alexandre II déclare l'enseignement primaire ouvert à tous ; il autorise l'accès à quelques programmes éducatifs aux femmes, mais refuse de les financer. Des systèmes spéciaux sont mis en place pour la Pologne et la Finlande, avec un enseignement en polonais, en finlandais, en letton, en lituanien, en estonien. En 1865, l'enseignement secondaire ne compte que 26 789 élèves répartis dans quatre-vingt-seize établissements.

En 1871, une loi unifie les programmes et limite le choix des manuels pour mieux contrôler l'éducation et la vie scolaire ; on augmente encore la place de la religion dans l'enseignement ; les réunions d'étudiants sont interdites ; les frais d'études sont doublés et le financement de l'État est réduit. Les quelques classes préparatoires qui formaient les élèves très défavorisés sont fermées. Le nombre de Juifs admis dans les gymnases est encore plus strictement limité : 10 % pour les écoles au sein des communautés juives, 5 % à l'extérieur, sauf à Saint-Pétersbourg et à Moscou, où ils ne peuvent représenter plus de 3 % des étudiants.

En 1878, une université pour filles, portant curieusement le nom d'un des complotistes contre Nicolas Ier, Alexandre Bestoujev, voit le jour à Saint-Pétersbourg et accueille huit cents étudiantes. Les meilleurs professeurs de la ville y enseignent, souvent sans aucune rémunération. En 1884, le ministère de l'Éducation, de nouveau inquiet des revendications étudiantes, rappelle au corps professoral que « l'enseignement universitaire doit servir les intérêts de l'État et être patriotique ». On y enseigne l'histoire, la philologie et le droit. En 1886, tous les cours pour femmes, à l'exception des cours Bestoujev, sont fermés.

En parallèle, Konstantin Ushinsky, enseignant et écrivain ukrainien et russe, considéré comme le fondateur de la pédagogie russe, invite à reconnaître « la force créatrice du peuple » et son droit à une éducation égale pour tous ; il insiste sur l'importance de l'enseignement de l'histoire et de la maîtrise de sa langue maternelle avant d'apprendre toute langue étrangère.

À la fin du XIXe siècle, 80 % de la population russe est encore illettrée.

Le reste de l'Europe : des progrès parallèles

En Suède (pays on l'a vu fort en avance), chaque prêtre ou pasteur est responsable de l'enseignement dans sa paroisse ; les enseignants sont des clercs ; les premières écoles élémentaires publiques sont fondées en 1840. En 1842, l'école élémentaire devient obligatoire pour les deux sexes : « Dans chaque paroisse urbaine et dans chaque paroisse rurale doit se trouver, au minimum, une école avec un instituteur d'une compétence dûment reconnue. » L'Église impose toujours le *curriculum*. Les conservateurs considèrent que seuls le catéchisme et la lecture sont nécessaires, alors que les libéraux promeuvent une éducation populaire plus large, « permettant de créer de bons citoyens ».

Au fil du temps, les instituteurs sont de moins en moins des clercs. Les enfants peuvent recevoir un enseignement à domicile, sous contrôle du district scolaire qui peut les envoyer à l'école si l'enseignement des parents n'est pas correct. En 1861 est ouvert le Séminaire royal, première institution publique d'enseignement universitaire supérieur ouverte aux femmes. Dans les années 1870, dans la plupart des villes suédoises, sont créés les premiers établissements d'enseignement secondaire pour filles.

Aux Pays-Bas, la réforme scolaire de 1806 oblige les villes à créer une école publique visant au développement de toutes les « vertus sociales et chrétiennes » ; la création d'écoles paroissiales protestantes ou catholiques est interdite. L'obligation scolaire n'est instaurée qu'en 1900, soit un peu après la France.

En Espagne, la loi Moyano instaure en 1857 un enseignement primaire obligatoire. En Italie, l'éducation primaire devient obligatoire en 1860. Les deux d'une façon qui reste théorique. Et entièrement contrôlée par l'Église.

Empire ottoman et monde musulman : des retards accumulés

Dans l'Empire ottoman, au début du XIXe siècle, les écoles sont encore toutes religieuses. En 1827 le premier établissement d'enseignement laïc voit le jour : une école militaire. En 1834 est créée une école de guerre, qui fonctionne d'abord en français, avec des instructeurs français ; puis, au cours du siècle, les manuels sont progressivement traduits en turc.

Par les rescrits impériaux de 1839 et de 1856, le gouvernement ottoman garantit l'égalité de tous les sujets de l'empire devant la loi sans faire de distinction de races et de cultes. Cela se traduit par de grands mouvements d'occidentalisation et de modernisation, en particulier dans le système éducatif. De nombreux collèges français, congréganistes et laïcs, ouvrent leurs portes aux filles et aux garçons des diverses ethnies et religions. En 1856, un pensionnat de filles, le collège de Notre-Dame de Sion, ouvre à Istanbul pour les jeunes filles de familles aisées stambouliotes. À partir de 1863, l'éducation est officiellement offerte à tout le peuple ottoman, mais il n'est ni obligatoire ni gratuit. En Arménie ottomane, l'éducation est placée sous la direction de comités laïcs, qui font des Arméniens le groupe le plus instruit de la population ottomane.

En Égypte, le pacha ottoman Mehmet Ali (qui règne de 1805 à 1848) consolide le vieux système d'éducation musulmane qui existe depuis mille ans : la mansourya enseigne les bases de la lecture et de l'écriture en mémorisant des versets coraniques, et la madrasa forme les fonctionnaires. L'université du Caire reste, en théologie, un des plus prestigieuse du monde musulman. À partir des années 1880, un mouvement salafiste appelle les musulmans à retourner à une version plus pure de l'islam, affranchie des influences extérieures, et en particulier de la science, qu'il dénonce comme le symbole de l'influence occidentale.

Fondée en 1822 au Caire pour les besoins de l'armée et de l'administration, l'imprimerie de Boulaq, première imprimerie du pays, longtemps en situation de monopole, est au cœur d'un mouvement de renaissance culturelle, la *nahda* ; elle édite le journal officiel et les textes de lois et fournit tous les pays arabes en livres pendant des décennies ; elle imprime des traductions en arabe d'ouvrages techniques, scientifiques et linguistiques européens, ainsi que des classiques en arabe, en turc et en persan. Le Caire devient la capitale du livre arabe. À la fin du XIXe siècle, près de dix mille ouvrages y ont été publiés.

Inde : tout pour gouverner l'empire, rien pour les Indiens

Le système éducatif traditionnel, dispensé dans des temples, des mosquées ou des maisons privées, perdure tout au long du XIXe siècle. Dans la province de Madras, un garçon sur six en âge scolaire est scolarisé dans ce système traditionnel, contre un sur huit dans la province de Bombay et un sur neuf dans la province du Bengale. On leur apprend à lire sur la base de textes hindouistes ou du Coran. Quelques internats occidentaux sont créés pour les enfants des militaires britanniques. D'autres sont proposés à quelques enfants de l'élite indienne. Le premier internat pour filles est créé par la Church Missionary Society, en 1821, à Tirunelveli, en Inde du Sud.

En 1823, un haut fonctionnaire britannique, Holt Mackenzie, écrit : « Laisser le peuple indien dans la faiblesse et l'ignorance afin qu'il reste soumis est une politique que le Gouvernement rejette décidément. Son but est de relever le caractère, de fortifier l'esprit et de purifier le cœur. » Évidemment ce n'est que pure propagande. Un autre, plus réaliste, Sir Thomas Munro, dans son ouvrage *Sur l'éducation autochtone entre 1822 et 1826*, critique la faiblesse du financement, la pauvre qualité des enseignants et le manque de manuels scolaires.

L'English Education Act de 1835 impose l'anglais comme langue d'enseignement. En 1837, le vice-roi du moment, Sir

Thomas Babington Macaulay, qui a, avec d'autres, présidé à la destruction de l'industrie textile indienne au bénéfice de l'Angleterre, remplace le persan par l'anglais comme langue administrative ; il forme des interprètes indiens dans les diverses langues du sous-continent. Des sociétés réformistes créent quelques écoles pour fournir une éducation occidentale à des membres de la classe moyenne indienne, sans forcément impliquer de conversion chrétienne.

En 1840, la Scottish Church Society construit six écoles pour deux cents filles hindoues. On y enseigne l'ourdou, le persan, l'écriture, le calcul et les travaux d'aiguille ; en 1848 est ouverte une école pour filles à Pune ; l'année suivante, à Calcutta, la Native Female School est créée par le Britannique John Elliot Drinkwater Bethune : une école pour vingt et une élèves, qui sera renommée Bethune College en 1862 ; elle est considérée aujourd'hui comme le plus ancien collège pour femmes d'Asie encore en activité. En 1873, l'éducateur Ishwar Chandra Vidyasagar, connu pour sa défense des droits des veuves en Inde, met en place, dans sa propre maison, à Karmatar, une école de filles et une école du soir pour veuves. En 1878, l'université de Calcutta devient l'une des premières au monde à admettre des femmes, dix ans à peine après les universités britanniques.

En 1875, est fondé par Sir Sayed Ahmad Khan, à Aligarh, dans l'Uttar Pradesh, le Muhammadan Anglo-Oriental College, premier établissement d'enseignement supérieur pour musulmans dans l'Empire britannique ; il entend former des musulmans pour le service britannique et à préparer une élite à fréquenter les universités en Grande-Bretagne. Il deviendra l'université musulmane d'Aligarh et constituera le principal centre intellectuel de l'activité politique musulmane jusqu'à l'indépendance du Pakistan en 1947.

En 1890, quelque soixante mille Indiens sont inscrits à l'université, principalement dans les lettres et le droit. Environ un tiers entre ensuite dans l'administration publique et un autre tiers dans la profession d'avocat. Parmi eux, Mohandas

Gandhi : d'abord élève médiocre à l'école primaire de Porbandar, devenu ensuite étudiant studieux au collège à Rajkot, il est recalé à l'entrée de l'université du Gujarat en 1887, mais finit par entrer à l'University College de Londres, en 1888, et devient avocat.

En 1899, un nouveau vice-roi, George Curzon, constate que moins de 20 % des garçons d'Inde sont scolarisés, et le sont très mal ; et encore beaucoup moins de filles. Il fait alors de l'éducation de masse une priorité, mettant l'accent sur des manuels modernes et de nouveaux systèmes d'examens. Naturellement, cela restera lettre morte.

C'est pire encore dans les colonies britanniques d'Asie et d'Afrique. Ainsi, au Nigeria, au début du XIXe siècle, avant l'arrivée des Britanniques, il existe deux systèmes d'éducation : dans le Nord islamique, chaque communauté musulmane nomme un *maâllem*, qui enseigne le Coran et l'alphabet arabe aux enfants dès l'âge de 5 ans, et, dans les grandes villes, des écoles islamiques enseignent en plus les mathématiques et les sciences ; dans les autres régions, animistes ou christianisées, un système indigène enseigne les compétences pratiques nécessaires dans la société traditionnelle : les garçons sont initiés à l'agriculture, à la sculpture sur bois ou au tambour, les filles apprennent l'agriculture et les compétences domestiques. En 1843, des missionnaires méthodistes anglais ouvrent une première école sur le modèle britannique ; en 1854, d'autres missionnaires chrétiens ouvrent, à Lagos, la première école secondaire du Nigeria. À la fin du XIXe siècle, quatre-vingt-onze écoles primaires ont été ouvertes par des missionnaires et cinquante-neuf écoles élémentaires publiques ; il y a onze écoles secondaires ; toutes, sauf une, sont dirigées par des missionnaires. Presque toutes sont réservées aux enfants des colons britanniques.

Mexique : le premier système laïc des Amériques

Alors qu'à l'époque coloniale l'éducation était sous le contrôle de l'Église catholique, en 1821, au moment de l'indépendance mexicaine, les libéraux cherchent à saper la mainmise de l'Église en prônant, en vain, la mise en place d'une éducation laïque. En 1862, le président Benito Juárez affirme le principe de séparation de l'Église et de l'État, et celui d'un enseignement primaire laïc, gratuit et obligatoire ; il crée un système d'enseignement secondaire et fonde l'École préparatoire nationale. En 1865, il supprime l'Université pontificale, fondée en 1551, qui était restée sous autorité religieuse. À partir de 1876, Porfirio Díaz renforce l'éducation publique laïque et augmente le nombre des écoles ; le gouvernement fédéral étend son contrôle et crée l'Universidad Nacional de México laïque et publique. À la fin du siècle, moins d'un tiers des hommes et beaucoup moins encore de femmes savent lire et écrire ; ce sont surtout des descendants des colons espagnols ; très peu d'étudiants suivent des études secondaires et universitaires. Naturellement rien n'est fait pour l'accès à l'éducation aux divers peuples indigènes dont on ne connaît pas et n'enseigne pas l'histoire.

Brésil : des débuts balbutiants

Entre 1808 et 1810, le gouvernement portugais fonde l'Académie royale navale, l'Académie royale militaire, la Bibliothèque nationale du Brésil, l'Académie médico-chirurgicale de Bahia et l'Académie médico-chirurgicale de Rio de Janeiro. Après l'indépendance, en 1822, la Constitution garantit un enseignement primaire gratuit à tous les citoyens ; l'État crée des écoles publiques de base dans les villes et quelques villages. En 1827 est créée la première faculté de droit du pays à São Paulo (auparavant, la plupart des avocats brésiliens étudiaient dans des universités européennes, en particulier dans l'université de Coimbra, au Portugal). L'Acte additionnel de 1834 confère aux provinces le pouvoir de déterminer la législation de l'enseignement primaire, déchargeant le gouvernement de l'obligation d'assurer la gratuité de l'enseignement pour tous. En 1889, 20 % de la population sait lire et écrire – presque tous des Blancs venus d'Europe.

Argentine : une Italie en Amérique

En 1820, seuls 6 % des enfants de Buenos Aires vont à l'école primaire espagnole, et aucun dans plusieurs provinces ; des écoles secondaires et des écoles normales sont créées dans les capitales provinciales, mais elles sont peu fréquentées sinon, par les enfants des familles d'éleveurs. En 1821 est fondée l'université de Buenos Aires. En 1853, la Constitution établit un système d'enseignement secondaire ainsi que des dizaines d'écoles primaires à travers le pays. La lutte est sévère entre l'Église et la franc-maçonnerie.

En 1868, seulement 13 % de la population sait lire et écrire, pour l'essentiel des descendants des migrants venus d'Europe, en particulier d'Italie. Entre 1868 et 1874, le gouvernement créé mille écoles primaires, réorganise l'enseignement secondaire et fonde des écoles d'agriculture, des écoles pour handicapés, le Collège militaire et l'École navale. Des éducateurs viennent des États-Unis et ouvrent des écoles de formation des enseignants et des jardins d'enfants. À la fin du siècle, 38 % de la population est scolarisée en primaire.

En Chine : un système bimillénaire à l'agonie

Au début du XIXe siècle, comme depuis plus de deux mille ans, un Chinois sur six cents devient « bachelier », un sur trente mille « licencié » et un sur cent mille « docteur ».

Les meilleurs deviennent encore, après concours, les principaux cadres de l'empire, dirigé par la dynastie Qing depuis 1644. Des commissaires à l'éducation inspectent les écoles à tous les niveaux pour déterminer si les règlements publiés sont respectés.

Après la défaite de la Chine contre les Anglais dans la guerre de l'Opium, les traités de Nankin (1842) et de Tianjin (1858) ouvrent l'« ère des capitulations ». Selon Zhang Zhidong, un des grands réformateurs de l'époque, les Chinois doivent « tirer des leçons de la supériorité des étrangers pour limiter leur supériorité ». En 1860, un édit incite à l'étude des langues étrangères ; créé en 1861, le Tongwen Guan embauche des professeurs étrangers pour enseigner les mathématiques, la chimie, l'astronomie et les langues européennes. Un Institut de langues ouvert aux sciences modernes est créé en 1867 à Pékin. En 1877, l'école Tongwen Guan, une école publique fondée à Pékin par la dynastie Qin (dans la continuité des écoles Tang qui enseignaient les langues étrangères à quelques dizaines de hauts fonctionnaires), enseigne l'anglais, le français, l'allemand, le russe, le japonais, la chimie, la médecine, la fabrication de machines, l'astronomie, les mathématiques, la géographie et le droit international ; elle fonctionnera jusqu'en 1900.

À partir de 1881, les écoles techniques se multiplient, en particulier des écoles militaires ; en 1895, après la défaite lors de la première guerre sino-japonaise (qui entraîne la perte de la suzeraineté sur la Corée et la cession de Taiwan au Japon), est créée l'université de Peiyang, première université moderne de Chine, sur le modèle des universités américaines. En 1898, l'université de Pékin est fondée sur le modèle japonais. En 1898, le jeune empereur Guangxu transforme toutes les écoles privées en écoles publiques.

Selon l'historienne Evelyn Rawski, à la fin du XIXe siècle, 30 à 45 % des Chinois et de 2 à 10 % des Chinoises savent lire et écrire quelques dizaines de caractères.

Japon : une occidentalisation totalitaire

Jusqu'à la fin de la période Tokugawa, en 1867, l'éducation est encore dispensée, comme depuis des siècles, par des moines bouddhistes, dans les temples et sur le modèle chinois ; on y enseigne la lecture, l'usage du boulier et l'écriture de quelques caractères chinois et japonais. Entre 40 et 50 % des garçons et 15 % des filles sont scolarisés dans ces écoles. Dans les grands domaines et les villes il existe quelques écoles secondaires. Par ailleurs, les samouraïs forment leurs enfants aux classiques confucéens et aux arts martiaux.

En 1868, après la défaite humiliante face à quelques bateaux américains, le nouveau régime Meiji a besoin d'une main-d'œuvre qualifiée ainsi que d'un corps de techniciens d'élite pour développer l'industrie et la défense, en imitation de l'Occident, mais dans un esprit qui reste très nationaliste ; des missions sont envoyées étudier les systèmes éducatifs des principaux pays occidentaux. Tout va ensuite très vite. En 1871, un ministère de l'Éducation est créé. En 1872, une ordonnance modernise l'enseignement, en se fondant sur les modèles français et américain ; un enseignant américain, David Murray, avec la violoniste, musicologue, écrivaine, éditrice et poétesse anglaise Marion M. Scott, fonde des institutions pour former des instituteurs dans chaque préfecture.

Les écoles des temples bouddhistes sont nationalisées et transformées en écoles élémentaires. Les écoles des domaines féodaux, dirigées par les gouverneurs provinciaux, deviennent des écoles secondaires ; l'Académie du shogunat Tokugawa devient l'université impériale de Tokyo. D'autres universités sont créées. En 1872, soit quatre ans à peine après la révolution Meiji, l'enseignement primaire devient obligatoire. Les lycées visent à préparer les élèves à entrer dans l'une des universités impériales, pour former des dirigeants occidentalisés.

En 1877, après une tournée en Europe, les experts japonais adoptent le modèle germano-prussien, encore considéré comme le meilleur du monde.

En 1876, un premier jardin d'enfants est créé par le gouvernement, sur le modèle germano-prussien. En 1882 est fondée la Société pour la propagation de la science allemande. En 1886, un uniforme imitant celui des Prussiens est imposé à l'université de Tokyo. Le pédagogue Osada Arata publie des recherches inspirées par Fröbel.

En 1890, un édit impérial sur l'éducation, placé sous la devise au titre évocateur (*Esprit japonais et Technologie occidentale*), demande de donner la priorité à l'alphabétisation, l'enseignement de la fidélité à l'empereur et de la piété filiale. L'édit demande aussi aux élèves de « privilégier l'intérêt public et favoriser les intérêts communs », de « toujours respecter la Constitution de Meiji et d'observer les lois ; en cas de péril sur la nation, de s'offrir courageusement à l'État ; et de protéger et préserver la prospérité de Notre Trône Impérial en accord avec le ciel et la terre ». L'édit est placardé dans toutes les écoles du pays, avec un portrait de l'empereur.

Dans les années 1890, les préceptes traditionnels confucéens et shintoïstes regagnent de l'importance et conduisent à mettre l'accent à l'école sur le culte de la hiérarchie et le dévouement à l'État. En 1893, le ministre de l'Éducation appelle à une philosophie « centrée sur l'empereur ». Les inscriptions dans les écoles primaires passent d'environ 50 % de la population en âge scolaire dans les années 1870 à plus de 90 % en 1900.

Dans son *Histoire du Japon et des Japonais*, Edwin O. Reischauer, né à Tokyo, professeur à Harvard et qui fut ambassadeur américain au Japon, écrit : « Au lieu d'apprendre à penser, l'école japonaise indiquait aux jeunes ce qu'il fallait penser. Elle formait des sujets dociles acquis à l'orthodoxie officielle. L'effort machinal de mémorisation nécessaire pour maîtriser le système d'écriture contribuait en outre à développer la passivité d'esprit. » Il ajoute : « Le Japon a le triste privilège d'avoir été le premier pays au monde à utiliser les techniques totalitaires de conditionnement mental et à transformer l'école en instrument du Pouvoir. »

Comme on l'a vu, ce n'est pas en fait le premier. Ni le dernier.

À la fin du XIXe siècle, partout dans le monde, avec l'urbanisation et l'industrialisation, les besoins d'alphabétisation et de formation minimale augmentent massivement partout. Le lien entre croissance et éducation commence à devenir évident. De nombreux pays commencent à avoir besoin de beaucoup moins de paysans et d'artisans, et de beaucoup plus d'employés, d'ingénieurs, de médecins, de techniciens, de professeurs, de chimistes, de physiciens, de mathématiciens, de chercheurs, de banquiers, de vendeurs. Pour apprendre à exercer ces métiers, l'école primaire, la famille et le travail ne suffisent plus ; il faut beaucoup de gens passés par l'école, longtemps ; on va bientôt devoir produire des diplômés comme des voitures : à la chaîne. Et aussi, en général sans le vouloir, des citoyens.

Chapitre 6

L'éducation pour tous, enfin. Pour le meilleur et pour le pire

1900-2022

Quand s'annonce le XXe siècle, il faut mettre en place, dans un nombre sans cesse croissant de pays, une formation de masse et de plus en plus diversifiée ; une fois de plus, l'école va évoluer comme le lieu de travail : après l'échoppe et l'atelier, voici le temps de l'usine et de la chaîne de production.

Pour y parvenir, l'école ne dispose pourtant que de méthodes à peine différentes de celles des siècles passés : des salles de classe, des livres, des cahiers, des enseignants face à des élèves pour leur expliquer des règles et des faits, les faire répéter et mémoriser ; récompenser et sanctionner. Impossible avec ces méthodes de produire des diplômés plus vite que pendant les siècles précédents. Même si d'énormes progrès ont été faits, en enseignant à des groupes de niveau (un professeur s'occupant de quelques dizaines d'élèves du même âge à la fois), avec des manuels produits en masse et bénéficiant de l'expérience de siècles d'enseignement, et avec des cahiers pour les élèves dont la forme définitive est fixée en 1902 avec des méthodes pédagogiques moins coercitives et plus efficaces ; il faut encore, quoi qu'il arrive, à peu près le même nombre d'unités de temps que vingt siècles plus tôt pour apprendre une langue ou pour arriver à un niveau donné de compétences mathématiques. Alors que pour un très grand nombre d'autres activités humaines, de l'agriculture au textile, de la mécanique à la chimie, du transport à la construction, la productivité augmente rapidement depuis des siècles.

Comme par le passé, les familles conservent un rôle essentiel et déterminant dans la protection de la prime enfance, la transmission de la langue, de la culture, des valeurs et de l'histoire familiale, et dans l'accompagnement de l'apprentissage de leurs enfants à l'école, autant que leur culture et leurs moyens matériels le permettent ; souvent avec amour, parfois avec une grande brutalité, voire des perversions.

Comme par le passé, la vie reste pour l'essentiel déterminée dès l'enfance, et l'école n'y peut pas changer grand-chose.

Comme par le passé, le travail constitue encore la seule formation de très nombreux enfants, contraints de quitter l'école très jeunes, ou qui n'y vont pas du tout ; et c'est aussi par le travail que s'organise la transmission des savoirs aux travailleurs adultes, confrontés à des métiers de plus en plus changeants.

Comme par le passé, les religions y trouvent encore leur place et défendent chèrement leurs privilèges millénaires, en particulier en Islam.

Enfin, au moment où la victoire de l'école sur les autres modes de transmission semble en vue, de nouveaux moyens de transmission du savoir apparaissent : après les livres, la presse et la photographie, voici le gramophone, le téléphone, le cinéma, et bientôt la radio, la télévision et d'autres médias encore. Chaque pays va gérer différemment ce tsunami technologique et culturel, selon son histoire et ses moyens ; les plus puissants uniront l'école et les médias pour en faire des instruments de croissance économique et d'influence géopolitique, en attirant les meilleurs professeurs, les meilleurs chercheurs, les meilleurs créateurs, les meilleurs étudiants. Les plus faibles y perdront leurs élites et s'enfonceront dans une nouvelle forme de désespérance et de mal-développement.

États-Unis : une éducation à la chaîne, sauf pour les plus riches

Quand commence le XXe siècle, cet immense pays, en passe de devenir la première puissance du monde, ne consacre encore qu'environ 1 % de son PIB à l'éducation, malgré la croissance très rapide de sa population. Trente-quatre États ont des lois sur la scolarité obligatoire, dont trente jusqu'à 14 ans au moins. En réalité, 72 % des enfants passent un moment par une école, souvent très irrégulièrement, en particulier dans les États du Sud ; et moins encore pour les Afro-Américains, à peine sortis de l'esclavage et qui ne disposent en général que de rares écoles de très mauvaise qualité avec très peu d'enseignants. Partout, l'enseignement reste sous le contrôle des diverses formes du christianisme, enseignées dans toutes les écoles publiques et les rares écoles privées (ces dernières n'accueillent plus que 7 % du total de l'effectif scolaire) ; de plus en plus d'États interdisent d'enseigner dans une autre langue que l'anglais, et en particulier en allemand ; seulement 9 % des Américains ont maintenant un diplôme d'études secondaires (soit une proportion bien moindre qu'il y a un siècle : plus de la moitié des Afro-Américains sont encore analphabètes, auxquels viennent s'ajouter des millions de migrants arrivant, illettrés – en tout cas en anglais –, d'Irlande, d'Italie, de Pologne, de Russie et du reste de l'Europe. La famille, le travail, l'Église jouent encore un rôle essentiel dans la transmission des valeurs et des compétences.

L'objectif principal de l'école américaine, en ce début de XXe siècle, n'est pas l'excellence pour tous, mais la préservation des privilèges de la classe dominante (en particulier des garçons des familles riches et protestantes) et la préparation de masses humaines de plus en plus nombreuses au travail dans les fermes, les usines et les bureaux. Pour y parvenir, les États adoptent tous progressivement le système prussien de l'automaticité du passage de classe, déterminé par l'âge : une génération d'élèves pousse l'autre, comme c'est déjà par ailleurs le cas dans les abattoirs ; et comme cela le sera bientôt sur les chaînes de production automobile ; et l'intensité de chaque phase se fait plus grande : dans le primaire, les instituteurs américains enseignent vers 1900 plus d'heures par semaine et par an que ceux de tout autre pays (environ huit heures de plus par semaine, en moyenne) ; dans le secondaire, ils peuvent avoir à enseigner devant deux cents élèves différents chaque jour. Les universités restent payantes et réservées, pour les meilleures, aux garçons des familles les plus riches.

Même si les méthodes pédagogiques demeurent largement inchangées depuis deux siècles (avec, comme en Grande-Bretagne et à la différence de l'Europe continentale, une grande place faite au sport), quelques innovateurs tentent de dépasser les exigences de la discipline et de la mémoire : en 1900, le psychologue John Dewey publie *The School and the Society* et crée une école-laboratoire au sein de l'université de Chicago, s'inspirant des courants libertaires du moment ; pour lui, la fonction essentielle de l'école est de permettre à l'enfant d'acquérir du « caractère », c'est-à-dire une « somme d'habitudes et de vertus qui l'amèneront à se réaliser pleinement » et « tant qu'on ne s'attache pas à créer des conditions obligeant l'enfant à participer activement à la recherche d'une réponse personnalisée à ses propres problèmes, l'esprit ne peut être réellement libéré » ; il annonce ainsi les préoccupations ultérieures de Célestin Freinet en France et de Maria Montessori en Italie, qui vont bientôt, eux aussi, tenter de faire échapper l'enfant aux rigueurs des méthodes ancestrales. En 1909, alors que justement Maria Montessori ouvre à Rome sa première salle de classe, la « Casa dei Bambini », (suivie bientôt de la première école adoptant sa méthode aux États-Unis, la Scarborough School), quelques écoles innovantes voient le jour en Amérique, telles, un peu plus tard, Big Picture Learning, Envision Learning, Expeditionary Learning. Cela restera longtemps marginal ; l'obsession restera la domestication de masse des immigrants venus d'Europe continentale, que le doyen de l'École d'éducation de l'université de Stanford, Ellwood P. Cubberley, décrit alors comme des « illettrés dociles, manquant d'autonomie et d'initiative, et ne possédant pas les conceptions anglo-saxonnes de la loi, de l'ordre et du gouvernement » ; pour ces gens-là, une école de base fondée sur la discipline et le travail suffira.

En 1915, alors que la guerre fait rage en Europe et que les États-Unis se préparent à entrer dans le conflit, l'armée américaine s'inquiète du faible niveau d'instruction de ses recrues et lance plusieurs initiatives pour les éduquer ; un pédagogue audacieux, Basil Yeaxlee, organise pour eux des cours de rattrapage, d'abord aux États-Unis, puis en France, sur la ligne de front, sous le nom de « foyers du soldat ». En 1916, John Dewey publie *Democracy and Education*, où il explique qu'une bonne école doit former des citoyens éclairés et les convaincre de la nécessité de la démocratie pour organiser la vie commune sans recourir à la violence ; il demande, sans être vraiment entendu, qu'on reconnaisse la spécificité de chaque élève. La même année, les premières stations de radio (KDKA à Pittsburgh et WHA à Madison) justifient leurs demandes de fréquences et de puissances d'émission par leurs programmes d'enseignement de techniques agricoles.

En 1919, une fois la paix revenue, quelques étudiants américains partent en programme d'échange en Europe ; le Mississippi est alors le dernier État à promulguer une loi de fréquentation obligatoire de l'école primaire.

La machine américaine de production en série de diplômés se met en marche à tous les niveaux : le nombre d'étudiants au collège passe de deux cent mille en 1890 à un million en 1910 et à deux millions en 1920. Parmi eux, de nombreux enfants de migrants, filles et garçons, arrivent à l'âge universitaire ; les universités de l'Est, en particulier Harvard, convaincues qu'elles ne pourront survivre que si la majorité de leurs étudiants restent des fils de la vieille aristocratie protestante (qui les finance), imposent un quota afin de limiter le nombre de fils de migrants, en particulier ceux qui sont d'origine juive.

En 1920, une campagne publicitaire pour des tracteurs explique que cet achat permettra au fermier d'envoyer ses enfants à l'école.

En 1930, alors que commence la Grande Dépression, tous les États exigent que chaque enfant termine au moins ses études primaires, ce qui n'est pas encore le cas partout ; sous l'influence du mouvement de John Dewey, on commence même à tolérer chez les élèves quelques signes de non-conformisme, qu'on identifie enfin comme un signe essentiel de créativité. En 1935, 40 % des Américains ont un diplôme d'études secondaires. Cette année-là, les collèges dits *land grant*, conçus pour les enfants de l'Amérique rurale, introduisent des cours de vulgarisation à la radio sur des sujets agricoles ou d'économie familiale. Cette année-là aussi, alors que Harvard commence à admettre un tout petit peu plus d'étudiants juifs sur la base du mérite, le doyen de Yale, Milton Winternitz, réaffirme d'une façon très péremptoire : « N'admettez jamais plus de cinq Juifs et ne prenez aucun Noir. » Cela restera très longtemps la règle de la plupart des universités américaines les plus prestigieuses, et en particulier des meilleures écoles de médecine (Cornell, Columbia, Pennsylvanie et Yale).

Quand s'annonce de nouveau la guerre, l'armée est encore un révélateur de la faiblesse du système scolaire américain : en 1941, les recruteurs doivent rejeter cinq millions de jeunes gens, dont beaucoup en raison de leur analphabétisme. De nombreux enfants ne sont en effet toujours pas scolarisés, faute d'enseignants.

Tout change, pour l'enseignement supérieur au moins, en 1942, quand le financement par Washington de la recherche liée à la défense fait exploser les budgets des universités. De plus, le gouvernement fédéral promet aux soldats que, à leur retour du front, ils auront des avantages pour étudier : s'ils réussissent un test simple, dit GED (*General Educational Development*), ils pourront entrer dans une université, sans avoir à justifier d'une réussite d'études secondaires ; et ils pourront aussi bénéficier d'emprunts à taux préférentiels, les *G.I. Bills*, pour financer ces études. En 1946, l'État fédéral crée de très nombreux nouveaux collèges et universités pour garçons et filles ; en particulier des *public junior colleges*, sorte de sas entre le secondaire et le supérieur pour faciliter l'accès à l'enseignement supérieur, (qui reste payant, dans toutes les universités, publiques comme privées) à des familles qui ont besoin qu'il se passe plus de temps entre le lycée et l'université pour pouvoir épargner et obtenir des bourses.

Quand se termine la guerre, la nation consacre désormais à l'éducation plus de 3 % du PIB ; l'essentiel pour les universités et les collèges, très peu pour l'enseignement primaire et secondaire.

Le 17 mai 1954, la Cour suprême décide, à l'unanimité, que la ségrégation raciale dans les écoles publiques est inconstitutionnelle. Cela ne change rien à la situation désastreuse de l'enseignement pour les Noirs dans tous les États du Sud. En 1957, après le lancement d'un premier satellite par les Soviétiques, on observe une nette augmentation des dépenses publiques pour l'éducation aux États-Unis, cette fois dans le primaire. En même temps, la place du religieux dans l'école diminue : en 1960, moins de la moitié des écoles publiques dispensent encore un enseignement religieux ; et, en 1963, la Cour suprême interdit d'imposer la lecture de la Bible et la récitation de prières dans les écoles publiques, sauf lors de la remise des diplômes.

En 1965, l'État fédéral met de nouveau l'accent sur le supérieur, augmente encore les bourses et les prêts à faible taux d'intérêt aux étudiants, et finance la création de bibliothèques universitaires, de centres d'études supérieures, d'instituts techniques, et de trente nouveaux collèges par an. En 1971, la paix entre les gangs new-yorkais oriente beaucoup de jeunes vers la musique et les études. En 1975, une autre loi garantit, du moins en théorie, une éducation appropriée à tous les étudiants handicapés.

Derrière cette égalité de façade, le système reste très inégalitaire, tant dans le primaire qu'à la fin du secondaire : un jeune a de bien meilleures chances d'être admis dans une université reconnue si un membre de sa famille l'a déjà fréquentée et s'il peut financer ses études ; et, alors qu'une université moyenne, publique, consacre douze mille dollars par an à la formation d'un étudiant, les meilleures, privées, y consacrent huit fois plus.

Dans les deux décennies suivantes, le système ne s'améliore pas : en 1986, un rapport du Bureau du recensement conclut que 13 % des adultes vivant aux États-Unis sont encore analphabètes en anglais, dont 9 % de ceux des adultes dont la langue maternelle est l'anglais et 48 % des locuteurs non natifs en anglais, pas nécessairement analphabètes dans leur langue maternelle. Les écoles primaires et secondaires de masse restent surpeuplées ; la violence est partout : racket, drogue, morts pendant les épreuves d'initiation, fusillades ; dix-sept écoles de New York ferment dans la seule année 1989.

En 1991, pour échapper à ces dérives, le Minnesota imagine le statut d'« école à charte » : financée par les contribuables, elle n'a pas le droit de choisir ses élèves, ni de demander des frais d'inscription, ni de ne pas appliquer le programme scolaire standard, mais elle est gérée et contrôlée par les parents ou par des organisations à but non lucratif, et non par l'État, qui sous-traite ainsi à des privés le soin de faire ce qu'il pense ne pas savoir faire. L'année suivante, dans le même but, est créée EdisonLearning Inc., une entreprise privée de gestion d'écoles publiques, promettant de les gérer mieux que les administrations locales, d'améliorer les résultats des élèves et de créer des centres de récupération et de prévention du décrochage scolaire, tout en faisant des bénéfices pour ses actionnaires.

Le système continue pourtant de se dégrader : la désarticulation des familles, la prolifération des médias et des divertissements, l'incapacité qu'ont les éducateurs d'encourager les élèves à étudier, provoquent une baisse de 10 % du taux d'alphabétisation de 1982 à 2002. En 2003, 30 % des élèves du secondaire n'obtiennent pas le diplôme de fin d'études, lequel n'est pourtant pas très exigeant.

En 2002, réaction à Washington : une loi bipartisane réaffirme qu'« aucun enfant ne doit être laissé pour compte ». En échange d'une aide fédérale accrue, les États sont tenus de mesurer le niveau de leurs écoles primaires et secondaires et de sanctionner celles qui n'atteignent pas des objectifs uniformisés de réussite aux examens d'État en mathématiques et en compétences linguistiques ; et l'on se fixe comme objectif d'avoir, douze ans plus tard, en 2014, la totalité des élèves du secondaire jugés « compétents » à ces examens, ce qui se révèlera irréaliste.

La reproduction sociale reste impitoyable à tous les niveaux de l'enseignement, et en particulier dans le supérieur : en 2011, une recherche menée sur trente des meilleures universités du pays conclut qu'« à qualifications égales, les enfants d'anciens élèves ont des chances d'admission supérieures de 45 % à celles des candidats non héritiers ; autrement dit, un étudiant qui aurait 40 % de chances d'être admis sur la base de ses mérites et de son profil (résultats au test d'aptitude scolaire, qualités sportives, genre, etc.) voit celles-ci grimper à 85 % en cas d'hérédité favorable ». En 2017, plus de la moitié des étudiants en université appartiennent encore aux 10 % des familles les plus fortunées du pays ; ceux issus des 1 % des foyers les plus riches sont aussi nombreux que ceux venant des 60 % des plus modestes. En 2018, à qualifications égales, les enfants d'anciens élèves ont toujours 45 % de chances en plus d'admission que les candidats non héritiers. Vingt-neuf pour cent des nouveaux étudiants de première année de Harvard ont l'un de ses deux parents qui a fait ses études à Harvard ; la même année, une association d'étudiants asiatiques a montré que, si ces étudiants avaient été évalués sur la base de leur seul mérite, ils auraient compté pour la moitié des reçus à Harvard, au lieu de 29 %.

Le système va jusqu'à la corruption : en 2019, cinquante personnalités (des actrices hollywoodiennes, des chefs d'entreprise) sont accusées d'avoir corrompu des entraîneurs sportifs universitaires pour faire admettre leurs enfants dans quelques-uns des meilleurs collèges, d'Austin à Georgetown, en les faisant passer pour des athlètes de haut niveau.

En 2022, le système éducatif américain est à la fois un moyen de transmettre à tous des connaissances de base et des valeurs, et de reproduire une élite, à peine plus ouverte qu'au début du siècle précédent. Il y a 56,6 millions d'élèves en primaire et secondaire (50,8 dans le public et 5,8 dans le privé, où se trouvent les enfants des familles les plus aisées) ; il y a plus de huit mille écoles à charte dans tous les États. EdisonLearning fournit des services à 474 partenariats scolaires dans trente-deux États ; 3 % des élèves sont éduqués à la maison, avec des résultats bien meilleurs aux tests que les élèves instruits dans la plupart des écoles publiques. Plus de cent radios diffusent encore des programmes d'éducation agricole très écoutés.

Dans les universités, il y a 19,6 millions d'étudiants dans cinq mille cinq cents établissements reconnus d'enseignement supérieur, dont trois cents délivrent des doctorats et qu'on appelle des *Research Universities*. Avec des succès éclatants : neuf des dix universités mondiales qui comptent le plus de prix Nobel sont américaines ; les dix premières universités du classement de Shanghai sont des universités anglo-saxonnes dont huit américaines et deux anglaises : (1) Harvard ; 2) Stanford ; 3) MIT ; 4) Cambridge ; 5) Berkeley ; 6) Princeton ; 7) Oxford ; 8) Columbia ; 9) Caltech ; 10) Chicago). Princeton University compte quarante prix Nobel dans les rangs de ses anciens étudiants. Richard Levin, président de Yale, explique que la qualité mondialement reconnue de l'enseignement supérieur américain est due à la possibilité laissée aux étudiants américains de ne pas se spécialiser trop tôt.

Quatre-vingt quatorze pour cent des Américains ont un diplôme d'enseignement secondaire ; 39 % ont un diplôme de licence et 9 % un master. Les dépenses d'éducation dépassent les 6 % du PIB.

Le système universitaire américain est ainsi devenu – et reste – un formidable moyen de croissance économique, de suprématie militaire et d'influence géopolitique du pays, attirant les meilleurs professeurs, chercheurs, étudiants, et faisant de ceux qui retournent dans leur pays d'origine des relais d'influence de la pensée américaine.

Cependant, plus d'un enfant sur cinq vit dans une famille dont le revenu est inférieur au seuil de pauvreté fédéral, et 7 % vivent dans une pauvreté extrême. Ce sont généralement des familles noires, latinos ou amérindiennes, victimes de racisme et d'insécurité et vivant dans des quartiers particulièrement exposés à la violence et à la pollution, où les écoles manquent d'éducateurs et sont gérées « comme d'immenses entrepôts » ; chacune de ces écoles a en moyenne deux mille élèves qui ont peu de contact avec le personnel enseignant, dans une ambiance souvent conflictuelle, où la drogue fait de plus en plus de ravages ; ces écoles sont aussi le lieu d'un nombre croissant de massacres de masse, commis souvent par des élèves utilisant des armes en vente libre. De plus, la pandémie a fait reculer le niveau de littératie et de numératie des enfants de 9 ans au niveau où il était il y a trente ans.

Si, en théorie, les inscriptions dans les universités d'excellence sont ouvertes à tous en fonction des seuls résultats obtenus dans le secondaire, en réalité, le coût des études dans une université (toutes sont payantes) sont très discriminants : en moyenne, ils sont de 33 200 dollars par an, de 15 000 à 70 000 ; 45 millions d'Américains cumulent une dette de 1 700 milliards de dollars contractée pour financer leurs études supérieures ou celles de leurs enfants, même si elle est un peu réduite par une décision d'août 2022 du président Biden. Et les meilleures universités, dites « Ivy Plus », reçoivent toujours plus d'étudiants appartenant aux 1 % des familles les plus fortunées que venant des 50 % les moins riches. Contre-exemple : le California Institute of Technology refuse de favoriser les héritiers et ne compte, parmi ses étudiants, que 1,5 % d'enfants d'anciens élèves, avec une sélection très sévère : pour la promotion 2026 (inscrite à l'automne 2022), Caltech a reçu environ dix-sept mille candidatures, et accepté 2 % des candidats sur le seul mérite.

Enfin, à l'inégalité des systèmes d'enseignement s'ajoute la désarticulation des familles et la concurrence massive d'Internet, des jeux vidéo et des réseaux sociaux, qui occupent chaque jour en 2022 plus de temps que les enfants américains ne passent avec leurs familles ou avec leurs enseignants. Le temps d'attention s'effondre. La motivation décroît. On y reviendra.

Grande-Bretagne : tous, mais chacun chez soi

Alors que, jusque-là, la classe dirigeante n'avait pas considéré l'éducation du peuple comme utile à la matérialisation de son ambition économique, le niveau scolaire de la classe moyenne devient, à l'aube du XXe siècle, d'une importance économique vitale pour la Grande-Bretagne. Les écoles anglicanes représentent encore plus de la moitié d'un système scolaire très défaillant, l'enseignement secondaire reste partout payant et peu de jeunes y ont accès ; les enfants de l'élite sociale bénéficient de collèges privés et d'un accès quasi réservé aux deux grandes universités, Cambridge et Oxford, d'où sortent alors la quasi-totalité des dirigeants de l'État, de la banque, de l'industrie et de la presse.

Et là encore, comme aux États-Unis, il faut maintenant passer à la formation de masse.

En 1902, la loi Balfour impose la création d'écoles élémentaires secondaires et techniques dans chaque région ou comté, la construction d'écoles élémentaires religieuses, le recrutement d'enseignants, publics et privés, et la fourniture aux élèves, garçons et filles, de livres et d'équipements nécessaires. La scolarité est maintenant obligatoire jusqu'à 12 ans ; près de la moitié du temps y est consacrée au sport. Il n'y a toujours pas de ministère de l'Éducation, seulement un Board of Education, un comité qui coordonne vaguement l'ensemble.

La réalité de la situation de la jeunesse anglaise reste désastreuse : au point que, en 1907, un général protestant à la retraite, Lord Robert Baden-Powell, héros de la guerre des Boers, frappé par le spectacle d'une jeunesse déscolarisée, livrée à la drogue, au tabac et à la délinquance, rassemble à Brownsea vingt garçons de divers milieux sociaux et lance le mouvement scout (« éclaireur ») dont le but est « d'apprendre à être débrouillard ». Immense impact immédiat.

Pendant la Première Guerre mondiale, qui révèle le faible niveau de formation des soldats, les armées réquisitionnent des bâtiments scolaires pour en faire des hôpitaux ; les jeunes enseignants sont mobilisés ; beaucoup d'enfants ne vont même plus à l'école. Le niveau scolaire baisse encore.

Le *Fisher Education Act* de 1918 rend l'enseignement secondaire obligatoire pour les garçons et pour les filles à temps plein jusqu'à 14 ans, et à temps partiel jusqu'à 18 ans. Cela n'est pas appliqué. Les écoles anglicanes représentent encore la moitié d'un système scolaire très faible, sauf pour les riches qui continuent de bénéficier d'un système totalement à part dès le primaire. En 1921, un instituteur écossais, Alexander Sutherland Neill, crée à Summerhill une école révolutionnaire totalement gérée par les élèves : les cours sont facultatifs, les soirées sont réservées à la danse, au théâtre, aux fêtes. Cette école aura énormément de résonance parmi les pédagogues les plus avancés et des conséquences nombreuses pendant tout le siècle.

En septembre 1939, alors que les enseignants sont de nouveau mobilisés, près de 1,5 million de femmes et d'enfants des villes sont évacués à la campagne ; et plus encore le sont en septembre 1940 ; pendant toute la guerre, seulement un quart des enfants reçoivent une éducation à plein temps, un autre quart à temps partiel, un quart étudie à la maison avec leurs parents et un quart ne reçoit plus aucune éducation. À la fin de la guerre, de très nombreux enfants de 10 ans ne savent ni lire ni écrire.

À la fin de 1944, les travaillistes reviennent au pouvoir et le *Butler Act* abroge la loi Balfour de 1902, plaçant les écoles anglicanes (qui représentent encore 40 % de l'ensemble) sous le contrôle de l'État et créant un ministère de l'Éducation nationale pour remplacer le Board of Education. En 1947, la scolarité obligatoire est portée de 14 à 15 ans et l'enseignement secondaire devient gratuit.

En 1948, le *British Nationality Act* redéfinit le sujet britannique comme citoyen du Royaume-Uni, de ses colonies et des autres pays du Commonwealth. Cela accélère l'arrivée massive en Grande-Bretagne de gens venus d'Inde, du Pakistan, de Jamaïque et d'ailleurs. Tous ont droit en théorie au même système éducatif.

En 1963, le gouvernement travailliste recommande aux institutions locales et régionales de créer, d'abord à titre expérimental, un enseignement secondaire unique de 11 à 18 ans dans des *comprehensive schools*, en supprimant les procédures de sélection à l'entrée du secondaire ; deux ans plus tard, ce modèle est généralisé ; les subventions à l'enseignement religieux sont supprimées, mais les écoles laïques restent tenues de proposer à leurs élèves une heure hebdomadaire d'enseignement religieux protestant ; de plus en plus de parents demandent que leurs enfants soient dispensés de pratique religieuse à l'école ; dans les municipalités tenues par la gauche, les cours de religion disparaissent ou deviennent interreligieux ; les fêtes des différentes religions sont célébrées à égalité ; le foulard islamique, la kippa et le turban sikh sont admis en classe ; les cantines scolaires respectent les interdits alimentaires de toutes les religions.

En 1969, le sociologue Michael Young, qui vient d'inventer le terme « méritocratie » dans son livre *The Rise of the Meritocracy*, propose au gouvernement travailliste la création d'une nouvelle université, l'Open University, ouverte à tous sans diplôme préalable, utilisant, en plus de cours magistraux, des enregistrements audio, des émissions de télévision et des enregistrements vidéo. Le projet est adopté et l'Open University ouvre deux ans plus tard ; elle délivre des licences, des masters et des doctorats. Énorme succès : elle accueille tout de suite vingt-cinq mille étudiants contre cent trente mille au total dans les autres universités ; ses étudiants sont pour la plupart des salariés tentant d'obtenir, hors de leurs heures de travail, une première ou une deuxième licence.

En 1980, revenus au pouvoir, les conservateurs subventionnent de nouveau les écoles privées religieuses, malgré l'opposition des conseils municipaux tenus par la gauche. En 1985, un rapport de Lord Michael Swann, « Education for All », propose de donner au système éducatif un rôle central dans la création d'une nouvelle identité britannique, explicitement multiethnique, multiculturelle et multireligieuse ; en application de ce rapport, en 1988, l'*Education Reform Act* impose un programme national commun (*National Curriculum*) pour promouvoir le « développement spirituel, moral, culturel, mental et physique des élèves à l'école et dans la société », avec comme matières obligatoires l'instruction religieuse de toute religion, les mathématiques, l'anglais et les sciences ; et rien de plus. Le multiculturalisme est institutionnalisé. Le reste du système est inchangé et les meilleures universités demeurent le monopole des mêmes familles.

L'Open University continue de remporter un énorme succès : en 1991, plus de cinquante mille étudiants y sont envoyés chaque année par leurs employeurs pour passer des diplômes complémentaires. Il n'empêche, dans les décennies 1980 et 1990, comme avant, près de la moitié des étudiants d'Oxford et de Cambridge viennent encore des 7 % de la population scolarisés dans le privé.

En 2003, EdisonLearning, l'entreprise privée américaine qui gère des écoles publiques aux États-Unis, commence ses activités en Grande-Bretagne, prend à sa charge la gestion d'écoles publiques et crée des centres de prévention du décrochage scolaire et de repêchage d'élèves en difficulté ; l'expérience sera vite abandonnée.

En 2022, 4,5 % du PIB britannique est consacré à l'éducation ; le taux d'alphabétisation est de 99,9 % ; 44 % des adultes ont un diplôme d'enseignement supérieur ; environ un tiers des vingt mille écoles britanniques sont encore confessionnelles, dont 68 % liées à l'Église d'Angleterre, 30 % catholiques et 2 % musulmanes, juives, sikhes ou hindoues ; un tiers des écoles laïques (soit le cinquième du total) n'ont plus de véritables cours de religion ou de culte collectif ; le sport occupe toujours près de la moitié du temps des élèves.

L'orientation scolaire est prise en main par des agences de chaque partie du royaume. En Écosse, le Skills Development of Scotland (SDS) conseille les étudiants tout au long de leur cursus, du primaire jusqu'à la fin du secondaire, et implique les parents, en particulier grâce à un site très bien fait, « My World of Work », où chaque élève peut créer son propre profil et bénéficier en permanence de conseils personnalisés pour s'orienter durant son cursus scolaire.

Les écoles privées accueillent maintenant 6 % de la population scolaire, enfants des familles les plus aisées, anglaises et étrangères ; parmi celles-ci, comme depuis le XVe siècle, des écoles improprement appelées *public schools*, en réalité des internats réservés aux garçons de plus de 13 ans issus des classes sociales très supérieures, avec des frais d'études très élevés et donnant encore un accès prioritaire aux deux principales universités du pays ; tandis que les autres établissements d'enseignement supérieur, les *red bricks* et les instituts techniques, reçoivent les autres jeunes après un examen général de fin d'études secondaires, dit *General Certificate of Secondary Education*. Le titre de *bachelor* (*of Arts* ou *of Science*) est acquis en trois ou quatre ans d'études supérieures, puis vient le *master*, qui peut déboucher sur un doctorat. Dans l'enseignement supérieur, les matières les plus populaires sont le commerce et l'administration ; les études universitaires sont toutes payantes et coûtent jusqu'à 9 250 livres (11 000 euros) par an – elles ont donc triplé en dix ans. L'enseignement supérieur britannique jouit toujours d'une grande réputation internationale : dans le classement mondial des universités établi par le *Times* (différent de celui de Shanghai), Oxford est classée première, Cambridge troisième, l'Imperial College dixième, l'University College quinzième, la London School of Economics vingt-septième, l'université d'Édimbourg trentième et le King's College de Londres trente-sixième. Quatre autres universités britanniques figurent dans les cent premières.

Le système semble se démocratiser un peu : si onze sur quinze Premiers ministres britanniques depuis 1940 ont fait leurs études à Oxford, en 2021, 68 % des adolescents britanniques reçus à Oxford sont issus de l'enseignement général et non des *public schools*, ce qui constitue un léger progrès. Les filles y sont de plus en plus nombreuses. De surcroît, avec plus de deux cent cinquante mille étudiants en 2022, l'Open University est le plus grand établissement d'enseignement universitaire du pays ; en plus d'outils permettant l'enseignement à distance et des cours en classe, ses étudiants bénéficient de tuteurs, qui leur prodiguent des conseils par téléphone ou par mail.

Si, en apparence, la Grande-Bretagne n'a jamais eu autant d'étudiants qualifiés, ces qualifications n'ont jamais été aussi faibles et même en baisse : le Royaume-Uni est le seul pays de l'OCDE où les niveaux de littératie et de numératie des 16 à 24 ans sont inférieurs à ceux des 55 à 65 ans ; de plus, c'est un des pays les plus mal classés de l'OCDE sur les inégalités scolaires (vingt-troisième en primaire et seizième dans le secondaire) ; et, selon un rapport de l'OCDE, « les universités britanniques ne font rien pour les compétences de base » ; enfin, d'après l'Institute of Financial Studies, les étudiants britanniques seraient, avec les Américains, les plus endettés du monde développé.

Et puis vient, là comme ailleurs, le tsunami numérique : les jeunes Britanniques passent, en 2022, plus de vingt heures par semaine en ligne, et certains plus de cinq et même neuf heures par jour. À mesure que ce temps augmente, la proportion d'enfants qui lisent régulièrement des livres diminue : selon une enquête menée en 2017, si 42 % des enfants âgés de 5 à 7 ans lisaient régulièrement des livres, des magazines ou des bandes dessinées, ils n'étaient plus que 30 % entre 12 et

15 ans. Et, dans ce pays comme dans beaucoup d'autres, cela s'est encore dégradé depuis.

France, la bataille infinie de la laïcité

Quand commence le XXe siècle, en France, la transmission des savoirs se fait encore pour l'essentiel par les familles et le travail, sous le contrôle pointilleux de l'Église, en particulier dans le monde rural où vivent les deux tiers de la population française, dont 42 % tirent leurs revenus directement de l'agriculture. Peu d'enfants de paysans vont à l'école au-delà de la durée obligatoire fixée à 13 ans. Peu de familles ont besoin que leurs enfants aillent à l'école. Peu de paysans et d'ouvriers pensent que leurs enfants pourront avoir une meilleure vie qu'eux.

Il existe encore trois mille établissements scolaires de congrégations religieuses, des écoles industrielles patronales (souvent influencées par l'Église catholique), quelques très rares écoles d'inspiration protestante, comme l'École alsacienne à Paris ; plus rares encore sont les écoles juives. Comme depuis un siècle, les prêtres ont le soutien de la majorité des familles contre les instituteurs qui, malgré les lois Ferry, ne réussissent pas à imposer partout un enseignement fondé sur les valeurs de la République ni même, chez les parents, un désir d'école et de promotion sociale de leurs enfants. Si quelques enfants de paysans font d'immenses carrières, surtout en sciences et en droit, la paysannerie et la classe moyenne n'ont pratiquement pas accès à l'enseignement secondaire et moins encore à l'enseignement supérieur, où va 1 % d'une classe d'âge de garçons, bien moins encore de filles ; la bourgeoisie se reproduit à l'identique, par des écoles et des lycées qui sont pratiquement réservés à ses fils et qui les envoient ensuite contrôler l'économie, la politique, l'édition, la médecine et les journaux. Les dépenses d'éducation ne dépassent sans doute pas encore, comme ailleurs, 1 % du PIB. Les filles commencent à peine à pénétrer le système. Là comme ailleurs se développe une industrie des manuels et des fournitures scolaires.

Révolution : en 1902, après une campagne impitoyable et la victoire inattendue et très courte de la « gauche » (premier usage moderne du mot) aux élections législatives, le gouvernement d'Émile Combes se lance dans la mise en application d'une politique anticléricale. En avril 1903, toutes les congrégations masculines sont informées que toutes leurs demandes d'autorisation ont été refusées ; on leur donne un délai bref pour fermer leurs établissements ; d'autres demandes d'autorisation, faites par des congrégations féminines, sont rejetées en juin. Après 1904, aucun membre d'aucune congrégation religieuse n'est plus autorisé à enseigner en France. Les établissements scolaires des congrégations sont fermés ; plus de vingt mille religieux quittent le pays.

Malgré cela, l'enseignement privé survit : des établissements réapparaissent en utilisant la loi de 1901 sur les associations qui leur permet de se reformer sous un statut apparemment laïc. Certains religieux, tels les frères des Écoles chrétiennes ou les Sœurs du Sacré-Cœur, retournent même en apparence à l'état laïc pour continuer à enseigner en France, parfois même dans leur établissement d'origine.

L'accès aux collèges publics s'ouvre à de nouvelles couches de la classe moyenne, mais pas encore aux enfants de paysans et d'ouvriers dont le travail reste nécessaire à la famille ; certains d'entre eux réussissent cependant à devenir instituteurs et ont ensuite eux-mêmes des enfants qui poussent les études plus loin.

Dans le premier cycle du secondaire, pour la première fois, la durée des cours devient fixe : une heure ; sont créées une section A, avec latin obligatoire en sixième et grec facultatif en quatrième, et une section B, sans latin ; dans le second cycle, on crée quatre options : latin-grec, latin-langues vivantes, latin-sciences et sciences-langues vivantes ; des auteurs contemporains entrent au programme de littérature.

En 1905, le gouvernement d'Émile Combes, qu'ont quitté les socialistes, poursuit sa politique anticléricale et fait voter une loi, portée entre autres par Aristide Briand, qui déclare la « séparation loyale et complète des Églises et de l'État » : « La République ne reconnaît, ne salarie ni ne subventionne aucun culte » ; dans les écoles publiques, les élèves ne doivent être soumis à aucun prosélytisme religieux, de quelque sorte que ce soit, de la part des personnels, de parents d'élèves ou d'autres élèves. Aucun agent d'une administration publique, aucun gestionnaire d'un service public ne peut manifester ses convictions religieuses par des signes ou un comportement prosélytique. Contrairement à ce qu'on croit trop souvent, le mot « laïcité » n'est pas mentionné dans cette loi ; on parle alors de « neutralité ».

Les instituteurs (et les institutrices, de plus en plus nombreuses) restent d'une grande diversité d'opinions idéologiques et politiques. Leur mission est désormais avant tout une mission de combat : enseigner aux élèves les savoirs de base, l'idée de la Nation et la morale laïque, lutter contre tous les obscurantismes, dénoncer toutes les injustices et combattre l'influence de l'Église. En 1908, le ministre de l'Instruction publique, Gaston Doumergue, impose des amendes aux pères de famille qui interdiraient à leurs enfants de suivre tout ou partie de l'enseignement obligatoire à l'école, même si les cours sont dispensés par un instituteur antireligieux. En représailles, les archevêques et évêques de France publient une « Déclaration aux pères de famille de leur pays » : « Les parents qui confient à l'État leurs enfants ont le droit d'exiger que leurs croyances et leurs sentiments intimes ne soient ni combattus ni froissés par un enseignement agressif. […] Une pareille législation revient à l'expropriation de la famille et à la confiscation de l'enfant. » L'année suivante, une autre « Lettre pastorale des évêques » dénonce quatorze manuels (de morale, d'histoire de France et de lecture) et demandent aux familles de retirer leurs enfants des écoles dans lesquelles ils seraient en usage, sous peine de refus de l'absolution.

La même année 1909, deux ans après la Grande-Bretagne, le scoutisme s'installe en France, à Nantes, contre « les pédagogies scolaires qui valorisent l'intellectualisme ». En 1911, les religieux n'ont plus le droit de passer l'agrégation. En 1913, dans son essai *L'Argent*, Charles Péguy invente l'expression « hussards noirs », pour désigner les instituteurs, en évoquant ses souvenirs d'écolier à l'école primaire annexe de l'école normale de garçons d'Orléans : « Nos jeunes maîtres étaient beaux comme des hussards noirs. Sveltes, sévères, sanglés, sérieux et un peu tremblants de leur précoce, de leur soudaine omnipotence. »

À la veille de la Première Guerre mondiale, trente-cinq mille instituteurs, soit les trois quarts du corps enseignant, sont mobilisés et remplacés dans des classes qui ne sont toujours pas mixtes, par des institutrices à qui on demande d'exalter le devoir patriotique, les revendications territoriales, et la colère contre l'ennemi.

La Grande Guerre est, là comme ailleurs, l'occasion de prendre conscience des faiblesses du système d'éducation français : dans les tranchées les soldats du Midi ne comprennent pas le français des soldats du Nord, et aucun d'eux ne comprend celui des officiers parisiens. Dans les usines, les ouvrières et les ouvriers ne savent pas lire les instructions pour la construction des nouveaux armements. À partir du printemps 1915, des institutrices et des instituteurs manifestent contre les combats et contre la propagande que le ministère leur demande de véhiculer. En juillet 1915, un couple d'instituteurs, Marie et François Mayoux, publie clandestinement *Le Manifeste des instituteurs syndicalistes* : « Ce que nous n'avons jamais accepté, ce que nous n'accepterons jamais, ce que nous repoussons du pied avec une répugnance méprisante, c'est cette prétention du gouvernement de la République à nous transformer en agents politiques de la plus basse espèce, en propagandistes "anti-boche", en missionnaires de la haine la plus aveugle, enfin – honte et infamie ! – en bourreurs de crânes à l'usage de nos propres élèves. »

Les combats, qui tuent sans presque aucune distinction de classe sociale, font surgir le besoin d'un enseignement commun de base ; en 1917, le comité Michelet, sorte de club d'universitaires et de hauts fonctionnaires, réclame « le lycée gratuit pour les enfants de ce peuple uni pour défendre la patrie en danger ». Sept officiers diplômés de l'enseignement supérieur, regroupés sous le nom de « Compagnons de l'Université nouvelle », prônent l'idée d'une école unique et réellement commune à tous.

À la fin de la guerre, quatre-vingt-dix mille instituteurs sont tombés au combat ; parce qu'on manque d'enseignants, et en signe de reconnaissance aux religieux revenus combattre pour la France, on suspend l'interdiction d'enseigner faite aux membres des congrégations. Les institutrices sont maintenant majoritaires. Beaucoup d'autres meurent alors d'une épidémie de grippe plus meurtrière encore que la guerre.

En 1920, le jeune Célestin Freinet, devenu instituteur au Bar-sur-Loup, met en place de nombreuses méthodes nouvelles, qui vont bientôt avoir une résonance planétaire : il proscrit l'autorité du maître (assimilée à une violence) et le jeu (car l'enfant doit être considéré comme un adulte) ; il met en place toute une série de techniques pédagogiques fondées sur l'expression libre des enfants : texte libre, dessin libre, correspondance interscolaire, imprimerie et journal scolaires, films pédagogiques, enquêtes, coopérative scolaire.

La demande d'éducation augmente : en 1924, un décret ouvre enfin – en théorie – aux filles le même enseignement primaire et secondaire que celui des garçons ; les écoles ne sont toujours pas mixtes ; la même année, Édouard Herriot, éternel maire de Lyon et alors président du Conseil, déclare : « La démocratie ne sera complètement fondée que lorsque l'accession à l'enseignement secondaire sera déterminée, non par la fortune des parents, mais par le mérite des enfants. » On pourrait le dire encore, un siècle plus tard.

En 1925, la France, dont l'industrie de l'armement a beaucoup souffert pendant la Grande Guerre de l'absence de formation professionnelle des ouvriers, fait financer par une taxe d'apprentissage payée par les entreprises, des cours professionnels obligatoires sur le temps de travail des apprentis, ce qui leur donne droit à un certificat d'aptitude professionnelle. Commence ainsi timidement un enseignement professionnel, dans l'école et l'entreprise.

En 1926, le quotidien parisien *Comœdia* explique (une quinzaine d'années après l'ouverture à Rome de la première « Casa dei Bambini ») qu'en Italie une directrice d'école, Maria Montessori, a imaginé des caractères en bois pour que « les enfants trouvent de l'intérêt à l'orthographe. La méthode de Maria Montessori vise à faire vivre les enfants à l'école comme dans une maison (leurs meubles, la cuisine…) avec aussi des objets scientifiques pour développer leur curiosité ». Plusieurs écoles Montessori ouvrent en France. D'autres s'inspirent de l'école de Freinet.

En 1930, il y a 197 000 élèves dans tout le secondaire, soit 6 % des classes d'âge correspondantes ; la sixième, qui n'est pas encore obligatoire, devient gratuite, mais les enseignants, craignant d'avoir trop d'élèves, imposent un examen d'entrée à la fin de l'école primaire ; l'année suivante, la gratuité est prolongée jusqu'à la cinquième, puis à la quatrième. Moins de 2 % d'une classe d'âge va à l'université.

En 1936, Jean Zay, ministre de l'Éducation du Front populaire, lance un ensemble de réformes majeures : l'obligation scolaire est portée à 14 ans ; est créé, à titre expérimental dans 175 établissements, un pont entre les écoles primaires supérieures et les lycées, avec une classe de sixième d'orientation ; il expérimente aussi « l'heure quotidienne de sport » dans trois départements, lance le brevet sportif populaire, les bibliothèques mobiles et les bourses de voyage, et double le montant et le volume des bourses scolaires ; enfin, il propose la création d'une École nationale d'administration pour contrer le monopole de l'École libre des sciences politiques dans la haute fonction publique. La part de l'éducation dans le PIB passe de 1 à 2 %.

En mai 1940, le gouvernement de Vichy désigne les instituteurs comme les responsables de la défaite, car ils se seraient mal battus par antimilitarisme. Un officier général d'artillerie, Armand de Puységur, écrit : « La jeunesse de la France a été pourrie jusqu'aux moelles par l'enseignement. Et, à l'heure de la grande bagarre, les vertus de courage, d'abnégation, de dévouement qu'elle tenait de ses ancêtres, se sont trouvées fortement amoindries. Il faut, de toute urgence, porter le fer rouge dans le ministère de l'Éducation nationale. » Le 15 août 1940, Pétain écrit dans *La Revue des Deux Mondes* : « L'école française de demain enseignera, avec le respect de la personne humaine, la famille, la société, la patrie. Elle ne prétendra plus à la neutralité. [...] Nous ne devons jamais perdre de vue que le but de l'éducation est de faire de tous les Français des hommes ayant le goût du travail et l'amour de l'effort. »

En octobre 1940, les Juifs, les communistes et les femmes mariées sont exclus de la fonction publique, et en particulier de l'enseignement ; les écoles normales d'instituteurs, créées en 1810, sont fermées. Le gouvernement de Vichy annule l'interdiction d'enseigner faite en 1905 aux congrégations et subventionne les écoles catholiques ; les religieux sont autorisés à enseigner en habits religieux dans les établissements privés. L'année suivante, alors que de nombreuses écoles publiques sont détruites et beaucoup d'enseignants prisonniers, il est décidé que l'État participera, à hauteur de 75 %, au financement des écoles primaires privées, c'est-à-dire catholiques, au moins jusqu'à la fin du conflit.

En novembre 1940, un groupe d'instituteurs communistes lance un appel demandant aux enseignants de s'appuyer sur les « comités populaires formés par les parents d'élèves pour la défense de nos écoles contre la répression et pour l'annulation des sanctions », pour « faire respecter en toutes circonstances les droits de l'École laïque et de ses maîtres ». De nombreux enseignants cachent des Juifs, des réfractaires au STO participent à la presse de la Résistance, au sabotage de l'appareil de guerre et de propagande nazis. D'autres, plus nombreux, collaborent très activement avec les occupants, soutenus par des recteurs choisis avec soin par Abel Bonnard, ministre de l'Éducation entre 1942 et 1944. Ainsi, Gilbert Gidel, recteur de Paris, rédige, le 19 mai 1942, une circulaire virulente contre « le péril bolchevique » ; à Lyon, le recteur André Gain écrit encore à Abel Bonnard, le 2 juillet 1944, trois semaines après le débarquement en Normandie, pour lui dire sa fierté de travailler sous ses ordres « à maintenir et à bâtir, en ces heures douloureuses, tout ce qui doit survivre à une tempête démesurée ». Le CNEC (Centre national d'enseignement par correspondance) est créé le 30 mai 1944 par le gouvernement de Vichy. Il deviendra le CNED vingt-deux ans plus tard

Pendant ce temps, le 15 mars 1944, le Conseil national de la Résistance, encore clandestin, adopte un programme de gouvernement, avec pour objectif « que soit promue une élite véritable, non de naissance, mais de mérite, et constamment renouvelée par les apports populaires ». En novembre 1944, René Capitant, ministre de l'Éducation nationale du gouvernement provisoire, crée une commission ministérielle d'études pour la réforme de l'enseignement, dont il confie la présidence à Paul Langevin (fils d'un ouvrier métreur-vérificateur dans le bâtiment, devenu professeur au Collège de France, et proche du Parti communiste), remplacé après son décès en 1946 par Henri Wallon (lui aussi professeur au Collège de France et proche du Parti communiste) ; le plan Langevin-Wallon, publié en 1947, propose le prolongement par paliers de la scolarité obligatoire jusqu'à 18 ans, un cycle d'orientation de 11 à 15 ans, avec un enseignement commun et un enseignement spécialisé optionnel, promouvant la culture technique et professionnelle au même titre que la culture classique et scientifique, et la spécialisation des maîtres, qui devront tous recevoir une formation universitaire. Le projet, très audacieux et très coûteux, n'est pas mis en œuvre, mis à part la création d'un enseignement professionnel et d'un baccalauréat technologique.

La situation de l'école est alors désastreuse : dans certaines salles de classe, on s'assied encore sur des caisses de munitions en guise de bancs ; moins d'un tiers des enfants de 4 à 6 ans ont une place à l'école maternelle. Faute de bourses, de nombreux collégiens abandonnent leurs études. Si l'enseignement privé, qui scolarise alors plus du tiers des élèves du secondaire et près d'un cinquième de ceux du primaire, doit réduire son activité (en raison du déclin des vocations religieuses, de l'inflation galopante qui ruine les donateurs et de l'abrogation par l'Assemblée consultative, en 1945, des subventions accordées en 1941 par le régime de Vichy), l'enseignement public a le plus grand mal à accueillir les classes d'âge nouvelles qui commencent à augmenter. Sont alors ouvertes également de nouvelles écoles Freinet et Montessori, dont, en 1946, à Roubaix, la plus ancienne encore en activité aujourd'hui.

En 1951, alors que la vague démographique commence à atteindre l'école maternelle, est créée, pour former les maîtres de l'enseignement professionnel initié par le plan Langevin-Wallon, l'École normale supérieure de Saint-Cloud. En 1952, un groupe de mathématiciens francophones, regroupés sous le pseudonyme de Nicolas Bourbaki, publie plusieurs ouvrages qui vont jouer un rôle important, et pas toujours positif, dans l'enseignement des mathématiques en lui donnant un tour très conceptuel. En 1956, une loi interdit les devoirs à la maison, mais elle n'est pas appliquée.

En 1959, la scolarité obligatoire est officiellement prolongée jusqu'à 16 ans, mais seuls 10 % d'une classe d'âge arrive au baccalauréat. Une loi, dite loi Debré, du nom du Premier ministre du général de Gaulle revenu au pouvoir, sauve les écoles privées, pour la plupart catholiques, qui végètent depuis la Libération et la suppression de l'aide exceptionnelle octroyée par le gouvernement de Vichy. La loi Debré finance les écoles et les enseignants du privé par un système de contrats qui leur impose, en échange, l'application des programmes de l'Éducation nationale, l'obligation d'admettre tout élève, quelle que soit sa religion, et les mêmes inspections que les écoles publiques.

Tout se joue encore dans l'orientation, qui reste implacablement déterminée par l'appartenance à telle ou telle classe sociale.

Dans les années 1960, la mixité s'impose peu à peu dans les écoles et les lycées français. En 1963, le ministre de l'Éducation de l'époque, Christian Fouchet, réorganise le premier cycle du secondaire en créant (à côté du collège d'enseignement général, qui donne un enseignement général court de cinq ans) le collège d'enseignement secondaire (divisé en un enseignement général long, classique ou moderne, aboutissant aux lycées et sanctionné par le baccalauréat, et un enseignement général court, en deux ans, conduisant à l'enseignement professionnel ou à un cycle terminal pratique). Plus de la moitié des collégiens vont dans l'enseignement professionnel ou technique.

Cinq ans plus tard, comme partout ailleurs en Europe, dans le contexte plus large d'une remise en cause de l'autorité par une jeunesse occidentale de plus en plus nombreuse et désireuse d'échapper au carcan imposé par les générations précédentes, le moment vient d'une critique radicale de l'éducation. En mars 1968, un colloque à Amiens (« Pour une école nouvelle »), organisé par les soutiens de Pierre Mendès France, dénonce « l'inadaptation d'un système éducatif hérité du XIXe siècle », avec « une centralisation excessive », une « rigidité », une « inertie et un autoritarisme qui ne conviennent pas à une formation secondaire et supérieure de masse » ; il propose de combiner des options plus nombreuses avec des travaux individuels et collectifs ; de modifier le système d'évaluation ; de fixer le contenu des enseignements par cycles et non plus par années ; d'instaurer dans les lycées une pédagogie plus active ; de considérer les établissements comme des ensembles socioculturels, et non plus comme de simples juxtapositions de salles de classe ; de créer des établissements expérimentaux ; et de former les maîtres à l'université.

Au même moment, les garçons de la section de sociologie de la faculté des lettres et sciences humaines de Nanterre occupent les dortoirs des filles et réclament l'indépendance de l'enseignement et de la recherche à l'égard des pouvoirs politiques et économiques, l'humanisation des rapports avec l'administration et la cogestion. Ainsi commence la « révolution de mai ».

En novembre 1968, après l'échec politique et la reprise en main par l'État gaulliste, le nouveau ministre de l'Éducation, Edgar Faure, révolutionne les apparences des universités : il les morcelle en 626 unités d'enseignement et de recherche, chacune autour d'une discipline dominante ; des « sciences de l'éducation » prépareront à une licence et à une maîtrise spécifiques. Ce soi-disant abandon des règles et du vocabulaire de l'université traditionnelle (les facultés, les doyens) ne sera vite qu'une fiction.

Dans le primaire, un arrêté de 1969 instaure le « tiers-temps pédagogique » en divisant les enseignements en trois domaines : français et maths, découverte de l'environnement et éveil de la curiosité, développement du corps.

À partir des années 1970, 20 % d'une classe d'âge suivent des études secondaires, dans des options élitistes ou de relégation ; et toujours, là comme ailleurs, la classe sociale détermine impitoyablement le lieu d'éducation et l'orientation. La pédagogie reste en général fondée sur la mémoire, l'abstraction, la notation individuelle et la sanction, beaucoup plus que sur l'encouragement, l'engagement, la motivation, l'initiative et le travail collaboratif ; des méthodes prétendument modernes d'apprentissage de la lecture et des mathématiques font des ravages sur plusieurs générations d'élèves. Se répandent à l'inverse des méthodes dites « actives », inspirées des travaux de Freinet et de Montessori, qui mettent en avant l'autoconstruction du savoir par l'enfant plutôt que la transmission.

En 1971, l'apprentissage entre 16 et 20 ans devient une forme d'éducation à part entière, toujours réservée aux enfants des classes populaires. En 1975, alors que 40 % des bacheliers entrent dans l'enseignement supérieur, la loi Haby rassemble les CES et les CEG en un collège unique pour tenter de rendre l'orientation plus démocratique en la reportant à la fin de la troisième au lieu de la cinquième ; les résistances à cette réforme, que certains présentent comme un nivellement par le bas, poussent les classes aisées à envoyer de plus en plus leurs enfants dans l'enseignement privé (qui est vu désormais comme un enseignement de qualité, et non plus comme un choix religieux).

À l'inverse, dans les quartiers périurbains où sont maintenant regroupées la plupart des familles les plus pauvres, en partie venant d'une immigration d'origine coloniale, le niveau de l'enseignement public baisse. Pour pallier cela, sont créées, en 1981, 544 zones d'éducation prioritaire (ZEP), dotées de moyens supplémentaires et de professeurs volontaires de haut niveau. À cette date, le nombre d'étudiantes dépasse le nombre d'étudiants dans le supérieur.

En 1984, après l'échec d'une ultime tentative pour nationaliser l'ensemble des écoles privées (dites « libres »), encore religieuses pour l'essentiel, les élèves de l'école maternelle et de l'école élémentaire sont répartis en trois cycles : apprentissages premiers jusqu'à 5 ans, apprentissages fondamentaux de 5 à 8 ans, apprentissages appliqués jusqu'au CM2. Les familles françaises, même si elles ne sont plus autant soumises à l'influence de l'Église, restent, comme au début de ce XXe siècle, méfiantes à l'égard de l'école publique, qui vient de tenter un coup de force (la nationalisation) et a échoué.

En 1985, alors que 40 % d'une classe d'âge atteint désormais le niveau du baccalauréat, le gouvernement fixe comme objectif d'y amener 80 % des lycéens en 1995, objectif qui sera presque atteint (on verra plus loin comment) ; on crée en même temps le baccalauréat professionnel à côté du bac général et du bac technologique.

Les recrutements d'enseignants se font attendre, en particulier dans le supérieur : en 1990, alors que le nombre d'étudiants en faculté est le double de ce qu'il était vingt ans auparavant, le nombre d'enseignants universitaires n'a augmenté que de 40 %.

En 1991, 92,4 % des jeunes de 16 ans fréquentent des collèges ou lycées, soit autant qu'aux États-Unis. Peu de jeunes de 16 ans s'orientent ensuite vers l'enseignement technologique et professionnel, à la différence de l'Allemagne.

En 1994, les langues vivantes sont introduites à l'école primaire. Pierre Bourdieu dénonce alors ces réformes pédagogiques, trop tournées selon lui vers le plaisir de l'enfant et qu'il nomme « pédagogie de l'hameçon », parce qu'elles visent, dit-il, à motiver les enfants par le plaisir pour les faire travailler : « En vérité c'est le contraire qui se produit, car on ne s'intéresse jamais vraiment qu'à ce à quoi on a d'abord beaucoup travaillé. » Il conclut : « Qu'est-ce qu'un bon professeur ? Tout sauf un animateur culturel. »

Les signes de l'inefficacité croissante du système sont de plus en plus visibles : la maîtrise du français baisse, les incivilités augmentent ; en 1995, les élèves de collège font en moyenne dix-sept fautes par dictée contre cinq en 1920. Cette année-là, 1 % des jeunes adultes sont analphabètes ; 3 % ne dépassent pas la lecture d'un mot simple isolé ; 4 % sont limités à la lecture de phrases simples isolées ; 12 % ne sont capables que de la lecture superficielle d'un texte court et simple ; 20 % sont incapables de lire un texte de façon approfondie. Et pourtant, au début des années 2000, 80 % des candidats réussissent le baccalauréat, d'un niveau inférieur à ce qu'il était vingt ans avant.

Alors, la valse des réformes s'accélère.

En 2005, Jacques Chirac et son ministre François Fillon définissent un nouveau socle commun de sept domaines de connaissances et de compétences : la maîtrise de la langue française ; la pratique d'une langue vivante étrangère ; les principaux éléments de mathématiques et la culture scientifique et technologique ; la maîtrise des techniques usuelles de l'information et de la communication ; la culture humaniste ; les compétences sociales et civiques ; l'autonomie et l'initiative.

Pendant que la formation de masse continue de croître : entre 2000 et 2012, le nombre de diplômés bac + 5 augmente de 75 %.

En 2013, François Hollande et son ministre Vincent Peillon définissent un nouveau socle constitué cette fois de cinq domaines : les langages pour penser et communiquer ; les méthodes et outils pour apprendre ; la formation de la personne et du citoyen ; les systèmes naturels et les systèmes techniques ; les représentations du monde et de l'activité humaine. Avec, enfin, la création, dans chaque établissement d'enseignement, d'un espace dédié aux parents et à leurs représentants.

En 2016, François Hollande et sa ministre Najat Vallaud-Belkacem bouleversent encore l'organisation en lançant une nouvelle répartition en quatre cycles : cycle des apprentissages premiers (petite, moyenne et grande sections de maternelle) ; cycle des apprentissages fondamentaux (CP, CE1 et CE2) ; cycle de consolidation (CM1, CM2 et sixième) ; cycle des approfondissements (cinquième, quatrième, troisième).

En 2017, Emmanuel Macron et son ministre Jean-Michel Blanquer décident le dédoublement des classes de CP et CE1 en zone d'éducation prioritaire, puis celui des grandes sections de maternelle ; 3 800 postes sont créés dans le premier degré ; des évaluations nationales sont mises en place en CP, CE1, sixième et seconde ; au niveau du baccalauréat, le contrôle continu compte désormais pour 40 % de la note finale.

En 2022, sur 13 millions d'élèves en France, 17 % sont scolarisés hors de l'enseignement public (dont 97 % dans des établissements privés sous contrat, un peu moins de 3 % dans des établissements privés hors contrat et 0,36 % en famille). Quatre-vingt-six pour cent des candidats réussissent le brevet des collèges ; 90 % des élèves du secondaire vont jusqu'au bac, contre 15 % en 1962 ; 91 % des candidats réussissent le baccalauréat général et 88 % le bac technologique. Le CNED forme environ 200 000 élèves. Le nombre de jeunes qui accèdent à l'enseignement supérieur (61,5 % d'une classe d'âge) a été multiplié par sept depuis 1960. Dans le classement de Shanghai (qui, on le verra, évalue les universités depuis le début du XXIe siècle), les premières universités françaises sont Paris-Saclay, (16e), Paris Sciences et Lettres (40e), Sorbonne (43e), Université de Paris (78e), Aix-Marseille (+100) ; et elles ont progressé grâce à la stratégie de regroupement d'universités. L'École normale supérieure, Polytechnique et Sciences-Po sont au-delà de la 300e place.

En France comme ailleurs, d'innombrables tentatives d'innovations pédagogiques ont lieu tous les jours, faites par des milliers d'enseignants, en particulier en associant les parents, jusque-là tenus à l'écart de l'école. Ainsi celle de Jérémie Fontanieu, professeur en terminale à Drancy, qui associe tous les jours, par SMS et par des rencontres, les parents aux travaux de ses élèves, avec un très grand succès. Et bien d'autres, dont de nouvelles formes d'éducation utilisant des applications numériques, dont on reparlera plus loin. Parmi ces succès, celui de l'école 42, fondée en 2011 pour que de jeunes décrochés scolaires retrouvent le goût d'étudier, s'essaient eux-mêmes à enseigner aux autres l'informatique, pour obtenir en deux ans un diplôme reconnu ; cette école est aujourd'hui présente dans trente pays et elle accueille plus de vingt-cinq mille étudiants.

Et pourtant, les signes inquiétants ne manquent pas.

La France dépense par élève à l'école élémentaire 8 % de moins que la moyenne des pays de l'OCDE. En 2022, le taux de scolarisation à 2 ans (dont dépend largement le taux de redoublement ultérieur) n'est que d'un enfant sur cinq, contre 53 % en Finlande et 39 % dans la moyenne de l'OCDE. Selon une enquête PISA (Programme international pour le suivi des acquis des élèves, qui vise depuis l'an 2000 à mesurer tous les trois ans les performances des systèmes éducatifs des pays de l'OCDE) de 2019, l'indice du climat de discipline est en France le plus bas de tous les pays mesurés, sauf au Brésil et en Argentine. Quelque cent cinquante mille jeunes quittent le système scolaire chaque année vers l'âge de 16 ans sans véritable qualification. Parmi les 437 000 participants de la session 2020 à la « Journée défense et citoyenneté », 11,9 %

ont été considérés comme des « lecteurs médiocres », 9,5 % comme ayant de réelles difficultés à lire, et 4,6 % comme en « situation d'illettrisme ». Alors qu'entre 2008 et 2014 le score moyen en mathématiques était stable, il baisse significativement en 2019 ; et en 2020 le niveau en mathématique des élèves de CM1 est le moins bon de tous les pays de l'OCDE. Au total, 20 % des élèves qui entrent au collège rencontrent des difficultés de lecture et de calcul. Les filles ne sont que 30 % à présenter la spécialité maths au baccalauréat contre 54 % des garçons, et elles sont ensuite très minoritaires dans les métiers d'ingénieurs.

Le taux d'encadrement des élèves par des enseignants a beaucoup baissé : le nombre d'élèves par classe est l'un des plus élevés de l'OCDE ; alors que, en 1842, on ouvrait 4 à 6 postes d'agrégé d'histoire par an, dans un pays qui comptait alors 46 lycées et 18 697 lycéens, on ouvre, en 2021, 72 postes au concours de l'agrégation d'histoire, dans un pays qui compte 3 750 lycées et 2 288 800 lycéens. Soit seulement 16 fois plus de postes pour 82 fois plus de lycées et 122 fois plus de lycéens. Enfin, malgré les efforts récents, l'école reste trop souvent un lieu de tension entre les enseignants, les parents et les élèves, avec des systèmes de notation trop précoces, insistant trop souvent encore sur les erreurs plus que sur les progrès.

Les inégalités demeurent très profondes et s'aggravent même : la carte scolaire n'est pas respectée : un enfant sur deux n'intègre pas son collège de rattachement. En Seine-Saint-Denis, un enfant perd en moyenne un an de cours sur toute la durée de sa scolarité en raison du manque d'enseignants. En Bretagne, 40 % des élèves sont dans le privé. Un tiers des lycéens sont en enseignement professionnel, mais pratiquement aucun ne l'a choisi.

Le système, trop centralisé, ne permet pas aux enseignants de choisir leur établissement d'affectation, et en particulier pas selon le projet d'établissement. La rémunération des enseignants est beaucoup plus basse que celle de leurs collègues des pays équivalents. Leurs conditions de travail sont dégradées.

Les jeunes issus de l'immigration pensent qu'ils sont intentionnellement discriminés ; les bons élèves fuient ces écoles dès qu'ils le peuvent. Selon certaines enquêtes, la France est même le pays de l'OCDE avec le plus grand écart de niveau scolaire entre les élèves dont le statut social des parents est le plus élevé et les élèves dont les parents sont les plus défavorisés.

Cas extrême, les enfants qui passent par l'Aide sociale à l'enfance, faute de soutien familial : à 18 ans, ils sont abandonnés sans ressources, sans logement ni aide professionnelle, alors que la moyenne d'âge de l'autonomie en France n'est que de 23 ans et qu'il faut attendre 25 ans pour pouvoir bénéficier d'une allocation (le RSA) ; de plus, sachant que ces jeunes devront être autonomes à 18 ans, on les pousse vers des études courtes : ils ont ainsi quatre fois moins de chances d'obtenir un bac général et de poursuivre des études supérieures que les autres jeunes du même âge. Enfin, parmi eux, on trouve plus de 60 % des 150 000 enfants qui quittent l'école sans diplôme.

Pour l'enseignement supérieur, ce n'est pas mieux : si la part des dépenses d'éducation consacrée à l'enseignement supérieur se situe dans la moyenne de l'OCDE, avec 1,4 % du PIB en 2016, elle est très inférieure à celle des pays reconnus comme les plus performants (2,5 % pour les États-Unis, 2,3 % pour le Canada et 1,7 % pour le Royaume-Uni) ; de surcroît, la dépense par étudiant est en baisse de plus de 6 % depuis 2014. Plus de la moitié des étudiants doivent travailler à un moment ou à un autre de leurs études et plus de la moitié de ceux qui travaillent ne peuvent étudier correctement. En 2021, 50 % des étudiants des grandes écoles ont des parents cadres ou de professions libérales qui ne représentent que 17 % de la population active. Soixante-six pour cent des enfants de cadres, de professions intermédiaires ou d'indépendants, âgés de 25 à 29 ans, sont diplômés du supérieur, contre 33 % des enfants d'ouvriers ou d'employés.

Seulement 47,5 % des Français sont diplômés de l'enseignement supérieur, ce qui place la France au vingt-deuxième rang des pays de l'OCDE. Vingt-sept pour cent des personnes nées en France disposent d'un diplôme de l'enseignement supérieur, contre 43 % des immigrés chinois, 37 % des immigrés nés en Roumanie, 35 % des Vietnamiens, 32 % des Polonais, 21 % des Tunisiens, 19 % des Marocains et des Algériens.

Avec 258 000 étudiants étrangers en 2017, la France ne se classe plus qu'au cinquième rang de l'OCDE, en recul de deux places par rapport à 2012 : les États-Unis (près d'un million) et le Royaume-Uni (435 000) sont loin devant ; l'Australie et l'Allemagne sont désormais mieux classées que la France.

Les conditions matérielles d'enseignement primaire sont dégradées. Les équipements de nombreuses universités restent très insuffisants. À cela s'ajoute une nouvelle dimension des problèmes de l'éducation française : le séparatisme identitaire. La bataille de la laïcité a changé de sens ; il ne s'agit plus, comme depuis des siècles, de lutter contre l'influence de l'Église catholique, mais contre celle de différentes formes de séparatismes identitaires ou sociaux et de nouvelles formes d'intimidation qui pourraient rendre plus difficile encore la bataille pour une école laïque, intégrée et juste. En particulier venant d'extrémistes musulmans, dont le meurtre d'un enseignant, Samuel Paty, a été un épisode tragique.

Enfin, le tsunami Internet touche la France autant que les autres pays : si la radio joue un rôle éducatif de plus en plus considérable avec des médias explicitement éducatifs, comme France Culture et d'autres – dont des podcasts – d'autres médias ont moins de vertus éducatives pour le moment, de 2012 à 2022, le temps passé en France sur Internet par les enfants de 1 à 6 ans a quasiment triplé (de deux heures dix à six heures huit par semaine) et ce n'est pas pour étudier ; les 7-12 ans surfent pendant plus de neuf heures sur Internet chaque semaine et regardent autant la télévision. Les 13-19 ans surfent sur Internet presque dix-huit heures par semaine et jouent à des jeux vidéo pendant neuf heures par semaine.

Allemagne : une histoire tragique en voie de convalescence

En 1919, le premier ministre de l'Éducation de la nouvelle république de Weimar, Konrad Haenisch (qui ne put faire d'études supérieures parce qu'il fut envoyé très jeune en hôpital psychiatrique, « en raison d'activités sociales-démocrates »), qualifie le système éducatif prussien, en place dans le Reich jusqu'à sa défaite, de « démon de l'asservissement morbide, de la méfiance et du mensonge ». Il démantèle totalement ce carcan, décentralise le système scolaire et universitaire, y donne un accès illimité aux filles et annonce la mise en place prochaine d'une école élémentaire gratuite et universelle de quatre ans, les élèves étant incités à continuer quatre ans de plus ; selon ce projet, après un examen rigoureux, les élèves qui peuvent payer une somme modique pourront entrer dans l'un des quatre types d'écoles secondaires pendant une ou deux années supplémentaires ; aucun élève n'est plus forcé d'étudier la religion et aucun professeur n'est contraint de l'enseigner. L'*Abitur* est maintenu à la fin du secondaire.

Au même moment, à Stuttgart, Rudolph Steiner crée une « école libre » qui accueille essentiellement des enfants de familles ouvrières ; d'autres suivront ; elles mettent l'accent sur l'importance des jardins d'enfants (imitation, expérience communautaire, jeu libre, création artistique, contemplation de la nature) ; pas de notes ni de redoublement ; importance égale de toutes les activités cognitives, techniques, artistiques et pratiques ; pas de manuels, pas de directeur. Aujourd'hui, il y a plus de mille écoles Steiner-Waldorf dans le monde, dont deux cents en Allemagne, et plus d'une vingtaine en France.

Pendant ce temps, Adolf Hitler (qui a fréquenté l'école primaire de son village autrichien, puis celle d'un monastère voisin avant de redoubler à 11 ans dans une *Realschule* de Linz et échoué deux fois à l'entrée de l'École des beaux-arts de Vienne) commence son ascension. En mars 1933, à son arrivée au pouvoir, les élèves et les professeurs juifs sont chassés des écoles et des universités. Son ministre de l'Éducation du peuple et de la Propagande, Joseph Goebbels (qui fut un bon élève au gymnasium catholique de Rheydt, puis à l'université de Munich et à celle de Heidelberg) balaie la réforme de la république de Weimar, recentralise l'enseignement et l'organise autour de quatre thèmes : « Sang et sol » ; « Juiverie, franc-maçonnerie, bolchevisme » ; « Histoire du peuple allemand » ; « Calendriers, coutumes, rites funéraires ». Il réduit l'enseignement des langues étrangères, anciennes et vivantes ; l'enseignement de la littérature nationale est limité à certains auteurs et à certaines périodes. La SS publie chaque semaine, à destination des écoliers, *SS-Leithefte* (« Cahiers guides de la SS ») qui contient des extraits de *Mein Kampf* et des leçons d'eugénisme. Pendant la guerre, l'enseignement est suspendu ; de nombreuses écoles sont détruites et nombre d'enfants sont envoyés au front.

En 1945, dans leur zone, les Soviétiques maintiennent le système scolaire centralisé des Prussiens et des nazis et le mettent au service de l'idéologie marxiste-léniniste. L'enseignement est réorienté vers l'enseignement professionnel, les mathématiques et les sciences dures ; les adolescents sont orientés vers les métiers de la chimie puis de l'électronique. En 1959 est créé un cursus dit « polytechnique » (à dix classes), qui associe enseignements classiques et travail en entreprise ; à partir de la huitième classe, les élèves sont conduits vers une formation professionnelle, avec cours « d'introduction à la production socialiste » et journée hebdomadaire de travail en usine.

À l'inverse, à l'Ouest, les Occidentaux cassent le système centralisé et créent une Conférence permanente des ministres de l'Éducation des Länder pour coordonner des politiques éducatives confiées aux autorités régionales. En 1949, la loi fondamentale de la nouvelle République fédérale stipule que l'enseignement régulier de la religion « doit être garanti dans toutes les écoles publiques », mais qu'aucun élève ne peut être contraint de suivre un cours de religion ou de participer à des cérémonies religieuses. La plupart des écoles ne font cours que le matin, l'après-midi étant consacrée au sport comme en Grande-Bretagne. L'accent est mis partout sur l'importance de l'enseignement professionnel et sur l'apprentissage. En 2014, une « introduction au monde du travail et à l'emploi » est rendue obligatoire dans l'ensemble des programmes d'éducation ; des stages en entreprise ont vocation à « apporter un aperçu du monde du travail et de contribuer à l'orientation de l'apprenant dans son choix de profession ».

Aujourd'hui, l'Allemagne est, avec le Luxembourg, le pays de l'OCDE où les enseignants sont les mieux payés. La proportion de jeunes ayant suivi un cursus professionnel est l'une des plus élevées des pays de l'OCDE, alors que la proportion de ceux qui ont suivi un cursus général est la plus faible de l'OCDE, mis à part la République tchèque. Selon les dernières enquêtes de l'OCDE, l'Allemagne est pourtant devant la France en niveau général, expression écrite, mathématiques et sciences. La proportion de diplômés dans les domaines de l'ingénierie, de la manufacture et de la construction est la plus élevée de l'OCDE ; avec encore des inégalités : seuls 18,7 % des 30-35 ans nés en Allemagne de parents immigrés ont un diplôme universitaire, contre 29 % pour ceux dont les deux parents sont nés en Allemagne. Changement récent : l'éducation est aujourd'hui considérée comme un élément clé de la politique d'intégration des réfugiés, essentiels pour contrebalancer le déclin démographique du pays.

Et, là comme ailleurs, le tsunami numérique fait des ravages.

Suisse : un système multilingue avec quelques-unes des meilleures universités du monde

Depuis la Constitution fédérale de 1874, l'enseignement placé sous l'autorité des cantons prescrit une école primaire gratuite, obligatoire et laïque. La Constitution admet les écoles privées et l'enseignement à domicile. La Confédération subventionne les écoles primaires et les évalue sans intervenir directement dans la politique scolaire des cantons. On y enseigne la langue maternelle, la lecture, l'écriture, le calcul (parfois aussi la géométrie), l'histoire, la géographie, et parfois les sciences naturelles, la calligraphie, le chant, le dessin et les travaux ménagers, la gymnastique et la religion. À cela s'ajoute fréquemment la comptabilité, l'hygiène, l'arpentage, l'instruction civique, l'arboriculture, l'économie agricole et l'agronomie, le dessin technique et éventuellement une seconde langue. Dans les écoles primaires, la mixité finit par s'imposer ; les écoles secondaires maintiennent la séparation jusque dans la première moitié du XXe siècle. La question linguistique est essentielle dans un pays qui a quatre langues nationales. Dans les années 1990, en Suisse romande et alémanique, l'enseignement d'une seconde langue est avancé à la quatrième année, et même la troisième pour le français au Tessin. Les sciences naturelles et les sciences humaines et sociales ont une place plus importante en Suisse alémanique et italienne qu'en Romandie. Il y a en moyenne une vingtaine d'élèves par classe. Il existe aujourd'hui vingt-six systèmes cantonaux plus ou moins indépendants. Le concordat de 1970 sur la coordination scolaire, auquel tous les cantons, sauf le Tessin, ont adhéré, favorise des rapprochements (harmonisation de l'âge d'entrée à l'école, de la durée de la scolarité obligatoire et du début de l'année scolaire, notamment). En 2011, quinze cantons adhèrent à un accord intercantonal sur l'harmonisation de la scolarité.

Dans le secondaire, près de 70 % des écoles disposent d'une offre bilingue. Sur l'ensemble de la Suisse, dans la grande majorité des cas, la langue étrangère enseignée est l'anglais (65 %), puis l'allemand (28 %) et le français (17 %). Les élèves suivent un enseignement dans la langue principale dans au moins deux matières non linguistiques, en général l'histoire et les mathématiques, et doivent rédiger leur travail de maturité dans la langue d'immersion.

Selon le Global Competitiveness Index, la Suisse est le premier pays au monde pour la qualité de son enseignement supérieur. En particulier pour le commerce, avec des écoles comme IFM (Institut de finance et management), l'université de Saint-Gall, HEC Lausanne ; l'ingénierie, avec l'École polytechnique fédérale de Lausanne (EPFL) ; l'hôtellerie, avec notamment l'École hôtelière de Lausanne (EHL), classée meilleure école au monde par QS World University Rankings pour les études de tourisme et d'hôtellerie.

L'École polytechnique de Zurich, créée en 1854 avec la mission de former des ingénieurs et des scientifiques, se concentre principalement sur les sciences, la technologie, l'ingénierie et les mathématiques. Y ont notamment été élèves Albert Einstein, Maurice Koechlin (ingénieur concepteur de la tour Eiffel) ou encore Georges Claraz (botaniste et explorateur qui découvre la Patagonie du Nord en 1865). Vingt-deux lauréats du prix Nobel, deux médaillés Fields, trois lauréats du prix Pritzker et un lauréat du prix Turing ont été affiliés à l'Institut. Dans l'édition 2022 du QS World University Rankings, elle est classée huitième au monde, ce qui la place au quatrième rang des meilleures universités européennes, après l'université d'Oxford, l'université de Cambridge et l'Imperial College de Londres.

L'École polytechnique fédérale de Lausanne est créée en 1853 sous le nom d'École spéciale de Lausanne, inspirée par l'École centrale de Paris, pour « former en Suisse de bons ingénieurs », jusque-là contraints de fréquenter les grandes écoles françaises ou allemandes. Elle a pour but de former des bâtisseurs de haut niveau en leur enseignant la chimie, la physique, les mathématiques, le dessin, l'architecture et le génie civil. En 1946, l'école est rebaptisée École polytechnique de l'université de Lausanne (EPUL). La section de physique est créée la même année. Elle devient l'EPFL, avec de grands laboratoires de recherches et des projets de dimensions mondiales. Le classement mondial des universités QS 2015-2016 classe l'école à la quatorzième place mondiale, à la dixième place dans les domaines de l'ingénierie et de la technologie et à la seizième dans le domaine des sciences de base. On peut aussi citer l'université de Bâle, créée en 1460, où étudièrent Érasme et Jung.

Espagne : un rattrapage express au rabais

À partir de 1936, les deux premières décennies du régime franquiste sont caractérisées par un rejet radical du programme de modernisation laïc de la république antérieure : rechristianisation forcée de l'éducation, idéologisation et déprofessionnalisation des enseignants, contraction du réseau scolaire et accent sur la privatisation, l'État assumant même le financement d'une expansion considérable des écoles religieuses.

Au début des années 1960, 15 % de la population adulte espagnole ne sait encore ni lire ni écrire ; 94 % n'ont pas dépassé l'école primaire et moins de 3 % ont fait des études supérieures.

Avec l'avènement de la démocratie, en 1976, tout change. En 2022, l'analphabétisme a pratiquement disparu ; plus de 70 % de la population a suivi un enseignement secondaire ; le nombre moyen d'années d'études est passé de 4,7 ans en 1960 à 10,4 en 2019, avec 16 % de décrochage scolaire.

Ce succès foudroyant est relativement trompeur : selon l'OCDE, un étudiant universitaire espagnol a le même niveau qu'un lycéen aux Pays-Bas ou au Japon ; 40 % des diplômés du secondaire ont un niveau de compréhension en lecture inférieur à 3 sur une échelle de 5. En calcul, 46 % des diplômés du secondaire ont des compétences faibles (inférieures au niveau 3). Et 37 % des employés diplômés de l'enseignement supérieur occupent d'ailleurs des postes inférieurs à ce que pourraient laisser prétendre leurs diplômes, la moyenne européenne étant de 23,5 %.

Le système reste donc désastreux malgré la chute démographique qui réduit la demande ; sauf, comme ailleurs, pour les filières d'excellence, en particulier en droit et en médecine, réservées principalement aux grandes familles, même si elles envoient de plus en plus leurs enfants à l'étranger.

Italie : le grand retard

En 1907, Maria Montessori, une des premières Italiennes diplômées de médecine, crée la première Maison des enfants (Casa dei Bambini) dans le quartier populaire de San Lorenzo, à Rome, comme un laboratoire d'expérimentation : liberté des élèves, autodiscipline, respect du rythme de chacun, importance de l'expérience. Immédiat succès international.

À partir de 1922, le ministère de l'Éducation et les *provveditori* (inspecteurs provinciaux) fascistes prennent le contrôle du système éducatif ; la scolarité est désormais obligatoire jusqu'à 14 ans ; si les écoles élémentaires sont autorisées à suivre un programme relativement créatif, les élèves du deuxième cycle du secondaire apprennent la version fasciste de l'histoire, et la religion catholique est considérée comme le « fondement et le couronnement » de l'éducation.

En 1929, Maria Montessori fonde l'Association Montessori internationale (qui considère l'éducation non pas comme une transmission des savoirs, mais comme l'accompagnement du développement naturel de l'enfant, *via* un environnement adapté aux caractéristiques et aux besoins de son âge) ; en 1934, elle quitte le pays et passe plusieurs années en Inde, où existent, aujourd'hui encore, un grand nombre d'écoles Montessori.

En 2016, le taux de décrochage scolaire est de 13,8 % contre 8,8 % en France, pour une moyenne européenne de 10,8 %. Entre 2008 et 2015, près de 35 % des Italiens occupent des emplois sans aucun lien avec leurs études, ce qui est l'un des taux les plus élevés d'Europe. En 2017, seuls 25 % des 25-34 ans sont diplômés de l'enseignement supérieur, alors que la moyenne est de 43,1 % pour les trente-cinq pays membres de l'OCDE ; de plus, comme dans de très nombreux pays émergents, 260 000 diplômés de l'enseignement supérieur de moins de 40 ans ont pris le chemin de l'étranger.

Originalité, dans ce désastre : en 2019, l'Italie est le premier pays au monde à avoir instauré l'étude du réchauffement climatique à l'école ; chaque élève suit chaque année trente-trois heures de cours sur le sujet. Plus encore : la géographie, la physique et les mathématiques sont abordées sous l'angle du développement durable.

Finlande : le meilleur système mondial, fondé sur la coopération

Bien que la Finlande n'ait rendu obligatoire l'enseignement élémentaire qu'en 1921, bien après la Suède, le Danemark et la Norvège, l'éducation y est, en 2022, gratuite et obligatoire de 6 à 16 ans. Seulement 5,3 % des enfants finlandais vivent au sein de ménages dont les revenus sont inférieurs à 50 % du médian national, ce qui place la Finlande au deuxième rang en termes d'égalité sociale, derrière la Suède.

Tout est fait pour que les parents s'occupent le plus longuement possible de leurs enfants : ils ont de longs congés parentaux ; ils peuvent aussi inscrire leurs enfants dès 6 mois dans un jardin d'enfants ou les faire prendre en charge par une puéricultrice qui reçoit des petits groupes à son domicile. Dès le primaire, l'affectation des élèves est régie par une carte scolaire très stricte, avec vingt élèves au plus par classe, dans des salles vastes et confortables ; les sciences sont enseignées dans des laboratoires avec moins de seize élèves par classe. Les premières années du primaire sont consacrées à l'éveil des aptitudes et à la créativité ; les élèves ont jusqu'à 9 ans pour apprendre à lire ; l'enseignement est fondé sur la participation et l'interactivité ; le but est de valoriser plutôt que pénaliser ; les parents et les élèves ont très tôt le choix de construire un cursus avec de nombreuses options. De la première à la neuvième année, les élèves suivent de quatre à onze périodes par semaine d'art, de musique, de cuisine, de couture, de menuiserie ou de métallurgie. Jusqu'à 16 ans, les cours sont limités à quarante-cinq minutes et entrecoupés de pauses de quinze minutes. Les élèves appellent les professeurs par leur prénom. Pas de note avant 13 ans. À partir de 13 ans, les notes vont de 4 à 10. Le redoublement n'existe pratiquement pas ; les élèves en difficulté bénéficient d'un soutien spécifique (petits groupes de soutien, soutien individuel, éducateurs spécialisés et assistants éducateurs dans tous les établissements). Les enfants atteints de handicap vont dans des institutions spécialisées. La cantine est gratuite pour tous les élèves des écoles primaires, des collèges et des lycées. Les enseignants ne sont plus contrôlés depuis les années 1970, l'inspection ayant été jugée trop coûteuse et inutile. Le rejet de la compétition n'entraîne pas le rejet de l'excellence : tous les trois ans, six mille élèves sont testés, en guise d'échantillon national, en mathématiques. Un système central organise les examens, dont les notes ne sont connues que des directeurs d'école. Quatre-vingt-treize pour cent des élèves réussissent leurs études secondaires ; 66 % d'entre eux entament ensuite des études supérieures (c'est le plus haut taux d'Europe), contre 61,5 % en France. La quasi-totalité des collèges privés ont progressivement fermé.

Pour devenir enseignant, animateur de jardin d'enfants ou enseignant d'école primaire ou secondaire, il faut être diplômé de l'enseignement supérieur, passer un master spécifique, puis réussir un concours très compétitif. Les enseignants ont deux heures de formation par semaine et ne donnent que quatre heures de cours par jour. Chaque enseignant dispose de la liberté d'enseigner dans sa classe selon la méthode de son choix. Enseignant est un métier très respecté, au même rang social que médecin ou avocat. L'orientation professionnelle dans les écoles occupe soixante-seize heures d'enseignement au collège, avec l'intervention de conseillers pédagogiques spécialisés. Chaque élève a droit à des conseils individuels, avec des interventions en classe des acteurs du marché du travail, des visites dans le milieu professionnel.

D'après le rapport annuel sur la compétitivité mondiale publiée par World Economic Forum, la Finlande occupe la première place dans le classement des meilleurs systèmes éducatifs du monde ; selon le classement de l'OCDE, elle est deuxième en lecture avec le Canada et troisième en maths. Parmi les nations européennes, la Finlande se classe au quatrième rang pour le bien-être des enfants, juste après l'Islande, la Suède et la Norvège, et devant le Danemark. Elle dépense plus de 5 % de son PIB pour l'éducation, ce qui est très élevé si l'on tient compte de la baisse constante du nombre d'élèves, en raison de l'évolution démographique du pays.

Au total, c'est clairement le meilleur système du monde.

La Suède : comment ruiner un système scolaire en vingt ans

Le pays, qui fut à l'avant-garde des progrès de l'école depuis le XVIIe siècle, et qui reste au premier rang en termes d'égalité sociale et de bien-être des enfants, menace de tout ruiner depuis vingt ans : à la fin des années 1980, l'école suédoise est encore entièrement gérée par l'État et 99 % des enfants et des collégiens sont inscrits dans des écoles publiques ; les résultats sont excellents. En 1989, en raison de critiques portant sur une centralisation excessive, les sociaux-démocrates renvoient la responsabilité du primaire et du secondaire aux communes. Deux ans plus tard, la droite revient au pouvoir et introduit le « chèque éducation », théorisé par Milton Friedman, qui permet à chaque famille d'attribuer à l'école de son choix un certain montant fixé par la commune et versé par elle, pour financer les études de ses enfants. Ce chèque ne représente d'abord que 10 % du coût de l'éducation et il n'est versé qu'aux écoles privées, qui dès lors se multiplient. Revenant au pouvoir quatre ans plus tard, les sociaux-démocrates l'attribuent aussi aux écoles publiques par souci d'égalité. Cela ne ralentit pas la croissance du secteur privé ; bientôt, des sociétés commerciales rachètent des écoles primaires et secondaires pour constituer des groupes.

En 2022, 20 % des élèves du primaire et du secondaire vont dans 4 000 écoles privées qui, pour les deux tiers, appartiennent à des sociétés cotées en Bourse. Certaines de ces sociétés, pour faire des profits, diminuent le nombre d'enseignants par élève et réduisent la rémunération des enseignants. D'autres jouent au contraire sur l'excellence et organisent des files d'attente pour l'admission des élèves ; dans ces écoles, il est maintenant demandé aux enseignants d'être indulgents avec des élèves qui sont avant tout des clients.

Le niveau général baisse : selon l'enquête PISA de 2013, le niveau en lecture, mathématique et sciences des enfants est un des pires de l'OCDE ; depuis, les inégalités se sont encore aggravées entre les meilleures écoles et les moins bonnes. Le recrutement des enseignants dans le public est de plus en plus difficile. Chaque année, 16 000 élèves quittent le collège sans entrer au lycée. Ce qui fut le meilleur système du monde est en passe de s'effondrer.

Canada : un des meilleurs systèmes du monde, totalement décentralisé

Le pays dépense 5,3 % de son PIB dans l'éducation, ce qui est un des taux les plus élevés du monde. En l'absence de ministère fédéral de l'Éducation, chacune des dix provinces décide de ses programmes et des évaluations ; certaines d'entre elles ont leur propre ministère de l'Éducation. Au Québec, en particulier, l'enseignement secondaire est resté entièrement sous le contrôle de l'Église catholique jusqu'à la création d'un ministère provincial de l'Éducation en 1964 ; l'enseignement est désormais devenu totalement laïc.

L'objectif est moins de produire des élites que de donner à tous une base commune.

Plutôt que pour transmettre des connaissances, l'enseignant est là pour faciliter l'apprentissage par des exercices, des enquêtes, des projets de sensibilisation communautaire et des études de cas ; chaque établissement a aussi un mentor pédagogique qui aide les enseignants à améliorer leur pédagogie ; des enseignants tournent entre les différents établissements et aident à mettre en place des plans de travail individualisés pour chaque élève ; des « aides-enseignants » accompagnent (parfois tous les jours, à temps plein et de façon individuelle) les élèves présentant les difficultés les plus importantes. Des « mentors spécialisés » en mathématiques et en maîtrise de la langue sont à la disposition des enseignants de ces disciplines ; les enseignants bénéficient aussi d'une formation de cinq jours par an ; de plus, un quart d'entre eux, à leur demande, obtiennent jusqu'à trois jours de formation supplémentaires chaque année, sur des sujets choisis par eux. On commence depuis peu à raconter aux enfants l'histoire du pays, différemment selon les provinces, avec une revalorisation progressive de la place des peuples autochtones.

Les universités sont multiculturelles et polyvalentes (on peut choisir une majeure en physique tout en suivant des cours d'histoire). Près de trois cent mille étudiants étrangers y étudient chaque année. Les frais de scolarité universitaires sont à peine moins élevés qu'aux États-Unis.

Même tsunami numérique qu'ailleurs, plus conséquent encore : près d'un jeune Canadien sur cinq passe désormais beaucoup plus de temps devant un écran que sur les bancs de l'école ; en particulier, les enfants québécois sont rivés en moyenne vingt-trois heures par semaine à l'écran d'un ordinateur, d'une télévision, d'un téléphone ou d'une console de jeux ; le nombre de ceux qui y consacrent plus de trente-cinq heures par semaine a plus que doublé entre 2017 et 2022, passant de 9 à 19 % ; et la part de ceux qui y consacrent quarante-cinq heures par semaine, soit plus de six heures par jour, est passée de 3,3 % à 11 % ; les adultes ne font pas mieux : ils passent en moyenne environ 4,2 heures par jour à utiliser un écran d'ordinateur, 3,1 heures à regarder la télévision, 2,4 heures à fixer un smartphone et 1,5 heure à regarder une tablette.

Les conséquences de ces distractions sur la transmission du savoir ne vont pas tarder à se faire sentir. On en reparlera longuement au chapitre suivant.

Estonie, où le niveau social des parents a le moins d'influence sur les résultats scolaires de leurs enfants

Depuis la sortie de l'univers soviétique en 1990, l'Estonie consacre chaque année 6,8 % de son PIB à l'éducation, ce qui est le ratio le plus élevé dans l'OCDE. L'enseignement est gratuit pour tous. L'État dispose de peu de pouvoir en matière éducative. Le ministère de l'Éducation sert surtout à guider les développements du système éducatif sur le long terme ; symboliquement, le siège du ministère de l'Éducation se situe à Tartu, ancienne ville universitaire, et non à Tallinn, capitale politique et siège de toutes les autres institutions.

Les enfants sont pris en charge par la municipalité dès l'âge de 18 mois, pour être initiés à l'art, à la motricité, aux bases linguistiques et mathématiques ; 94 % des enfants de 3 ans et 97 % des enfants de 4 ans vont dans un établissement d'éducation de la petite enfance (bien au-dessus de la moyenne de l'OCDE, qui est de 70 % pour les enfants de 3 ans et de 84 % pour les enfants de 4 ans).

La plupart des élèves de l'enseignement préscolaire (96 %) fréquentent ensuite des établissements publics, ce qui est également nettement supérieur à la moyenne de l'OCDE (61 %).

L'enseignement est obligatoire de 7 à 17 ans ; dès 7 ans commencent l'enseignement de la musique, l'éducation citoyenne, la formation professionnelle et le sport, en plus des savoirs classiques ; la commune de résidence assure une place dans l'école la plus proche du domicile, et les familles peuvent choisir parmi un certain nombre d'écoles ; les élèves peuvent choisir de prendre plus d'heures de cours d'une matière, avec un éventail de choix étendu, notamment en arts et en langues ; une éducation religieuse non confessionnelle est disponible. Le taux de redoublement est parmi les plus faibles des pays de l'OCDE, avec seulement 3,5 % des élèves de 15 ans ayant redoublé au moins une fois, alors que la moyenne de l'OCDE est de 12,4 %. Des centres d'activités périscolaires offrent du soutien pédagogique et des cours d'éducation à la citoyenneté, pour « développer un certain intérêt pour l'environnement et valoriser les notions de liberté, de dignité humaine, d'égalité ». Enfin, c'est dans ce pays que l'origine sociale des parents a l'impact le plus faible sur les performances des élèves.

Les établissements scolaires et les équipes pédagogiques peuvent développer des contenus scolaires adaptés aux besoins locaux et même choisir leur méthode d'autoévaluation avec des indicateurs dépendant des spécificités de l'école. Un collège peut décider de proposer des cours conjointement avec des enseignants de lycée, sur des spécialités qu'il souhaite développer.

Les professeurs sont très bien préparés, même si la moitié des enseignants estoniens ont plus de 50 ans, car le métier n'est pas très demandé puisque les salaires sont bas.

L'Union européenne : quelques tentatives d'harmonisation

En 1984, une ancienne étudiante italienne, Sofia Corradi, qui avait dû recommencer des études en Italie en 1969 à 35 ans parce qu'elle les avait interrompues par un séjour non validé dans une université étrangère, lance l'idée d'une équivalence entre des études menées dans différents pays ; le projet est repris par divers mouvements, dont une association estudiantine, EGEE, puis par François Mitterrand, Helmut Kohl et Jacques Delors. En 1987 est créé le programme Erasmus (EuRopean Action Scheme for the Mobility of University Students), qui organise des échanges d'étudiants et d'enseignants entre les universités et les grandes écoles européennes, afin de leur permettre d'effectuer – et de valider – une partie de leurs études dans un autre établissement scolaire européen, pendant trois mois au minimum et un an au maximum. À sa création, ce programme rassemble onze pays (Allemagne, Belgique, Danemark, Espagne, France, Grèce, Irlande, Italie, Pays-Bas, Portugal et Royaume-Uni). En 2022, douze millions d'étudiants ont bénéficié de ce programme depuis sa création ; la France est le premier pays d'envoi avec six cent mille étudiants entre 2014 et 2020.

En 2002 est mis en place, dans toute l'Europe, à l'initiative de la France, ce qu'on a appelé le LMD, ou licence-master-doctorat, qui unifie les niveaux de diplômes universitaires dans l'Union, correspondant respectivement à un niveau bac + 3, bac + 5 et bac + 8. Cela crée des passerelles entre les différents niveaux et facilite les équivalences entre universités et les déplacements des étudiants au sein de l'Union. Si tous les pays se rapprochent du système LMD, seules la France et l'Italie semblent l'avoir pour l'instant complètement mis en place.

Singapour : un des meilleurs systèmes du monde, le plus compétitif

Avant sa déclaration d'indépendance en 1965, il n'existe, dans ce minuscule État, coincé entre la Malaisie et l'Indonésie, avec aujourd'hui l'un des plus grands ports du monde, que quelques écoles créées par les Britanniques au XIXe siècle, et quelques écoles chinoises fondées à partir de 1911. Depuis l'indépendance, pour répondre à une énorme demande de main-d'œuvre dans le bâtiment et l'industrie, le gourvernement singapourien développe surtout la formation professionnelle, en respectant les cultures de chaque communauté. À la fin des années 1970, le Premier ministre Lee Kuan Yew (qui a fait ses études au Raffles College, aujourd'hui l'université nationale de Singapour, puis à la London School of Economics et au Fitzwilliam College de Cambridge) affiche l'ambition de faire de l'île un leader technologique mondial ; l'éducation scientifique devient une priorité absolue ; le système éducatif reçoit d'importants moyens financiers ; on mise tout sur l'excellence, en mettant l'accent sur les mathématiques, avec une nouvelle méthode conçue sur place à partir des travaux de grands pédagogues du monde entier (en particulier le psychologue américain Jerome Bruner, Jean Piaget, le mathématicien américain George Pólya et Maria Montessori). La méthode repose sur six temps : manipulation, observation, modélisation mathématique, entraînement, répétition et utilisation de jeux mathématiques pour la résolution de problèmes. Elle favorise à la fois la collaboration et la communication entre les élèves et développe l'intérêt et la créativité. Aujourd'hui, une soixantaine de pays utilisent cette méthode ; en particulier, le Royaume-Uni l'applique dans la moitié des écoles publiques ; en France, environ mille classes l'utilisent ; avec quelques adaptations parce que, par exemple, les Singapouriens apprennent simultanément l'addition et la soustraction, alors que les Français les enseignent séparément.

La sélection commence à l'âge de 2 ans et se poursuit chaque année, avec une orientation majeure à 12 ans. Les deux tiers des meilleurs élèves ont accès aux meilleurs établissements et peuvent achever leur programme secondaire en trois ans. Les 20 % qui suivent le font en quatre ans. Les 10 % restants doivent suivre le *technical course*.

La journée de cours s'étend de 7 heures à 17 heures, auxquelles s'ajoutent des cours particuliers. Les familles jouent un rôle essentiel d'appui à cette éducation, et elles se sacrifient souvent pour que leurs enfants, surtout les garçons, aient les meilleures chances de réussir leurs études.

Diverses innovations sont venues modifier d'année en année le système à la marge : en 1997, l'initiative « Thinking Schools, Learning Nation » (TSLN) vise à développer chez les élèves une pensée plus critique, en mettant en avant l'importance de la prise de risque, de l'entreprenariat et de l'innovation. En 2005, pour réduire le stress des étudiants, le Premier ministre lance le projet « Teach Less, Learn More » (TLLM), qui demande de passer « de la quantité à la qualité » en donnant moins de devoirs et en faisant étudier moins de matières. Cela reste un système très compétitif et très coûteux. En 2021, 98 % des élèves ont eu recours à des cours privés au moins une fois lors de leur scolarité : le marché des cours particuliers représente 1,1 milliard de dollars par an.

Avec d'excellents résultats : selon le classement PISA, Singapour est depuis 2016 considéré comme le meilleur système éducatif au monde en ce qui concerne la lecture, les sciences et les mathématiques.

Certaines familles de la minorité malaise musulmane préfèrent cependant que leurs enfants soient scolarisés dans une des six madrasas autorisées.

La Corée du Sud : une concurrence impitoyable, avec d'excellents résultats et beaucoup de drames

Dans ce pays où le nombre d'enfants s'effondre plus vite qu'ailleurs, dégageant des moyens pour l'école, qui n'est obligatoire qu'à partir de 6 ans pour une durée de six ans, environ 97 % des jeunes adultes sud-coréens terminent leurs études secondaires, ce qui constitue le pourcentage le plus élevé du monde. Les Coréens sont les premiers, dans les classements internationaux Pisa, pour la compréhension de l'écrit, des mathématiques et des sciences ; 70 % des 24 à 35 ans ont suivi une forme d'enseignement supérieur.

Il suffit d'assister aux cours un certain nombre de jours pour obtenir le diplôme de fin d'études secondaires, mais celui-ci ne suffit pas pour entrer dans les bonnes universités.

Pendant leur année de terminale, les lycéens doivent aussi passer le test national d'entrée à l'université, le *suneung*, qui donne un classement national des élèves et permet aux universités de sélectionner leurs futurs étudiants. Le *suneung* est perçu comme une question de vie ou de mort par les étudiants. À l'université Yonsei, à Séoul, seuls 0,1 % des candidats sont admis. À l'université nationale de Séoul, le taux d'admission est de 0,001 %.

La pression sociale pour y être reçu est énorme ; après les cours, la plupart des élèves du primaire et du secondaire se retrouvent dans des instituts privés ; ils rentrent souvent chez eux aux alentours de 23 heures, puis ils font leurs devoirs. Près de 40 % des lycéens dorment moins de six heures trente par nuit. Un dicton affirme : « Si vous dormez trois heures chaque nuit, vous pouvez entrer dans une université SKY [l'université nationale de Séoul, l'université de Corée et l'université Yonsei]. Si vous dormez quatre heures chaque nuit, vous pouvez entrer dans une autre université. Si vous dormez cinq heures ou plus chaque nuit, surtout au cours de votre dernière année de lycée, abandonnez l'idée d'entrer dans une université. » Le suicide est la première cause de décès chez les adolescents (10-19 ans) et, selon une enquête du National Youth Policy Institute de 2019, plus du tiers des adolescents sud-coréens ont déjà pensé à se suicider à cause de la pression académique.

Enfin, le coût de l'éducation des enfants représente près de 20 % du budget familial.

Japon : le système le plus compétitif, dans un pays bientôt sans enfants

Comme le voulait la tradition pour ses prédécesseurs, le futur empereur Hirohito est, dès sa prime enfance au début du XXe siècle, séparé de ses parents et confié à la garde d'un amiral à la retraite, puis il suit les cours d'une école spéciale réservée aux enfants de la famille impériale, où il reçoit une formation militaire, morale, philosophique et religieuse ; il étudie l'histoire de sa famille, les sciences et la langue française. L'école et l'université restent marquées par le totalitarisme initié à la fin du XIXe siècle par l'empereur Meiji.

En 1938 et 1939, le gouvernement militariste incorpore le code samouraï, le *bushido*, aux programmes de l'éducation nationale ; en 1941, les écoles élémentaires sont rebaptisées « écoles populaires nationales » et les adolescents sont envoyés dans des « écoles de jeunesse », qui mélangent formation professionnelle et formation militaire (pour les garçons), et l'économie domestique (pour les filles) ; les manuels scolaires deviennent des livres militaristes et on enseigne à travailler la terre, à envoyer des lettres aux soldats, à construire des ballons explosifs, à combattre corps à corps. Les universités, organisées depuis la fin du siècle précédent sur le modèle américain, sont alors entièrement tournées vers les besoins militaires.

En 1946, après l'effondrement du régime militaire, l'United States Education Mission organise la démocratisation de l'éducation japonaise : trois années de maternelle facultatives, six années de primaire obligatoires, trois années de collège obligatoires, avec un cours d'éducation morale. Une grande place est faite à la culture générale et aux arts. À partir des années 1960, avec l'exigence de l'excellence économique s'impose l'obsession de l'excellence éducative. En 1963, un rapport du conseil économique recommande de privilégier les talents précoces. Le taux de fréquentation des lycées passe de 57,5 % en 1960 à 82,1 % en 1970, puis à 94,2 % en 1980.

En 2014, le gouvernement annonce le « Top Global University Project », un programme visant à concentrer des investissements supplémentaires dans trente-sept établissements de premier plan, afin d'étendre leurs efforts d'internationalisation, de placer davantage d'établissements japonais parmi les universités les mieux classées au monde, et d'attirer plus d'étudiants étrangers avec davantage de cours en anglais. Le rapport affirme aussi que « les lycées et les universités doivent modifier leur contenu éducatif, leurs méthodes d'apprentissage et d'enseignement, leurs méthodes d'évaluation et leur environnement éducatif de manière à développer la "joie de vivre" et la capacité académique des étudiants ». C'est loin d'être entré en vigueur.

L'entrée dans les lycées publics, après les neuf ans d'école primaire et de collège obligatoires, se fait désormais *via* un concours très difficile, différent selon chaque lycée. À la fin du secondaire et après un très difficile examen national, chaque étudiant passe un concours d'entrée différent pour chaque établissement d'enseignement supérieur auquel il postule : écoles spécialisées en deux ans, universités nationales (gérées par l'État), universités publiques (gérées par les collectivités locales) et universités privées.

Le Japon est en 2022 le troisième des pays de l'OCDE les plus performants en compréhension de l'écrit, en mathématiques et en sciences.

Les familles sacrifient tout à la formation de leurs rares enfants. Il n'y a pratiquement aucun étudiant ou enseignant étranger. Si le système éducatif japonais a permis l'émergence d'une société industrielle dotée d'une force de travail technique compétente, il a fabriqué des tensions considérables : la *gakurekibyô* (« maladie du diplôme ») touche de plus en plus de jeunes Japonais travaillant de manière forcenée, ce qui entraîne hypertension et obésité.

Le nombre d'étudiants baisse de façon continue depuis deux décennies. Comme on le verra au chapitre suivant, la baisse sera encore plus vertigineuse ensuite.

Chine : tous pour l'empire et les empereurs

En 1904, le pouvoir impérial dynastique s'affaiblit et, avec lui, le statut de la petite noblesse et celui des lettres classiques ;

Guangxu, avant-dernier empereur chinois, renonce aux concours impériaux. L'université de Pékin se structure selon le nouveau modèle japonais, avec trois cycles successifs de cinq, quatre et cinq ans. En 1905, un conseil impérial d'éducation est mis en place pour administrer de nouvelles écoles et superviser les nombreuses associations semi-officielles locales, qui créent des écoles de type occidental.

Pendant ce temps, de 1901 à 1906, le jeune Mao Zedong subit l'enseignement traditionnel dispensé par un maître qui lui fait apprendre par cœur des classiques confucéens, avec comme seule motivation la crainte de châtiments physiques. Après ses études primaires, il travaille dans la ferme familiale. En 1910, à 18 ans, et contre l'avis de son père, il fréquente très brièvement une école de commerce puis une école de littérature et d'histoire. En 1912, il étudie seul, en fréquentant la bibliothèque municipale de sa ville, puis il entre à l'école normale d'instituteurs de Changsha, dont il sort diplômé en 1918. Un peu plus tard, son futur successeur Deng Xiaoping reçoit une éducation primaire analogue, puis part en 1920 en France, avec quatre-vingts camarades de classe, dans le cadre d'un programme travail-études lancé par Li Shizeng (philanthrope et admirateur de la culture française, qui avait étudié à l'école agricole du Chesnoy, à Montargis). Faute de financement, Deng arrête ses études et travaille dans une usine Renault et comme monteur dans une usine sidérurgique du Creusot, où il découvre le marxisme, avant de partir à Moscou en 1926, puis de rentrer en Chine.

En 1911, avec l'effondrement de l'empire et l'avènement de la république de Chine, un nouveau système pédagogique est mis en place, fortement influencé par le système américain, par John Dewey, par Tagore, qui insiste sur l'importance de la langue maternelle comme vecteur de l'éducation, et par Bertrand Russell, qui prône l'éducation par la pratique. Les universités de type américain se multiplient : il y en a trente-quatre en 1925 ; cette année-là, juste après la mort de Sun Yat-sen, l'éducation occidentale, même primaire, n'est encore accessible qu'aux enfants de ceux, très peu nombreux qui, dans les villes, peuvent se passer du travail d'un fils ou d'une fille.

Quand les Japonais envahissent le pays en 1937, les envahisseurs décident d'éliminer les « intellectuels dangereux » ; les étudiants et le corps enseignant sont massacrés, ou au moins expulsés, des locaux des écoles et des universités, qui ne subsistent que dans les zones non occupées. Les trois principales universités de Chine (Pékin, Tsin hua et Nankin) se replient à Kunming, dans la province du Yunnan. Pendant toute la durée de la guerre, les étudiants construisent et réparent leurs dortoirs, préparent leurs repas, labourent les champs.

Au moment de la révolution de 1949, alors que seulement un enfant chinois de 7 ans sur cinq va un peu en classe, les écoles sont réorganisées sur le modèle soviétique et avec les manuels de l'URSS. Mao Zedong impose une école primaire obligatoire et une école secondaire de six ans chacune. L'accès à l'enseignement supérieur est de nouveau fondé sur un système d'examens semblable au système impérial traditionnel, mais avec des matières totalement différentes : chinois, maths, physique, biologie, histoire, géographie, une langue étrangère, politique, chimie. Les enfants des familles les plus privilégiées, par la fortune ou le Parti, ont encore les meilleures chances d'y parvenir.

La population passe de 541 millions en 1949 à 650 millions en 1958. Pendant la même décennie, les effectifs du primaire passent de 24 millions à 86 millions. Ceux du secondaire de 270 000 à 900 000 ; ceux du supérieur de 117 000 à 660 000. Sans aucune démocratisation : en 1966, plus de 40 % des étudiants à l'université proviennent encore des familles bourgeoises ou de propriétaires terriens, qui ne représentent plus que 5 % de la population. Et auxquels s'ajoutent les enfants des familles des dirigeants du Parti.

Cette année-là, 1966, le 7 mai, Mao Zedong lance la révolution culturelle ; les gardes rouges, pour la plupart des étudiants et des collégiens venant des « cinq espèces rouges » (paysans pauvres, ouvriers, martyrs, soldats et cadres révolutionnaires), prennent le pouvoir ; l'autorité des professeurs est balayée ; on remplace les universités par des « universités du 7 mai », qui sont en fait des camps de rééducation pour les enseignants, les lettrés, les dirigeants, et où l'on s'acharne, comme dans les périodes les plus noires de l'histoire allemande et russe, à discréditer le passé et à le récrire. Les jeunes citadins sont envoyés à la campagne pour se faire rééduquer ; c'est le cas du jeune Xi Jinping, envoyé en 1969 en « rééducation politique », avec l'étiquette d'« ennemi du peuple ». Il s'enfuit et regagne Pékin, où il est démasqué et envoyé dans un camp de travail, puis à la campagne où il vit près de sept ans, de 15 à 22 ans.

Au même moment, l'enseignement maternel et primaire continue pourtant, comme avant, à valoriser la différence entre les enfants.

Dix ans plus tard, à la mort de Mao, en 1976, Deng Xiaoping rouvre les universités et ferme les « écoles du 7 mai ». Le jeune Xi Jinping est autorisé à quitter la campagne et vient étudier le génie chimique à l'université Tsin hua, à Pékin. Les comités révolutionnaires sont remplacés, dans toutes les institutions, par des directeurs compétents placés sous l'autorité du Parti. Dans les universités, on fait revenir les anciens professeurs ; le système d'examen d'admission est rétabli ; de nouvelles écoles voient le jour. De nouvelles universités, dites « du 22 juillet » (1978), sont ouvertes pour les ouvriers, paysans et militaires. Pour entrer à l'université, il faut maintenant avoir les meilleurs résultats possibles au *gaokao* (baccalauréat chinois), qui est bien mieux préparé par les écoles urbaines que par les écoles rurales. Deng Xiaoping développe l'apprentissage des sciences et de la technologie et limite le travail manuel et les activités politiques à un jour par semaine. La famille retrouve son rôle de transmission ; les parents se sacrifient financièrement pour que leur enfant (en général unique) puisse suivre aussi des cours particuliers pour se préparer au *gaokao* ; seulement 6 % des candidats accèdent aux universités. Naturellement, les enfants et petits-enfants des « princes rouges » conservent tous les privilèges.

En 1985, 96 % des jeunes de 7 ans fréquentent l'école primaire contre 20 % avant 1949 ; cette année-là, avec l'appui de l'Unesco, Deng Xiaoping met en place un programme de renforcement de l'éducation rurale, en insistant sur l'économie, les coutumes locales, la géographie, les compétences manuelles, la santé et les techniques de gestion agricole ; les horaires scolaires y varient en fonction des besoins du travail agricole auquel participent toujours les enfants. L'éducation est obligatoire entre 6 et 15 ans.

L'école est en principe gratuite (sauf transport, livres, nourriture). Pourtant, seuls 30 % des élèves terminent avec succès leurs études obligatoires.

En 1995, devant les insuffisances du système public, le mot d'ordre est donné d'ouvrir un maximum d'écoles privées ; une loi précise même que « l'État encourage les entreprises, les institutions, les organisations publiques et sociales ainsi que les citoyens à fonder et à gérer des écoles ou d'autres institutions de formation ». Bien que le gouvernement demande l'inscription dans un établissement de proximité, les familles les plus aisées et les plus influentes développent des stratégies pour accéder aux meilleurs établissements et dépensent des fortunes pour que leurs rares enfants obtiennent un meilleur score au *gaokao* (pour lequel les minorités ont des points d'avantage), nécessaire pour entrer dans une des universités payantes, qui commencent à se structurer : en 2000, près de 612 établissements supérieurs fusionnent pour donner naissance à 250 établissements de plus grande taille.

En 2003, la Chine réussit à imposer au monde sa propre conception de l'excellence universitaire, avec un indice de classement négligeant la liberté universitaire et ne mesurant que la qualité de l'enseignement, les chercheurs et les publications cités dans *Nature* et *Science* et la taille de l'institution. Cela conduit à placer d'emblée dix universités chinoises dans les 200 premières mondiales. Dès 2005, *The Economist* décrit ce classement comme « le classement annuel le plus largement utilisé des universités de recherche du monde ».

À partir de 2006, le virage est pris vers un nationalisme scolaire : les dirigeants rappellent sans cesse au peuple chinois, en particulier aux jeunes générations, la lutte du Parti communiste chinois contre le féodalisme, le capitalisme et l'impérialisme, et quels sacrifices cette lutte a exigés ; et on enseigne que la civilisation chinoise est aussi ancienne que les civilisations égyptienne et mésopotamienne. En 2018, Xi Jinping souligne l'importance d'enseigner le « socialisme chinois » à la jeunesse du pays. En 2019, alors que 700 000 Chinois étudient à l'étranger – soit trois fois plus qu'en 2009 –, dont plus de la moitié dans des universités américaines, environ 580 000 étudiants chinois reviennent dans leur pays d'origine, contre 135 000 en 2010.

En 2020, le Covid conduit, comme ailleurs, à l'arrêt d'un très grand nombre d'enseignements. On y reviendra.

En juillet 2021, le ministère de l'Éducation condamne les entreprises de cours privés pour avoir « gravement détourné, et dénaturé l'éducation comme service public ». On interdit désormais d'enregistrer de nouvelles entreprises de soutien scolaire, et celles qui existent déjà, florissantes, sont tenues de devenir des entités à but non lucratif ; on interdit aussi les cours privés le week-end et pendant les vacances scolaires pour les sujets enseignés à l'école publique.

En 2022, l'enseignement des langues étrangères dans le secondaire est réduit. Le test international « Advanced Placement », massivement utilisé jusqu'ici par les bacheliers chinois pour accéder aux universités américaines, est supprimé, ce qui laisse entendre qu'on n'encouragera plus les étudiants chinois à partir étudier à l'étranger. Xi Jinping dit vouloir continuer à faire des universités chinoises des références mondiales, mais cette fois « aux caractéristiques chinoises » et non plus, comme avant, en suivant les « standards » étrangers. Quelques universités de niveau provincial (l'université du Peuple à Pékin, l'université de Nankin et celle de Lanzhou) renoncent à évaluer leur position dans le classement de Shanghai, ce qui pourrait annoncer le retour de ce qu'on recommence parfois à nommer, en Chine, comme au temps de la Révolution culturelle, la « pensée rouge ». Certains parlent même de supprimer l'enseignement de l'anglais dans tout le cursus d'enseignement.

Pourtant en 2022, neuf universités chinoises sont dans les cent premières du classement de Shanghai, toujours derrière les États-Unis (39) mais désormais devant la Grande-Bretagne (8), l'Australie (7) et le Canada (5). Les matières les plus enseignées sont la médecine, l'économie internationale, l'informatique et le business. La Chine produit plus d'ingénieurs que les États-Unis et l'Europe ; elle est mieux placée que quiconque pour développer des technologies d'éducation. Enfin, elle a compris que l'éducation peut être un moyen d'influence géopolitique et commence à s'en servir, en attirant des étudiants étrangers, en faisant pression sur les étudiants chinois partis à l'étranger pour qu'ils reviennent et en exportant des enseignants chinois pour qu'ils enseignent, en chinois, dans de nombreux pays émergents.

Et pourtant, en 2022, la Chine a encore l'un des plus bas niveaux d'éducation primaire et secondaire, en particulier en milieu rural, de la planète. Dans les campagnes, les élèves vont souvent dans des écoles maternelles de très mauvaise qualité, privées et coûteuses ; bien des élèves arrivent au collège en sachant à peine lire et écrire ; il n'y a de places en lycée que pour la moitié des enfants ; seuls 30 % des élèves terminent avec succès leurs études secondaires. L'impact de l'effondrement démographique sur l'éducation est encore à évaluer ; on y reviendra.

De même, on reviendra sur l'impact gigantesque que le numérique commence à avoir sur l'éducation dans ce pays.

Israël : un système complexe

Au début du XXe siècle, l'Empire ottoman met en place en Palestine occupée des écoles publiques où l'enseignement est dispensé en turc. En 1914, ces 98 écoles emploient 234 enseignants pour 8 248 élèves (soit 11,5 % des enfants arabes en âge de scolarisation). D'autres écoles sont gérées directement par les communautés palestiniennes musulmanes enseignant en arabe, d'autres écoles encore sont gérées par les communautés palestiniennes chrétiennes et par les communautés juives. Des institutions missionnaires et religieuses chrétiennes, installées en Palestine, enseignent en français et en russe. En 1909, par exemple, Khalil Sakakini fonde à Jérusalem *al-madrasa al-doustouriyya* (« école constitutionnelle »), ouverte à tous, quelle que soit sa religion, et inspirée des valeurs des Lumières et du progrès.

D'autres écoles enseignent aux immigrants juifs qui arrivent de plus en plus nombreux d'Europe.

Dans les *kibboutzim* (qui trouvent leur origine dans les *kvoutzot* « petits groupes » créés à partir de 1908), les enfants apprennent à vivre en groupe dès leur naissance ; entre 4 et 7 ans, ils commencent à entretenir un jardin et une bergerie ; entre 7 et 14 ans, ils reçoivent une éducation morale et idéologique en complément de l'acquisition des connaissances dites « élémentaires », et ils travaillent une heure par jour : aide au nettoyage, service des repas, travail de la ferme. Entre 12 et 18 ans, ils consacrent en général six heures par jour à leurs études et deux à trois heures au travail à la ferme.

De 1917 à 1948, dans les communautés arabes, la scolarisation gratuite se développe et une classe enseignante arabe commence à émerger ; la langue arabe devient la langue d'instruction. Le collège arabe de Jérusalem forme les enseignants en langue arabe et devient un foyer de l'activisme nationaliste. Le taux de scolarisation de la population arabe passe de 11,5 % en 1914 (veille de l'occupation britannique) à 31,2 % en 1948. Le nombre d'enseignants dans les écoles arabes publiques passe de 1 036 en 1914-1915 à plus de 4 600 en 1945-1948.

Après 1948, dans les écoles juives, l'enseignement est entièrement hébraïsé, de la maternelle à l'université. Le système de l'enseignement primaire et secondaire est réparti en trois filières pour la communauté hébraïque, une pour les arabophones et une pour la communauté druze. La filière hébraïque se divise elle-même en écoles d'État laïques, écoles d'État religieuses, réseau indépendant orthodoxe et écoles indépendantes privées. Les enfants arabophones fréquentent les écoles arabes ou hébraïques, selon leur choix. Dans les écoles arabes d'Israël, durant les deux premières années du primaire, la seule langue d'enseignement demeure l'arabe classique ; l'élève commence à y apprendre l'hébreu en troisième année jusqu'à la fin du secondaire ; en règle générale, les professeurs d'hébreu dans ces écoles sont des Arabes.

Après l'obtention du *bagrout* (équivalent du baccalauréat français), les femmes (pendant deux ans) et les hommes (pendant trois ans) font leur service militaire obligatoire. Les Arabes israéliens et les membres de la communauté ultraorthodoxe juive en sont exemptés.

En 2022, Israël consacre 6 % de son PIB à l'éducation. Les dépenses par étudiant sont toutefois inférieures à beaucoup d'autres pays de l'OCDE : le dernier rapport sur l'éducation (PISA), publié par l'OCDE en 2019, place Israël à la 36e position, sur 79 pays analysés. Les disparités de formation entre les populations arabe, israélienne et juive demeurent importantes : il y a 48 % de réussite au *bagrout* dans la filière arabe contre 67 % dans la filière juive ; plus de la moitié (53 %) des élèves arabophones sont classés comme rencontrant des difficultés dans les trois matières examinées par l'étude PISA (sciences, mathématiques, compréhension de l'écrit), contre 12 % seulement pour les Juifs (ce qui correspond à la moyenne de l'OCDE). Là comme ailleurs, existent aussi de très grandes disparités selon les milieux sociaux : le taux d'accès à l'enseignement supérieur est de 26 % chez les Arabes âgés de 25 à 34 ans, soit moins de la moitié de ce qu'il en est pour la population juive du même groupe d'âge.

Après plusieurs années d'immobilisme du système éducatif, une réforme du *bagrout* entrera en vigueur en 2023 et réduira le nombre d'examens finaux requis de quatorze à seulement quatre (mathématiques, anglais, hébreu et une autre matière au choix). La littérature, l'histoire, la Bible et l'éducation civique feront l'objet d'un contrôle continu ; un programme pratique vise à préparer les élèves de terminale à la vie active.

Quatre universités israéliennes figurent dans les deux cents premières du classement de Shanghai de 2019 : Technion, l'université hébraïque de Jérusalem, l'Institut Weizmann et l'université de Tel-Aviv. Elles se classent aussi parmi les cinquante universités au monde ayant formé le plus d'entrepreneurs en 2020. Quatre pour cent du PIB est consacré chaque année à la recherche (au premier rang des pays de l'OCDE). Depuis 1948, douze Israéliens ont remporté un prix Nobel : trois prix Nobel de la paix, un de littérature, deux d'économie et six de chimie, soit plus de prix Nobel par habitant que tout autre pays.

Russie, URSS, Russie : d'un désastre à un autre

En 1900, dans l'Empire russe, on compte seulement une dizaine de jardins d'enfants et très peu d'écoles et de lycées ; en 1905, les femmes sont autorisées à fréquenter l'université. En 1917, seul un quart des Russes savent lire et écrire et un enfant sur cinq va à l'école.

Lénine, issu d'une famille aisée, avait suivi une scolarité classique et étudié avec brio le français, l'allemand, le russe, le latin et le grec ancien avant d'étudier le droit à l'université de Kazan. Joseph Staline fut élevé par sa mère, couturière abandonnée par son mari, qui finança difficilement ses études au séminaire de Tiflis où il resta jusqu'à l'âge de 20 ans. Il y reçut de nombreuses punitions pour avoir lu des livres interdits (entre autres *Les Travailleurs de la mer*, de Victor Hugo). Expulsé du séminaire en 1899 pour absence à l'examen de lectures bibliques, il cesse d'étudier. Léon Trotski, élevé avec grand succès à l'école Saint-Paul (tenue par des protestants allemands) d'Odessa, pense à devenir mathématicien, puis renonce à ses études pour entrer en politique.

À partir de 1919, Lénine rend l'éducation gratuite et obligatoire pour tous les enfants, garçons et filles mêlés, de 7 à 17 ans. Pour lui, les jardins d'enfants doivent inculquer les valeurs du communisme et du patriotisme ; et « libérer la femme, diminuant véritablement et supprimant son inégalité face à l'homme en accroissant son rôle dans la production et la vie sociale ». Les adultes analphabètes de moins de 50 ans doivent s'inscrire dans des écoles spéciales d'alphabétisation.

En 1923, l'éducation est structurée en trois niveaux : primaire (quatre ans), secondaire (sept ans) et « technicums » (neuf ans). L'histoire, les mathématiques et la littérature sont remplacées par l'étude de la révolution, du marxisme, de l'organisation scientifique du travail et de la famille. En 1928, devant l'échec de ce programme, on en revient à l'enseignement des matières de base. En 1936, Anton Semionovitch Makarenko, un ancien instituteur prônant la liberté de penser des enfants et l'autonomie des établissements, est autorisé à enseigner sa pédagogie lors de conférences, à la radio et dans des réunions de parents de la capitale russe ; il demande que les activités des diverses institutions de transmission de savoirs (la famille, l'école, les clubs, les organisations politiques, les entreprises et la communauté existant sur le lieu de résidence) soient coordonnées en faisant de l'école le point central. Il mourra trois ans plus tard sans avoir adhéré au Parti communiste.

En 1937, les trois quarts des enfants sont scolarisés en primaire, mais pratiquement sans matériel : un crayon pour soixante élèves ; plus de quarante enfants par classe, avec des enseignants très mal payés et obligatoirement membres du syndicat officiel. Les purges se multiplient dans le corps enseignant. Certains camps où sont envoyés les koulaks ont des écoles pour leurs enfants.

En 1941, les programmes deviennent encore plus patriotiques et l'école plus disciplinaire (imposition d'un code de conduite et d'un système de punition). À partir de 1943, on sépare les garçons des filles, sous prétexte de discipline, ce qui se révèle un échec et est vite abandonné. Les Allemands détruisent 82 000 établissements scolaires ; de très nombreux enfants ne vont plus à l'école. La majorité des enseignants sont morts.

Après la guerre, on manque de tout, de professeurs, d'écoles et d'universités. L'école dure maintenant huit ans, suivie par un cycle de trois ans qui conduit à l'université. On enseigne des matières comme l'économie domestique, l'organisation scientifique du travail, le capitalisme, le socialisme et le matérialisme dialectique. Dix pour cent des élèves de primaire sont tenus de redoubler (ce chiffre tombera à 2 % dans les années 1960 et à 1 % dans les années 1970). Ceux qui ont des compétences particulières en musique, en sport ou en sciences sont envoyés dans des établissements de pointe. Le système encourage les étudiants à s'orienter vers les sciences pures ou appliquées (en particulier avec des applications militaires), l'ingénierie, la médecine et l'agriculture, et il interdit les discussions politiques déviantes. Les États-Unis sont décrits comme « la dernière et la plus décadente étape du capitalisme en proie au crime, à la drogue et au racisme ».

À la fin des années 1980, alors que l'Union soviétique s'effondre, son système éducatif est dans un état catastrophique : 20 % des élèves fréquentent des écoles sans chauffage et 30 % sans eau courante ; les professeurs ne perçoivent qu'une partie de leur salaire ; les 500 instituts et universités du pays sont en quasi-cessation de paiement. En 1990, plus de 20 000 universitaires abandonnent leurs instituts et universités ; plus de 3 000 émigrent ; l'université de Moscou perd le tiers de ses étudiants ; on ne trouve plus de candidats au doctorat.

Depuis, le retard n'est pas comblé : en 2015, l'OCDE classe la Russie au 34e rang mondial en mathématiques et en sciences, puis au 31e rang en 2022. En 2018, le pays investit 3,4 % du PIB dans l'éducation, soit bien en dessous des 4,9 % de moyenne pour les pays de l'OCDE. En 2021, 83 % des 3 à 5 ans sont scolarisés contre 88 % en moyenne dans les pays de l'OCDE. La proportion des adultes de 25 à 64 ans ayant un diplôme de l'enseignement supérieur reste plus élevée que celle des pays de l'OCDE (56,7 %), et la proportion des étudiants diplômés dans l'ingénierie, la manufacture et la construction est aussi plus élevée que celles des pays de l'OCDE ; mais les universités restent d'une qualité très moyenne : la mieux classée, la Lomonosov Moscow State University est au 158e rang du classement *Times Higher Education* ; l'université de Moscou est à la 293e place, même si elle prétend être au premier rang mondial en sciences naturelles et en mathématiques.

Comme dans tous les pays en crise, les jeunes émigrent, avant ou après leurs études supérieures.

Là aussi, l'effet conjugué du tsunami numérique et de l'effondrement démographique commence à alléger la demande d'enseignement scolaire et universitaire, tout en accélérant son discrédit.

Après tous ces pays vieillissants, viennent les pays à la démographie encore galopante, tous pauvres, et où le système éducatif n'a pas réussi jusqu'ici à s'institutionnaliser dans un contexte d'insécurité physique et juridique. Le résultat est édifiant : en 2022, 775 millions de personnes sont encore pratiquement analphabètes, dont les deux tiers de femmes. Cent cinquante-deux millions d'enfants, soit un enfant sur dix dans le monde, ne va pas du tout à l'école.

Inde : le désastre absolu

Depuis l'indépendance, en 1947, l'éducation est gratuite et obligatoire entre 6 et 14 ans ; chaque État a son propre ministère de l'Éducation et gère son propre système scolaire avec ses propres manuels et son propre système d'évaluation. L'école enseigne partout, en théorie, en trois langues (l'anglais, l'hindi et la langue locale). De fait, les écoles rurales publiques sont, pour la plupart, en piteux état ; elles n'ont que très rarement accès à l'eau potable et souvent n'ont pas l'électricité. Les *dalits* (les « basses castes »), les aborigènes et les musulmans n'ont pratiquement pas accès à l'enseignement secondaire. Dans toutes les villes, comme au temps de la colonisation britannique, les « écoles centrales » (*kendriya vidyalayas*) restent largement réservées aux enfants de fonctionnaires du gouvernement central. Certaines écoles suivent un cursus national ; d'autres des cursus étrangers. Les enfants riches suivent des cursus privés dans des écoles réservées et partent souvent étudier en Grande-Bretagne ou aux États-Unis.

En 1994, le « District Education Revitalisation Program » (DERP) vise à universaliser l'enseignement primaire : on ouvre 160 000 nouvelles écoles pour 3,5 millions d'enfants, dont 84 000 écoles d'éducation alternative, dont des écoles Steiner ; les écoles privées pour riches se multiplient. Une des plus fameuses, l'école Prakriya School, accueille 520 élèves de 4 à 16 ans et 70 enseignants sur un immense terrain au nord de Bangalore, faisant du lien avec la nature le cœur de l'enseignement.

Le système d'enseignement public est si décrié que 68 % des parents préfèrent envoyer leurs enfants dans une école privée non aidée plutôt qu'à l'école publique, pourtant intégralement subventionnée et ouvrant droit à quelques avantages, tels l'uniforme et la cantine gratuite. Même les professeurs du public, souvent très absents (un tiers ne sont jamais là) et très corrompus, envoient leurs propres enfants dans des écoles privées. En 2009, pour lutter contre cet essor des écoles privées, l'État fait fermer celles qui ne sont pas agréées sous prétexte qu'elles violeraient la législation sur les minima salariaux des professeurs et sur la taille des terrains de sport.

En 2008, le quart des hommes de plus de 15 ans ne sait toujours pas lire (sauf au Kerala, État dirigé par une majorité communiste, où c'est seulement 10 %) ; c'est le tiers pour les femmes. En 2009, la Constitution indienne affirme le droit à l'éducation gratuite et obligatoire pour tous les enfants de 6 à 14 ans ; en réalité, ils ne vont en général à l'école que jusqu'à 11 ans – c'était 10 ans en 1999. Et encore : en 2013, le tiers de la population active n'a encore jamais fréquenté une école.

En 2016, le Kerala devient le premier État indien à donner un enseignement primaire à tous ses enfants ; la majorité des élèves y fréquentent des écoles publiques ; les élèves pauvres et vulnérables y étudient gratuitement jusqu'à l'âge de 14 ans.

En 2017, 65,2 % de tous les élèves des 28 États indiens sont inscrits dans des écoles publiques. En zone urbaine, 50 % des enfants sont inscrits dans une école privée ; ils sont 20 % dans les zones rurales. Le succès du privé tient au plus faible taux d'absentéisme des professeurs (10 %, contre 36 % dans les écoles publiques), aux plus faibles effectifs (entre vingt et un et vingt-six élèves par classe, contre quarante-deux dans le public) et à l'apprentissage généralisé de l'anglais comme une matière à part entière ; les écoles privées ont aussi de bien meilleurs résultats que les écoles publiques aux tests officiels.

Au total, la situation actuelle de l'éducation en Inde est catastrophique : si, chaque année, le pays forme 350 000 ingénieurs qualifiés, soit plus que les États-Unis et l'Europe réunis, la moitié des enfants ruraux de 10 ans ne savent pas lire ; plus de 60 % ne sont pas en mesure d'effectuer une division ; la moitié abandonne l'école avant 14 ans ; les dalits, les aborigènes et les musulmans n'ont toujours pratiquement pas accès à l'école secondaire ; moins de 20 % des musulmans finissent l'école secondaire et moins de 11 % obtiennent un diplôme universitaire contre 19 % en moyenne nationale ; 22 % des

Indiennes musulmanes âgées de 3 à 35 ans n'ont jamais fréquenté la moindre école ; seulement 11 % des musulmans indiens poursuivent des études supérieures.

Pakistan : une éducation laïque catastrophique

Alors que sa Constitution de 1949 oblige l'État à offrir une éducation gratuite et obligatoire à tous les enfants de 5 à 16 ans, le Pakistan a la deuxième plus grande population non scolarisée au monde, après le Nigeria. Un tiers des Pakistanais ne terminent même pas leurs cinq années obligatoires d'école primaire et, parmi ceux qui les terminent, seulement la moitié (soit un tiers des élèves) sait lire. Dans la majorité des écoles, les filles ne bénéficient pas des mêmes cours que les garçons. Le taux d'alphabétisation varie de 82 % à Islamabad à 23 % dans le district de Torghar ; dans les régions tribales, l'alphabétisation des femmes est de 9,5 %, tandis que l'Azad Cachemire a un taux d'alphabétisation de 74 %. De nombreux enfants vivent trop loin de l'école pour recevoir une éducation formelle. Seuls 44 % atteignent le niveau secondaire, et moins de 6 % l'université. En 2022, les dépenses publiques d'éducation ne représentent que 2,2 % du PIB, ce qui n'est pas la moitié de ce que recommandent les organisations internationales. Pourtant, le Pakistan produit chaque année environ 445 000 diplômés universitaires et environ 30 000 diplômés en informatique, d'un niveau non contrôlé.

Par ailleurs, entre douze mille et quarante mille madrasas enseignent les paroles de Mahomet, l'interprétation du Coran, la loi islamique, la langue arabe, et parfois la logique, la philosophie, les mathématiques. Cet enseignement, en général très sommaire, ne prépare pas à la vie professionnelle ; pour la majorité des familles pakistanaises, les madrasas sont cependant la seule option disponible pour donner un semblant d'éducation à leurs fils, parce qu'elles les nourrissent et les logent.

Brésil : une éducation faible foudroyée politiquement

Avant la révolution de 1930, sous la « vieille république » en place depuis 1889, il n'y a qu'un enseignement primaire obligatoire, de quatre ans, et un enseignement secondaire de très mauvaise qualité. Après la prise de pouvoir de Getúlio Vargas, une trentaine d'intellectuels, dans un *Manifeste des pionniers pour l'éducation nouvelle*, réclament une école publique, laïque, obligatoire, gratuite et mixte. L'État rend gratuit l'enseignement primaire de quatre ans ; un Conseil national de l'éducation préserve l'autonomie éducative des États et des communes ; l'Église bénéficie du maintien de la liberté d'enseignement, de la possibilité d'assurer l'enseignement religieux dans les écoles et de l'exonération des impôts des établissements privés ; les premières universités brésiliennes sont créées. Après celle de Rio en 1792, viennent celle du Minas Gerais en 1927, puis celle de São Paulo en 1934 (d'où sont sortis douze présidents du pays).

En 1961, la scolarité obligatoire passe de quatre à huit ans ; en 1971, une réforme vise à pousser l'ensemble du système éducatif à renforcer la professionnalisation ; toutes les écoles (publiques ou privées) deviennent en théorie des écoles professionnelles. En 2000, 97 % des enfants et adolescents de 7 à 16 ans bénéficient d'un enseignement primaire. En 2002, la durée moyenne de la scolarité réelle n'est que de 6,2 années.

En 2006, le président Inácio Lula met en place, dans l'enseignement supérieur, le ProUni, le plus grand programme de bourses de l'histoire de l'éducation brésilienne et latino-américaine, permettant à des milliers de jeunes d'accéder à l'éducation supérieure ; 265 000 bourses d'études sont ainsi attribuées dans 1 985 institutions ; le gouvernement investit aussi dans la création de onze nouvelles universités publiques fédérales. Le racisme universitaire recule : de 2003 à 2013, le taux d'étudiants noirs dans les universités passe de moins de 2 % à 9 %, alors qu'ils sont 11 % dans la population.

En 2014, la présidente Dilma Rousseff fait adopter un nouveau plan national d'éducation qui vise notamment à éradiquer l'analphabétisme et à généraliser l'enseignement de la maternelle jusqu'au secondaire en dix ans. En 2018, 93 % des hommes et 93,4 % des femmes savent lire et écrire.

Renversement : en 2019, Abraham Weintraub, ministre de l'Éducation de Jair Bolsonaro, annonce l'arrêt du financement des départements de philosophie et de sociologie des universités, parce que, dit-il, « les enseignants en sciences humaines sont des militants de gauche, qui endoctrinent leurs élèves ». Son successeur, Milton Ribeiro, un évangéliste (religion très présente au Brésil), reforme les manuels scolaires dans une perspective chrétienne conservatrice ; puis en 2020, pour contrer l'« infiltration marxiste », il diminue le budget de son ministère de 17 % ; et celui de trois grandes universités (l'université fédérale de Bahia, l'université fédérale Fluminense et l'université nationale de Brasília) de 30 %.

En 2022, alors que près de 10 % des Brésiliens sont encore analphabètes, la Banque mondiale estime que la gestion catastrophique de la pandémie pourrait empêcher 70 % des enfants brésiliens de cette génération d'être alphabétisés.

Le Mexique : l'effondrement d'un pays qui aurait pu réussir

En 1910, juste avant Révolution contre le président Porfirio Diaz, au pouvoir depuis trente-cinq ans, un tiers des hommes et un quart des femmes sont alphabétisés ; le parti Révolutionnaire institutionnel se donne comme mission de combattre l'influence de l'Église à l'école, chez les Indiens comme chez les métis et les blancs, pour former « un travailleur utile et efficace… condition préalable indispensable à l'avènement d'un État aux mains des classes laborieuses » ; en 1934, le président Lázaro Cárdenas développe « l'éducation socialiste » à tous les niveaux ; entre 1940 et 1960, le poète Jaime Torres

Bodet, plusieurs fois ministre de l'éducation, tente de moderniser le système, sans beaucoup de succès : en 1960, seulement la moitié des enfants mexicains vont à l'école primaire et seulement la moitié des Mexicains savent lire et écrire. Pour rattraper ce retard, on tente alors de passer par l'éducation des adultes, par la radio et la télévision, en particulier par des télénovelas à vocation éducative, avec un certain succès : en 1980, 83 % des Mexicains savent lire et écrire. Si le système est en principe calqué sur le modèle américain, le contrôle du système éducatif est en réalité entièrement entre les mains du Syndicat national des travailleurs de l'éducation devenu le plus grand syndicat d'Amérique latine ; il contrôle très largement le recrutement et la carrière des enseignants, jusqu'à permettre à certains d'entre eux de vendre aux enchères leur poste lors de leur départ en retraite. Grâce aux efforts de plusieurs présidents, dont Carlos Salinas, Enrique Peña Nieto et Manuel López Obrador, le Mexique semble sur la bonne voie : en 2019, 96 % des 6-14 ans et 44 % des 15-24 ans fréquentent l'école ; le taux d'alphabétisation est de 95 %. Très peu d'enfants d'Indiens, de métis et de pauvres suivent ensuite des études supérieures ; l'université nationale autonome de Mexico se classe alors 103e dans le classement de Shanghai, juste derrière l'Institut privé de technologie et d'enseignement supérieur de Monterrey.

En 2020, quand se déclenche la pandémie, sous la pression des enseignants, le Mexique est l'un des rares pays au monde fermer ses écoles sans interruption de février 2020 à septembre 2021 ; c'est un désastre pour l'éducation : poussés par la pauvreté et l'attrait du trafic de drogue, 5 millions d'élèves et d'étudiants sortent irrémédiablement du système éducatif ; en 2022, le Mexique a le taux le plus bas de participation à l'école de l'OCDE ; de plus, c'est maintenant la région du monde où le mariage des très jeunes filles progresse le plus – 85 % d'entre elles quittent l'école lorsqu'elles se marient entraînant probablement leurs propres enfants dans la même ignorance. Au total, le système éducatif mexicain, qui était en train de réussir, est devenu si inefficace quemême les plus pauvres des enfants vietnamiens ont de meilleurs résultats scolaires que les plus riches des enfants mexicains, selon le Programme for International Student Assessment. Mis à part ceux qui vont dans les meilleures écoles privées ou partent à l'étranger.

Le Chili : la privatisation absolue

En 1981, le Chili de Pinochet met le premier en pratique les idées de l'économiste américain Milton Friedman, pour qui les marchés privés fournissent de meilleurs services que les organismes publics dans presque tous les domaines, dont l'éducation. Le gouvernement distribue alors à tous les parents des bons d'études leur donnant le choix d'envoyer leurs enfants dans des écoles publiques ou dans des écoles indépendantes à but lucratif ou non lucratif (le modèle sera repris ensuite dans certains pays, dont la Suède, on l'a vu) et de financer des écoles avec ces bons. En 1990, au départ de Pinochet, 18 % des 2,7 millions d'écoliers du pays utilisent ces bons pour étudier dans 1 592 écoles gérées par des entités à but lucratif. En 2003, l'enseignement primaire (huit années) et secondaire (quatre années) devient gratuit et obligatoire. En 2008, 31 % des 3,5 millions d'écoliers du pays utilisent encore des bons pour fréquenter 3 118 écoles privées à but lucratif. En 2009, la présidente Michelle Bachelet introduit la gratuité des études universitaires pour les plus pauvres, avec la reconnaissance et l'enseignement des cultures des peuples indigènes, et une augmentation du contrôle de l'État sur les établissements privés. En 2022, un tiers des enfants les plus pauvres n'ont toujours pas accès à l'éducation préscolaire, mais le Chili a le taux d'inscription dans l'enseignement supérieur le plus élevé d'Amérique latine : entre 40 % et 50 % des jeunes issus de couches moyennes et inférieures entrent dans un établissement d'enseignement supérieur.

L'Argentine : le pays globalement le plus avancé d'Amérique latine

Jusqu'à la Première Guerre mondiale, les écoles sont concentrées dans les grandes villes : Buenos Aires, La Plata, Rosario, Santa Fe et Córdoba ; les écoles secondaires ne sont fréquentées que par les enfants des classes aisées ; l'État ouvre quelques écoles secondaires rurales qui enseignent l'agronomie, l'élevage et la viticulture, lesquelles ne sont accessibles qu'aux paysans les plus riches. En 1918, un mouvement de réforme dirigé par des étudiants à l'université de Córdoba, et soutenu par la très puissante franc-maçonnerie, veut ouvrir les universités aux enfants des classes populaires, moderniser les programmes universitaires, relever les normes académiques et se débarrasser des professeurs incompétents et conservateurs. La gratuité des cours est instaurée ; des bourses sont créées. L'université est proclamée « autonome et laïque ». En 1958, la législation autorise les universités privées, pour l'essentiel catholiques, à délivrer des diplômes, surtout en droit et en médecine. La première université provinciale est ouverte dans la province de La Plata.

Après 1983, quand s'achève la dictature, les politiques néolibérales affaiblissent le système. Si les universités retrouvent leur autonomie, les enseignements primaires et secondaires connaissent de grosses difficultés.

Aujourd'hui, après les réformes de 2006, le système argentin est considéré comme le plus avancé d'Amérique latine, avec un taux de dépenses qui dépasse les 6 % du PIB. L'université de Buenos Aires est 67e au classement mondial des universités et considérée comme la meilleure d'Amérique latine avec celle de Sao Paulo. Elle assure le tiers de la recherche scientifique du pays ; quatre des cinq lauréats argentins du prix Nobel ont été des étudiants et des professeurs de cette université. Quinze présidents du pays en sont diplômés.

L'Afrique subsaharienne : un désastre éducatif

Comme dans le sous-continent indien, l'Afrique subsaharienne, victime de sa démographie, de la colonisation, de l'incurie des gouvernements qui ont suivi, et de l'insécurité qui en découle, est un désastre éducatif. La famille, la ferme et l'échoppe y restent les lieux principaux de transmission depuis des millénaires.

De fait, à l'école, rien ne va : ni le niveau des professeurs, ni le nombre d'écoles, ni le nombre d'enfants scolarisés. La corruption est partout. Et la croissance démographique, qui s'accélère depuis les années 1980, transforme cette vague en tsunami.

Selon l'Unicef, il y aurait, en 2022, 70 millions d'enfants non scolarisés en Afrique subsaharienne ; les trois cinquièmes des enfants ne sont pas scolarisés dans le secondaire ; les filles scolarisées sont encore 23 % de moins que les garçons. L'analphabétisme, qui avait reculé, revient en force. Il manque au moins 15 millions d'enseignants ; ils sont trop souvent mal formés, avec plus de 60 élèves par classe, sans matériel ni salle de classe, nommés et surveillés politiquement ; ils doivent chaque jour effectuer un long trajet pour assurer leurs cours, sans avoir reçu la formation adéquate et le plus souvent pour un salaire de misère. Nombreux sont les enseignants contraints d'exercer un deuxième métier.

La situation s'est encore aggravée depuis l'an 2000 : la proportion des enseignants du primaire en Afrique ayant une qualification minimale est passée de 85 % en 2000 à 65 % en 2020 et, dans le secondaire, de 80 % en 2005 à 50 % en 2015. D'après les chiffres de l'Unesco et de l'Unicef, 77 % des enfants sont déscolarisés en Somalie (2006), et 63 % en Érythrée (2011). Dans un tiers des pays dont les données sont disponibles (par l'ISU, l'Institut de statistiques de l'Unesco), en 2012, moins de 75 % des enseignants de primaire ont reçu une formation conforme aux exigences de leur propre pays ; et c'est moins de 50 % en Angola, au Bénin, en Guinée équatoriale, en Guinée-Bissau, au Sénégal et au Soudan du Sud. En 2022, seuls 11 % des apprenants d'Afrique subsaharienne ont un ordinateur à la maison, et seulement 18 % ont accès à Internet, alors qu'à l'échelle mondiale, 50 % des apprenants disposent d'un ordinateur chez eux et 57 % d'un accès à Internet. Seulement cinq gouvernements, sur les vingt et un d'Afrique de l'Est et d'Afrique du Sud, consacrent 20 % de leur budget à l'éducation, et 3,5 % de leur PIB. De plus, l'accès à l'école n'est, presque partout, pas du tout sécurisé.

L'école subsaharienne traverse ce qu'on nomme pudiquement une « crise de pertinence », qui se traduit par des dizaines de millions de décrochages chaque année.

Quelques pays peuvent illustrer cette catastrophe.

Au Nigeria : le pire système du monde

Au moment de l'indépendance, en 1960, 15 000 classes primaires sont créées, avec un effectif de 2 900 000 enfants, soit en moyenne 185 élèves par classe. Environ 80 % de la population est illettrée.

En 2022, bien que l'éducation y soit en théorie gratuite et obligatoire, c'est le pays du monde où le nombre d'enfants non scolarisés est le plus élevé, surtout dans le Nord, où l'extrême pauvreté touche 80 % de la population, où le nombre d'enfants par femme est parmi le plus élevé au monde, et où envoyer ses enfants à l'école exige des moyens dont peu de parents disposent ; aussi, plus de la moitié des filles ne vont pas à l'école. De plus, depuis 2009, le groupe terroriste Boko Haram a assassiné 2 300 enseignants et détruit plus de 1 400 écoles ; puis en décembre 2020, près de 700 enfants et adolescents ont été kidnappés. Pour prévenir de nouvelles attaques, six États du nord et du nord-ouest du pays ont tout simplement fermé leurs établissements scolaires, renvoyant des centaines de milliers d'enfants vers les écoles coraniques.

En 2018, dernière donnée disponible, l'éducation ne représente que 7 % du budget global, alors que l'Unesco recommande d'y consacrer au moins 15 %.

Pour autant, il existe à Lagos et à Abuja des établissements scolaires de qualité, et quelques universités décentes pour les classes moyennes supérieures ; les plus riches envoient leurs enfants étudier en Grande-Bretagne ou aux États-Unis.

La République démocratique du Congo : la tragédie francophone

En 1960, au moment de l'indépendance, le taux de scolarisation du Congo (le plus grand pays francophone du monde) le place au sixième rang des pays africains pour le niveau primaire, et à la douzième place pour le secondaire. Le taux d'analphabétisme est estimé à 60-65 %. Les programmes d'enseignement sont centrés sur le travail manuel et l'agriculture, et associés à un régime disciplinaire très strict, car ils visent encore directement à fournir la main-d'œuvre coloniale. Les brochures officielles d'instruction insistent sur la nécessité d'un enseignement concret, pratique et intuitif.

Aujourd'hui, 3,5 millions d'enfants de 6 à 11 ans ne sont pas du tout scolarisés (soit 26,7 % de la tranche d'âge) ; trois enfants sur dix ne terminent pas le cycle primaire ; 40 % des enfants ne sont pas scolarisés dans le secondaire ; la moitié des filles de 5 à 17 ans ne vont pas du tout à l'école. De plus, la plupart des écoles sont dépourvues de matériel et de mobilier ; certaines n'ont pas les conditions sanitaires minimales pour les enfants, notamment les toilettes ; il n'est pas rare, comme partout en Afrique, de voir les enfants étudier à même le sol, faute de bancs et de tables. Les enseignants sont très mal payés et très peu formés, face à la carence de l'État, notamment dans le versement du salaire des fonctionnaires et des enseignants (il y a même eu une année scolaire blanche, en 1992-1993), les parents supportent plus de 70 % des dépenses de l'éducation, et on assiste à une privatisation silencieuse de l'ensemble de l'enseignement primaire. Comme ailleurs dans les pays émergents, les familles les plus riches envoient leurs enfants faire leurs études à l'étranger, d'où ils ne reviennent pas.

Le Congo démontre, plus qu'aucun autre pays, qu'aucune éducation n'est possible sans sécurité physique et juridique.

L'Éthiopie : un succès africain, menacé par la guerre civile

Le système éducatif semble avoir été un grand succès, pendant une certaine période ; une stabilité politique a permis une très forte croissance économique qui a conduit à une augmentation du taux d'inscription dans l'enseignement élémentaire de 30 % en 1989 à 86 % en 2015 ; le nombre d'écoles élémentaires a triplé, passant de 11 000 en 1996 à 32 000 en 2014 ; 83,5 % des enfants terminent la cinquième année de primaire. En 2015, seuls 14 % des jeunes en âge d'aller à l'école primaire ne sont pas scolarisés (ils étaient près de 60 % en 2000, malgré la loi qui interdit le travail avant 14 ans). Dans l'enseignement secondaire, le taux d'inscription est passé de 16 % en 1999 à 26 % en 2015.

En 2020, le concours d'entrée à l'université est tenté par 15,7 % des garçons et 15,6 % des filles : la scolarité y est gratuite (à l'exception des frais d'inscription). Beaucoup d'adultes vont au cours du soir, même quand ils ont un bon travail. Alors qu'en 1986 il n'y avait que trois universités publiques, seize collèges et six institutions de recherche avec 18 000 inscrits, il y a, en 2022, trente universités publiques et de nombreuses universités privées.

La situation reste cependant partout très précaire, surtout depuis le retour de la guerre civile en 2021 : plus de 80 % des étudiants universitaires vivent en milieu rural, sans électricité, sans ordinateur portable ou fixe, sans smartphone et sans accès à Internet ; et, pendant la pandémie, les écoliers éthiopiens n'ont bénéficié d'aucun enseignement, ni en ligne, ni à la télévision, ni à la radio. En juin 2022, plus de 2,9 millions d'enfants ne sont toujours pas scolarisés, dont 2,5 millions en raison du conflit et 400 000 en raison de la sécheresse. À travers l'Éthiopie, près de 9 000 écoles sont entièrement ou partiellement endommagées et inutilisables.

Arabie saoudite : des progrès très récents

L'Arabie saoudite consacre officiellement 7,8 % de son PIB à l'éducation, soit près du double de la moyenne mondiale. L'éducation y est gratuite à tous les niveaux. Le taux d'alphabétisation est de 90,4 % chez les hommes, et de 81,3 % chez les femmes. Les études religieuses occupent neuf heures par semaine à l'école primaire, contre vingt-trois heures par semaine, au total, pour les mathématiques, les sciences, les études sociales, la langue arabe, la langue anglaise et l'éducation physique.

En 1957, les premières écoles pour filles ouvrent à Djeddah. En 1961 les premières femmes peuvent assister à des cours à l'université, et en 1975 l'université du Roi-Saoud (fondée en 1957) accepte des étudiantes à plein temps. En 2008, une première cohorte de femmes est diplômée d'un programme de droit. En 2010 est fondée la première université réservée aux femmes, l'université Princesse Nora bint Abdul Rahman, avec une capacité d'environ 60 000 étudiantes de premier cycle. À partir de 2015, le taux d'inscription des femmes au premier cycle universitaire dépasse celui des hommes : elles représentent même, en 2022, 52 % de tous les étudiants universitaires du royaume. Le nombre de bourses permettant aux jeunes Saoudiens d'étudier à l'étranger augmente rapidement ; sur les 11 000 étudiants alors boursiers, un tiers d'entre eux sont des femmes.

En 2022, 77 % des filles atteignent le niveau minimum de compétence de lecture en CM1, contre seulement 51 % des garçons.

On sait tout ce qui reste à faire dans ce pays pour mettre en place les dimensions des réformes politiques, économiques et sociales nécessaires à la réalisation des ambitions affichées. En particulier l'efficacité du système actuel d'éducation semble très incertaine : selon le rapport PISA de 2018, sur la lecture et l'écriture, l'Arabie saoudite ne se classe qu'au 66e rang sur soixante-dix-huit pays notés.

Maroc : de l'excellence et un retard difficile à rattraper

En 1956, au moment de l'indépendance, les enfants des colons européens sont entièrement scolarisés ; la population juive l'est à 80 % ; la population musulmane à 13 %. En 1963, l'école devient obligatoire de 6 à 13 ans. En 1977, le docteur Azzedine Laraki, militant pour l'arabisation de l'enseignement, nommé ministre de l'Éducation nationale, interdit les cours de philosophie et de sociologie, rend obligatoires les études islamiques et impose l'arabe comme langue d'enseignement. En 1989, le français n'est plus enseigné que comme langue étrangère et n'est plus une langue d'enseignement que pour les matières scientifiques. La situation scolaire se dégrade très vite. En 1994, lors du lancement d'un colloque sur l'enseignement, le roi Hassan II affirme que « les Marocains risquent non seulement d'être pauvres mais aussi ignorants ».

En 2009, pour rattraper ce retard, le Maroc lance un programme d'urgence pour l'éducation, soutenu par l'Union européenne, la Banque européenne d'investissement, l'Agence française de développement, la Banque africaine de développement et la Banque mondiale. En 2017, on rétablit deux heures de français par semaine au primaire, pendant que les enfants des milieux aisés et des classes moyennes étudient de plus en plus dans des structures francophones et anglophones privées, et suivent souvent des parcours d'excellence, au Maroc (médecine, ingénierie, comptabilité, etc.), en France, aux États-Unis, en Grande-Bretagne, en Allemagne ou au Canada.

En 2022, le système éducatif public continue de souffrir de très graves problèmes : le royaume fait encore partie, selon l'Unesco, « des vingt-cinq pays les moins avancés en termes de scolarisation ». Il y a une moyenne de quarante élèves par classe, contre vingt-deux dans les pays de l'OCDE ; le manque d'enseignants entraîne également des réductions, voire des suspensions d'enseignement de certaines matières. Le niveau des écoles publiques est souvent désastreux.

Le système est encore extrêmement inégalitaire. Les plus pauvres, dans le monde rural comme en ville, n'ont accès qu'à une éducation de mauvaise qualité. Et comme tous les parents de la classe moyenne désirent que leurs enfants fassent des études dans de bonnes écoles, les écoles privées commerciales se multiplient : environ 40 % des élèves du secondaire sont dans le privé.

En 2022, il existe aussi plusieurs lycées de très bon niveau, qui fournissent le plus grand contingent d'élèves étrangers reçus à l'École polytechnique française. Des universités de très bon niveau forment aussi des ingénieurs, des informaticiens, des chimistes, des médecins, des juristes. Certaines ont été créées récemment, telles l'université polytechnique Mohammed VI, près de Marrakech, et l'université internationale de Rabat.

Algérie : un système scolaire handicapé par son passé

Au moment de l'indépendance, le système laissé par les Français scolarise 36,7 % des enfants dans le primaire, dont moins d'un tiers de filles. Si tous les Européens alors sont scolarisés, ce n'est le cas que de moins d'un tiers des Algériens. En 1962, près de 18 000 instituteurs français quittent le pays. Pour assurer la rentrée scolaire de 1962-1963, les autorités algériennes doivent recruter des anciens militaires, des Algériens francophones et des « moniteurs » n'ayant que six ou sept ans d'études. Dans les années 1970, l'école devient obligatoire pour tous les enfants de 6 à 15 ans, et gratuite jusqu'à l'université. L'arabe classique est la langue d'enseignement obligatoire durant les neuf premières années. Le français est enseigné à partir de la troisième année, et c'est aussi la langue d'enseignement pour les cours avancés de mathématiques et de sciences. En 2001, la langue tamazight devient une langue nationale inscrite dans la Constitution ; à partir de 2005, elle est étudiée obligatoirement par tous les élèves au lycée. En 2022, les universités forment des cadres de bon niveau ; le taux de chômage des jeunes (16-24 ans) s'élève officiellement à 26,9 % ; 45,8 % des chômeurs n'ont aucun diplôme, 27 % sont diplômés de la formation professionnelle et 27,8 % de l'enseignement supérieur. Beaucoup de ces jeunes, diplômés ou non, chômeurs ou non, souhaitent émigrer et quittent le pays par tous les moyens.

Tunisie : un modèle dégradé

En 1956, au moment de l'indépendance, le taux d'analphabétisme des adultes est déjà de 76 % ; le taux de scolarisation atteint par contre à peine 30 %. En 1958, une première loi sur l'éducation concentre ses efforts sur l'enseignement professionnel et technique, et la formation d'enseignants d'arabe, de littérature, de pensée islamique, d'histoire et de géographie. En 1969, une nouvelle loi sur l'enseignement supérieur place toutes les institutions d'enseignement et de recherche scientifique reconnues par l'État sous la coupe de l'université de Tunis, créée en 1960, qui arabise l'enseignement, sauf pour les matières scientifiques. En 1991, la durée d'enseignement obligatoire passe de douze à treize ans. Le nombre d'étudiants à l'université triple entre 1995 et 2005.

Le système s'est ensuite considérablement dégradé. Même si, en 2022, la part du PIB consacré à l'éducation reste très élevée (7,3 %), le taux d'abandon de scolarité à l'école primaire n'est plus que de 6 %, soit la moitié de ce qu'il était en l'an 2000 ; la Tunisie souffre d'une formation scientifique inadaptée aux besoins économiques, et d'une pénurie d'enseignants ; les établissements en zone rurale sont largement négligés.

Des institutions religieuses, les *kouttabs*, placées sous la responsabilité du ministère des Affaires religieuses, accueillent plus de 25 000 enfants, dont 11 000 filles, entre 3 et 5 ans, pour les initier au Coran et leur apprendre à écrire, à lire et à compter.

Les organisations internationales

Tout au long du siècle se sont constituées quelques organisations internationales jouant un rôle significatif.

En 1921, sous la houlette de l'éducateur suisse Adolphe Ferrière (qui fonda l'école des Roches puis, en 1899, le Bureau international des Écoles nouvelles), plusieurs pédagogues de nombreux pays fondent, à Calais, la Ligue internationale pour l'éducation nouvelle, afin d'« encourager la spontanéité et la créativité de l'enfant » ; y participent Maria Montessori, Célestin et Élise Freinet, qui promeuvent l'apprentissage non contraint, le travail manuel, la gymnastique, les randonnées, la priorité à l'initiative individuelle et le respect des intérêts personnels de l'enfant ; pour eux, l'enseignant est là pour guider l'élève et pour compléter les notions qu'il doit découvrir par lui-même.

En 1925 est créé à Genève le Bureau international de l'éducation (BIE), rattaché à l'Institut Jean-Jacques-Rousseau, (créé treize ans plus tôt et devenu un centre de documentation et de recherche pédagogique de premier plan, en particulier avec Jean Claparède et Pierre Bovet, puis avec Jean Piaget, qui introduit les premières réflexions sur la psychologie enfantine). Ce BIE est tout de suite en relation avec la Société des Nations. Jean Piaget le dirigera pendant quarante ans. Il organise, à partir de 1934, la Conférence internationale de l'instruction publique (aujourd'hui Conférence internationale de l'éducation).

À la suite des signatures de la Charte de l'Atlantique, une conférence des ministres alliés de l'Éducation se réunit à Londres, le 16 novembre 1942 ; le 30 octobre 1943, la Chine, les États-Unis, le Royaume-Uni et l'URSS expriment la nécessité d'une organisation internationale sur l'éducation. Le 9 octobre 1944 la conférence de Dumbarton Oaks décide d'une conférence pour l'établissement d'une organisation éducative et culturelle. Elle est convoquée à Londres du 1er au 16 novembre 1945. Elle rassemble les représentants de quarante-quatre États. L'acte constitutif de l'Unesco est signé par trente-sept États ; son siège est fixé à Paris. L'année suivante est fondée l'Unicef, consacrée à l'amélioration du sort des enfants. L'Unesco est, dès le début, une organisation tournée plus vers l'éducation que vers la culture. Elle fait imprimer les premiers livres scolaires en Corée en 1950, et aide à former les enseignants des pays décolonisés. Depuis, elle multiplie les programmes spécifiques et émet des recommandations (par exemple en disant, en 2015, dans sa déclaration d'Incheon sur « l'éducation en 2030 », que les dépenses d'éducation devraient représenter entre 3,5 et 5 % du PIB, et entre 15 et 20 % du budget de chaque pays).

Elle reste aujourd'hui encore extrêmement utile, bien qu'elle soit handicapée par le retrait des États-Unis en 2017.

Des écoles privées, au service du profit ou des plus pauvres

Partout dans le monde la faillite de l'enseignement public entraîne une croissance très rapide d'un secteur privé de l'éducation. C'est même, dans de très nombreux pays, un moyen simple de faire fortune que de créer une école privée, qui peut sans trop de difficulté se targuer de meilleurs résultats que l'enseignement public. Des milliers d'écoles primaires et secondaires commerciales, coûteuses, ont ainsi ouvert leurs portes en Inde, au Ghana, au Nigeria, au Liberia, au Kenya, en Chine, au Maroc, en particulier là où l'école publique est ressentie comme un « outil d'oppression » de l'État.

D'autres, très bon marché, qui reposent en grande partie sur des enseignants non qualifiés, recevant des salaires minimes et non reconnues par l'État, surpassent parfois de manière significative les résultats des enfants des écoles publiques. En 2018, James Tooley, professeur d'entreprenariat éducatif et de politique éducative à l'université de Buckingham, ouvre une école de ce genre au Ghana (Omega Schools Franchise Ltd) et en Inde (Empathy Learning Systems Pvt Ltd), où il crée des chaînes d'écoles privées à faible coût, avec des enseignants moins expérimentés, des classes plus grandes et une certaine efficacité.

L'enseignement religieux résiste, surtout en Islam

Le catholicisme est en recul partout dans l'enseignement. L'évangélisme ne l'est pas. L'islam moins encore.

Au XXe siècle, l'Église se mêle peu officiellement d'éducation, sinon pour défendre ses intérêts et attaquer l'école laïque, on l'a vu, en France et ailleurs. De fait, l'Église est encore presque partout enseignante, ou tente de contrôler ce qui est enseigné, qu'il s'agisse de l'Église catholique ou des diverses formes d'Églises réformées. Avec toutes les perversions qu'on découvrira bien plus tard.

En 1929, le pape Pie XI promulgue *Divini Illius Magistri*, seule lettre encyclique majeure de l'Église sur l'éducation dans ce siècle, seule réaffirmation ouverte d'une doctrine bimillénaire, où il réaffirme que l'éducation chrétienne est la seule véritable éducation, où il nie explicitement l'égalité d'éducation des garçons et des filles, condamnant la mixité scolaire et se résignant à peine à ce que l'État joue un rôle minime, sinon financier, dans les systèmes éducatifs. Il faut attendre la constitution pastorale de 1965, *Gaudium et spes*, pour voir reconnu le droit des femmes à acquérir une éducation égale à celle des hommes. Au même moment, *Gravissimum educationis*, la dernière publication majeure de l'Église sur l'éducation, déclare que toute personne a droit à l'éducation et reconnaît que le rôle de l'école inclut la tâche de préparer les étudiants à une vie professionnelle.

En 2020, le pape François propose « un pacte éducatif mondial » engageant les familles, les communautés, les écoles, les universités, les institutions, les religions et les gouvernements à s'unir autour d'un projet éducatif fondé sur la dignité de la personne, l'écoute des enfants, la généralisation de l'instruction aux petites filles, l'importance de la famille, l'éducation à l'accueil et la sauvegarde de la Création : « Si les espaces éducatifs se conformaient aujourd'hui à la seule logique de la répétition et étaient incapables de générer et de montrer de nouveaux horizons dans lesquels l'hospitalité, la solidarité intergénérationnelle et la valeur de la transcendance fondent une nouvelle culture, ne serions-nous pas en train de manquer le rendez-vous avec ce moment historique ? […] L'éducation est l'une des voies les plus efficaces pour humaniser le monde et l'histoire. »

En 2022, le Vatican publie une instruction sur l'identité de l'école catholique, appelant à ce que ses écoles soient « plus ouvertes », y compris aux non-catholiques (« ne pas s'enfermer sur une île »).

En 2022, les rapports se multiplient sur les divers scandales de pédophilie dans les établissements scolaires chrétiens, révélant ce que tout le monde savait des souffrances et perversions infligées par les éducateurs catholiques à leurs élèves et achevant de faire peser un lourd discrédit sur la légitimité éducative de l'Église catholique.

Les évangélistes, eux, sont en pleine expansion, en France, au Brésil, en Suisse, en Belgique et en Afrique francophone (à Madagascar, dans la République démocratique du Congo et en Guinée). Parmi les musulmans, la situation est très contrastée.

Presque tous les adultes musulmans vivant en Amérique du Nord et 95 % de ceux vivant en Europe ont reçu, au moins, une éducation formelle. Parfois très longue. Dans certains pays européens (Lituanie, Slovaquie, Estonie, République tchèque, Hongrie, Royaume-Uni et Irlande), ils suivent environ douze ans de scolarité ou plus, en moyenne. Dans d'autres, les musulmans ont tendance à être moins scolarisés, allant d'une moyenne de 10,8 années de scolarité en Géorgie à seulement 5,8 années en Espagne. L'écart le plus important se situe en Allemagne, où les musulmans ont en moyenne 4,2 années de scolarité de moins que les non-musulmans (9,5 ans contre 13,7 ans, respectivement). En France, il y aurait environ quatre-vingts écoles hors contrat musulmanes aujourd'hui avec 6 512 élèves français.

L'intégration n'est pas, semble-t-il, garantie par la durée des études, en particulier pour les garçons.

En terre d'Islam, l'enseignement laïc progresse aussi : la proportion d'adultes musulmans (âgés de 25 ans et plus) ayant au moins suivi une scolarité publique formelle est passée, au cours des trois dernières générations, de 46 % à 72 %. L'écart entre les sexes s'est également réduit. Cependant, 43 % de toutes les femmes musulmanes et 30 % des hommes musulmans n'ont encore eu aucune éducation formelle. Huit pour cent des adultes musulmans – moyenne entre 10 % d'hommes et 6 % de femmes – ont une éducation postsecondaire. Globalement, les adultes musulmans ont reçu en moyenne 5,6 années de scolarité ; la moyenne varie de 13,6 ans chez les musulmans en Amérique du Nord à seulement 2,6 ans en Afrique subsaharienne (où 65 % des adultes musulmans n'ont pas été scolarisés). Il en va de même pour environ quatre adultes musulmans sur dix dans la région du Moyen-Orient et de l'Afrique du Nord et trois sur dix dans la région Asie-Pacifique (32 %). De plus, dans de nombreux pays musulmans, une part importante des programmes de l'enseignement public est consacrée à l'étude du Coran.

On pourrait en dire ici beaucoup plus des enseignements bouddhistes, si particuliers dans les temples et les écoles ; dont les excès, les abus et les dérives sectaires commencent à être mis à jour.

La compétition entre les enseignements musulmans des diverses obédiences – très largement financées –, et de ceux-ci avec l'école laïque empêche des dizaines de millions d'enfants d'Afrique et d'Asie d'avoir un accès complet à un enseignement critique indispensable à leur insertion dans la modernité. L'Europe et l'Amérique ne sont pas protégées de ces évolutions.

Transmission familiale et instruction à domicile, un succès avéré

La transmission passe encore très largement par la famille, au moins pour l'apprentissage des langues, des valeurs et de la culture de base. Elle est meilleure quand la famille accompagne et soutient l'école et quand l'enfant est aimé et protégé. C'est loin d'être partout le cas.

Plus encore, de nombreuses familles, partout dans le monde comme depuis toujours, jouent un rôle encore plus important quand elles préfèrent faire la classe elles-mêmes. Le nombre de ces familles reste faible, mais il a tendance à croître partout dans le monde. Aux États-Unis, le *homeschooling* concerne, en 2022, 3 % des élèves. Les parents font ce choix parce qu'ils pensent que l'école est un environnement dangereux, soit pour inculquer à leurs enfants des valeurs morales ou religieuses non enseignées dans les établissements scolaires, soit en raison de problèmes de santé des enfants. En Europe, même si la Charte des droits fondamentaux de l'Union européenne garantit aux parents le libre choix du mode d'instruction de leurs enfants, l'instruction à domicile est interdite en Allemagne, en Espagne, en Croatie, aux Pays-Bas, en Grèce et en Suède ; elle est autorisée au Royaume-Uni, en Irlande, en Autriche, en Belgique, en Italie et en France (où les enfants instruits à domicile font l'objet d'une enquête de mairie tous les deux ans, et où l'enseignement donné est vérifié une fois par an par l'inspection académique, après déclaration auprès de la mairie et du directeur académique sous peine d'une amende ; 50 000 enfants suivent aujourd'hui une instruction à domicile).

Des études montrent que les élèves éduqués à la maison obtiennent partout dans le monde des résultats significativement meilleurs que ceux des écoles, notamment parce que la pédagogie peut être plus adaptée à chaque cas particulier et que les moments d'enseignement sont plus libres. En particulier, des recherches au Québec tendent à montrer des résultats supérieurs pour les habiletés sociales, la maturité sociale, la confiance en soi, les habiletés de communication, l'interaction en groupe, le leadership et les résultats scolaires en mathématiques et en lecture. Aux États-Unis, les résultats au SAT (« Scholastic Aptitude Test ») de 13 549 étudiants ayant suivi un enseignement à domicile en 2014 étaient légèrement supérieurs à ceux des étudiants ayant appris au sein d'établissements scolaires. Des études anglaises montrent aussi que les résultats aux tests SAT des enfants instruits en famille sont significativement meilleurs que ceux des élèves éduqués dans les meilleures *public schools* : ils pratiqueraient plus d'activités extrascolaires, auraient une meilleure confiance en eux et une plus grande capacité de commandement. Surtout s'ils bénéficient d'activités périscolaires, en particulier sportives. Surtout pour les filles. De plus, même si cela peut surprendre, personne n'a démontré une corrélation significative entre instruction en famille et radicalisation.

Cette méthode d'éducation suppose d'avoir au moins un des deux parents disponible, ou des tuteurs extérieurs à la famille compétents en pédagogie et aptes à fournir une éducation complète à l'enfant. On verra que, à l'avenir, il est raisonnable de penser et de souhaiter que cette forme d'éducation, au moins à temps partiel, prenne plus de place, à condition d'en trouver le financement.

Formation par le travail, pour le pire et le meilleur

Des centaines de millions d'enfants de moins de 15 ans travaillent encore, surtout dans les pays émergents, là où les familles ne peuvent se passer de leur contribution ; les mines, les champs, les ateliers et les armées leur servent de lieux d'éducation et de martyre.

Dans d'innombrables pays aujourd'hui encore, l'artisanat et les métiers d'art se transmettent depuis le plus jeune âge par des organisations spécifiques. D'autre part, à côté de l'enseignement professionnel, forme de transmission par le travail, des adultes reçoivent de plus en plus une formation permanente prodiguée par l'entreprise, ou par des organisations patronales ou syndicales. Rares sont les pays où les écoles et les universités jouent un rôle dans la formation professionnelle des adultes.

Souvent, des services publics aident les employeurs et les travailleurs à définir leurs besoins en formation et à les financer. Au Royaume-Uni, par exemple, Unionlearn aide les travailleurs à identifier leurs besoins en formation et organise cet apprentissage au sein de leur entreprise. En Suède, l'Agence nationale pour l'enseignement supérieur professionnel contrôle la qualité des programmes d'enseignement professionnel des adultes délivrés par les entreprises. Au Danemark, les partenaires sociaux contrôlent la formation professionnelle des adultes. Dans l'entreprise, la formation est de plus en plus souvent assurée par les pairs. Ainsi, chez Google, plus de six mille employés, appelés « g2g'ers », consacrent volontairement et sans rémunération une partie de leur temps à aider leurs pairs à apprendre des savoirs nouveaux : ils dispensent même ainsi 80 % des formations. La formation permanente est devenue un champs considérable du secteur privé, et rarement une activité nouvelle des universités, même pas pour leurs anciens élèves.

Les violences éducatives ne se réduisent pas

Environ 720 millions d'enfants d'âge scolaire vivent dans des pays où ils ne sont pas pleinement protégés contre les châtiments corporels à l'école. Aux États-Unis, les châtiments corporels restent légaux dans dix-neuf États et aucune loi ne les interdit au sein des familles. On a vu ce qu'il en était par ailleurs à l'intérieur de l'Église catholique et de ses écoles.

La Suède est le premier pays au monde à avoir aboli, en 1957, la disposition de son Code pénal autorisant les parents à administrer aux enfants des châtiments corporels, même s'ils n'entraînent que « des préjudices corporels mineurs » ; en 1966, sont même interdites les réprimandes ; en 1979, le Code de la famille suédoise précise que « les enfants ne peuvent être soumis à un châtiment corporel ou à tout autre traitement humiliant ».

En 2022, cent huit pays interdisent les châtiments corporels à l'école ; parmi eux, vingt-six interdisent aussi les châtiments corporels dans toutes autres circonstances, familiales ou autres. L'Allemagne le fait en 2000. En France, comme au Japon, une loi de 2019 stipule que l'autorité parentale doit s'exercer sans violences physiques, sexuelles ou psychologiques.

Par ailleurs, selon une étude de l'Unicef réalisée en 2018, la moitié des élèves de 13 à 15 ans – soit 150 millions d'enfants – ont déclaré avoir subi des violences physiques ou des formes d'intimidation de la part de leurs pairs, dans et autour de l'école. La même année, un rapport de l'Unesco sur les pays d'Afrique centrale rapporte que 7,1 % des femmes de 15 ans ont été victimes de violences sexuelles de la part de leurs enseignants.

Au total, on estime que, chaque année, un jeune sur deux est victime d'une forme ou d'une autre de violence physique, sexuelle ou psychologique, dans la famille, l'école ou le travail ; des centaines de milliers en meurent.

Par ailleurs, dans toutes les catégories sociales, l'accès à Internet est de moins en moins surveillé, ce qui fait naître de nouvelles formes de maltraitance des enfants et des adolescents par des contenus violents, addictifs ou pédopornographiques. Selon l'Internet Watch Foundation, la France héberge 11 % des sites pédopornographiques répertoriés à l'échelle mondiale, et 14 % des élèves du primaire déclarent avoir été victimes de cyberharcèlement.

Les enseignants sont eux aussi des victimes : en Angleterre, selon la dernière enquête menée en 2014, plus de la moitié des enseignants des écoles publiques ont été victimes d'agression de la part d'élèves, et plus d'un quart de la part de parents. En Allemagne, la violence contre les enseignants touche une école allemande sur quatre. En France, le meurtre de Samuel Paty en 2020 reste comme un symbole tragique du martyre d'innombrables enseignants à travers le monde.

Des mutations transverses : le tsunami numérique

Après les journaux, les livres et les manuels, est venue, en 1920, la radio. (On a décrit son importance plus actuelle que jamais dans l'enseignement rural ; elle trouve son efficacité éducative renouvelée par le développement récent des podcasts.) À partir de 1959, la télévision est devenue un outil éducatif majeur, et surtout à partir de l'expérience réussie de l'Open University britannique. Elle a été imitée d'abord au Brésil : grâce à la télévision par satellite, le gouvernement de l'État de l'Amazonas propose, depuis 2007, des contenus éducatifs aux enfants des zones reculées ; les cours sont enseignés depuis Manaus, la capitale de l'État, et retransmis dans les salles de classe des communautés rurales. De très nombreuses chaînes de télévision publiques multiplient les programmes éducatifs.

Puis est venu Internet qui, entre autres, a bouleversé l'enseignement et la recherche. Toutes les universités ont commencé par échanger des cours, des résultats de recherche, des bases de données. Certaines restent confidentielles, d'autres sont devenues publiques, telle Wikipédia, créée en 2001 par Larry Sander et Jimmy Wales sur une idée de Richard Stallman, le père des logiciels libres ; aujourd'hui, des millions de contributeurs y ajoutent, vérifient et actualisent des contenus, relativement fiables ; et c'est devenu un outil d'apprentissage irremplaçable dans un très grand nombre de langues.

En 2004, un journaliste du *Guardian*, Ben Hammerslay, invente le mot « podcast », qu'Apple introduit l'année suivante dans la version 4.9 de son logiciel iTunes.

En 2006, Hastac (l'Alliance de collaboration pour les sciences humaines, les arts, la science et la technologie), fondée en 2002 aux États-Unis par la Duke University (et qui en 2022 regroupe plus de quatre cents institutions dédiées aux nouveaux modes d'apprentissage et de recherche innovants), propose le premier cours d'éducation en ligne, le premier MOOC (Massive Online Open Courses).

De très nombreuses entreprises privées sont ensuite entrées sur ce marché. Parmi elles, Khan Academy, association à but non lucratif fondée en 2008 par Salman Khan, à San Francisco, pour « fournir un contenu éducatif de qualité, gratuit, accessible à tous et partout », d'abord en mathématiques, puis ont suivi l'informatique, l'histoire, la finance, la physique, la chimie, la biologie, l'astronomie, l'histoire de l'art ; en 2022, sa chaîne YouTube compte 7,11 millions d'abonnés, et ses vidéos ont été visionnées plus de 1,94 milliard de fois. Coursera, dès 2012, a 1,35 million d'étudiants, dont 90 % ne paient pas les cours en ligne, surtout centrés sur les matières scientifiques, avec un catalogue de 3 800 cours. Par ailleurs, toujours à partie des États-Unis, Ted-Ed fournit un matériel éducatif à 17 millions d'éducateurs, dans 130 pays, et des cours suivis par 850 000 personnes chaque jour ; Ted distribue aux écoles, aux entreprises, aux bibliothèques des vidéos spécifiques sur les sciences, les arts, la politique, les problématiques mondiales, l'architecture, la musique, l'environnement. Coorpacademy (plateforme de formation continue en ligne, créée par Jean-Marc Tassetto à l'EPFL à Lausanne, qui fournit mille sept cents modules de formation dans vingt-trois domaines à cent cinquante entreprises clientes pour un million d'utilisateurs dans soixante pays, a été rachetée en 2022 par Go1, une entreprise australo-américaine ayant beaucoup d'ambition dans le domaine.

Par ailleurs, Google Classroom permet aux enseignants de simplifier la création et la diffusion de cours et d'exercices de façon numérique et propose des interfaces différentes pour les étudiants, les professeurs et les enseignants ; en 2022, cette application est utilisée par plus de 150 millions de personnes. À partir de 2020, on voit se développer des plateformes de *tutoring* (Moodle, Blackboard, Canvas Academy), utilisant parfois de façon très intelligente et pédagogique les méthodes des jeux vidéo et de la réalité virtuelle. On en parlera longuement au chapitre suivant. On peut aussi trouver des applications mobiles, utilisables sur le téléphone.

Revyze utilise, comme d'autres, des plateformes et des réseaux sociaux, en particulier TikTok, pour que des professeurs et des étudiants diffusent bientôt à des dizaines de milliers d'élèves à travers le monde des vidéos qui dépassent rarement trois minutes.

Depuis 2019, le taux de croissance de cet enseignement en ligne est de 40 % aux États-Unis. Cent dix millions de personnes ont suivi des cours en ligne entre 2012 et 2020.

Certains experts (dont une étude de Brandon-Hall) prétendent pouvoir démontrer que l'éducation numérique permet à l'étudiant de retenir 40 à 60 % d'informations en plus que l'enseignement physique et d'apprendre plus vite (entre 40 % et 60 % du temps nécessaire dans le cas d'un enseignement physique). En 2009, une étude du ministère américain de l'Éducation a même conclu : « Les étudiants dont les cours ont lieu en tout ou partie en ligne obtiennent, en moyenne, de meilleurs résultats que ceux qui assistent aux mêmes cours, mais de façon traditionnelle, en face-à-face », tout en notant que « les cours combinant apprentissage en ligne et en face-à-face sont plus performants que ceux qui ne sont effectués qu'en ligne seulement ».

À l'inverse, d'autres études montrent que l'enseignement numérique sollicite trop rapidement le cortex préfrontal, siège de la synthèse personnelle, et qu'on assiste à la diminution de l'attention et du QI chez des enfants soumis précocement et intensément à l'usage d'Internet. En particulier, une étude faite en 2021 en Malaisie a montré que plus de 40 % des étudiants perdent toute motivation en ligne.

De plus, cet enseignement est loin d'être accessible à tous : en 2022, les deux tiers des enfants en âge scolaire dans le monde n'ont pas accès à Internet ; et si l'Afrique compte près de 700 millions de détenteurs de téléphone portable, soit plus que les États-Unis et l'Europe réunis, seuls 16 % des Africains bénéficient d'une connexion à Internet, soit le plus faible taux mondial. En Afrique occidentale et centrale en particulier, 95 % des 200 millions d'enfants n'ont pas accès à Internet ; en Afrique orientale et australe, c'est le cas de 88 % des 190 millions d'enfants.

En Tanzanie, par exemple, seulement 1 % des élèves peuvent recevoir des cours par Internet ; en Asie du Sud, c'est le cas de 12 % des 449 millions d'enfants ; au Moyen-Orient et en Afrique du Nord, de 25 % des 89 millions d'enfants ; en Amérique latine et dans les Caraïbes, de 51 % des 74 millions d'enfants ; en Europe de l'Est et en Asie centrale, de 58 % des 36 millions d'enfants ; en Asie de l'Est et dans le Pacifique, de 68 % des 183 millions d'enfants.

Dans la plupart des pays, les élèves utilisent l'ordinateur plus souvent à la maison qu'à l'école, et plus pour les jeux vidéo que pour des travaux scolaires. En particulier, le temps passé à jouer aux jeux vidéo est passé d'une moyenne de 12,7 heures par semaine en 2019 à 14,8 heures en 2020, et on parle même de 2 à 2,5 heures par jour en 2022, soit entre 14 et 22 heures par semaine. La pratique de TikTok et des jeux vidéo tend à une compétition vaine, à jouir d'une violence illimitée, à perdre toute attention si elle n'est pas stimulée en permanence, et détruit toutes les qualités nécessaires à l'apprentissage.

Le Covid : une expérience d'éducation sans école aux conséquences presque partout désastreuses

Toutes les tendances qui précèdent ont été aggravées par cette épidémie d'un genre nouveau, partie de Chine en novembre 2019 et qui est loin d'être terminée. En avril 2020, 94 % des élèves de la planète – soit 1,6 milliard d'enfants – ne vont plus en classe ; quelques pays, rares, ont maintenu les écoles ouvertes. Plus de 1,5 milliard d'élèves ont été entravés dans leur apprentissage, souvent pendant plus de sept mois. Au pire moment de la crise, 220 millions d'étudiants dans le monde ont aussi subi la fermeture des universités. La France fait partie des pays ayant le moins confiné ses apprenants. L'école a été très peu aidée pendant cette période. Si les gouvernements ont mis en place des mesures d'aides exceptionnelles, moins de 3 % de ces fonds ont été consacrés à l'éducation.

Près d'un milliard d'élèves ont pu suivre quelques enseignements en ligne, en utilisant plusieurs applications particulières : en plus de logiciels classiques (comme Zoom, Teams ou Skype), on a utilisé Discord, un logiciel de messagerie instantanée permettant aussi de faire des appels et des visioconférences, à l'origine conçu pour les joueurs de jeux vidéo. D'autres acteurs en ont profité pour faire connaître leurs solutions : « Cours des grands », un organisme spécialiste des classes virtuelles, a proposé en France aux élèves de lycée des cours gratuits pendant plusieurs mois ; d'autres plateformes ont donné libre accès à leurs contenus, comme Gymglish ou Babbel pour apprendre des langues vivantes, ou encore Schoolmov, qui propose des contenus allant de la sixième à la terminale générale. La plateforme londonienne Century, spécialisée en intelligence artificielle et en neurosciences, a proposé 565 cours en ligne gratuits à cinquante écoles ayant dû fermer leurs portes en Chine, à Hong Kong, au Viêtnam, en Corée du Sud, au Japon, en Thaïlande et aux Émirats arabes unis.

Dans les pays riches qui ont pu avoir accès à ces solutions, les conséquences du Covid ont été cependant parfois désastreuses : une étude récente de Bellwether Education Partners estime que, aux États-Unis, environ 3 millions des « élèves les plus marginalisés sur le plan éducatif du pays » pourraient avoir disparu de l'école et de tout enseignement depuis mars 2020. Dans tous ces pays et tous les milieux, l'absence de vie sociale, le confinement avec les parents ont entraîné des troubles mentaux et physiques extrêmement graves : la proportion des jeunes de 15 à 24 ans souffrant d'états dépressifs et de troubles de l'anxiété a doublé en France, en Belgique et aux États-Unis ; avec la fermeture des écoles et des universités dans tous les pays, plus de 75 % des services de soutien psychologique ont été partiellement ou entièrement interrompus. Cela fut une occasion de vérifier dans ces pays la très grande difficulté de suivre des cours à domicile, quand la famille n'y est pas formée ni préparée, quand les deux parents travaillent, quand le domicile ne s'y prête pas et quand une équipe périscolaire n'est pas disponible.

Dans les pays à revenu faible ou intermédiaire, et dans les milieux les plus défavorisés des pays riches, les conséquences ont été bien pires encore et pourraient se révéler irréversibles : 500 millions d'enfants n'ont pas pu bénéficier d'un quelconque apprentissage en ligne ; 53 % des enfants de moins de 10 ans n'ont pas pu apprendre à lire ou ont même été complètement déscolarisés ; 32 millions d'enfants sont sortis de l'école, qui viennent s'ajouter aux 37 millions d'enfants qui n'étaient pas scolarisés avant la pandémie. Le taux de « pauvreté d'apprentissage » (ratio du nombre d'enfants incapables de lire et de comprendre un texte court et adapté avant l'âge de 10 ans), qui était déjà avant la pandémie de 63 % en Asie du Sud, de 48 % en Amérique latine et de 21 % en Asie de l'Est et dans le Pacifique, a augmenté massivement jusqu'à 70 %. Cela a touché naturellement en priorité les filles et les plus précaires.

Cela a aussi aggravé certaines pratiques, comme le mariage forcé et le harcèlement, chez soi ou dans les rues, entraîné une hausse des grossesses précoces et la perte d'un repas quotidien. Au troisième trimestre 2022, plus de 616 millions d'élèves restent encore affectés par des fermetures totales ou partielles d'écoles.

Au total, selon la Banque mondiale, la génération de jeunes actuellement à l'école ou à l'université risque de perdre près de 17 000 milliards de dollars de revenus en raison des fermetures d'établissements scolaires liées à la pandémie, soit 14 % du PIB mondial actuel.

Quelques choses que nous apprennent les neurosciences

Depuis la seconde partie du XIXe siècle, on connaît les liens entre des troubles intellectuels spécifiques (trouble du langage, de la mémoire, des fonctions exécutives) et leur localisation anatomique, notamment par l'étude des blessures crâniennes de guerre.

Depuis le début du XXe siècle, on connaît l'existence des neurones et des synapses, et on sait que les neurones sont les unités qui portent nos capacités cognitives. Depuis le début du XXe siècle, on sait que des choses, par exemple le dégoût d'une odeur, ou une violence familiale, peuvent réapparaître dans le savoir instinctif d'un descendant trois générations plus tard, sans transmission.

La première échelle de l'intelligence est publiée en 1905 sous le nom d'« Échelle métrique de l'intelligence » ou test Binet-Simon. En 1912, l'Allemand William Stern divise les résultats obtenus au test de Binet-Simon par l'âge, d'où le nom de « quotient intellectuel », qui prend sa forme définitive en 1939 avec un nouveau test du psychologue américain David Wechsler. On sait depuis lors que la corrélation entre le QI et la réussite scolaire n'est que de l'ordre de 0,50. On sait que la motivation, l'effort, l'autodiscipline, l'environnement jouent un rôle au moins aussi important sur les performances scolaires.

On sait depuis le même moment que le cerveau consolide toutes les nuits ce qu'il a appris pendant la journée. On sait depuis 1950 que le cerveau agit comme l'organe de traitement de l'information ; on parle alors des « processus cognitifs », supportés par des réseaux de neurones dédiés, et interconnectés.

On sait depuis Jean Piaget et ses élèves, dans les années 1950, que tous les enfants passent par différents stades spécifiques à leur intellect ; on sait aussi qu'une multitude de régions spécifiques du cerveau sont activées lors d'opérations mathématiques (le sens du nombre, les opérations de calcul mental) ; que pour lire, un enfant réutilise un vaste ensemble d'aires cérébrales initialement dédiées à la vision, à la reconnaissance des visages et au traitement du langage parlé.

On sait depuis 1980 qu'un enfant naît avec tout un socle de compétences potentielles qu'il va affiner au fur et à mesure de ses milliers d'interactions avec son environnement, qu'on nomme son « cerveau Bayésien ». On sait depuis 1994 que, en l'absence de toute stimulation extérieure, les neurones de l'hippocampe et d'autres s'activent spontanément pendant le sommeil et qu'un bébé qui fait la sieste retient mieux les mots qu'on lui a enseignés avant de s'endormir.

On sait aussi que tous les humains peuvent prétendre aux mêmes formes d'intelligence (sauf cas très particuliers, supérieurs ou inférieurs).

On connaît un peu mieux depuis 2008, grâce à l'imagerie cérébrale et aux neurosciences cognitives, les différentes étapes de traitement de l'information correspondant aux différentes fonctions cognitives et leurs interconnexions. On sait que, dès la naissance, le cortex du bébé est subdivisé en aires sensorielles et cognitives spécialisées, interconnectées par des faisceaux de fibres précis et reproductibles. On sait que le bébé retient des mots qu'il entend dès qu'il interagit avec une personne humaine. On sait que dès quelques mois de vie, un bébé comprend que le monde est constitué d'objets, qu'ils bougent d'un seul bloc, qu'ils occupent de l'espace, qu'ils ne peuvent pas disparaître sans raison, et qu'ils ne peuvent pas être deux à occuper la même place ; on sait que son cerveau déduit les buts et les intentions des personnes de son entourage, leurs capacités et leurs préférences. En quelques mois (six pour les voyelles, douze pour les consonnes), le cerveau d'un enfant ne conserve que les phonèmes utiles aux langues qui l'entourent. À 6 mois, l'enfant connaît les mots qui reviennent le plus souvent autour de lui (bébé, papa, maman).

Avant d'être capable de prononcer les mots « méchant » et « gentil », il est capable de formuler ces concepts dans le langage de la pensée.

Aucune autre espèce de primate ne présente de telles capacités. Si un bébé apprend aussi vite à comprendre et à parler (alors que tous les autres primates en sont incapables), c'est parce que son hémisphère gauche abrite des régions spécialisées dans la détection des sons, des mots, des phrases et des textes.

On sait que l'enfant de 4 ans à qui ses parents lisent tous les jours des histoires montre dans les réseaux cérébraux du langage parlé des activations supérieures à celles des autres enfants, et qu'il utilise les mêmes réseaux neuronaux que ceux qui lui permettront plus tard de formuler des pensées complexes. On sait que nous avons trois grands types de mémoire : à court terme ; épisodique (l'hippocampe, en deçà du cortex, enregistre les épisodes de notre vie quotidienne) ; sémantique (qui déplace les souvenirs dans le cortex et les transforme en connaissances permanentes) ; procédurale (qui s'adapte avec les neurones du cortex et avec la répétition). On sait que l'apprentissage de règles systématiques peut être formulé dans le langage de la pensée.

On sait, par l'ensemble de la communauté scientifique internationale, dont Steve Masson (professeur au département de didactique UQAM et directeur du Laboratoire en recherche en neuroéducation), que chaque apprentissage modifie l'architecture du cerveau et que les difficultés scolaires ne sont jamais définitives. On sait que, grâce à ses circuits neurone-synapse, notre cerveau dispose d'une mémoire distribuée capable de traiter en parallèle les myriades d'opérations simples que nécessite la reconnaissance de sons ou d'images. On sait identifier une cause ou un souvenir responsable d'un comportement handicapant. On sait qu'un bébé qui se développe dans une niche sensorielle sécurisante entrera en maternelle en connaissant environ 1 000 mots, alors qu'un bébé ayant grandi en l'absence de parents, ou victime d'abus, n'entrera en maternelle qu'avec 200 mots.

On sait, par Stanislas Dehaene, que l'apprentissage exige l'attention, la répétition, la correction des erreurs, la curiosité, la motivation (qui renvoie à la « passion d'apprendre » dont parlent Aristote et Cicéron) ; et on sait, encore par Stanislas Dehaene, que certaines de nos aires cérébrales permettent d'anticiper et d'imaginer le résultat de nos actions, que d'autres évaluent en permanence nos capacités et savent prédire les récompenses ou les punitions que nous risquons d'obtenir.

C'est à la fois beaucoup et peu ; pas encore assez en tout cas pour choisir des méthodes pédagogiques détaillées.

À l'échelle mondiale aujourd'hui : quelques grands types de pédagogie

Presque partout, on continue, comme depuis des millénaires, à apprendre les savoirs, quels qu'ils soient, en répétant, en mémorisant, en punissant, sans améliorer la vitesse d'apprentissage : il ne faut pas moins de temps qu'il y a deux mille ans pour apprendre à lire, à écrire, à compter ; ni pour maîtriser une langue étrangère, pour apprendre par cœur un poème ou des tables de multiplication. De plus, on n'a pas trouvé de façon de remplacer totalement le rôle de la famille dans la transmission, même dans les pays, comme en Europe du Nord ou en Israël, où les enfants sont accueillis dans des lieux collectifs dès l'âge de 6 mois ou même avant.

Et l'entreprise reste un lieu essentiel d'apprentissage, soit pour des élèves, soit au cours de la vie.

Tout au long de l'histoire, de grands pédagogues (Érasme, Owen, Fröbel, Montessori, Decroly, Makarenko, Andrew Bell, Steiner, Jullien, Pestalozzi, Dewey, Piaget, Freinet et beaucoup d'autres) ont peu à peu formé des corps de doctrine. Certains exercent encore une grande influence (il existe vingt-cinq mille écoles Montessori dans le monde).

On distingue aujourd'hui très schématiquement des systèmes scolaires verticaux (pratiqués surtout en Asie et en Europe du Sud, avec des cours magistraux, des relations élèves/enseignants surtout à l'initiative des enseignants et l'omniprésence des évaluations), et des systèmes horizontaux (comme dans les pays d'Europe du Nord, qui encouragent le travail en groupe, la réalisation de projets, le questionnement des élèves aux professeurs). En Europe, cette distinction recoupait très récemment encore la distinction entre les pays de tradition protestante, pour qui l'école est une communauté démocratique et bienveillante, soucieuse du bien-être émotionnel de ses élèves, et les pays catholiques, pour qui l'enseignement est trop souvent vertical.

D'autres méthodes pédagogiques ont aussi été développées un peu partout à travers le monde, en particulier pour l'alphabétisation de masse, par l'institut Saakshar Bharat en Inde, par l'Institut national du Ghana, par l'Institut national mexicain d'éducation des adultes, par le programme Ninaweza du Kenya, par le programme Jóvenes en Acción en Colombie, et au Cameroun avec un programme associant l'alphabétisation au financement d'une microentreprise. Avec, chaque fois, des résultats très convaincants. D'autres tentatives d'innovation pédagogique d'alphabétisation ont en revanche échoué, comme celles mises en place au Niger ou au Pérou. Naturellement, la méthode pédagogique n'est pas seule en cause : et le niveau de pauvreté, l'insuffisance de maîtres bien formés et la dureté des conditions de vie influent beaucoup sur les conditions de formation des enfants et des adultes.

Aujourd'hui encore, des centaines de milliers d'enseignants cherchent de nouvelles façons de transmettre des savoirs. Ainsi, on a mis en place : la classe inversée, ou *flipped classroom* (les cours sont appris à la maison, et le temps à l'école est consacré aux exercices) ; l'apprentissage croisé (qui relie les connaissances formelles apprises en classe, et les apprentissages informels et personnels de la vie de tous les jours) ; l'apprentissage par argumentation (où les enseignants posent des questions qui suscitent la curiosité et l'esprit critique des élèves) ; l'échec productif (où l'enseignant expose les étudiants à des problèmes un peu trop difficiles, avant de leur expliquer comment résoudre ces problèmes). Et tant d'autres, tels que Mima (parcours créé par des chercheurs en pédagogie et en neurosciences) et Trace Academia (application d'éducation ludique à destination des jeunes à l'abandon en Afrique). On verra s'annoncer beaucoup d'autres méthodes pédagogiques, pour l'avenir, au chapitre suivant.

La situation globale en 2022 : un système encore élitiste, en échec pour presque tous

Le XXe siècle s'était donné comme ambition la scolarité obligatoire pour tous les jeunes. L'objectif est en théorie presque atteint.

De fait, le droit à l'éducation est reconnu dans l'article 26 de la Déclaration universelle des droits de l'homme, et différents moments ont jalonné cette évolution de la pratique éducative : la fondation de l'Unesco en 1946 ; la commission Faure en 1972 ; la commission Delors en 1996, la commission Sahle-Work en 2021.

Partout dans le monde la fonction de transmission reste, comme depuis l'Antiquité la plus ancienne, la raison d'être des familles, des États, des entreprises, des Églises, des écoles ; depuis peu, Internet joue aussi un rôle essentiel.

Les familles transmettent la langue maternelle, l'histoire personnelle, les valeurs et les pratiques familiales ; les Églises transmettent la foi et les textes ; les entreprises transmettent au long de la vie les savoirs nouveaux nécessaires à l'exercice d'un métier ; l'école transmet, en principe, ce qui permet de trouver une place dans la société. Les savoirs et les valeurs transmises tendent à s'unifier même s'ils restent d'une extraordinaire diversité. On transmet de plus en plus de savoirs de raison, dans la perspective souvent illusoire de permettre à chacun de trouver le métier où il trouvera son épanouissement.

La transmission est depuis peu bouleversée par la dictature de l'immédiat.

À l'école, des progrès immenses, apparents parce que surtout quantitatifs, ont eu lieu : en 2022, 95 % des 8 milliards d'habitants ont été, même très brièvement, scolarisés ; alors qu'en 1948, seulement 45 % des 2,4 milliards d'humains de l'époque avaient vu l'intérieur d'une école ; on est passé de 15 % de scolarisation au cours préparatoire en 1970 à 60 % en 2022. En 2022, le taux de scolarisation en primaire atteint près de 90 % dans les pays intermédiaires En Afrique subsaharienne, zone la plus en retard dans ce domaine, le taux est passé de 60 à 78 %. Le ratio des élèves du secondaire atteignant l'enseignement supérieur est passé de 10 % en 1970 à 40 % en 2022, avec une parité de genre à partir de 1990, ce qui bouleverse totalement le rapport au savoir ; et bientôt les rapports de pouvoir et le développement économique et sanitaire : selon l'Unesco, chaque année que passe une fille sur les bancs de l'école augmente son futur revenu de 10 à 20 % ; un enfant né d'une mère qui sait lire a 50 % de chances en plus de survivre après l'âge de 5 ans.

Certains pays émergents connaissent de grandes réussites, selon le classement *Times Higher Education* : on trouve, parmi les vingt-cinq meilleures universités au monde, au milieu d'universités britanniques et américaines, l'université nationale de Singapour, l'université de technologie de Nanyang (à Singapour aussi), l'université Tsin hua (à Pékin), l'université de Pékin, l'université de Hong Kong et l'université de Tokyo ; des universités russes, brésiliennes, marocaines, indiennes, nigériennes, argentines, brésiliennes, mexicaines, turques (comme l'université technique du Moyen-Orient) et certaines universités pakistanaises (l'université nationale des sciences et de la technologie à Islamabad) et indonésiennes deviennent compétitives. Les savoirs qui y sont enseignés sont, pour l'essentiel, ceux qu'on enseigne en Europe et aux États-Unis.

D'autres avancées positives sont à noter : si les études universitaires sont en général payantes, l'Autriche, l'Écosse, la Finlande, la Suède, la Norvège, la Grèce ne font pas payer de frais universitaires aux étudiants du premier cycle (et, pour certains d'entre eux, pas non plus dans le deuxième cycle) ; certains pays même, tels le Danemark, la Suède, la Norvège et la Finlande, rémunèrent leurs étudiants, parfois sans condition de revenus, en particulier le Danemark, qui y ajoute des prêts très généreux et des aides complémentaires pour financer les frais de scolarité.

Le pays où les chercheurs sont rémunérés le mieux est la Corée du Sud, où ils bénéficient chacun de 100 000 dollars de financement provenant de l'industrie ; puis vient Singapour, avec une dotation moyenne de 84 500 dollars par universitaire ; la Hollande est au troisième rang, puis viennent la Belgique, la Suède, le Danemark ; la France n'arrive qu'en dix-neuvième position, avec une enveloppe annuelle moyenne de 21 000 euros par chercheur ; l'Allemagne est vingt-et-unième avec 19 400 euros par chercheur.

La part de l'éducation dans le PIB augmente, depuis deux siècles, d'une moyenne de 1 % du PIB au XIXe siècle à 4,3 % aujourd'hui. Elle va, si l'on en croit les statistiques officielles collectées par l'OCDE et l'Unesco, de 3 % en Russie à 8 % en Arabie saoudite, en passant par la Norvège : 6,6 % ; la Nouvelle-Zélande : 6,3 % ; le Royaume-Uni : 6,3 % ; les

États-Unis : 6,1 % ; le Canada : 5,9 % ; la France : 5,2 % ; l'Espagne : 4,3 % ; l'Allemagne : 4,2 % ; le Japon : 4 % ; l'Italie : 3,9 % ; la Russie : 3,4 %.

Les priorités budgétaires ont sensiblement évolué en faveur de l'éducation en Allemagne, au Brésil, au Danemark, aux Pays-Bas, en Suède et en Suisse, où le budget public de l'éducation a augmenté de plus de 20 %. Trente-cinq pays consacrent encore moins de 4 % de leur PIB et moins de 15 % de leurs dépenses publiques à l'éducation. Un pays riche dépense pour l'école primaire à peu près dix fois le revenu moyen d'un pays pauvre, et un pays très riche dépense cent cinquante fois ce chiffre.

De fait, il faudrait ne comparer que la part du PIB de chaque pays dédiée à l'éducation rapportée au nombre d'élèves de chaque cycle, ce qui n'est pas une comparaison aujourd'hui disponible.

Pour autant, le système d'éducation mondial est en situation d'échec, pas seulement là où la démographie explose.

Dans de trop nombreuses régions du monde, on ne transmet, par les familles ou par l'école, que les valeurs de la foi, sans les confronter à celles de la raison. Partout dans le monde, par Internet, par les familles, par les Églises, par l'école même, les enseignements les moins scientifiques, les plus idéologiques, conspirationnistes ou totalitaires prolifèrent d'une façon de plus en plus envahissante, traitant à valeur égale ce que préconise la raison et ce que déversent les propagandistes. Sept cent soixante-quinze millions de personnes sont pratiquement analphabètes, dont les deux tiers de femmes. Selon les données de l'ISU (l'Institut de statistiques de l'Unesco), 258 millions d'enfants et de jeunes n'étaient pas scolarisés dans le primaire en 2018, et 500 millions d'autres sont très mal scolarisés. En Afrique, les jeunes des campagnes sont bien moins souvent scolarisés que ceux des villes. En Guinée-Bissau, l'un des pays où l'éducation est la pire au monde, moins de 3 % des mères savent lire, et le coût d'une bonne école pour tous représenterait 70 % du revenu moyen national, donc bien au-delà de ce que le pays peut se payer. Un pays riche dépense pour l'école primaire à peu près dix fois le revenu moyen d'un pays pauvre ; et un pays très riche le dépense cent cinquante fois. Si 100 % des jeunes sont scolarisés en secondaire dans les pays développés, ce n'est le cas que de 41 % d'entre eux en Afrique subsaharienne. Le taux d'alphabétisation des adultes est inférieur à 75 % dans les pays intermédiaires et à 55 % dans les pays pauvres.

À la fin du primaire, 9 % des enfants des pays riches ne lisent pas en comprenant ce qu'ils lisent ; ils ne sont que 2 % dans les pays très riches ; dans les pays les plus pauvres, 90 % des enfants ne sont pas capables de lire avec compréhension à la fin du primaire. Les plus pauvres des Finlandais ont de meilleurs résultats en mathématiques que les riches Brésiliens.

Les filles, malgré les énormes avancées, restent les principales victimes de l'échec global de l'éducation : en 2020, 132 millions de filles entre 6 et 17 ans ne sont pas scolarisées ; 63 % des adultes analphabètes dans le monde sont des femmes ; une fille sur quatre ne va pas à l'école dans les pays en développement. Cinquante quatre pour cent des enfants non scolarisés sont des filles. Quarante et un millions de filles sont exclues de l'éducation dans le monde, et 515 millions de femmes sont analphabètes. Trente-cinq pour cent des filles sont inscrites à l'école primaire. Au Burkina Faso, seulement 8 % des filles font des études secondaires. On n'a jamais réussi ni même vraiment essayé de transmettre l'essentiel : le refus de la haine, de la violence, de la destruction et de la pulsion de mort.

En moyenne mondiale, le nombre moyen d'élèves par classe dans une école primaire est officiellement de 23,4. Il est de 14,4 en Amérique du Nord, 14,2 aux États-Unis, 21,3 en Amérique du Sud, 12,7 en Europe centrale et dans les Pays baltes, 13,3 en Union européenne, 21,3 au Moyen-Orient et en Afrique du Nord, 20,8 dans le monde arabe, 16,4 en Chine, 16,3 en Corée du Sud, 17,5 en Asie de l'Est, 33,2 en Asie du Sud. Il est officiellement de 37,4 en Afrique subsaharienne. En réalité, les ratios sont bien supérieurs partout : il manque au moins 70 millions d'enseignants dans le monde, dont 15 millions en Afrique subsaharienne.

Partout, le statut des enseignants est remis en cause. Même en Allemagne, pays du monde où ils sont le mieux payés avec le Luxembourg, la carrière enseignante n'attire plus. Partout, des jeunes diplômés hésitent à embrasser une carrière qu'ils voient comme mal rémunérée, dangereuse et répétitive.

Partout dans le monde, on assiste, en réponse, à un développement considérable de l'enseignement privé, qu'il soit coûteux ou pas : dans tous les pays, les parents sont aujourd'hui, à la différence des siècles passés, prêts à tout pour leurs enfants. L'éducation privée devient l'un des secteurs économiques à la croissance la plus considérable. Et la plus rentable.

Et, comme depuis toujours, les meilleurs enseignements sont réservés aux enfants des riches et des puissants, qui conservent le contrôle de ce qui est enseigné et à qui.

Se maintient une élite planétaire, qui a fait les mêmes études, a fréquenté les mêmes universités, vit dans les mêmes lieux, est animée par la même ambition de pouvoir et d'argent que par le passé.

Même si apparaissent quelques signes, dans ces élites, d'un refus de ce à quoi mène le monde que leurs aînés ont construit, et même si le monde enseignant lui-même fourmille de projets pédagogiques et politiques novateurs, l'ensemble du système de transmission des savoirs est mondialement au bord d'une implosion que n'explique pas seulement sa rapide croissance.

Ainsi va le monde qui ne sait plus quoi transmettre, comment et à qui, victime désignée d'un double tsunami technologique et démographique, et incapable de réparer les immenses injustices qu'il nourrit.

Chapitre 7

Demain : *Homo barbaricus* ou *Homo hypersapiens*

De cette longue histoire, si fascinante, si paradoxale, si diverse, où se mêlent et se défient tant de façons de transmettre des faits, des raisonnements, des valeurs, des œuvres d'art, des expériences, à des milliards de gens, où s'entrechoquent tant de violences faites aux enfants, où sombrent tant de destins gâchés par les circonstances, où se concentrent tant de privilèges pour les fils des puissants, où surgissent tant de réussites improbables, peut-on déduire quelques invariants qui permettraient de discerner ce que pourraient devenir les modes de transmission des savoirs dans trente ans ? dans cinquante ans ? dans cent ans ? dans deux siècles ? dans plus longtemps encore ?

A priori, ce n'est pas impossible : à la fin du XVIIe siècle, on aurait pu prévoir que les filles allaient être longtemps encore laissées à l'écart de l'école et on aurait pu deviner comment on allait transmettre les savoirs (et quels savoirs) au début du XXIe siècle : cela était entièrement contenu dans l'évolution du clan vers la famille nucléaire, de la vie rurale vers l'urbanisation, de l'artisanat vers la production industrielle, des croyances vers les sciences. On aurait pu deviner qu'on aurait un jour l'ambition d'envoyer tous les enfants quelques années à l'école. On pouvait dessiner ce qu'est l'éducation aujourd'hui, à partir de ce qu'étaient alors le pragmatisme britannique, l'excellence scolaire hollandaise et suédoise, l'élitisme universitaire prussien, les utopies des révolutionnaires américains et français, l'obscurantisme ottoman et l'obsession chinoise de la sélection.

On aurait pu aussi prévoir dès 1800 qu'on allait traverser les pires barbaries de l'histoire humaine, puisqu'on s'en était donné les moyens industriels, et qu'on n'avait rien fait pour apprendre, ni par l'école ni autrement, à se débarrasser de la jalousie et de la pulsion de mort, ni à cultiver la bienveillance et le respect de la vie, et en particulier de celle des enfants.

Pour l'avenir, les formes et les contenus futurs de la transmission sont sans doute aussi en germe dans toutes les leçons qu'on peut tirer de cette longue histoire.

Les leçons du passé

Ces leçons peuvent se résumer en quelques points, nécessairement caricaturaux :

- La transmission des connaissances a toujours été, et reste, avec l'adaptation qu'elle accompagne, la clé de la survie de toute espèce vivante.
- La transmission des connaissances a toujours été, et reste encore, une des activités humaines les moins consommatrices d'énergie.
- Les deux fonctions principales de la transmission, sous toutes ses formes, sont de prolonger l'ordre dominant et à l'inverse d'organiser la transmission d'innovations parfois en rébellion contre l'ordre dominant.
- Transmettre, c'est toujours exercer un pouvoir.
- La transmission s'est toujours réduite, pour l'essentiel, à rendre opérationnelle une force de travail, à discipliner des citoyens, à imposer une idéologie ou une foi.
- La maltraitance et les abus sexuels contre les enfants sont des constantes de l'histoire ; la transmission en est un des prétextes.

- Les filles et les femmes ont été, sauf à de très rares exceptions et jusqu'à il y a peu, tenues totalement à l'écart de presque tous les savoirs, dans toutes les civilisations.
- Les garçons des milieux favorisés ont toujours eu, et ont encore, partout, infiniment plus de chances de choisir des études et de les réussir que tous les autres enfants.
- Tout pouvoir se méfie du peuple et limite les savoirs auxquels il lui donne accès à ce qui lui est politiquement, économiquement et socialement nécessaire.
- L'éducation aux savoirs artistiques et scientifiques (qui forment les savoirs critiques) est un facteur essentiel de l'émancipation et de la croissance.
- La transmission s'est faite pendant des millénaires, pour l'essentiel, par le clan, la religion et le travail ; très rarement par l'école, réservée à ceux qui travaillaient à produire ce qui était nécessaire aux puissants.
- Imiter, répéter, contrôler et sanctionner ont été et sont encore les bases de la transmission du savoir.
- Le temps nécessaire à l'apprentissage de connaissances n'a pas diminué.
  Se sont distingués progressivement huit cadres de transmission : la famille, le clan, le travail, l'église, l'armée, l'école, les médias et les réseaux sociaux.
- Se sont peu à peu distingués neuf champs de savoirs à transmettre : sexuelles, pratiques, militaires, théologiques, éthiques, politiques, artistiques, juridiques et scientifiques.
- Plus une population est éduquée aux savoirs critiques, moins elle a d'enfants et plus il lui est facile de financer leurs études.
- La force d'un système de transmission tient à la capacité qu'il a de modifier en permanence ses contenus, en fonction des besoins de la société et des découvertes dont il a connaissance, pour le bénéfice de ceux qui contrôlent ce système.

- L'orientation a depuis toujours été déterminée par les besoins des classes dominantes.
- Le nombre de métiers auxquels il faut former les générations futures croît de façon exponentielle avec la division du travail.
- Le temps de vie passé à apprendre augmente continuellement.
- On n'a jamais réussi à transmettre le refus de la haine, de la violence et de la pulsion de mort.
- Une société progresse quand elle n'est pas résignée à ce que des enfants aient la même vie que leurs parents.
- Plus l'éducation critique se généralise, plus s'accélère la capacité à échanger avec des groupes différents.
- Le niveau d'éducation d'une société dépend très largement des moyens qu'elle peut et veut consacrer aux besoins de chaque enfant.
- La transmission exige une part sans cesse croissante de la richesse nationale, indépendamment même de la croissance démographique.
- Transmettre est devenu progressivement une compétence quasi exclusive de professionnels, enseignants et autres.
- Toute école tend à n'enseigner qu'aux plus riches, sauf à être obligée de faire autrement.
- La transmission s'est presque toujours acharnée à censurer les pensées déviantes.
- L'organisation de la salle de classe a toujours été à l'image du principal lieu du travail du moment.
- Les pays où les éducateurs ont le plus de moyens et de liberté de transmettre ce qui est utile à l'échange intellectuel et matériel, et au progrès scientifique, sont dominants.
- La bataille idéologique, économique et politique entre les divers systèmes politiques se joue depuis toujours sur le terrain éducatif, chacun essayant d'attirer les meilleurs chercheurs, professeurs et étudiants.

- Enseigner et transmettre utilisent de moins en moins les formes les plus brutales de la punition, et de plus en plus les techniques les plus gratifiantes de la distraction.
- Un système éducatif de qualité peut être détruit ou sauvé en moins de deux générations.

J'aurais aussi aimé pouvoir conclure de cette histoire qu'un bon système éducatif suffit à créer la croissance nécessaire pour le financer, mais ce n'est pas le cas ; que plus l'éducation est raisonnable, laïque et généralisée, plus un pays est démocratique, prospère et socialement juste, mais ce n'est pas le cas ; que plus l'éducation est tournée vers la science, la raison et les arts, mieux les sociétés sont protégées contre les barbaries et la dictature, mais ce n'est pas le cas ; que le savoir rationnel aide à défendre la démocratie, mais ce n'est pas le cas.

Je suis cependant convaincu que, sans une éducation de très haut niveau de tous les humains, et en particulier à la non-violence, le suicide de notre espèce est pour bientôt.

Les questions pour demain

Si l'humanité survit aussi longtemps que les autres espèces de mammifères (qui ont duré en moyenne un million d'années), il nous reste encore 700 000 millions d'années à vivre, pendant lesquelles pourraient vivre quelque cent mille milliards (100 000 000 000 000) d'êtres humains. Que feront-ils de leurs vies ? Comment se transmettront-ils leurs connaissances ? Quelles valeurs, quelles éthiques, quels savoirs voudront-ils préserver ?

Les leçons qui précèdent seront-elles encore valables demain ? et après-demain ? et dans deux siècles ? et plus tard encore si l'humanité ne se suicide pas avant ?

Dans quel environnement écologique, géopolitique, démographique et idéologique évolueront les formes de la transmission ? Que deviendra la famille, si essentielle jusqu'ici à la transmission ? L'éducation continuera-t-elle d'être, pour la plupart des humains, un moyen impitoyable de reproduction sociale ? Transmettra-t-on encore, comme depuis cinq mille ans, par l'imitation, la répétition et la punition ?

Trouvera-t-on les ressources financières et humaines pour former les femmes, les plus pauvres et les minorités, en particulier dans les pays à démographie explosive, avec autant de moyens que les garçons des classes supérieures des pays les plus riches ?

Que voudra-t-on transmettre ? Y aura-t-il un corpus universel enseigné à tous les enfants du monde ? Saura-t-on éliminer les mensonges, les fausses sciences, les appels à la violence ? Réussira-t-on à transmettre l'altruisme et la lucidité ? la bienveillance, l'empathie, le respect de la vie et les interdits absolus ? Voudra-t-on développer la créativité de chacun ? Fera-t-on table rase de cultures anciennes sous prétexte qu'elles sont les produits de civilisations ayant d'autres valeurs que les nôtres ? Comment formera-t-on des jeunes et des adultes à des métiers qui n'existent pas ? Qui se dévouera encore pour apprendre et exercer les métiers pénibles ou ennuyeux ?

Comment obtiendra-t-on d'un élève un effort ? Faudra-t-il toujours le même nombre d'heures pour apprendre une langue ? Pourra-t-on transmettre, à quelques-uns ou à tous, les connaissances par le jeu ? Réussira-t-on (voudra-t-on) à trouver en quoi chacun est unique et l'aider à le devenir ? Enseigner restera-t-il encore un métier spécifique, exercé pendant toute leur vie par des spécialistes ? Pourrait-on imaginer que l'école disparaisse un jour, comme ont disparu le lavoir, la diligence, le téléphone fixe, et tous les métiers qui les accompagnaient ? Quel usage fera-t-on des fabuleuses perspectives de l'intelligence artificielle, des hologrammes, des neurosciences, de la génétique ?

Enfin, quels humains choisira-t-on de laisser naître ?

À quelques-unes de ces questions, d'innombrables chercheurs ont tenté d'apporter des réponses ; l'Unesco, en particulier, a commandité de très nombreux rapports, dont l'un, en 2015, conduisit à la « déclaration d'Incheon sur l'éducation en 2030 » ; et un autre, rédigé en 2021 et actualisé en 2022, sur le même sujet, d'une commission présidée par la présidente de la république démocratique fédérale d'Éthiopie, Sahle-Work Zewde.

En utilisant tous ces travaux, d'innombrables conversations et les conclusions que j'ai pu tirer des recherches nécessaires aux chapitres précédents, je vais essayer de décrire ici les principaux enjeux de l'avenir.

Ils sont à la fois terrifiants et enthousiasmants.

Transmettre et enseigner à 9 milliards de gens

Prévoir dans quels contextes sociaux, technologiques, idéologiques, géopolitiques, démographiques, écologiques on aura à transmettre des savoirs et des valeurs est à la fois nécessaire et hasardeux. Je m'y suis risqué dans plusieurs de mes livres, et je m'en tiens à mes prévisions : pour ne parler, pour le moment, que de la dimension géopolitique, on peut dire qu'après un déclin du pouvoir dominant anglo-saxon et une tentative avortée de la Chine de prendre le pouvoir sur l'économie, la politique et l'idéologie mondiales, le pouvoir passera surtout aux entreprises (en particulier le pouvoir de transmettre et de choisir quoi transmettre) ; elles s'appuieront sur des technologies numériques de surveillance, sans règles de droit mondiales ; elles ne pourront empêcher un chaos aggravé par la situation climatique et les ambitions de quelques puissances nationalistes, dont la Russie, d'autant plus dangereuses qu'elles ont ou auront accès à l'arme nucléaire. Après un paroxysme très dangereux, qui pourrait durer un à deux siècles pendant lesquels l'humanité oscillerait entre la pire catastrophe et les avancées les plus prometteuses (et pendant lesquels des catastrophes climatiques risqueraient de rendre la planète littéralement invivable à tout être humain), on pourrait voir surgir une humanité sensée, non violente, soucieuse de l'intérêt des générations futures, décidée à mettre en place une véritable organisation mondiale cohérente et harmonieuse et à transmettre les savoirs et les valeurs nécessaires à sa survie.

Une telle succession d'événements est évidemment infiniment incertaine : ces diverses étapes se mêlent et s'entrechoquent dans le présent ; le pire peut se produire plus vite ; la raison peut aussi l'emporter avant que ne se déclenche la catastrophe.

Seules sont à peu près certaines les évolutions démographiques à trente ans, qui auront, dans cette période et au-delà, un impact considérable sur les mécanismes géopolitiques et sur les formes et le contenu de la transmission et en particulier de l'éducation.

En 2050, la population mondiale dépassera vraisemblablement les 9 milliards de personnes, dont plus de 2 milliards seront en Afrique ; l'Inde sera encore, comme aujourd'hui, le pays le plus peuplé du monde, avec 1,6 milliard d'habitants ; la population de la Chine aura perdu au moins 100 millions d'habitants ; la République démocratique du Congo comptera près de 300 millions d'habitants et le Nigeria 400 millions, soit plus que les États-Unis, qui seront (avec la France et la Grande-Bretagne) un des rares pays développés à ne pas voir leur population décliner (à moins de renversements radicaux dans les politiques migratoires).

Pour la fin du XXIe siècle, des prévisions beaucoup moins fiables annoncent que la population mondiale aura atteint 10 milliards et qu'elle commencera à décliner ; il y aura plus d'habitants au Nigeria qu'en Chine (qui à cette date aura perdu peut-être la moitié de ses habitants et qui, comme beaucoup d'autres pays d'Asie et d'Amérique du Sud, sera devenu vieux avant d'être devenu riche). D'ici à 2100, la population décroîtra aussi en Italie (de 12 millions d'habitants), en Allemagne et en Espagne (de 10 millions) ; celle de l'Afrique subsaharienne approchera les 4 milliards : l'Afrique sera d'ailleurs, dans toute son extraordinaire diversité, le seul continent encore en croissance démographique.

Un autre scénario est possible : la population mondiale pourrait décliner très rapidement à partir de 2050, pour ne plus compter que 4 milliards d'habitants en 2100, soit moins de la moitié du nombre que prévoit le scénario aujourd'hui préféré des démographes. Un troisième scénario décrit un monde où l'effondrement de l'école, dont on reparlera, touchera surtout les filles, qui, abandonnées à des mariages précoces, auront alors beaucoup plus d'enfants qu'aujourd'hui.

Il sera illusoire de faire des hypothèses démographiques pour le siècle suivant.

Quelles conséquences de tout cela pour l'éducation ?

Pour les pays riches et vieillissants, l'impact du recul démographique déjà entamé sur les canaux de transmission des connaissances sera très vite considérable (à moins d'un changement dans leur politique migratoire) : dans le pays où ce recul est le plus avancé, le Japon, le nombre total d'étudiants universitaires diminuera d'environ un tiers au cours des quinze prochaines années (passant de 650 000 étudiants en 2018 à 485 000 en 2031) ; et il se réduira beaucoup plus encore dans les décennies suivantes. Un peu plus tard, il en ira de même pour l'Allemagne, l'Italie, l'Espagne et la Corée. Même s'ils s'ouvrent enfin à l'immigration ; ces pays auront besoin de moins de crèches, puis moins d'écoles primaires, puis secondaires, puis d'universités ; et donc besoin de moins d'enseignants ; les familles pourront concentrer leur attention et leurs ressources sur leurs rares enfants. Mais ces pays ne pourront pas alors disposer d'assez de travailleurs pour s'acquitter de tâches remplies par ceux qui partiront bientôt à la retraite, laquelle deviendra impossible à financer. Certains de ces pays se fermeront, dans une autarcie suicidaire ; d'autres entreront dans une compétition acharnée pour attirer un maximum d'étudiants étrangers et plus généralement de migrants. L'équation politique, économique, sociale, culturelle, financière, géopolitique de ces pays deviendra très complexe sinon insoluble.

Pour les pays pauvres vieillissants, comme la Chine, le recul démographique ne suffira pas à dégager les ressources nécessaires pour rattraper l'immense retard du système éducatif. On y reviendra plus loin.

L'autre moitié du monde (en particulier les pays africains, asiatiques et du Moyen-Orient), où la croissance démographique continuera au moins jusqu'en 2050, cumulera explosion de la population avec pauvreté, et avec bien d'autres défis écologiques, sociaux, politiques, financiers, sanitaires, alimentaires, institutionnels et technologiques. L'équation éducative y sera, là aussi, insoluble : en 2050, presque tous ceux qui seront en « âge scolaire » (6-23 ans ; soit le quart de la population du monde, donc 2,3 milliards de personnes) vivront dans ces pays : 1,2 milliard en Asie, 660 millions en Afrique, 103 millions en Europe, 193 millions en Amérique latine et dans les Caraïbes, 95 millions en Amérique du Nord et 11 millions en Océanie. Cela correspondra à un doublement depuis 2022 du nombre de gens ayant besoin d'un enseignement primaire ; et un quadruplement du nombre de ceux ayant vocation à suivre des études supérieures ; les trois quarts de cette croissance auront eu lieu dans douze pays émergents, dont neuf sont en Afrique (Nigeria, Angola, Congo, Égypte, Éthiopie, Kenya, Niger, Ouganda et Tanzanie) et trois en Asie (Pakistan, Inde et Bangladesh).

Pour satisfaire ces besoins, on estime qu'il faudrait, dans ces pays, environ 70 millions d'enseignants de plus d'ici à 2030 (25 millions dans le primaire et 45 millions dans le secondaire). Et bien davantage après. De plus, il faudrait que ces enseignants soient vraiment formés aux savoirs, aux valeurs et aux pédagogies de demain, alors qu'on sait qu'ils le sont déjà si peu, dans beaucoup de ces pays, à ceux d'aujourd'hui. Cela suppose donc des besoins de formation de formateurs, qui sont et seront, eux aussi, tout à fait hors de portée des moyens financiers (et dans certains cas aussi des choix politiques) de ces pays.

Il faut ajouter à cela l'ensemble du personnel périscolaire, de sport, d'animation sociale et culturelle, de restauration, de santé, d'administration, de bibliothèques, dont on estime qu'il sera équivalent en nombre à celui des enseignants proprement dits, et qui auront encore la mission de transmettre des valeurs et des savoirs.

Il faudra ajouter la construction des écoles, collèges, universités, cantines, bibliothèques, stades et autres équipements nécessaires.

De plus, à l'échelle mondiale et pour l'essentiel dans les pays émergents, il y aura au moins 1,5 milliard d'enfants de moins de 6 ans et ayant d'autant plus besoin de garderies, de crèches et d'écoles maternelles qu'un nombre croissant d'entre eux (un sur quatre, estime-t-on) seront nés dans des familles immédiatement ou rapidement monoparentales, ou dans des familles n'ayant pas les moyens d'assurer la transmission de connaissances premières à leurs enfants. Ou dans des familles où les mères voudront se réaliser et exercer un métier sans s'occuper autant de leurs enfants. Au moment de cette prime enfance, où tout se joue, le besoin d'éducateurs, de personnel médical, paramédical et périscolaire, d'équipements et d'infrastructures sera donc partout croissant.

Puis il y aura la demande des jeunes gens en âge d'aller à l'université, et disposant des diplômes nécessaires (quels qu'en soient l'exigence et le contenu) ; ils seront 300 millions en 2030 et 800 millions en 2050 ; ils y auront accès de façon très inégale : dès 2030, tous les jeunes des pays riches auront un accès à une université ou à un enseignement professionnel équivalent, contre seulement un sur sept dans les pays les plus pauvres ; et ceux-là iront dans des universités disposant en général de moins de moyens modernes, de professeurs moins bien formés et de centres de recherches beaucoup moins financés. Malgré ces insuffisances, le nombre de diplômés supérieurs souvent de très bon niveau explosera dans certains pays émergents, en particulier en Inde et en Chine : en 2030, ces deux pays formeront à part égale la moitié des ingénieurs du monde, contre moins de 40 % en 2022 ; alors que la part des États-Unis sera retombée à 8 % contre 12 % en 2022.

Il faut enfin tenir compte des besoins d'apprendre de tous les autres humains, en âge de travailler ou à la retraite, soit, en 2050, environ 6 milliards de personnes, là encore surtout localisées dans des pays émergents. D'abord, il faudra alphabétiser et fournir les connaissances de base nécessaires à la vie professionnelle et sociale à ceux d'entre eux qui n'en disposeront pas encore ou qui auront oublié le peu qu'ils auront appris à l'école, soit à cette date près de 2 milliards de personnes ; puis il faudra fournir à ces 6 milliards de personnes, et en permanence, des compétences nouvelles ; tant pour ceux en âge de travailler (dont le nombre devrait rester stable, autour de 4 milliards), qui auront besoin de formation permanente, que pour ceux ayant dépassé cet âge (dont la part dans la population mondiale devrait presque doubler d'ici 2050) et qui auront sans cesse besoin de compétences nouvelles, ne serait-ce que pour gérer leur vie quotidienne et rester en contact avec les plus jeunes. À cela s'ajoutera l'essentiel : la curiosité pour des savoirs inutiles dans la pratique et essentiels dans la construction d'un être humain.

Au total, il faudra des investissements absolument gigantesques en enseignants, en chercheurs, en encadrement périscolaire, en personnel administratif, en personnel de santé physique et mentale, en matériel scolaire, en bâtiments scolaires et universitaires, en laboratoires de recherches, en stades, en bibliothèques, en musées, en matériel numérique, en sécurité pour les lieux d'enseignement, en policiers, en magistrats.

Sans changement radical du contenu et des modes de transmission, j'estime que, en moyenne mondiale et en valeur réelle, pour assurer un enseignement minimal décent des savoirs de base à tous, les dépenses d'éducation devront au moins tripler d'ici à 2050. Cela supposerait soit une croissance économique supérieure à 4 % par an, soit, dans beaucoup de pays, un doublement de la part du PIB consacrée à l'éducation. L'un et l'autre sont *a priori* irréalistes.

Plus encore : si l'on voulait offrir à tous les enfants de la planète une éducation équivalente à celle qu'offrent aujourd'hui les meilleurs systèmes (finlandais, singapourien, canadien ou coréen), on peut estimer qu'il faudrait soit que la croissance économique dépasse 10 % par an, soit que la part des dépenses d'éducation dans le PIB de la plupart des pays soit quadruplée. L'un et l'autre sont encore moins imaginables.

Certes, même sans changement drastique du modèle d'enseignement et même s'ils ne disposent pas de ces gigantesques moyens, beaucoup de pays, en Amérique latine, en Asie de l'Est, au Moyen-Orient et en Afrique, feront d'énormes progrès en matière d'alphabétisation, de formation de base, de promotion des femmes et de formation des cadres ; partout dans le monde, des universités d'exception produiront des ingénieurs et des chercheurs, filles et garçons, de très haut niveau.

Mais, à moins d'un changement radical de modèle de développement (et en particulier sans l'apparition de nouvelles formes de transmission de connaissances fournissant les mêmes services avec moins de moyens), le tsunami démographique sera tel que le niveau d'éducation dans les pays émergents, déjà si catastrophique, s'effondrera.

Alors s'enclencherait le premier scénario du pire, celui de la *barbarie de l'ignorance.*

Le premier scénario : la barbarie de l'ignorance

Dans les pays émergents où l'État de droit est le moins respecté et le moins respectable, où la population continuera pendant trente ans d'augmenter à très grande vitesse, et où les moyens financiers manqueront, l'affaiblissement, sinon l'effondrement, du système de transmission des savoirs prendra la forme la plus brutale : les écoles publiques seront délaissées, les centres de recherches affaiblis ; des générations entières (en excluant quelques riches familles) seront privées de moyens publics d'apprendre et seront prises en main, pour les classes moyennes supérieures, par des marchands privés d'éducation ; et, pour l'essentiel du peuple, par des institutions religieuses ou par des bandes armées, qui en feront des fanatiques ou des enfants-soldats.

Dans les pays où le nombre d'élèves diminuera (en Occident, au Japon, en Chine), où les systèmes d'enseignement semblent protégés des attaques les plus diverses, personne ne pense qu'on y est aussi à la veille d'un effondrement du système éducatif. Et pourtant, même dans ces pays, en particulier en Europe et aux États-Unis, tous les systèmes de transmission seront menacés par un total discrédit, par un effondrement.

D'abord, les modes non scolaires de transmission des savoirs seront tous fragilisés : de très nombreuses familles disposeront de moins de temps et de moyens pour s'occuper de leurs enfants, et encore moins pour leur transmettre quoi que ce soit ; l'entreprise cessera d'être pour beaucoup un lieu d'apprentissage puisqu'on changera d'emploi de plus en plus souvent, qu'on travaillera de plus en plus à distance, et que chacun deviendra surtout employeur de lui-même.

Ensuite, les systèmes scolaires sont et seront de plus en plus soumis à des pressions de moins en moins démocratiques. Il est en effet à craindre que, dans une partie du monde riche, la démocratie reculera ; et que des pouvoirs imposeront l'enseignement de leurs propagandes, de leurs mensonges et de leurs visions du monde. Dans certains de ces pays, on ira jusqu'à refuser de transmettre les œuvres d'auteurs dont la vie personnelle, ou les opinions politiques, ou la religion ou le genre ne seront pas conformes à l'exigence des pouvoirs du moment. Parfois, il suffira d'une intimidation pour que des enseignants se résignent à s'autocensurer.

Par ailleurs, la technologie participera du discrédit de l'école : malgré les énormes efforts fournis, avec succès, depuis deux siècles au moins, dans de nombreux pays, pour rendre la pédagogie moins autoritaire et plus ludique, les méthodes éducatives employées aujourd'hui restent, dans de très nombreux pays, largement fondées sur la peur de la sanction et de l'échec, sur la discipline, la soumission à l'autorité, la répétition, la mémorisation ; tout ce qui est à des années-lumière de ce à quoi les jeunes ont désormais accès pendant plus d'heures qu'ils n'en passent à l'école, dans des activités numériques valorisant la gratification contre la sanction, le jeu contre l'effort, le narcissisme contre la curiosité, la liberté contre la contrainte, l'instantané contre la durée. Le caractère hiérarchique et centralisé de corps d'enseignants trop nombreux ralentit leurs évolutions et l'introduction des inovations.

Enfin, la légitimité des enseignants sera largement remise en cause par les changements de plus en plus rapides des connaissances auxquelles les élèves ont un accès direct, hors de l'école ; il leur sera de plus en plus facile de vérifier en permanence ce que le maître enseigne et de le critiquer à la moindre erreur, réduisant le respect attaché à sa fonction, comme le sera celui qui s'attache à toutes les autres fonctions d'autorité, des parents aux employeurs, des policiers aux élus. De plus, là où les choix budgétaires ne conduiront pas à consacrer beaucoup plus de moyens à l'éducation et à la recherche, on assistera à un affaiblissement des rémunérations des enseignants, déjà presque partout très faibles ; les meilleurs d'entre eux quitteront ces métiers, accélérant le discrédit de la fonction. Pour beaucoup, un métier qui consiste à jouer d'année en année la même pièce devant différents publics perdra de son attraction. Enfin, les équipements scolaires ne diposeront pas toujours des meilleures infrastructures numériques que les enfants les plus riches pourront avoir. Selon ce scénario, bien des écoles, des collèges, des lycées, des universités seront délaissées et fermeront. Cela peut toucher tous les pays, y compris les États-Unis, la Grande-Bretagne et la France.

On en reviendra, non par choix mais par obligation, à un monde sans école pour la masse, comme cela le fut pendant des millénaires et de nouveau en 2020 et 2021, pendant la pandémie, pour le plus grand désespoir de l'humanité.

Dans ce scénario de l'ignorance, en 2050, beaucoup d'enfants des pays pauvres seront privés d'école, ou n'auront accès qu'à des écoles surchargées, avec des enseignants débordés délivrant avec des méthodes inefficaces des savoirs dépassés ne débouchant pas sur un métier d'avenir.

Le tiers au moins de l'humanité ne saura ni lire, ni écrire, ni compter. Les bonnes écoles et universités resteront un privilège des enfants riches des pays riches et des très riches des pays pauvres.

Les enfants des pauvres des pays riches auront encore un temps des écoles où apprendre le minimum socialement nécessaire, sans avoir les moyens d'accéder aux études ni aux métiers les plus intéressants ; les classes moyennes des pays pauvres et les classes pauvres des pays intermédiaires sacrifieront tout pour financer les études de leurs enfants dans des écoles privées coûteuses. Les autres n'auront accès qu'à des garderies disciplinaires les orientant vers des métiers pénibles ou répétitifs. Dans beaucoup de pays, comme en Europe au Moyen Âge, pour se défendre d'adolescents de plus en plus autonomes et abandonnés, les États, les Églises et les entreprises n'auront d'autre recours que de créer encore plus d'institutions d'éducation fermées, formes déguisées de prisons. Et ils enverront, comme aux États-Unis aujourd'hui, des millions de leurs jeunes en détention de longue durée à la moindre incartade. La démocratie, qui organise encore la vie collective dans de rares lieux de la planète, et qui reste la condition nécessaire à une éducation décente, n'y survivra pas ce qui accélérera les conflits géopolitiques dont j'ai annoncé plus haut l'imminence.

Cette barbarie de l'ignorance se manifestera à un moment où les armes les plus folles auront été accumulées sur la planète, où les querelles identitaires se seront exacerbées et où le désordre climatique aura le plus d'impact. Cela conduira à la victoire généralisée des populistes, à des migrations massives, d'abord des diplômés des pays jeunes vers les pays vieux ; et à une extrême aggravation des diverses formes de frustration, de colère, de haine, de violence, laissant des enfants particulièrement vulnérables à la merci d'idéologies, de religions, de maîtres à penser et de bandes armées, qui prendront le pas sur l'enseignement de la raison. Certains y imposeront plus facilement encore l'exclusion des filles et de toutes les minorités de tout enseignement et de toute vie sociale.

Ces risques ne sont pas imaginaires : l'histoire fourmille d'exemples de moments, comme aux temps d'Ezra, d'Aristote, de Cicéron ou de Boèce, où une civilisation, ayant atteint son apogée, voit ses modes de transmission des savoirs décliner, avant qu'elle ne s'effondre tout entière. Ce sera le triomphe de ce que j'ai nommé ici la *barbarie de l'ignorance.*

Le deuxième scénario : la barbarie de l'artefact

Il existe un autre scénario du pire, apparemment plus séduisant : le remplacement de l'école et des autres modes de transmission non par le chaos et l'ignorance, mais par des outils d'enseignement à distance, qui viendraient donner à chaque enfant et à chaque adulte de la planète accès à tous les savoirs socialement, économiquement, culturellement, écologiquement, politiquement, religieusement ou idéologiquement nécessaires.

Comme dans le premier scénario, on irait vers un monde sans école, mais cette fois non pas faute de moyens pour la financer ni même en raison d'une pandémie, mais parce qu'on l'aurait choisi.

Vouloir la fin de l'école

Cette ambition n'est pas nouvelle : nombreux, on l'a vu dans les chapitres précédents, sont ceux qui, à travers les siècles, ont refusé d'envoyer leurs propres enfants dans une école, dont ils pensaient la pédagogie et le contenu enseigné inadaptés, et qui ont préféré leur faire cours eux-mêmes, ou par des tuteurs, à domicile. Aujourd'hui, ce mode d'enseignement, même s'il reste marginal, tend à se répandre. Et on peut imaginer qu'il continuera à se déployer, en particulier là où le système éducatif échouera et quand le refus de l'embrigadement se développera.

On peut en particulier prévoir que des parents profiteront des nouvelles formes de télétravail et de téléenseignement pour retirer leurs enfants de l'école et trouver le temps de leur faire cours à la maison, au moins à temps partiel eux-mêmes, ou en se faisant aider de tuteurs et en s'appuyant sur les immenses réseaux des activités périscolaires, en particulier sportives. On peut aussi penser que, dans l'architecture future des appartements, une pièce sera réservée à cet usage. Dans les pays bien organisés, des contrôles publics vérifieront si les connaissances de base sont bien transmises aussi à ces enfants, s'ils développent correctement leur personnalité, leur esprit critique et leur sens moral ; et si, malgré leur isolement pédagogique, ils apprennent les valeurs propres à leur société. L'expérience, on l'a vu, tend à prouver que les enfants ainsi éduqués ont un meilleur acquis des savoirs de base que ceux qui vont dans les écoles de masse ; il est même vraisemblable qu'ils auront aussi acquis malgré tout une bonne perception des exigences et des vertus de la vie en groupe, en particulier grâce aux activités périscolaires.

À l'inverse, dans certains pays, l'enseignement à domicile redeviendra, comme il l'est depuis des millénaires, un prétexte au renvoi des garçons dans les champs, à l'atelier et à l'armée, et au mariage précoce des filles, qui seront tenues plus que jamais dans l'ignorance.

Certains ont même théorisé depuis longtemps cette fin voulue de l'école. Ainsi de Henry David Thoreau et de Basil Yeaxlee, dont il a été question dans les chapitres précédents ; et, dans le troisième tiers du XXe siècle, d'Ivan Illich, ce prêtre autrichien d'origine à la fois croate et autrichienne a dénoncé, avec un très grand succès, le trop grand nombre d'institutions publiques qui, à ses yeux, ne travaillaient plus que pour elles-mêmes. Ainsi de l'école où, disait-il, on confond enseigner avec apprendre, réussir un examen avec acquérir un savoir, délivrer un diplôme avec transférer des compétences. Et il a proposé (bien avant qu'Internet ne le rende possible) de remplacer l'école par d'autres moyens de transmission du savoir, moins hiérarchiques, plus collaboratifs ; plus précisément par quatre bases de données (nommées « annuaires »), qui seraient tenues à jour en permanence et mises gratuitement à la disposition de tous : un recueil des méthodes pédagogiques, à la disposition des familles et de tous ceux qui voudraient enseigner ; un annuaire des éducateurs professionnels rangés selon leurs compétences et leurs disponibilités ; une liste d'amateurs disposant de temps et de compétences particulières et désireux de les transmettre ; enfin, une liste d'apprenants prêts à rejoindre des groupes pour apprendre ensemble. Ses théories, qui eurent beaucoup d'influence intellectuelle dans le monde entier, se voulaient hostiles à la société de consommation ; elles ouvraient en réalité la voie au marché, qui s'apprêtait déjà à tenter de remplacer l'école, service collectif, par des services et des objets marchands, numériques, transformant un service public en une source de profit ; une relation en un artefact.

Dans ce scénario comme dans le précédent, disparaîtraient aussi écoles, collèges et universités. Mais avec d'autres motivations.

Transmission par artefacts numériques

Devant le discrédit de l'école, on verra – et on voit déjà – se multiplier des plateformes de cours en ligne, les sites de professeurs particuliers, les médias axés sur l'apprentissage ou sur l'orientation, les applications mobiles pédagogiques, les podcasts, les sites de placements d'étudiants.

On verra d'abord, on voit déjà, se développer les infrastructures nécessaires à cet enseignement à distance, en particulier là où l'école n'est pas disponible. Cela a été récemment accéléré par la fermeture de la quasi-totalité des établissements scolaires pendant la pandémie de Covid-19. On verra, on voit déjà, apparaître des réseaux massifs de satellites de communication, qui vont bientôt couvrir toute la planète et rendre possible la transmission de contenus dans les endroits les plus reculés. Un de ces réseaux parmi d'autres, SpaceX, créé par Elon Musk, prévoit de déployer douze mille satellites de communication avant 2024, et quarante mille un peu plus tard, permettant à qui que ce soit, où que ce soit, de recevoir des données quasi illimitées, dont des programmes éducatifs. De nombreux pays commencent en particulier à dédier des satellites à un usage éducatif ; par exemple, en 2020, le ministère de l'Éducation publique des Émirats arabes unis et l'opérateur national de communications mobiles Yahsat ont lancé cinq satellites spécifiquement destinés à donner accès gratuitement à toute la population du pays à un portail d'enseignement à distance pendant la pandémie.

On verra, et on voit déjà, se développer les outils de cet enseignement, sous forme de vidéos, de jeux éducatifs, en ligne ou non, pour transmettre à peu près tout en dehors de la classe, sans contrôle physique ni sanction, en motivant les élèves par des points, des trophées, des étoiles, voire des rémunérations monétaires, comme on le fait déjà pour retenir l'attention d'un joueur dans un jeu vidéo. Ainsi de Facebook, de YouTube, et plus récemment de TikTok, où existent des milliers, voire des millions de programmes pédagogiques, suivis par des millions de jeunes. Ainsi de TED, dont les 1 400 programmes éducatifs ont cumulé 4,2 milliards de vues. Ainsi de Coorpacademy, dont on a parlé plus haut. Ainsi de Kahoot !, une plateforme d'apprentissage ludique en anglais, créée en Norvège, utilisée déjà par plus de 300 millions de personnes. Ainsi de Revyze, évoqué aussi plus haut, une toute nouvelle entreprise française, qui vise à aider des adolescents à trouver des partenaires pour réviser ensemble et mettant à leur disposition de très courtes vidéos de révision, faites par des enseignants et des élèves. Au total, selon Global Market Insights, ces services d'enseignement numérique, de la maternelle à la formation permanente, vont continuer de croître à raison de 40 % par an et passer d'un chiffre d'affaires mondial de 315 milliards de dollars en 2021, à 1 trillion de dollars dès 2028.

Dans un tel scénario, apprendre deviendra pour l'essentiel un exercice solitaire, comme jouer, consommer ou travailler. On ne parlera plus de niveaux ; il n'y aura plus de classes. Chacun apprendra à son rythme. Un nouveau pan du secteur public sera privatisé, non plus seulement par la seule création d'écoles privées, mais aussi par la création d'objets industriels se substituant à des services.

Puis apparaîtront, apparaissent déjà, des algorithmes permettant d'analyser, de façon très précise et individualisée, les erreurs commises par chaque élève et proposant des exercices de plus en plus adaptés aux besoins de chacun. Aux États-Unis, la société Knewton propose déjà un logiciel d'exercices et de cours adaptés au niveau de chaque utilisateur, dont le niveau d'attention, de suivi et de compétence est contrôlé en permanence. En 2017, des chercheurs de Stanford ont déjà conçu des algorithmes capables de prédire les résultats d'un élève lors d'une évaluation.

On ira ensuite vers des modes de gratification et de punition encore plus personnalisés, comme dans les meilleurs jeux vidéo.

Jusqu'à ce qu'on puisse, très bientôt, organiser une surveillance à distance de la concentration et de l'effort de chacun, en contrôlant son activité cérébrale par des capteurs, connectés ou non, à son cerveau. Des expériences menées en Chine et aux États-Unis vont dans ce sens.

On pourra ensuite, et ce sera un énorme marché, rentabiliser ces applications en les utilisant pour repérer des talents dès le plus jeune âge, organiser leur formation puis leur recrutement par des entreprises, ou par la commercialisation de leurs services.

Un peu plus tard, d'autres technologies, d'abord utilisées dans l'industrie du jeu et de la publicité, permettront d'offrir à chaque apprenant des enseignants virtuels sous forme d'hologrammes, de leur permettre de participer à des classes virtuelles dans le métavers et d'y collaborer avec d'autres étudiants ou avec des professionnels.

Dès le primaire, les élèves pourront s'en servir pour étudier la géométrie, l'astronomie, l'art, l'histoire, avec les meilleurs enseignants intervenant par projection holographique. On en a déjà des prémices, encore fort sommaires : Microsoft a développé HoloLens, un casque qui permet de voir des hologrammes ; il a été utilisé pour visualiser un corps humain en 3D par l'école de chirurgie du Royal College, au Royaume-Uni, afin d'enseigner l'anatomie sans passer par la dissection de corps humains ; HoloLens permet aussi à un élève de jouer du piano avec un professeur virtuel, assis à ses côtés, qui le corrige. Kiada, un jeu éducatif de mathématiques, projette dans l'espace virtuel des objets en 3D facilitant l'apprentissage de la géométrie ; on commence à utiliser aussi ces technologies en cours de géographie ou d'histoire, pour visiter un pays, parcourir une cité antique ou vivre la vie de migrants d'aujourd'hui.

Les apprenants pourront choisir ce qu'ils étudient à leur rythme, plutôt que d'être contraints à tel ou tel enseignement ; ils retiendront beaucoup mieux ce qu'ils trouveront en ligne que ce qu'on leur aurait imposé en classe ; et les applications d'échange entre jeunes, sur le modèle de TikTok ou Revyze, auront plus d'impact sur eux que les cours des meilleurs professeurs. C'est déjà le cas, on l'a vu, avec les premières tentatives sommaires d'enseignement en ligne.

Un peu plus tard, la technologie fera disparaître la nécessité même de transmettre nombre de ces savoirs de base que l'école enseigne depuis des millénaires : savoir compter, lire et écrire vont devenir de moins en moins indispensables ; il existe déjà des logiciels de calcul et de résolution d'équations même complexes ; d'autres applications permettent d'entendre la lecture d'un texte écrit sans avoir besoin de savoir le lire ; d'autres permettent de dicter un texte sans avoir besoin de savoir l'écrire. On peut aisément imaginer qu'un téléphone pourra très bientôt (il peut déjà) lire à haute voix tous les textes qu'on lui présentera et écrire tous les textes qu'on lui dictera ; qu'il pourra aussi (il peut déjà) traduire dans toutes les langues, oralement ou par écrit, toute phrase dite dans toute langue, par n'importe qui, rendant bientôt leur apprentissage inutile. Savoir compter, savoir lire, savoir écrire et savoir traduire (fondements des enseignements scolaires de base) ne seront donc plus nécessaires ; en outre, bien d'autres savoirs, aujourd'hui instantanément disponibles par un moteur de recherche, le seront par l'énonciation d'une question orale. Tous les savoirs seront donc à la disposition d'un mot prononcé. Ces enseignements se feront d'abord en anglais, puis en quelques autres langues, jusqu'à ce que les machines à traduire rendent vie au moindre dialecte. On pourra bientôt ne plus avoir besoin d'apprendre à coder, puisqu'il suffira de décrire, en langage courant, ce qu'on attend d'un programme ou d'un algorithme. De même, on pourra se contenter de décrire un tableau pour le voir se matérialiser, et évoluer au rythme de corrections exprimées en langage courant. On pourra ensuite avoir accès à tous les lieux, à toutes les sensations, à tous les partenaires virtuels, pour visiter, ressentir, apprendre.

Comme par le passé, le lieu de transmission continuera à ressembler au lieu de travail : si celui-ci fut longtemps une échoppe, puis un atelier, puis un bureau, il est en train de disparaître dans le télétravail ; et l'école, qui a toujours imité les diverses formes du lieu de travail, disparaîtra dans le téléenseignement.

Les entreprises, maîtres des outils de la transmission, voudront, comme elles en ont toujours rêvé, prendre le contrôle de son contenu. Elles voudront d'abord, comme par le passé, qu'on y enseigne surtout et même seulement ce qui permet de former les travailleurs dont elles auront besoin. Et, plus encore, elles voudront former elles-mêmes les consommateurs à désirer ce qu'elles produiront. Elles s'en serviront pour repérer au plus tôt leurs futurs collaborateurs, et même financer leurs études, contre un engagement de recrutement. Comme le font déjà, par exemple, les clubs sportifs, qui recrutent dans les lycées et collèges du monde entier.

Les États-Unis et la Chine sont pour l'instant les mieux placés pour développer ces technologies : les États-Unis, par leur capacité politique d'influence mondiale, qui passe aujourd'hui largement par l'industrie de la distraction ; ils utiliseront bientôt de la même façon l'industrie naissante de l'éducation, outil autrement plus sérieux, pour tenter de prendre le pouvoir sur les esprits ; la Chine, grâce à son immense marché intérieur et à sa population considérable, et dont la docilité est pour l'instant à toute épreuve, surveillera ses élèves en permanence : à la rentrée scolaire 2023, beaucoup d'entre eux devront déjà se servir en classe de stylos connectés et dotés d'une caméra, qui permettront à l'enseignant de surveiller leur concentration, de leur envoyer des devoirs et de leur infliger des sanctions. L'hypersurveillance passera par l'école autant que par la rue et l'entreprise. Ces techniques seront particulièrement utiles quand il n'y aura plus d'écoles et que chacun étudiera depuis chez lui, surveillé par son stylo connecté.

Si l'on accepte une telle évolution, les conséquences pour l'esprit humain seront ravageuses : non seulement parce que les zones du cerveau activées pour l'apprentissage de la lecture, de l'écriture, des mathématiques, de la physique, de l'histoire, de la géographie, de la littérature, de la musique, du dessin, ne seront plus sollicitées (et on retrouve là ce que craignait Cicéron à l'apparition du codex, et les contemporains de Gutenberg au moment de l'invention de l'imprimerie), mais aussi parce que, faute de repères et de connaissances de base, on ne saura plus comment poser les questions ni où chercher les réponses.

On ne parlera plus à l'autre que par l'intermédiaire de machines, on ne connaîtra plus les nuances de la façon de penser de l'autre, lovée dans ses expressions faciales et corporelles ; enfin, chacun perdra ainsi les compétences de base nécessaires pour continuer à faire progresser les savoirs. La recherche sera la principale victime.

Pour orienter les apprenants dans le choix de leurs études, on pourra aussi aller beaucoup plus loin que les logiciels très sommaires utilisés aujourd'hui (comme Parcoursup en France), en exploitant toutes les données que les artefacts apprennent sur chacun, afin d'organiser une orientation permanente de chacun, selon ses compétences, ses goûts, ses réactions à divers stimuli. Et surtout selon les besoins des pouvoirs politiques, religieux et marchands.

Les pays émergents, en raison de leurs systèmes classiques d'éducation aujourd'hui catastrophiques, et qui le seront davantage à l'avenir, seront conduits, pour tenter d'échapper à la barbarie de l'ignorance, à utiliser ces outils plus vite encore que les pays développés. En particulier, l'Afrique subsaharienne, passée au téléphone mobile et à la banque en ligne sans passer par leurs équivalents fixes, ira très vite vers cette nouvelle forme de transmission du savoir, en utilisant des technologies américaines, chinoises ou africaines.

Dans ce scénario, les humains ne seront bientôt plus que des analphabètes perdus dans une bibliothèque infinie.

Enfin, les activités de transmission, qui ont réussi à rester jusqu'à aujourd'hui les moins consommatrices d'énergie, deviendront, par la multiplication de ces objets nomades et des réseaux numériques nécessaires, de grandes menaces pour le climat et la survie de l'humanité. Et quand on en sera venu à devoir rationner l'usage de l'énergie, chacun n'aura plus à sa disposition qu'une certaine quantité de kilowatts chaque année, ou pour toute sa vie : à charge pour lui de savoir s'il l'utilise pour se chauffer, se déplacer, se nourrir, se soigner ou apprendre.

Transmission par prothèses neuronales

Au-delà des MOOC, des hologrammes et du métavers, on complétera puis on remplacera, un jour, ces outils nomades d'éducation par des prothèses directement branchées sur le cerveau de l'apprenant.

D'abord pendant son sommeil. De fait, on sait depuis longtemps qu'on retient mieux, en particulier une leçon de langue, si on l'a apprise juste avant de s'endormir ; en 2017, une étude française a même montré qu'il est possible de mémoriser pendant le sommeil des sons entendus lors de la phase de sommeil léger ; une autre étude, publiée en 2018, a confirmé que le cerveau est capable d'apprendre de nouveaux sons pendant le sommeil, sans pour autant encore pouvoir se souvenir d'une séquence complexe de sons. À l'image de ce qu'Aldous Huxley écrivait dans *Le Meilleur des mondes*, des autorités totalitaires pourraient transmettre un jour à leurs sujets, pendant leur sommeil, ce qui leur semblera nécessaire de leur faire savoir.

Puis, en dehors du sommeil, on pourra surveiller et transmettre des informations par des stimuli électriques : en 2016, aux États-Unis, la Defense Advanced Research Projects Agency (DARPA) a testé une puce, connectée au cerveau, délivrant des décharges électriques pour stimuler le centre cérébral de la mémoire. Une expérience menée sur douze personnes a montré que celles qui ont reçu ces décharges se sont révélées ensuite plus performantes que les autres lors de tests simples, comme se souvenir d'une liste d'objets. On pourra aller beaucoup plus loin dans cette direction. Déjà, de simples écouteurs équipés de logiciels spécifiques sans branchement intra-crânien sont capables de mesurer les degrés d'attention, de concentration, de curiosité, d'empathie d'un apprenant. On pourra en déduire l'efficacité de méthodes pédagogiques et les améliorer en fonction de ces résultats. Ainsi commencera une autre forme, plus invasive, d'hypersurveillance pédagogique.

Puis on dotera les cerveaux de prothèses internes capables de réparer ou d'améliorer des capacités physiques ou d'apprentissage. En 2016, une puce d'ordinateur, greffée dans le cortex moteur du cerveau d'un Américain de 24 ans, tétraplégique depuis six ans à la suite d'un accident de natation, et reliée à un logiciel, lui a permis d'utiliser sa main ; plus récemment, un autre tétraplégique a retrouvé le sens du toucher grâce à un implant cérébral. D'autres prothèses à visée initialement médicale pourraient être détournées vers un usage éducatif : ainsi, un système appelé « BrainGate » est testé pour améliorer le contrôle de leurs membres par des personnes atteintes de sclérose latérale amyotrophique ou de lésion de la moelle épinière ; il pourrait réciproquement recevoir des informations de l'extérieur. On peut se représenter ce qu'on peut en attendre dans l'apprentissage et la pratique du sport.

Certains espéreront aussi implanter une puce dans le cerveau de chaque enfant sous prétexte de le localiser – aussi pour ensuite lui transmettre des savoirs. On peut imaginer qu'on disposera peut-être un jour d'un moyen de relier le cerveau à des bases de données, de lui transférer des compétences nouvelles, adaptées à chacun, et de surveiller leur appropriation. Ou, plus encore, de lui transférer la haine ou l'amour d'une personne, ou d'un groupe de personnes, et d'en faire une machine à tuer. En 2019, Elon Musk a présenté en ce sens le projet Neuralink, qui vise à construire un ensemble de puces implantées dans le cerveau, une « dentelle neuronale » (*neural lace*), composée de plus de trois mille électrodes, « directement connectées aux neurones et capables de lire et d'interpréter leurs signaux, puis reliées à un boîtier placé derrière l'oreille, utilisant le Bluetooth pour envoyer des informations à une application pour smartphone » ; il pense que cet ensemble sera un jour capable de comprendre en temps réel l'activité cérébrale et de la traduire en commande adressée au système musculaire. Autrement dit, d'agir sur le réel par simple transmission de pensée. Ultérieurement, prétend Musk, son système sera en état de connecter la pensée et la mémoire de chacun à un système informatique externe, qui pourrait d'une part les stocker, et d'autre part leur transférer des connaissances, sans qu'il ait à faire l'effort de les apprendre. Naturellement, eu égard à l'état balbutiant des neurosciences, personne de sérieux n'imagine qu'une telle prothèse existera avant très longtemps, sinon même jamais.

N'étant pas en reste de projets de prothèses, Mark Zuckerberg finance aussi un programme visant à traduire en sons l'activité du cerveau, d'abord pour rendre la parole aux personnes devenues muettes à cause de maladies neurodégénératives ; puis, ultérieurement, pour permettre à chacun de communiquer avec d'autres humains et avec des machines par la seule pensée. Zuckerberg explique que la transmission de pensée conduira à développer des compétences cérébrales encore inexploitées. Là encore, au regard de l'état des neurosciences, on est dans le fantasme le plus absolu.

Naturellement, les uns et les autres envisagent d'en faire un marché et de vendre aux parents de telles prothèses pour qu'ils en équipent leurs enfants. Sans doute aussi aux divers pouvoirs, qui n'attendent que cela pour prendre le contrôle total des esprits, sans plus avoir à compter sur la persuasion ou la peur.

De nombreuses recherches prétendent aussi avancer vers la conception d'un cerveau humain totalement artificiel ; des ordinateurs approchent, de très loin encore, les capacités du cerveau humain ; des réseaux de neurones virtuels permettent de réaliser des opérations mathématiques très complexes. Ces machines progresseront un jour vers une meilleure approximation du travail du cerveau humain ; elles permettront, un jour, d'en construire un modèle ; de savoir comment il apprend, comment il mémorise, comment il crée des relations entre divers savoirs ; et comment lui transmettre des connaissances.

Comme les autres avancées dont il a été question plus haut, ces découvertes seront des outils exceptionnels pour les régimes totalitaires présents et futurs, politiques et marchands. Transmettre restera un pouvoir. Transmettre absolument sera un pouvoir absolu.

Transmission par prothèses génétiques

Au lieu d'agir par des prothèses greffées, on pourra directement agir sur l'embryon humain. Au lieu de former et d'orienter des enfants après la naissance, on pourra vouloir, et on voudra, ne faire naître que des enfants au potentiel intellectuel adapté aux besoins du moment ; et, comme dans le film *Bienvenue à Gattaca* (1997), on concevra *in vitro* des enfants ayant le moins de défauts et le plus d'avantages pour la société.

Des avancées dans cette direction ont commencé.

Depuis 1990, un diagnostic préimplantatoire, pratiqué *in vitro* avant l'implantation dans l'utérus, permet de détecter des anomalies génétiques ; on en tient compte depuis lors dans les décisions d'avortement là où c'est légal. Depuis 1999 existerait à Escondido, en Californie, une banque de sperme appelée « Repository for Germinal Choice », qui n'accepterait que des dons de récipiendaires du prix Nobel ; William Shockley, prix Nobel de physique, est le seul contributeur à s'être fait connaître. Aux États-Unis, dans certains établissements, les parents peuvent choisir le sexe, la couleur des yeux et des cheveux de leur futur enfant. En 2018, le chercheur chinois en biophysique He Jiankui annonçait la naissance de deux jumelles, Lulu et Nana, dont il aurait désactivé le gène CCR5 (ce qui, selon des tests, augmenterait chez la souris les performances cognitives, dont la mémoire, et réduirait la vulnérabilité au virus du sida) ; un an plus tard, une étude de deux chercheurs de Berkeley, publiée dans *Nature Medicine*, a montré que cette inactivation est de nature à diminuer l'espérance de vie.

On est donc très loin d'une connaissance réelle de l'impact de la génétique sur les capacités d'apprentissage, s'il existe : pour l'instant, aucun gène – ou ensemble de gènes – du QI n'a été identifié ; encore moins celui ou ceux de la motivation ou de la créativité.

Si l'on y parvenait, ou croyait y parvenir, on pourrait vouloir ne faire naître que les enfants socialement nécessaires, et imposer ce choix aux parents. Les puissants auront vraisemblablement le droit d'avoir des enfants doués en mathématiques, en danse, en musique, ou tout autre chose ; ils choisiront d'avoir des enfants bienveillants ou ambitieux, tolérants ou perfectionnistes, comme ils ont aujourd'hui les moyens de leur offrir la meilleure éducation possible ; les autres humains ne seraient autorisés à donner naissance qu'à des enfants dociles et sans curiosité particulière, capables seulement d'apprendre ce qui serait adapté aux exigences du moment, et en particulier adapté à l'exercice des métiers nécessaires, selon des critères définis par un pouvoir dont la légitimité pourrait même, à terme, être fondée sur les capacités intellectuelles, ou physiques, ou artistiques, d'une classe sociale génétiquement sélectionnée.

Puis, craignant que les parents les plus pauvres ne se révoltent contre la limitation volontaire des capacités intellectuelles de leurs enfants, le pouvoir ferait naître ces enfants nécessaires, adaptés aux besoins sociaux, dans des utérus artificiels ; ce n'est pas loin d'être d'ores et déjà possible. Ces bébés auraient des durées variables d'incubation, pour avoir des cerveaux de taille et de puissance différenciées, avec des caractéristiques physiques, des qualités ou des défauts très clairement répertoriés.

Tout cela n'est sans doute qu'un fantasme de technologue reprenant à son compte les plus vieux mythes de l'humanité et les plus classiques récits de science-fiction visent à transformer l'être humain (devenu asexué pour réaliser l'égalité absolue des sexes) en un artefact. Beaucoup y travaillent ; et si ce fantasme se réalisait un jour, on aurait, sous prétexte d'échapper à la barbarie de l'ignorance, transformé l'homme en un objet.

Ainsi s'achèverait la longue histoire de la transformation de la transmission en éducation, puis celle de l'éducation en un artefact, puis, enfin, celle de l'être humain lui-même en artefact.

La cohérence de cet avenir avec le passé est assez impressionnante pour qu'on prenne au sérieux son éventualité. C'est ce que je nomme ici la *barbarie de l'artefact.*

Dans ces deux barbaries, on aura fait naître un *Homo barbaricus.* De fait, le scénario du pire le plus vraisemblable est un mélange de ces deux barbaries : une élite de l'argent et du pouvoir aura accès aux meilleurs artefacts et à la meilleure enfance ; une classe moyenne en aura quelques succédanés, et le reste de l'humanité subira la barbarie de l'ignorance.

Le troisième scénario : vers l'*Homo hypersapiens* et l'*hyperconscience collective*

Pour que l'humanité échappe à l'une et l'autre de ces deux barbaries ou à leur mélange, pour qu'elle puisse s'épanouir, libre et créative, dans les sept cent mille ans qui lui restent, en théorie, à vivre, il faudrait réussir (et c'est une tâche immense, aujourd'hui absolument hors de portée) à surmonter d'innombrables menaces (surtout écologiques). En particulier, il faudrait transmettre (par la famille, le travail et un système éducatif totalement différent de celui d'aujourd'hui) à tous les enfants du monde des valeurs, des savoirs, des cultures, des capacités créatives et des interdits ; il faudrait aussi garantir la sécurité, les conditions de travail et la santé de tous les enseignants, de tous les chercheurs, de tous les personnels associés et de tous les apprenants ; réduire l'influence des privilèges dans l'accès au savoir ; proscrire, dans la transmission des connaissances, toute forme de violence ou de coercition, physique, verbale ou visuelle ; mettre en avant la gratification au lieu de la sanction, la créativité autonome plutôt que la répétition mécanique ; faire comprendre que c'est en enseignant qu'on apprend le mieux ; et enseigner des qualités dont tout dépendra : le respect de soi et de toute sorte de vie, la sincérité, la motivation, la curiosité, l'esprit critique, le goût de la liberté, de l'effort, l'exigence personnelle, l'altruisme, le goût du travail en équipe et la créativité. Chacun serait alors en situation de « devenir soi », et d'aider ses proches à le devenir. De devenir un humain sage, créatif, bienveillant, soucieux de l'intérêt de ses descendants : ce que je nommerai ici un *Homo hypersapiens*.

Pour évaluer les ressources nécessaires à la matérialisation de cette utopie, il faut d'abord tracer ici le portrait du système idéal de transmission des savoirs.

Apprendre, à tous les âges de la vie

D'abord, une société ne sera bonne que si elle se donne les moyens de prendre à sa charge (par la famille et l'école) la formation de tous ses enfants et adolescents, pour leur transmettre les moyens d'un épanouissement personnel libre et d'une utilité sociale. Comme on l'a vu dans les chapitres précédents, la durée de cette prise en charge a augmenté au cours des siècles : pendant des dizaines de millénaires, la plupart des enfants travaillaient dès qu'ils en avaient la force et apprenaient ce qu'ils pouvaient par l'expérience ; ce n'est que très récemment que quelques civilisations ont commencé à valoriser assez les enfants pour penser qu'il fallait les protéger et, même, un peu plus tard, leur interdire de travailler ; beaucoup plus tard encore, une fraction de l'humanité a rendu obligatoire cet enseignement, d'abord jusqu'à 8 ans, aujourd'hui jusqu'à 16 ans. Beaucoup plus tard on a compris qu'il n'y a pas de bon enseignement sans bonne recherche.

Demain, tous les humains, jusqu'à 18 ans au moins, voire jusqu'à 23 ans, devront avoir le droit et les moyens d'étudier sans avoir l'obligation de gagner leur vie. Jusqu'à 16 ans, cette formation devra être dispensée par la famille et l'école ; après 16 ans, sinon 18 ans, l'entreprise pourra devenir un lieu de formation. Si un enfant n'a pas de famille, la société devra lui fournir, jusqu'à 18 ans, un lieu protégé de vie et d'apprentissage, et un revenu jusqu'à 23 ans, lui donnant ainsi les mêmes chances que les autres jeunes gens de son âge d'entreprendre des études supérieures.

Une fois cela défini, il faut ensuite clarifier les qualités qu'il faudra susciter chez les apprenants, les savoirs à leur transmettre, les métiers à leur faire découvrir, la formation à leur donner tout au long de la vie, l'équilibre à trouver entre une salle de classe totalement repensée et les autres formes de transmission, et les meilleures pédagogies à utiliser, les recherches à promouvoir.

Les défauts à chasser, les qualités à susciter

Nul n'est, à la naissance, irréversiblement un monstre ou un saint, un imbécile ou un savant.

S'il est entouré de personnes malveillantes ou placé dans des circonstances hostiles, l'enfant pourra développer le plaisir de mentir, de faire du mal, de haïr, de tromper, de violer la loi ; il pourra développer une fascination pour la démesure, un vertige de la mort, un fanatisme, un sadisme, des tentations perverses et suicidaires.

Entouré de personnes bienveillantes, il pourra à l'inverse maîtriser sa pulsion de mort et développer bien des qualités.

Dans le monde de chaos qui s'annonce, certaines qualités, qui furent vantées dans les siècles antérieurs, seront moins nécessaires, ou du moins devront s'exprimer autrement. En particulier, on aura moins besoin d'esprit de compétition, de soumission aux aînés et de sens de la discipline.

Il faudra susciter chez l'enfant (et entretenir chez l'adulte) le respect de soi, le respect des tabous, la motivation, le courage, l'originalité, le goût de l'effort, la créativité, la curiosité, l'esprit critique, le refus du conformisme, la capacité d'observation, l'intelligence émotionnelle, la capacité de conviction, la capacité de résilience, l'aptitude à écouter les autres et à changer d'avis, la bienveillance, l'empathie, le respect de la vie des autres et du bien commun, le goût du travail en équipe, l'altruisme à l'égard de ses contemporains et des générations futures.

Les savoirs à transmettre : le nouveau quadrivium

Quand les qualités demandées étaient l'obéissance et la soumission, les savoirs à transmettre étaient d'abord ceux exigés par une religion, par un empereur, ou par des patrons puis ; quelques savoirs de base, comme lire, écrire et compter, et les éléments d'une identité nationale.

Même si l'on n'a un jour plus besoin de transmettre ces savoirs de base, il faudra transmettre une connaissance charnelle d'au moins une langue, activer les zones du cerveau utilisées dans ces apprentissages de base parce qu'elles sont aussi essentielles pour l'activation de fonctions neurologiquement plus complexes.

Même si l'on pourra un jour cesser d'apprendre les langues étrangères, vivantes et mortes (puisqu'on disposera de logiciels de traduction et d'interprétation simultanées), il faudra les enseigner pour pouvoir mener avec des étrangers de vraies conversations sans artefact, pour comprendre comment les autres ont pensé et pensent, pour lire leur littérature, voir leur théâtre et leur cinéma, sans intermédiaire.

Il faudra en outre transmettre tous les autres savoirs nécessaires à la vie en société : art, littérature, droit et éthique ; il sera aussi particulièrement nécessaire de maîtriser les savoirs liés à l'intelligence la plus abstraite (mathématiques, physique, astronomie, chimie) et ceux liés à la nature et à la vie (anatomie, biodiversité, écologie, biomimétisme, climatologie). Il faudra aussi étudier dès le plus jeune âge beaucoup de philosophies, en particulier la philosophie des sciences et l'épistémologie. Il faudra enfin s'émerveiller des connaissances sans cesse renouvelées sur l'univers. Et apprendre le plaisir de la recherche pure, de la découverte.

En résumé, il faudra enseigner à tout ce que je nommerai ici *le nouveau quadrivium* : sciences (astronomie, mathématiques, physique, mécanique, géométrie, biologie, génétique, sciences de l'espace, neurosciences), éthique (religions, philosophies, libertés publiques et privées, respect de soi et des autres, tolérance, altruisme, empathie), art (histoire, littérature, musique, arts graphiques) et écologie (climatologie, agronomie, paysagisme, biodiversité, biomimétisme, alimentation, eau, géographie).

Par ailleurs, même si les bases de données infinies rendront apparemment inutile l'usage de la mémoire, même si l'acquisition d'aucun savoir ne sera pratiquement plus nécessaire, parce que tous seront disponibles dans des bibliothèques virtuelles, faire travailler sa mémoire restera primordial pour savoir où aller chercher ces données et les relier : une société qui ne ferait confiance qu'au contenu de ses bibliothèques serait morte sans le savoir.

Il faudra, pour faire fonctionner sa mémoire, continuer à apprendre par cœur des poèmes, des partitions de musique, des livres, à jouer à des jeux qui l'utilisent, tels les échecs, le bridge et le go.

Il faudra aussi apprendre, sans vouloir nécessairement en faire un métier, tous les savoirs nécessaires à la vie quotidienne et à l'empathie : s'occuper des gens fragiles, gérer une maison, cuisiner, réparer, bricoler, jardiner, écrire, dessiner, composer. Et s'intéresser à la vie de la cité, au travail associatif, à l'activité de citoyen.

Enfin, la pratique assidue du plus grand nombre de sports possible, individuels et collectifs, sera essentielle à l'épanouissement de chacune de ces dimensions.

D'une manière générale, il faudra ne pas se contenter de l'un ou de l'autre de ces savoirs et, autant que possible, refuser les spécialisations trop précoces.

Les métiers à préparer

Ces qualités et ces savoirs devront être, en particulier, mis au service de l'exercice d'activités et de métiers qu'il faudra apprendre, par l'école et par la pratique.

D'abord, de très grandes activités de service, aujourd'hui quasiment pas rémunérées (et exercées essentiellement par des femmes), devront être transmises et devenir des sources de revenu. Ainsi du métier de parent (rémunéré aujourd'hui dans certains pays, sous forme d'allocations familiales, mais pas du tout enseigné). Et celui d'aidant (souvent ni rémunéré ni enseigné), en soutien aux plus fragiles, aux personnes âgées, aux enfants, aux handicapés, aux malades. On ne doit pas se résoudre à ce que ces métiers restent des activités bénévoles et dévalorisés.

Ensuite, les métiers pénibles, qu'il faudra continuer de transmettre, aussi longtemps qu'ils seront nécessaires. Tels que, aujourd'hui, parmi d'autres : mineur, ouvrier à la chaîne, travailleur de la construction, personnel de nettoyage, chauffeur de camion ou de bus.

Il faudra aussi des maraîchers, des boulangers, des bouchers, des cuisiniers, des pâtissiers, qui devront être formés dans des écoles et dans les champs, les ateliers, les restaurants ; et dans le plus grand respect de la nature. Il faudra également former aux métiers de souveraineté (juges, avocats, policiers, militaires, administrateurs, gardiens de prison, administrateurs de services publics). Et aux métiers de l'esthétique.

Les métiers artistiques devront être valorisés et transmis : on aura de plus en plus besoin de musiciens, d'écrivains, de poètes, de peintres, de sculpteurs, d'architectes, de parfumeurs, de couturiers, d'orfèvres, de tisserands, de jardiniers, de paysagistes, de photographes, de metteurs en scène, de cinéastes, de comédiens, d'acrobates, de clowns, de magiciens, de scénaristes, de comédiens, de chanteurs, d'éditeurs, d'imprimeurs, de conservateurs de musée, de commissaires d'exposition, d'archéologues ; cela passera par le développement d'écoles spécialisées, en particulier dans les pays où ces métiers ne sont aujourd'hui protégés par aucune institution et où se perdent des expertises millénaires. Plus généralement, on devra protéger tous les autres métiers en voie de disparition (chapelier, cordonnier, couturier, ébéniste, tisserand, artisan d'art, fabricant d'instruments anciens), dont il devient essentiel de conserver et transmettre les compétences.

Par ailleurs, on aura évidemment plus que jamais besoin, au premier rang, d'enseignants, d'administrateurs de système scolaire et périscolaire, de personnels de santé ; de personnels d'hospitalité, de journalistes, d'administrateurs, de vendeurs, de statisticiens, de financiers, d'assureurs, de pilotes d'avion, de marins, de pêcheurs, de personnels de sécurité et de défense, de personnels des métiers du numérique, d'explorateurs de l'espace et de spécialistes de la transformation écologique (les métiers des énergies durables, du nucléaire à l'hydrogène vert, du solaire, de l'éolien, de l'eau, de la forêt, du recyclage des déchets, de la gestion des économies d'énergie, d'acheteurs responsables).

Enfin, des métiers totalement nouveaux apparaîtront. Certains futurologues affirment même, sans preuve, que 85 % des métiers qui seront pratiqués en 2030 n'existent pas en 2022, et que la moitié des métiers existants en 2022 auront disparu. Il est certain en tout cas que, pour la première fois dans l'histoire humaine, il nous faudra nous préparer à des métiers qui n'existent pas.

Certains de ces métiers nouveaux sont en germe dans certaines professions d'aujourd'hui. Quelques exemples : agriculteur urbain, *building information modeling manager* (gestionnaire de la maquette numérique d'un projet architectural), et d'innombrables nouvelles spécialités médicales, telles que concepteur, producteur et installateur d'organes artificiels. Et aussi l'ensemble des métiers liés au survivalisme : préparation de lieux de retraite autonomes, construction d'abris, détection de sources et de nourriture en milieu hostile ou sauvage.

D'autres métiers seront totalement nouveaux : neuro-manager (spécialiste de l'analyse à distance de l'activité cérébrale d'une personne) ; spécialiste en « dé-extinction » (ressusciter les espèces animales complètement disparues en utilisant des techniques de clonage ou de modification génétique) ; psychiatre pour intelligence artificielle (pour s'assurer qu'elle ne se retourne pas contre les humains) ; conseiller en immersion virtuelle (former les gens à des techniques nouvelles dans un métavers), chercheur et développeur en biomimétisme ; guide touristique dans l'espace.

D'une façon générale, il faudra donner la priorité à la formation à tous les métiers présents et futurs de l'économie de la vie : éducation, santé, hygiène, alimentation saine, énergie durable, hospitalité, numérique, logement durable, finance durable, sécurité, démocratie, art et média. Et aux métiers de conversion des autres activités vers celles de l'économie de la vie.

Il faudra aussi apprendre à exercer plusieurs métiers en même temps ou successivement : Aristote était autant philosophe que scientifique. Léonard de Vinci était à la fois peintre, scientifique, architecte, mathématicien et musicien. Dans l'avenir, plus personne ne devra être condamné à exercer le même métier toute sa vie. Ni même un seul métier à la fois. Rien n'est plus nécessaire que de créer des ponts entre des savoirs distants ; rien n'invite plus à l'humilité que d'être sans cesse un débutant.

Les pédagogies de l'avenir

Les pédagogies classiques seront sans doute utilisées encore très longtemps : les cours magistraux, les échanges à l'initiative des enseignants, les devoirs, la répétition, la mémorisation, les évaluations. Il faudra y ajouter le travail en groupe, la réalisation de projets, le développement de la confiance, de la coopération et de l'estime de soi, le souci de l'excellence pour tous.

Devra être confirmée et universalisée l'interdiction de toute forme de violence ou de coercition, physique, verbale ou mentale dans la transmission.

Il faudra faire connaître, et parfois généraliser, les milliers d'innovations pédagogiques tentées chaque jour quelque part dans le monde et dont l'Unesco s'efforce d'établir un bilan permanent. En particulier, on sait maintenant, on l'a vu, qu'on peut obtenir d'excellents résultats dans l'enseignement primaire avec des programmes très peu coûteux, moins chargés, avec des professeurs bien formés recevant chaque jour par mail un plan d'enseignement.

Pour attirer l'attention des plus jeunes vers les disciplines demandant le plus d'efforts, telles les sciences dures, il faudra favoriser l'apprentissage par l'expérience en utilisant la réalité virtuelle, les jeux de plateau, les *serious games*, dont il a été démontré qu'ils sont capables de développer la pensée divergente et l'originalité.

Il faudra aussi développer l'enseignement par les élèves eux-mêmes ; ils fabriqueront des modules, pour leurs condisciples, sous le contrôle d'enseignants. On pourra ainsi passer de la « classe inversée » à une classe « renversée », dans laquelle les élèves produiraient eux-mêmes tous leurs cours.

Il faudra également, si nécessaire, que les enseignants montrent sans cesse aux parents l'importance de l'éducation de leurs enfants et de leur participation à cette éducation ; en expliquant en particulier que leur communauté et eux-mêmes ne pourront pas faire de progrès en matière de santé, de niveau de vie, d'environnement, de droits des femmes, sans former leurs enfants aux savoirs nouveaux.

Il faudra pour cela faire le meilleur usage des réseaux sociaux et, plus tard, des prothèses décrites plus haut. La recherche, inséparable de la transmission, sera de plus en plus nécessaire.

La valeur de ces futures innovations pédagogiques pourra être évaluée par une analyse numérique en direct des résultats de tests ; des systèmes d'intelligence prescriptive pourront permettre d'anticiper les comportements des étudiants, prévoir un futur décrochage scolaire et choisir une pédagogie adaptée permettant de l'éviter.

Les neurosciences, aujourd'hui si balbutiantes, fourniront un jour des moyens de savoir comment apprendre mieux sans encombrer sa mémoire, comment détecter des dons, améliorer des faiblesses et adapter la pédagogie aux spécificités de chacun. Les recherches en ces domaines devront être encouragées.

L'orientation et la formation tout au long de la vie, même au-delà de la vie active

Pendant des millénaires, les garçons n'ont pu exercer que le métier de leurs parents. Et les filles pratiquement aucun. Depuis très peu de temps, certains enfants peuvent échapper à ces contraintes familiales. Quelques rares pays, en Europe du Nord, réussissent même, on l'a vu, à réduire significativement l'influence de l'héritage culturel sur la formation et la carrière des filles et des garçons.

Cependant, l'orientation professionnelle n'est encore trop souvent qu'un leurre, qui envoie impitoyablement les enfants des familles les plus pauvres vers les métiers les plus difficiles. Dans la barbarie de l'ignorance, ce sera pire encore ; dans celle de l'artefact, chacun sera orienté puis fabriqué selon les besoins de la société.

Dans une société libre, chacun aura les moyens de devenir soi, de trouver ce en quoi il est unique. Nul enfant ne sera jugé ni orienté selon son genre ou le statut social de ses parents. Et plus encore, chacun aura les moyens de réparer ce qu'un milieu familial ou social n'aura pas pu lui fournir. Une telle société ne pourra se déployer qu'au rythme où auront été automatisés les métiers pénibles ou ennuyeux.

Il faudra d'abord tout faire pour organiser en permanence la mixité sociale de l'école, en imposant des répartitions d'élèves équilibrées des divers milieux sociaux. Les élèves des milieux défavorisés ont beaucoup à y gagner. Ceux des milieux favorisés n'ont rien à y perdre, bien au contraire.

Dans une telle société, l'orientation, comme la formation, devra être réellement permanente et personnalisée.

Toute personne, de tout âge, sera à la fois apprenant et enseignant ; les jeunes enseigneront leurs savoirs aux plus âgés, qui leur transmettront les leurs. Chacun sera étudiant à vie.

Dans de nombreux métiers (personnels de santé, conducteurs de véhicules collectifs – bus, trains, avions, bateaux –, enseignants), il faudra revalider son diplôme à intervalles réguliers.

Les écoles et les universités publiques devront prendre en charge la formation permanente et ne pas laisser ce très grand marché aux seules entreprises privées.

D'une façon plus générale, toute personne en formation devra être rémunérée. C'est déjà le cas dans certains pays, des adultes en formation permanente sont rémunérés par leur entreprise ainsi que des étudiants dans certains pays d'Europe du Nord. Cette rémunération sera réservé à ceux des étudiants dont on aura pu vérifier qu'ils étudient sérieusement et qu'ils franchissent régulièrement les différentes étapes de leurs études.

Réinventer la salle de classe : la classe hybride

Dans les deux premiers scénarios, on l'a vu, la salle de classe disparaît. À tous les niveaux, de la maternelle à l'université. Dans le troisième, le tsunami démographique dans les deux tiers du monde, l'émergence de technologies fascinantes qui la rendent apparemment obsolète, la nécessité – et la possibilité – de développer de nouvelles formes de pédagogie sur mesure pour chaque élève, la remise en cause profonde de toutes les formes d'autorité, le refus d'horaires réglés, la difficulté croissante de conserver une attention longue, tout cela pourrait laisser penser que, comme dans les deux autres, la salle de classe devra aussi disparaître. Ce serait donc, mondialement, puisqu'il arrive une disparition des écoles, des collèges, des lycées, des universités.

Et pourtant : un développement humain durable, harmonieux et total exigera toujours que chaque être humain dispose, à tout âge, non seulement d'une famille aimante, mais aussi d'un accès à un lieu d'apprentissage de ce que la famille (quand elle existe et en a les moyens) ne peut enseigner, et en particulier dans les moments où les parents travaillent ; plus largement, que chacun soit confronté très jeune aux contraintes et aux aléas de la vie sociale. Sans école physique et sans tout l'environnement périscolaire, qui l'accompagne, on ne produira que des êtres narcissiques, déloyaux, solitaires. Une juxtaposition d'enfants élevés à la maison ne formera pas une société. Des enfants dont l'enfance se sera déroulée entre des parents et des écrans (même avec aussi, parfois, les voisins et les copains d'escalier) ne seront jamais pour la plupart des êtres humains épanouis ; et encore moins des citoyens responsables ; ils ne pourront pas développer toute leur créativité, qui n'est presque jamais une activité solitaire, ni locale, ni identitaire. Ils ne pourront pas vivre l'expérience de l'importance de la sincérité, du partage, de l'empathie, de l'altruisme. Ils ne pourront pas lutter contre le communautarisme, l'envie et la pulsion de mort. Aucune vie collective ne sera possible. On n'échapperait donc pas à une forme ou une autre de barbarie.

L'école (terme générique pour désigner ici tout lieu d'enseignement, de la maternelle à l'université) ne peut cependant rester ce qu'elle est aujourd'hui :

Après avoir été à l'image de l'échoppe, de l'atelier, de l'usine et du bureau, elle devra, comme l'entreprise, changer complètement de nature. On ne pourra plus y demander aux enfants, comme aux adultes qu'ils deviendront, d'obéir sans comprendre aux ordres d'une hiérarchie. Bien des pédagogues le crient depuis plusieurs siècles. Comme l'entreprise, l'école ne pourra plus être un lieu d'autorité, de discipline, de soumission.

L'école, comme l'entreprise, ne devra plus être un lieu d'enfermement à plein temps ; elle devra partager le temps de la transmission avec le domicile et d'autres lieux ; un élève devra pouvoir choisir, avec ses enseignants, de passer deux jours par semaine, chez lui ou dans des lieux du périscolaire, en téléenseignement. Ce sera évidemment une charge nouvelle pour les parents et les autres accompagnants. Ce sera une *classe hybride*.

Il faudra pour cela que les salles de classe soient dotées de caméras permettant de transmettre les cours aux élèves ayant choisi ce jour-là d'étudier à domicile. Ou au moins que les cours puissent être retransmis par la radio, par téléphone ou par Internet.

Les salles de classe ne devront pas non plus placer (comme c'est encore trop souvent le cas) les enseignants dans une position centrale ou pyramidale, mais créer les conditions de partage, d'échange. L'école, comme l'entreprise, devra être un lieu d'hospitalité. Elle devra aussi fournir aux élèves des lieux d'échange, bien au-delà d'une table, d'une chaise et d'un placard. On devra y trouver partout ce qu'on trouve dans les écoles les mieux dotées des pays les plus avancés : des restaurants (qu'on ne nommera plus « cantine »), permettant aux enfants de manger décemment au moins une fois par jour, sinon deux ; des équipements sportifs et sanitaires ; des bibliothèques, des salles de théâtre, des salles de jeux vidéo (où l'enfant apprendra à les pratiquer d'une façon intelligente). Les lieux de pause devront créer des occasions pour les élèves de découvrir des œuvres d'art, de faire du sport, de jouer à des jeux d'esprit, de converser avec quelques-uns à l'abri des regards. Les enseignants devront y trouver des conditions de confort, d'isolement, de réunion, de sport, de méditation, de préparation de leurs cours. Les parents devront y avoir accès aisément et confortablement, avec l'accord des enseignants. Enfin, les écoles, comme les élèves et les enseignants et leurs alentours, devront être protégées physiquement contre toutes les menaces que leur vulnérabilité accentue.

Le fonctionnement d'une telle école devrait, en fait, coûter beaucoup moins cher que celui de l'école actuelle : les professeurs seraient assistés en permanence par des contenus et des méthodes pédagogiques envoyés quotidiennement. Les enseignements pourraient être recrutés, en primaire, à des niveaux de formation moins élevée, ou exercer un autre métier à temps partiel. Les bâtiments devraient être conçus en tenant compte du fait qu'ils ne devraient accueillir chaque jour que moins des deux tiers des élèves, ou ils accueilleront plus d'élèves par roulement. On pourrait même imaginer qu'à l'université les étudiants n'aient en tout que trois mois de cours physiques par an et que le reste se déroule en virtuel, en ayant sans cesse accès aux lieux de vie des campus.

L'école devra être un lieu total de vie, et une partie intégrante de l'économie de la vie, offrant l'accès à toutes ses dimensions (éducation, santé, alimentation, développement durable, sécurité, démocratie, culture, sport, hygiène). L'école devra être dans une relation très intense et coordonnée avec le monde du périscolaire, qui y jouera un rôle de plus en plus important. Et avec celui de la recherche où se joue son avenir.

La famille devra être un lieu d'enseignement et, à cet effet, on devra trouver dans chaque lieu d'habitation une pièce réservée à l'éducation des enfants, qui sera si possible distincte de leur chambre. Et comme l'école hybride suppose que les parents deviennent, plus encore qu'ils ne le sont, des enseignants, on peut imaginer que les parents se fassent aider par des précepteurs, réels ou virtuels, à la maison ou à l'extérieur, rémunérés par la communauté ; et qu'ils partagent ces tâches avec l'ensemble des intervenants, en particulier sportifs, du monde périscolaire.

Naturellement, le marché tentera de récupérer cette évolution et d'en faire un détour vers la privatisation des services publics, vers le remplacement du travail rémunéré des enseignants par celui, non rémunéré, des parents et du périscolaire associatif. La société devra veiller à l'éviter.

Il faudra cependant admettre que la transmission peut devenir une activité économiquement équilibrée, qu'elle s'appuiera sur une industrie essentielle, une industrie de l'éducation promise à un grand avenir marchand et stratégique ; et que les écoles privées devront pouvoir se développer, à condition d'obéir à des chartes très précises définissant leurs droits et leurs devoirs en tant que délégataires d'un service public.

Demain, enseigner

Les enseignants à temps plein devront bénéficier d'un revenu supérieur à la moyenne des revenus de ceux disposant de diplômes équivalents. Il ne sera pas nécessaire, dans le primaire, d'avoir un niveau d'étude supérieur à trois ans après le bac ; dans le secondaire, il faudra un niveau de diplôme supérieur de plus de cinq ans après le bac, dont un an minimum en pédagogie. À l'université pas d'enseignement sans recherche. L'exemple finlandais montre la voie à suivre.

Les enseignants devront bénéficier d'une formation permanente approfondie, et tenir compte des évaluations que feront d'eux leurs élèves, et qu'on tentera, si possible, de ne faire connaître qu'aux enseignants eux-mêmes. Les enseignants pourront aller, pendant un temps, exercer d'autres métiers, en particulier dans la formation permanente dans les entreprises.

Il devra être possible d'enseigner à temps partiel pour quelques années sans en faire une carrière à vie. L'école devra ainsi accueillir des ingénieurs comme professeur de sciences, à temps très partiel – par exemple, pour une seule classe, trois heures par semaine.

Les adultes devront être formés à leur métier de parents ; on pourrait même imaginer qu'ils soient rémunérés pour cela, au-delà même des allocations familiales actuelles, qui sont attribuées indépendamment du rôle pédagogique que les parents ont à jouer.

Enfin, chacun devra être tout au long de sa vie un enseigné et un enseignant : enfant ou adolescent quand il travaillera avec des camarades à des problèmes communs ; actif quand il partagera ses savoirs avec des collègues ; retraité quand il partagera son expérience et son savoir avec les plus jeunes.

Chacun comprendra ainsi que c'est en enseignant qu'on apprend le mieux.

La transmission comme partie de l'économie de la vie

Pour satisfaire ces nouveaux besoins, les dépenses d'éducation par habitant devront augmenter massivement et atteindre des niveaux sans commune mesure avec ceux d'aujourd'hui ; cela supposerait d'y consacrer au moins 10 % du PIB en 2050, ce qui exigera à la fois de vastes transferts dans chaque pays au profit de l'éducation (au détriment d'autres secteurs utilisant de l'énergie fossile et d'autres poisons, qui forment ensemble les secteurs de l'« économie de la mort ») et de vastes transferts des pays riches vers les pays émergents ; notamment vers l'Afrique subsaharienne, particulièrement menacée par la barbarie de l'ignorance.

Plus encore, cela suppose de mettre en même temps l'accent sur tous les autres secteurs de l'économie de la vie : un enfant ne peut pas être en situation d'étudier si sa famille n'est pas bien logée, avec un revenu assuré, dans une société démocratique et pacifique, protégée des bandits et des pervers, des maltraitances, des maladies et des propagandistes. Il faudra donc inscrire l'éducation dans une politique familiale cohérente, une politique du logement ambitieuse, un système de soins efficace, une alimentation de qualité, un environnement harmonieux et sécurisé.

L'école, par elle-même, pourra ainsi participer à la concrétisation d'une société démocratique et durable, en devenant le lieu de formation prioritaire des acteurs de l'économie de la vie.

Il faudra rassembler toutes ces prescriptions, au-delà des textes existants (en particulier ceux de l'Unesco et de l'Unicef), en un *Code mondial de l'enfance*, qui devra définir les conditions garantissant à chaque enfant une vie protégée jusqu'à son autonomie, c'est-à-dire jusqu'à ses 18 ans, ou même, dans certaines circonstances, jusqu'à la fin de ses études supérieures, c'est-à-dire jusqu'à ses 23 ans. Et pour cela, garantir à tous un accompagnement et une formation à la parentalité, un droit effectif à une éducation de qualité, à un logement décent et pérenne, à une protection de la santé mentale, physique et numérique, à la protection de l'intégrité physique, intellectuelle et mentale des enfants. En particulier, il faudra inciter, sinon contraindre, les grands acteurs du numérique et des nouvelles dimensions que la technologie annonce, à déployer des mesures adéquates pour la protection des enfants, à intégrer des outils de détection des contenus indésirables, à diffuser des campagnes de prévention. Les écrans devront être interdits aux enfants de moins de 6 ans, à la maison et dans tous les espaces les accueillant. Il faudra trouver et imposer des mécanismes de sanction envers les entreprises et les pays qui ne respecteraient pas ce code.

Les pays émergents, confrontés à l'impossibilité matérielle de mettre en place une éducation conventionnelle pour tous, pourraient être à l'avant-garde de cette révolution, comme ils l'ont été dans l'usage du téléphone mobile ou de la banque en ligne, et porter un projet éducatif d'avant-garde et libérateur.

De l'*homo hypersapiens* à l'*hyperconscience* collective

Pour ma part, je ne ressors pas indemne d'un tel voyage.

Émerveillé par l'espèce humaine, qui, à la différence de toutes les autres, a su découvrir sans cesse tant de choses nouvelles, produire tant d'œuvres d'art, transmettre tant de savoirs, jusqu'à aujourd'hui.

Fou de rage contre elle aussi, pour avoir cyniquement réservé les savoirs les plus précieux à quelques puissants, en condamnant, à chaque génération, l'essentiel des humains, et presque toutes les femmes, à une vie d'ignorance et de misère, de soumission et de souffrance.

Bouleversé par son incapacité à transmettre l'amour et à combattre la haine, le sadisme, le plaisir de faire du mal et de tuer.

Furieux aussi de voir le pauvre usage qu'elle a su faire de l'immensité du savoir qu'elle a accumulé, lequel n'a servi pour l'essentiel qu'au bonheur de quelques-uns, en exploitant les autres humains, et le reste du vivant.

Inquiet de voir les tsunamis qui menacent – démographique, technologique, idéologique, écologique – et le refus général de s'y préparer.

Heureux enfin de voir que rien n'est perdu ; et qu'on peut encore espérer faire le meilleur usage de ce qui vient, pour que l'humanité trouve sa raison d'être, qui ne peut être que dans le dépassement d'elle-même par l'esprit.

Après tout, si l'humanité a malgré tout réussi à transmettre quelques-uns de ses savoirs de génération en génération, c'est qu'elle a le sentiment, même inconscient, que cette transmission sert à quelque chose de plus grand que de, simplement, mieux préparer ses enfants à gagner leur vie. C'est qu'elle a l'idée que, très loin dans le temps, ce savoir accumulé par des milliards d'*Homo sapiens*, permettra d'en faire un jour des *Homo hypersapiens*, qui trouveront des réponses à des questions que l'*Homo sapiens* n'ose même plus se poser tant il sait que les réponses ne sont pas à sa portée. C'est aussi parce qu'elle sait que, dans un siècle ou plus, si elle prend le chemin de la sagesse, elle aura écarté les menaces qui pèsent sur sa survie, aura voyagé très loin dans l'univers et disposera des moyens de transmettre en permanence, à tous ses membres devenus non violents, libres, empathiques, cultivés et créatifs, tous les savoirs accumulés. Elle pourrait même avoir réussi également à faire en sorte que les *Homo hypersapiens* d'alors aient assez de projets en commun pour que naisse progressivement quelque chose comme un réseau global d'intelligences individuelles, une *intelligence collective.*

Cette *intelligence collective* sera différente de celles de l'ensemble des *Homo hypersapiens* du moment ; elle sera nourrie de toutes les avancées des neurosciences, de la génétique, de la physique, de l'astrophysique, de la chimie, du biomimétisme, des intelligences artificielles numériques et neuroniques ; elle sera infiniment plus puissante, plus mobile, plus complexe que ne pourra jamais l'être une intelligence artificielle. Elle progressera dans la connaissance à un rythme très supérieur à celui des humains d'aujourd'hui.

Étant, par nature, aussi immortelle que peut espérer l'être l'espèce humaine, métamorphosée en permanence par le renouvellement de ses membres, elle se transmettra sans cesse à elle-même tous les savoirs, anciens et nouveaux ; elle devra en permanence lutter pour conserver la maîtrise de ses propres artefacts, rester du côté du bien et ne pas se dévoyer en retombant, cette fois collectivement, dans la dimension suicidaire de l'*Homo sapiens.*

Si cette *intelligence collective* évolue encore, dans la maîtrise et la sagesse, la lucidité et la bienveillance, elle pourrait faire naître un jour, une *hyperconscience*, dont je ne veux pas penser qu'elle serait infectée par l'esprit du mal ; ni qu'elle se vouerait à répandre le pire de l'humanité à travers l'univers.

Je veux aussi espérer qu'elle saura, dans son identité sans cesse changeante, et tirer les leçons des erreurs et des monstruosités que l'humanité a commises et dépasser la conscience de tous les *Homo hypersapiens* qui la composent.

Et je veux enfin espérer que, consciente de sa propre finitude, elle cherchera à la dépasser par la recherche de nouveaux savoirs, hors des limites matérielles que nous imposent les prisons de la vie et de l'univers.

Et pour finir

Vingt recommandations pour le monde

1. Garantir à tous l'accès à tous les biens de l'économie de la vie, dont l'éducation, le logement, l'alimentation, la sécurité et les soins physiques et mentaux.
2. Garantir à tous un droit universel à l'apprentissage tout au long de la vie et reconnaître l'éducation comme un bien universel accessible à tous, quels que soient le genre de chacun, son revenu, son origine, son identité, son handicap.
3. Établir et faire respecter un Code mondial de protection de l'enfance et de l'adolescence ; en particulier interdire vraiment toute forme de perversion, de violence ou de coercition physique, verbale ou numérique.
4. Promouvoir la sincérité, la curiosité et la motivation, le goût de la raison, de la créativité, de l'art, de l'esprit critique.
5. Aider chacun à « devenir soi » et à être un citoyen actif de l'humanité.
6. Doubler progressivement les financements nationaux et internationaux de l'éducation publique et de la recherche dans la perspective du basculement vers l'école hybride.

7. Former les adultes au métier de parents comme on les accompagne au moment de la naissance de leurs enfants ; leur faire prendre conscience de l'importance pour eux des études de leurs enfants.
8. Enseigner dès l'âge de 4 ans la philosophie et les enjeux de la survie de la planète.
9. Interdire l'usage de tout écran jusqu'à 6 ans.
10. Veiller à ce que tous les enfants aient accès à une école maternelle de haute qualité.
11. Organiser une scolarité obligatoire dans une école hybride, telle que définie plus haut, jusqu'à 16 ans, avec le droit à une formation jusqu'à 18 ans et les moyens d'étudier jusqu'à 23 ans.
12. Imposer une mixité sociale dans tous les établissements d'enseignement, y compris privés.
13. Enseigner universellement le nouveau quadrivium : science, art, valeurs et écologie.
14. Promouvoir massivement la pratique du sport, la connaissance de la nature et de la diversité du vivant.
15. Développer la recherche comme un élément essentiel de l'enseignement.
16. Valoriser la profession enseignante et celle de tous ceux qui, d'une façon ou d'une autre, assistent des enfants.
17. Assurer une relation intense entre les enseignants et les familles, qui partageront la charge de l'école hybride.
18. Transformer les écoles et les universités en institutions d'apprentissage tout au long de la vie.
19. Faire revalider tous les quinze ans les diplômes de ceux exerçant des professions mettant en jeu la vie d'autrui.
20. Récompenser toute personne qui apprend ; ne jamais rémunérer qui refuse d'apprendre.

Vingt recommandations spécifiques pour la France

1. Scolariser tous les enfants dès l'âge de 2 ans.
2. Doubler en dix ans la dépense publique d'éducation par élève, en particulier dans le primaire, l'enseignement professionnel et le supérieur, dans la perspective du bouleversement vers l'école hybride.
3. Imposer un minimum de 20 % et un maximum de 30 % d'élèves issus de familles défavorisées dans tout établissement d'enseignement, public ou privé.
4. Réduire massivement le nombre d'élèves par classe hybride, au moins dans le primaire.
5. Décentraliser le système de l'enseignement primaire et secondaire au niveau des territoires.
6. Donner une plus grande autonomie aux établissements pour établir et mettre en œuvre un projet avec la communauté éducative et périscolaire, dans le cadre de l'école hybride.
7. Imposer au moins une heure de sport par jour à tous les niveaux d'études.
8. Former tous les enseignants et tous les élèves à la laïcité et aux valeurs de la République.
9. Remplacer les redoublements par des dispositifs de rattrapage en fin d'année et dans la classe supérieure.
10. Installer dans les quartiers d'éducation prioritaire des classes préparatoires aux concours de l'enseignement et aux grandes écoles, et des départements de grandes universités nationales.
11. Bâtir des établissements d'enseignement adaptés à ces nouveaux besoins.
12. Ouvrir au moins un million de contrats d'apprentissage dans les métiers de la transition écologique et les autres métiers de l'économie de la vie.
13. Former plus encore qu'aujourd'hui les professeurs à des pratiques pédagogiques valorisant l'effort plutôt que

l'atteinte d'un niveau arbitrairement défini, ainsi qu'à une approche positive et constructive de l'erreur.
14. Augmenter le nombre d'écoles de la seconde chance et le rattrapage des décrochés.
15. Prolonger l'Aide sociale à l'enfance jusqu'à 23 ans.
16. Instaurer une année de propédeutique à l'université pour les bacheliers les plus fragiles.
17. Développer la formation continue, sans limite d'âge.
18. Revaloriser financièrement la profession d'enseignant-chercheur et l'ensemble des professions périscolaires.
19. Créer un revenu unique d'insertion, remplaçant et simplifiant dix minima sociaux, pour tous, y compris les étudiants jusqu'à 23 ans.
20. Promouvoir l'enseignement de la raison, de la vérité, de la laïcité et de la science à tous les niveaux de la société.

Vingt recommandations spécifiques pour le lecteur

1. Lire des livres, à l'infini. Essayer tous les genres, jusqu'à trouver ceux qui déclenchent un intérêt.
2. Cultiver sa motivation pour étudier. Il existe pour cela d'innombrables méthodes ; pour ma part, cela passe par un projet, et la peur de l'échec. On peut commencer par exercer sa motivation sur des lectures difficiles, des problèmes *a priori* hors de portée, des défis plus ou moins accessibles, des aventures de plus en plus exigeantes. Chercher toujours son plaisir dans l'excellence.
3. Cultiver son attention par des exercices de mémoire et par la pratique dans la durée d'un instrument de musique et/ou d'une activité théâtrale.
4. Former une confiance en soi, en pratiquant un sport de combat ou d'endurance et en prenant des risques de plus en plus élevés et mesurés.
5. Apprendre et cultiver la non-violence physique et verbale : respirer très profondément quand on sent monter en soi

la violence, méditer longuement avant de répondre, physiquement ou oralement ; et attendre une heure avant d'envoyer toute réponse écrite à un message agressif.

6. Chercher ce en quoi on est unique et apprendre ce qui le développe. Ne pas se concentrer sur ses points faibles. Chercher ce qui est en soi valorisant et utile.
7. Oser sans cesse se remettre en question. Être impitoyablement sincère avec soi-même. Se poser tous les soirs la question de savoir ce qu'on a appris dans la journée et noter tout ce qu'on a cru vrai et qui s'est révélé faux.
8. Ne jamais cesser d'apprendre, en trouvant son plaisir dans le partage de ce qu'on a appris et en faisant de son savoir des sujets de conversation.
9. Ne jamais considérer un échec dans l'étude comme irréversible. Ne pas se résigner à ne pas comprendre quoi que ce soit. Noter tout ce qu'on ne comprend pas et trouver des moyens de le comprendre, seul ou avec un tiers. Le sport est un excellent terrain d'exercice pour cela.
10. Apprendre à respecter tant son corps que son esprit. Ne jamais se mentir à soi-même, ni aux autres, sur ce qu'on sait ou ne sait pas.
11. Prendre conscience de la brièveté de la vie et de l'immensité de ce qu'il est possible d'apprendre.
12. Comprendre en le pratiquant qu'on apprend mieux à plusieurs. Créer des groupes de travail sur tout sujet, même anecdotique, pour susciter des occasions de partage de connaissance.
13. Comprendre, en le pratiquant, qu'enseigner est la meilleure façon d'apprendre. Se créer des occasions d'enseigner à des collègues de travail, des amis, dans des associations ou des écoles.
14. Expliquer et faire pratiquer par ses enfants tout ce qui précède et les y accompagner. En particulier, faire découvrir des livres et en faire des sujets de conversation. Vérifier sans cesse s'ils ont quelque chose à lire. Enseigner la motivation en développant des projets, des aventures.

Découvrir le plaisir d'enseigner et de partager. Enseigner des théories par la pratique quotidienne, en dévoilant les fondements théoriques de gestes quotidiens.

15. Ne pas penser systématiquement qu'un enfant est surdoué ou handicapé. Comprendre que tout enfant est différent et que la différence n'est ni un plus ni un moins. C'est juste une chance. Chercher en permanence leurs talents particuliers et leurs fragilités.
16. Faire aimer étudier ; en soi et pour le plaisir de partager ce qu'on a appris. Demander tous les jours au retour de la classe quelles questions nouvelles l'enfant s'est posées.
17. Résister et faire résister à la tentation des jeux vidéo et autres activités passives, par la pratique du sport, de la conversation, des visites de musées et de la lecture.
18. Entretenir un lien quotidien et étroit avec les enseignants de ses enfants et l'ensemble des acteurs du périscolaire ; organiser chez soi des séances de travail avec ses enfants et leurs camarades de classe, avec à la clé une récompense particulière.
19. Récompenser ses enfants de leurs succès scolaires. Chercher à comprendre les causes de leurs échecs et ne jamais les en punir autrement que par des privations de plaisir.
20. Faire réfléchir ses enfants aux multiples significations possibles de la mort et de la vie.

Index

Bibliographie

Général

Michel ROUCHE, *Histoire de l'enseignement et de l'éducation*, tome 1, *Des origines à la Renaissance, Ve siècle av. J.-C. – XVe siècle*, coll. « Tempsus », éd. Perrin, 2003.

François LEBRUN, Marc VENARD, Jean QUIÉNARD, *Histoire de l'enseignement et de l'éducation*, tome 2, *De Gutenberg aux Lumières (1480-1789)*, coll. « Tempsus », éd. Perrin, 2003.

Françoise MAYEUR, *Histoire générale de l'enseignement et de l'éducation en France*, tome 3, *De la Révolution à l'école républicaine (1789-1930)*, coll. « Tempsus », éd. Perrin, 2003.

Antoine PROST, *Histoire générale de l'enseignement et de l'éducation en France*, tome 4, *L'école et la famille dans une société en mutation, depuis 1930*, coll. « Tempsus », éd. Perrin, 2003.

Jean VIAL, *Histoire de l'éducation*, « Que sais-je ? », Presses universitaires de France, 2009.

Éric SARTORI, *Histoire des femmes scientifiques de l'Antiquité au XXIe siècle*, Plon, 2006.

Gaston MIALARET, *Les Sciences de l'éducation*, « Que sais-je ? », Presses universitaires de France, Atlantic Publishers and Dist., 2005.

N. JAYAPALAN, *History Of Education In India*, Atlantic Publishers and Dist., 2005.

Thomas H. C. LEE, *Education in Traditional China: a history*, Brill Academy Pub, 2000.

Bruno POUCET, *L'enseignement privé en France*, PUF, 2012.
Armand LAFFERRÈRE, Moshe SEBBAG, *L'Éternité des juifs*, Odile Jacob, 2021.
Vincent TROGER, Jean-Claude RUANO-BORBALAN, « Chapitre VI. École et inégalités », *Histoire du système éducatif*, Paris, « Que sais-je ? », Presses universitaires de France, 2017, p. 90-104.
Dominique BRIQUEL (dir.), *Écriture et Transmission des savoirs de l'Antiquité à nos jours*, nouvelle édition, Paris, Éditions du Comité des travaux historiques et scientifiques, 2020.
Maria Drosila VASCONCELLOS, *Les Politiques éducatives au Brésil : des pionniers à nos jours*, in : *Tiers-Monde*, tome 42, n° 167, 2001. *Tensions Brésiliennes*, sous la direction de Maria Drosila VASCONCELLOS, p. 657-672.
Perspectives, revue trimestrielle d'éducation comparée (Paris, UNESCO : Bureau international d'éducation), vol. XXIV, n° 3/4, 1994 (91/92), p. 631-648. ©UNESCO : Bureau international d'éducation, 2000.

Psychologie de l'éducation

Animal Intelligence: An Experimental Study of the Associative Processes in Animals, Columbia University, thèse de doctorat, 1898.
Educational Psychology: The Psychology of Learning, New York, Teachers College Press, 1913.
Arthur FAUVILLE, « Les problèmes de l'intelligence », *Revue néo-scolastique de philosophie*, 43e année, Deuxième série n° 66, 1940, p. 162-174.
Jean-Jacques BARLOY, « Les chimpanzés de Kohler », *Le Monde*, 3 mai 1973.
Sébastien DELUCHE, « La curiosité, un besoin fondamental pour apprendre », Cefedem Auvergne Rhône-Alpes, septembre 2016, p. 43.
Lucile FAURE-BALARD, « Plaisir et motivation : moteurs de l'apprentissage », Cefedem Auvergne Rhône-Alpes, juin 2016, p. 33.

Alexandra MARTINET, Ophélie MOREL, « La motivation en mathématiques », juin 2018, p. 53.

Henri de PARVILLE, *La Psychologie animale et l'Éducation des animaux*, in : *Manuel général de l'instruction primaire : journal hebdomadaire des instituteurs*, 64e année, tome 33, 1897, p. 325-327.

Didier MOREAU, « Éduquer ou dresser ? Pour une critique du "post-humanisme" », *Le Télémaque*, 2014/1 (n° 45), p. 35-56.

Jacques PELEGRIN, « Les savoir-faire : une très longue histoire », *Terrain*, 16, 1990, p. 106-113.

Claudine KARLIN, « Connaissances et savoir-faire : comment analyser un processus technique en préhistoire. Introduction », dans Rodrigo MORA, Xavier TERRADAS, Albert PARPAL, Claudia PLANA, *Tecnología y cadenas operativas líticas*, Bellaterra, Espagne, 1991, p. 99-124.

Jean-Louis DESSALLES, « La transmission "naturelle" des savoirs », in : Patrick Pion, *Apprendre. Archéologie de la transmission des savoirs*, Paris, « Recherches », La Découverte, 2020, p. 49-58.

« Comment apprendre à apprendre », « Les Matins », France Culture, 24 octobre 2018.

Antiquité

La Vie de la Rome antique, « Que sais-je ? », n° 596.

« Pédagogie archéologique : l'enfance antique », FRY C. R. ; Fribourg, *Bildungsforschung und Bildungspraxis*, 1995, vol. 17, n° 3, p. 274-289.

Bernard LEGRAS, *Éducation et Culture dans le monde grec, VIIIe siècle av. J.-C.-IVe siècle apr. J.-C.*, Paris, « Cursus », Armand Colin, 2004, p. 156.

Emmanuelle VALETTE-CAGNAC, « Être enfant à Rome : le dur apprentissage de la vie civique », *Terrain*, vol. 40, *Enfant et Apprentissage*, mars 2003, p. 49-64.

Henri-Irénée MARROU, *Histoire de l'éducation dans l'Antiquité*, Seuil, 1981.

ARISTOPHANE, *Les Nuées*.

ARISTOTE, *La Politique*.

PLATON, *La République.*
Michael W. DOLS, *The Origins of the Islamic Hospital: Myth and Reality*, The Johns Hopkins University Press, 1987.
J. DEBUT, « Continuité des méthodes d'enseignement mésopotamiennes du IIIe millénaire à l'époque byzantine », in : *Revue des études anciennes*, tome 90, 1988, n° 3-4, p. 305-314.
Dominique CHARPIN, « Chapitre 2. L'apprentissage : cadres et méthodes », in : *Lire et Écrire à Babylone*, Paris, « Hors collection », Presses universitaires de France, 2008, p. 61-95.
Joseph SIMON, *L'Éducation et l'Instruction des enfants chez les anciens juifs*, Sandoz et Fischbacher, 1879.
Claude TASSIN, « De la Terre sainte à la diaspora », *Transversalités*, 2011, p. 25-34.
PLATON, *Cratyle*, 385e-387b ; in : *Platon par lui-même*, textes choisis et traduits par Louis GUILLEMET, G.F. Flammarion, 1994, p. 200-201.
Hannah ARENDT, « La Crise de l'éducation », in : *La Crise de la culture*, « Folio », Gallimard, 1992, p. 223.
René VOLTZ, *L'Éducation humaniste aux origines, Socrate contre le sophiste*, Forum humaniste rhénan, 2015.
Charles HUMMEL, *Aristote et l'Éducation*, L'Agora, 11 avril 2002.
Juliette DROSS, « Une éducation libérale ? Les principes de la formation intellectuelle selon Sénèque », in : *Transmettre les savoirs dans les mondes hellénistique et romain*, Rennes, Presses universitaires de Rennes, 2010.
Édouard MAYNIAL, *La Pédagogie de Sénèque*, Revue pédagogique, 1916, p. 506-512.
Grégoire de TOURS, *Historia francorum*, V, 44, p. 254.
Pierre RICHÉ, *Éducation et Culture dans l'Occident barbare*, Paris, Seuil, 1962, première partie.
Henri-Irénée MARROU, *L'École de l'Antiquité tardive*, in : *Christiana tempora. Mélanges d'histoire, d'archéologie, d'épigraphie et de patristique*, Rome, École française de Rome, 1978, p. 49-65.
Konrad VÖSSING, *L'État et l'École dans l'Antiquité tardive*, in : *Que reste-t-il de l'éducation classique ? Relire « le Marrou ». Histoire de l'éducation dans l'Antiquité* [en ligne], Toulouse : Presses universitaires du Midi, 2004 (généré le 28 mai 2021). books.openedition.org/pumi/10506>.

Bernadette MENU, *Ramsès II, souverain des souverains*, Paris, coll. « Découvertes Gallimard/Histoire » (n° 344), Gallimard, 1998, p. 159.
René ÉTIEMBLE, *Confucius*, Gallimard, 1966 (édition augmentée 1985).
Sophie ROYER, *Bouddha*, Gallimard, 2009, p. 384.
Maurice DRUON, *Alexandre le Grand*, Bragelonne, 2021, p. 384.
Claude MOSSÉ, *Périclès : l'Inventeur de la démocratie*, Paris, coll. « Biographique », Payot, 2005, p. 280.
Ernest RENAN, *La Vie de Jésus*, Arlea, 2005, p. 390.
Yang HUANYIN, *Confucius et l'Éducation*, l'Agora, 1er avril 2012.

Moyen Âge

Pierre RICHÉ, Jacques VERGER, *Des nains sur des épaules de géants, Maîtres et Élèves au Moyen Âge*, Paris, Taillandier, 2006, p. 351.
Pierre RICHÉ, « Éducation et enseignement monastique dans le Haut Moyen Âge », *Médiévales*, 1987.
Pierre RICHÉ, « Réflexions sur l'histoire de l'éducation dans le Haut Moyen Âge (Ve-XIe siècles) », *Histoire de l'éducation*, 1991.
Pierre RICHÉ, *Éducation et Culture dans l'Occident barbare, VIe-VIIIe siècles*, Paris, Seuil, 1962, p. 551.
Jean VIAL, *L'Éducation au Moyen Age*, Paris, Presses universitaires de France, 1995, p. 127.
Guilbert de NOGENT, *Autobiographie*, Belles Lettres, 1982.
Gherardo ORTALLI, « L'istruzione », in *Storia di Venezia*, Istituto dell'Enciclopedia italiana, 1997.
Helen L. EAKER - Benjamin G. KOHL, *Giovanni di Conversino da Ravenna, Dragmalogia de eligibili vite genere*, London-Lewisburg, USA, 1980.
Vittore BRANCA, *L'umanesimo veneziano alla fine del Quattrocento. Ermolao Barbaro e il suo circolo*, in *Storia della cultura veneta, Dal primo Quattrocento al Concilio di Trento*, Vicenza, 1980, p. 124 ; Id., John R. HALE, *Ermolao Barbaro and Late Quattrocento Venetian Humanism*, in *Renaissance Venice*, Londres, 1973.
Bartolomeo CECCHETTI, *Libri, scuole, maestri, sussidi allo studio in Venezia nei secoli XIV e XV*, « Archivio Veneto », 16, 1886.

Armagnacs contre Bourguignons, Histoire pour tous de France et du Monde, 23 novembre 2020.

Elsa MOURGUES, « D'une bagarre de taverne au droit de grève », France Culture, 12 juillet 2019.

Histoire de la Sorbonne, La Chancellerie des universités de Paris.

Christophe CHARLE, *Naissance et Essor des universités au Moyen Âge*, in : *Histoire des universités*, Paris, Presses Universitaires de France, p. 7-22.

A. DEMURGER, *Temps de crises*, Paris, Seuil, 1990.

Mustapha CHERIF, *Éducation et Islam*, Fondation pour l'innovation politique, mars 2015.

Houari TOUATI, *Aux origines de l'enseignement en Islam (VIIe-VIIIe siècles)*, Studia Islamica, 2014.

Jean VIAL, *L'Éducation dans les civilisations antiques, ancêtres du monde occidental*, in : *Histoire de l'éducation*, Paris, Presses universitaires de France, 2009, p. 13-20.

B. MUSSET (dir.), « Réflexions sur les hommes nouveaux et l'ascension sociale au Moyen Âge, de Leudaste à Jacques Cœur, en passant par Pareto », in : *Hommes nouveaux et Femmes nouvelles, de l'Antiquité au XXe siècle*, Rennes, Presses universitaires de Rennes, 2015, p. 37-57.

Bakhtiar SHABANI VARAKI, Reza MOHAMMADI CHABOKI, *Iranian Philosophy of Education, Educational Philosophy and Theory*, 2020.

Amir SARABI, Salahedin MOLANAEI, *Iranian Educational Environments; Architectural Studies of Madraseh Building in Azerbaijan-Iran*, IIOAB Journal, 2016, p. 237-246.

Vanessa Van RENTERGHEM, « Lumières de la sagesse. Écoles médiévales d'Orient et d'Occident », Paris, Publications de la Sorbonne/Institut du monde arabe, 2013. *Revue des mondes musulmans et de la Méditerranée*, mis en ligne le 4 juillet 2016, consulté le 17 juin 2021, journals.openedition.org/remmm/9360.

Jean VIAL, « Chapitre IV. L'éducation au Moyen Âge », in : *Histoire de l'éducation* (p. 25-38), Paris, Presses universitaires de France, 2019.

Dominique CHARPIN, « Lire et écrire en Mésopotamie : une affaire de spécialistes? », in : *Comptes rendus des séances de l'Académie des Inscriptions et Belles-Lettres*, 148e année, n° 1, 2004, p. 481-508.

Hélène VÉRIN, « Ingénieur » : « L'identité de "l'ingénieur" : quelques repères historiques », in : *Recherche & Formation*, n° 29, 1998.

Odette BARDEL-DENONAIN et Marie-Laure CHAIX, *Les Sciences humaines et sociales dans la formation des ingénieurs, Recherche et Formation*, n° 29, 1998, p. 11-20.

Angelo Vincenzo ZANI, « La mission éducatrice de l'Église et les défis contemporains », *Revue Lumen Vitae*, 2015, p. 249-266.

André BLUM, *L'Hellénisme à Constantinople après la conquête turque, Revue des Deux Mondes*, 1953.

Bernard GINESTE, « Thibaud d'Étampes », *Les Cahiers d'Étampes-Histoire*, 2009, p. 43-58.

Jacques LE GOFF, « Le rôle culturel », in : *Marchands et Banquiers du Moyen Âge*. Paris, « Que sais-je ? », Presses universitaires de France, 2001, p. 97-122.

Henri PIRENNE, « L'instruction des marchands au Moyen Âge », in : *Annales d'histoire économique et sociale*, 1re année, n° 1, 1929, p. 13-28.

Pierre-Anne ORCADET, « Le *De recuperatione Terre Sancte* de Pierre Dubois : prétexte de croisade et pouvoir royal », in : *Les Projets de croisade : Géostratégie et Diplomatie européenne du XIVe au XVIIe siècle*, Toulouse, Presses universitaires du Midi, 2014.

Vasilisa NIKIFOROVA, *Science et Société : Le Cas de Venise*, Institut des Hautes Études scientifiques Université Paris-Saclay, 27 septembre 2019.

Jacques LE GOFF, *Les Intellectuels au Moyen Âge*, Paris, Le Seuil, 2014.

Ancien Régime

Antoine COMPAGNON, *Un été avec Montaigne*, Des Équateurs, 2013.

Philippe ARIÈS, *L'Enfant et la Vie familiale sous l'Ancien Régime*, Plon, 1960.

Patrick CABANEL, André ENCREVÉ, *De Luther à la loi Debré : Protestantisme, École et Laïcité*, Histoire de l'éducation, n° 110, 2006, 5-21.

Gabriel COMPAYRÉ, *Propos de Luther sur l'éducation*, l'Agora, 2012.

RABELAIS, *Gargantua*.

Anne-Marie HEITZ-MULLER, *Femmes et Réformation à Strasbourg : 1521-1549*, Paris, Presses universitaires de France, 2009.

Jan MASSCHELEIN, « Éducation et humanisme ? », *Le Télémaque*, 2002, p. 37-50.

De l'éducation, apprendre et transmettre de Rabelais à Pennac, « Étonnants Classiques », Flammarion, Paris, 2001.

Jacques PARMENTIER, « Les écoles en Angleterre, au temps de la Renaissance et de la Réforme », in : *Revue internationale de l'enseignement*, tome 24, 1892, p. 205-215.

Margarita PACHECO LUCAS, *Some Educational Aspects in England in the 16th Century*, University of Cáceres, 1992.

Sigrid-Arielle AZEROUAL, *Bilinguisme et Plurilinguisme dans l'éducation anglaise au XVIe siècle*, Éditions de la Sorbonne, « Hypothèses », p. 309-320.

Jean-Claude MARGOLIN, *L'Humanisme aux Pays-Bas au XVIe siècle. L'umanesimo in Europa*, Rosenberg et Sellier, 2007, p. 532-553.

Andreas NIJENHUIS, *Les Pays-Bas au prisme des Réformes (1500-1650)*, in : W. KAISER, *L'Europe en conflits. Les Affrontements religieux et la Genèse de l'Europe moderne vers 1500-1650*, p. 101-136.

W. FRIJHOFF, *L'Enseignement secondaire : un concept opératoire pour l'Europe moderne ? Institutions et Pratiques scolaires dans la longue durée (XVI-XIXe), Histoire de l'éducation*, Presses universitaires de Rennes, 2009.

Marie-Élizabeth DUCREUX, *Nation, État, Éducation. L'Enseignement de l'histoire en Europe centrale et orientale, Histoire de l'éducation*, n° 86, 2000, p. 5-36.

Yvonne CHARLIER, « Chapitre III. Érasme voyageur – Les grandes amitiés », in *Érasme et l'Amitié : D'après sa correspondance*, Presses universitaires de Liège, 1977.

Marie BARRAL-BARON, « Érasme et Luther », *Encyclopédie d'histoire numérique de l'Europe* [en ligne], ehne.fr/fr/node/12285.

Claude LELIÈVRE, *Culture humaniste et « socle » de l'école obligatoire (tout le reste est littérature)*, Le français aujourd'hui, 2009.

Jean GUILLEMAIN, *Renaissance et Réforme. Histoire du livre*, Bibliothèque nationale de France, classes.bnf.fr/livre/arret/histoire-du-livre/renaissance/01.htm.

Marie-Agnès MANRY, « Comenius : la réforme de l'éducation au XVIIe siècle comme instrument de progrès moral et politique », in : *XVII- XVIII, Bulletin de la société d'études anglo-américaines des XVIIe et XVIIIe siècles*, n° 46, 1998, p. 159-180.

Catherine KIKUCHI, *Venise et le Monde du livre, 1469-1530*, « Histoire », Université Paris-Sorbonne, 2016.

Cultural Selection : Madrasas as Universal Centers of Education and Culture, UNESCO, en.unesco.org/silkroad/content/cultural-selection-madrasas-universal-centers-education-and-culture.

Negar SÂLEHINIÂ, « Histoire de l'imprimerie en Iran », *La Revue de Téhéran*, n° 36, 2008. www.teheran.ir/spip.php?article838#gsc.tab=0.

CARTWRIGHT, *Dynastie Ming*, M6, février 2019.

Pierre GOUBERT, *L'Ancien Régime*, coll. « U », Armand Colin, tome 1, 1976.

Thierry ALLAIN, Andreas NIJENHUIS-BESCHER, Romain THOMAS, « Chapitre 9. Un foyer intellectuel dynamique », *Les Provinces-Unies à l'époque moderne. De la Révolte à la République batave*, Armand Colin, 2019, p. 269-297.

« L'éducation des enfants », « Les chemins de la philosophie », France Culture, 28 mai 2009.

XVIIIe siècle et Révolution

Jacques GAVOILLE, *Du maître d'école à l'instituteur*, Presses universitaires de Franche-Comté, 2010.

Caroline EHRHARDT, Renaud D'ENFERT, « La statistique éducative, outil de gouvernement et de mobilisation des enseignants ? Le cas de l'enquête de l'an VII sur les écoles centrales », *Histoire & mesure*, 2014, p. 9-40.

Jean-Jacques ROUSSEAU, *Émile ou de l'Éducation.*

Élisabeth BADINTER, *Émilie, ou l'ambition féminine au XVIIIe siècle*, Flammarion, Paris, 1983.

CONDORCET, *Rapport et Projet de décret sur l'organisation générale de l'instruction publique, présentés à l'Assemblée nationale, les 20 et 21 avril 1792*, Paris, 1792.

Wayne Jay URBAN, Jennings, L. WAGONER Jr, *American Education: A History*, New York, Routledge, 2008.
Christophe de VOOGD, *La Civilisation du « Siècle d'or » aux Pays-Bas*, in *Histoire des Pays-Bas*, Fayard, 2003.
Semih AKÇOMAK., Dinand WEBBINK, Baster WEEL, *Why Did the Netherlands Develop So Early? The Legacy of the Brethren of the Common Life*, Discussion Paper n° 7167, 2013.
H. DE RAFF, Institut français de l'éducation, Pays-Bas.
Derek GILLARD, *Education in England : a history*, 2018.
Richard L. GREAVES, *The Puritan Revolution and Educational Thought*, Rutgers University Press, 1969.
F. WATSON, "Education in England in the Seventeenth Century", *The Encyclopaedia and Dictionary of Education 1526-1528*, Londres, Sir Isaac Pitman and Sons Ltd, 1921.
SCHOOLSMITH, *A Short History of Education in England*, 2017.
Matthew J. BROUILLETTE, *Early Colonial Period to the American Revolution : A Free Market in Education*, MacKinac Center, 1999.
Heinz-Jürgen IPFLING et J.J. CHAMBLISS.
Gerald STRAUSS, *The Social Function of Schools in the Lutheran Reformation in Germany, History of Education Quarterly*, vol. 28, n° 2, p. 191-206.
Antoine LÉON, P. ROCHE, « Chapitre IV. La sécularisation de l'enseignement et la constitution du monopole napoléonien (1789-1815) », in : *Histoire de l'enseignement en* France, Paris, Presses universitaires de France, 2018, p. 48-69.
Sarfaroz NIYOZOV, Nadeem MEMON, « Islamic Education and Islamization : Evolution of Themes, Continuities and New Directions », *Journal of Muslim Minority Affairs*, 2011.
Amra SABIC-EL-RAYESS, « Epistemological shifts in knowledge and education in Islam: A new perspective on the emergence of radicalization amongst Muslims », *International Journal of Educational Development*, 2020.
Thierry ALLAIN, Andreas NIJENHUIS-BESCHER, Romain THOMAS, *Les Provinces-Unies à l'époque moderne. De la Révolte à la République batave*, Armand Colin, « U », 2019.
Jacques BRASSEUL, *Le Déclin du monde musulman à partir du Moyen Âge : une revue des explications, Sciences de l'homme et Société*, 2004.

Christophe CHARLE, « Crises et réformes de l'université à l'époque moderne », in : *Histoire des universités*, Paris, Presses universitaires de France, 2007, p. 52-62.

Corinne DOUCET, « Les académies équestres et l'éducation de la noblesse (XVIe-XVIIIe siècle) », *Revue historique* 2003/4, n° 628, p. 817-836.

Thomas LAQUEUR, « The Cultural Origins of Popular Literacy in England 1500-1850 », *Oxford Review of Education*, vol. 2, n° 3, 1976, p. 255–275.

Denis DIDEROT, *1775-1776. Plan d'une université pour le Gouvernement de Russie.*

Michel FIÉVET, *Les Enfants pauvres à l'école. La Révolution scolaire de Jean-Baptiste de La Salle*, préface d'Arlette Farge, Paris, Imago, 2001.

François JACQUET-FRANCILLON, *Naissances de l'école du peuple. 1815-1870*, Éditions de l'Atelier, « Patrimoine », 1995.

Françoise WACQUET, *Le Latin ou l'Empire d'un signe*, Paris, Albin Michel, 1998.

Les Collèges du peuple. L'Enseignement primaire supérieur et le Développement de la scolarisation prolongée sous la IIIe République, 6Éditions du CNRS et Presses de l'ENS de Fontenay-Saint Cloud, 1992.

XIXe siècle

Sarah Ann CURTIS, *L'Enseignement au temps des congrégations : le diocèse de Lyon (1801-1905)*, Presses universitaires Lyon, 2003.

François JACQUET-FRANCILLON, *Instituteurs avant la République : la profession d'instituteur et ses représentations, de la Monarchie de Juillet au Second Empire*, Presses universitaires du Septentrion, 1999.

Yves DÉLOYE, *École et Citoyenneté : l'individualisme républicain de Jules Ferry à Vichy : controverses*, Presses de la Fondation nationale des sciences politiques, 1994.

Raymond GOY, *Du droit interne au droit international : le facteur religieux et l'exigence des droits de l'homme : mélanges*, Presses universitaires de Rouen et du Havre, 1998.

Entraunes, *César Payan (1844-1894), un « hussard noir » de la République du temps de Jules Ferry dans la commune d'Entraunes.*

Christian AMALVI, « Les guerres des manuels autour de l'école primaire en France (1899-1914) », *Revue historique* n° 532, octobre-décembre 1979, p. 359-398.

Louis CAPÉRAN, *Histoire de la laïcité républicaine*, tome 3, *La Laïcité en marche*, Paris, Nouvelles Éditions Latines, 1961.

Yves DÉLOYE, chap. V « Les guerres scolaires », in : *École et Citoyenneté : l'individualisme républicain de Jules Ferry à Vichy : controverses*, Paris, Presses de la Fondation nationale des sciences politiques, 1994.

Pierre CHEVALLIER, *La Séparation de l'Église et de l'école : Jules Ferry et Léon XIII*, Paris, Fayard, 1981.

Christian BOUYER, *La Grande Aventure des écoles normales d'instituteurs*, Le Cherche-Midi, Paris, 2003.

Andrew LISA, *History of the American Education System*, 2020.

Grace CHEN, *A Relevant History of Public Education in the United States*, Public School Review, 2021.

Ted BRACKEMYRE, *Education to the Masses. The Rise of Public Education in Early America*, ushistoryscene.com/article/rise-of-public-education/

Alban DIGNAT, *Guizot instaure un enseignement primaire public*, Herodote, 2020.

Chantal PRÉVOT, *La Loi Duruy (1867), une loi pionnière pour l'Enseignement primaire*, le blog Gallica. Bibliothèque nationale de France, 2017.

Clarisse COIGNET, *Rapport présenté au nom de la commission des dames*, suivi d'un appendice par Fanny Ch. DELON, éd. Impr. administrative de Paul Dupont, Paris, 1871.

Véronique DURUPT, *La Première bachelière : Julie Victoire Daubie*, Fontenoy-le-Château, les Amis du Vieux Fontenoy, 2011.

Carole LÉCUYER, « Une nouvelle figure de la jeune fille sous la IIIe République : l'étudiante », Clio. *Histoire, Femmes et Sociétés* [En ligne], 4 | 1996, mis en ligne le 01 janvier 2005, consulté le 18 mai 2021.

De l'égalité d'éducation : conférence populaire faite à la Salle Molière le 10 avril 1870 par M. Jules Ferry, éd. Société pour l'instruction élémentaire, Paris, 1870.

Jean-Paul WILLAIME, « La laïcité scolaire au miroir de l'Europe », in : *Spirale. Revue de recherches en éducation*, n° 39, 2007, *Laïcité, Croyances et Éducation*, p. 139-149.

Christopher SINCLAIR, « État, religion et éducation en Angleterre », *Journal des anthropologues*, 100-101 | 2005, 75-95.

J. E. WOOD, « Religion and Public Education in Historical Perspective », *Journal of Church and State*, 14(3), 397-414, 1972. Retrieved August 4, 2021, www.jstor.org/stable/23914603

Frédérich PAULSEN, « Les gymnases prussiens au XIXe siècle », In : *Revue internationale de l'enseignement*, tome 9, janvier-juin 1885. p. 113-141.

Pauline PIETTRE, « Catéchèse et instruction religieuse en France depuis le XIXe siècle », *Transversalités*, 115, 27-40, 2010.

Yves VERNEUIL, « L'école et la laïcité, de l'Ancien Régime à nos jours : enjeux du passé, enjeux dépassés ? », *Tréma*, 37 | 2012, 130-143.

Johannes WESTBERG, « Basic Schools in Each and Every Parish : The School Act of 1842 and the Rise of Mass Schooling in Sweden », in : *School Acts and the Rise of Mass Schooling*, Palgrave Macmillan, Cham, 2019.

Luce-Marie ALBIGÈS, *La Liberté d'enseignement et la Loi Falloux*, vidéo, 2005.

XXe siècle

Marie-Laurence BAYET, « L'enseignement primaire au Sénégal de 1903 à 1920 », in : *Revue française de pédagogie*, volume 20, 1972, p. 33-40.

Jean-François CONDETTE, chapitre 23, « Les recteurs du Maréchal », « Administrer l'Éducation nationale dans les années noires de la Seconde Guerre mondiale (1940-1944) », in : *Les Écoles dans la guerre : Acteurs et Institutions éducatives dans les tourmentes guerrières (XVIIe-XXe siècles)*, Villeneuve d'Ascq : Presses universitaires du Septentrion, 2014.

Aïssa KADRI, *Transmission des savoirs en situation coloniale : l'imposition du système d'enseignement français en Algérie*, Patrick Pion éd., Apprendre. Archéologie de la transmission des savoirs, La Découverte, 2020, p. 195-207.

Laurence De Cock, « Concurrence de la maternelle à l'université », *Le Monde diplomatique*, juin 2019.

Roger Martin, Chapitre II, « Des enseignants dans la Résistance », in : *Les Instituteurs de l'entre-deux-guerres : Idéologie et Action syndicale*, Lyon : Presses universitaires de Lyon, 1982.

Pierre Bourdieu, Jean-Claude Passeron, *La Reproduction. Éléments pour une théorie du système d'enseignements*, Éditions de Minuit, 1964.

Programme du Conseil national de Résistance du 15 mars 1944.

Pierre Kahn et Laurent Gutierrez, *Le Plan Langevin-Wallon, Histoire et Actualité d'une réforme de l'enseignement*, Presses universitaires de Nancy, 2016.

Livia Gherson, *When American Schools Banned German Classes*, Jstor Daily, mars 2017.

Claudia Goldin, Lawrence F. Katz, « The Shaping of Higher Education : The Formative Years in the United States, 1890-1940 », *Journal of Economic Perspectives 13*, n° 1, 1999, p. 37-62.

Jonathan Boff, *How did WW2 Affect Schools in London?*, 23 mars 2020, www.historyextra.com/period/second-world-war/how-ww2-affect-schools-closures-evacuations-london/.

A. C. F. Beales, « Education in England, 1939-1946 », *History of Education Journal*, p. 86-94, 1951, 7 mai 2021, from www.jstor.org/stable/3659190.

www.britannica.com/topic/education/Education-Act-of-1944

Stéphanie Calcagni, « Éducation et enseignement sous le régime de Vichy, 1940-1944 », *Éducation*, 2013.

Les Écoles dans la guerre : Acteurs et Institutions éducatives dans les tourmentes guerrières (XVIIe-XXe siècles), Villeneuve d'Ascq : Presses universitaires du Septentrion, 2014.

Évelyne Hery, « La réforme pédagogique des lycées en 1902 », *Carrefours de l'éducation*, 2016/1 (n° 41), p. 31-46.

Jean-Michel Barreau, *Vichy contre l'école de la République*, Flammarion, 2000.

Pierre Giolitto, *Histoire de la jeunesse sous Vichy*, Perrin, 1991.

Paul Lapie, « L'instituteur et la guerre », in : *La Revue pédagogique*, tome 66, janvier-juin 1915, p. 1-59.

Joanna GRUDZINSKA, *Révolution école (1918-1939)*, les films du Poisson, Arte France, 2016.

Nigel GRANT, *Soviet Education*, Penguin, 1979.

Christine BARD, *Les Femmes dans la société française au XXe siècle*, Armand Colin, Paris, 2001, p. 65.

Ismail FERHAT, « Religions and education in Europe (19th to 21st century) », *Encyclopédie d'histoire numérique de l'Europe*, 2020.

Étienne FRANÇOIS, « L'école et les religions en Allemagne », *Administration & Éducation*, 148, p. 169-175, 2015.

Jacques GIRAULT, « L'instituteur militant des années 1930 », in : *Les Enseignants dans la société française du XXe siècle : Itinéraires, Enjeux, Engagements*, Paris, Éditions de la Sorbonne, 2004.

Marianne BASTID, *Educational Reform in Early Twentieth-Century China*, traduit par Paul J. BAILEY, Ann Arbor : University of Michigan China Center, 1988.

Suzanne PEPPER, *Radicalism and Education Reform in 20th century China: The Search for an Ideal Development Model*, Cambridge, Cambridge University Press, 1996.

Odile ROYNETTE, *Les Mots des tranchées. L'Invention d'une langue de guerre, 1914-1919*, Paris, éditions Armand Colin, coll. « Le Fait guerrier », 2010.

Jean-Yves LE NAOUR, *La Légende noire des soldats du Midi*, Paris, éditions Vendémiaire, 2013.

David GALLO, Chapitre 16, « L'éducation au service de l'idéologie nazie. L'"appareil d'instruction" de la SS (1933-1945) », in J. F. CONDETTE, *Les Écoles dans la guerre : Acteurs et Institutions éducatives dans les tourmentes guerrières (XVIIe-XXe siècles)*, Villeneuve d'Ascq : Presses universitaires du Septentrion, 2014.

Penney CLARK, Louis LEVASSEUR, « Deux points de vue sur l'enseignement de l'histoire au Canada », *Revue internationale d'éducation de Sèvres*, 69 | septembre 2015, mis en ligne le 1er septembre 2017, consulté le 28 avril 2022.

Ernest TONNELAT, « L'organisation de l'enseignement en Allemagne occupée », in : *Politique étrangère*, n° 2, 1945, 10-2, p. 161-168.

Stéphane ZUBER, *L'Inégalité de la dépense publique d'éducation en France, 1900-2000*, EHESS, 2003.

XXIe siècle

China Talk, entretien de Scott ROZELLE, professeur à Stanford, co-directeur du Stanford Center on China's Economy and Institutions, à propos de son dernier livre *Invisible China: How the Urban-Rural Divide Threatens China's Rise*, co-écrit avec Natalie HELL, University of Chicago Press, 2020.

Jacqueline FONTAINE, « Chapitre 3. La scolarisation des filles aux XXe et XXIe siècles », *Ingénieure au féminin*, L'École Arts et Métiers ParisTech, L'Harmattan, 2014, p. 59-89.

Mes amies et moi sommes harcelées tous les jours sur le trajet de l'école, Plan international, UNESCO, 30 septembre 2019.

Jacques GIRAULT, *Pour une école laïque du peuple ! Instituteurs militants de l'entre-deux-guerres en France*, Éditions Publisud, 2009.

Quentin WODON, Claudio MONTENEGRO, Hoa NGUYEN, Adenike ONAGORUWA, *Missed Opportunities : The High Cost of Not Educating Girls*, The Cost of Not Educating Girls Notes Series, 2018, World Bank, Washington, DC, openknowledge.worldbank.org/handle/10986/29956.

World Inequality Database on Education (WIDE).

Angel CALDERON, *Massification of Higher Education Revisited*, Australia's RMIT University, 2018.

Didier PAQUELIN, « Internet, nouveau rapport au savoir », *Revue Lumen Vitae*, 2014/1 (Volume LXIX), p. 9-19.

Bruno DEVAUCHELLE, « Comment le numérique transforme les lieux de savoirs : le numérique au service du bien commun et de l'accès au savoir pour tous », *Bulletin des bibliothèques de France (BBF)*, 2013, n° 1, p. 104-105.

Cécile KINDELBERGER, Nadine LE FLOC'H, René CLARISSE, « Les activités de loisirs des enfants et des adolescents comme milieu de développement », *L'Orientation scolaire et professionnelle*, 36/4 | 2007, p. 485-502.

Pierre MERLE, « Les explications extrascolaires de la mobilisation des élèves. Contribution à une sociologie de l'expérience subjective », *Les Sciences de l'éducation – Pour l'Ère nouvelle*, 2005/2 (Vol. 38), p. 89-114.

Nicholas D. KRISTOF, « L'enfer des écoliers japonais », *Courrier international*, n° 255, 21 au 27 septembre 1995.

Jean-Paul SCOT, « Loi Debré, liberté d'enseignement et dualisme scolaire », *La Pensée*, vol. 387, n° 3, 2016, p. 127-141.

Arielle MITROPOULOS, « Thousands of students reported missing from school systems nationwide amid COVID-19 pandemic », ABCNews, mars 2022.

Mohamed SADEG, « Évolution du système éducatif de l'Algérie de 1830 à 2012 : Origines historiques des disparités régionales », *Revue des sciences commerclales et de gestion*, 2011.

Lambert HARRY, « The great university con : how the British degree lost its value », *The New Statesman*, août 2019.

Jean-François SABOURET, « Le système éducatif japonais en question », *Civilisations*, 39 | 1991, p. 129-159.

Les pédagogues / pédagogie

Jean HOUSSAYE (dir.), *Quinze Pédagogues : leur influence aujourd'hui : Rousseau, Pestalozzi, Fröbel, Robin, Ferrer, Steiner, Dewey, Decroly, Montessori, Makarenko, Ferrière, Cousinet, Freinet, Neill, Rogers*, Paris, Bordas, 2002.

E. AEPPLI, *Pestalozzi, sa vie, sa pensée, son action au service du peuple*, coll. « Les vainqueurs », Genève 1946.

Michel SOËTARD, *Friedrich Fröbel : Pédagogie et Vie*, Paris, A. Colin, 1990.

CEMPUIS, « Un idéal d'éducation libertaire », *Barricade*, n° 4, février 2012, p. 32-34.

Christophe BITAUD, « Francisco Ferrer, anarchiste, libre-penseur, pédagogue, franc-maçon », *L'Anarcho-Syndicaliste* n° 144, Suisse, novembre 2009.

Christian BOUCHET, *Steiner*, « Qui suis-je ? », 2005.

Laurent BESSE, Laurent GUTIERREZ, Antoine PROST, *et al.*, *Réformer l'école : L'apport de l'éducation nouvelle (1930-1970)*, Grenoble, Presses universitaires de Grenoble, coll. « Enseignement et réformes », 11 octobre 2010.

Daniel HAMELINE, « Adolphe Ferrière (1869-1870) », in : *Perspectives : revue trimestrielle d'éducation comparée*, Unesco : Bureau international d'éducation, Paris, 1993, vol. XXIII, n° 1-2, p. 379-406.

Maria MONTESSORI :

- « L'enfant n'est pas un vase que l'on remplit mais une source que l'on laisse jaillir », 31 mars 2018, www.franceculture.fr/conferences/fondation-dentreprise-ricard/encourager-l-esprit-montessori.
- « L'enfant est un roi en marche vers l'aurore », Alisonne SINARD, 8 septembre 2016, www.franceculture.fr/societe/maria-montessori-lenfant-est-un-roi-en-marche-vers-laurore.
- Maria MONTESSORI, *Le Mystère de l'enfant*, 9 septembre 2017, www.franceculture.fr/emissions/une-vie-une-oeuvre/maria-montessori-1870-1952-le-mystere-de-lenfant.

Célestin FREINET :

- *Comment réinventer l'école*, Camille RENARD, 18 mai 2020, www.franceculture.fr/societe/freinet-comment-reinventer-lecole.
- *L'École moderne de Célestin Freinet en 1958*, Emmanuel LAURENTIN, 8 janvier 2013, www.franceculture.fr/emissions/la-fabrique-de-lhistoire/lecole-moderne-de-celestin-freinet-en-1958.

John Dewey, pédagogue expérimental, Sylvain BOURMEAU, 12 août 2020, www.franceculture.fr/emissions/avoir-raison-avec/avoir-raison-avec-john-dewey-35-john-dewey-pedagogue-experimental.

Joue, grandis, apprends : quand la cour de récré devient la salle de classe, Xavier MAUDUIT, 16 décembre 2020, www.franceculture.fr/emissions/le-cours-de-lhistoire/jouer-en-societe-dou-viennent-les-regles-du-jeu-34-joue-grandis-apprend-quand-la-cour-de-recre.

Pascal CLERC, « La salle de classe : un objet géographique », GÉOCARREFOUR, 94/1 | 2020, mis en ligne le 17 avril 2020, consulté le 13 septembre 2021. journals.openedition.org/geocarrefour/14426

Olivier MAUREL, *La Fessée, questions sur la violence éducative*, La Plage, 2004.

Observatoire de la violence éducative ordinaire.

« Research shows homework doesn't improve academic performance, it makes it worse », *Spirit Science*, 2016.

Roger COUSINET, *Pédagogie de l'apprentissage*, Presses universitaires de France, Paris, 1959.

Ferdinand BUISSON, *Nouveau Dictionnaire de pédagogie et d'instruction primaire*, Paris, Hacherren, 1911.

Pierre LESAGE, « La pédagogie dans les écoles mutuelles au XIXe siècle », in : *Revue française de pédagogie*, volume 31, 1975, p. 62-70.

Renaud d'ENFER, « Du calcul aux mathématiques ? L'introduction des "mathématiques modernes" dans l'enseignement primaire français, 1960-1970 », contribution présentée à l'université de Prague, juillet 2007.

M. M. RABECQ-MAILLARD, *Histoire des jeux éducatifs*, Nathan, 1969.

Michel MANSON, *Jouets de toujours*, Fayard, 2001.

Rapport PISA, « Politiques et pratiques pour des établissements performants », 2015.

Gilbert VAN DE LOUW, « Enfant et société : l'exemple des Provinces Unies », in : *Revue du Nord*, tome 58, n° 229, avril-juin 1976, p. 185-208.

Avenir de l'éducation

Higher Education Reimagined, hosted by Microsoft, conférence, 22 avril 2021.

Michel SERRES, *Petite Poucette*, Le Pommier, 2012.

Alan JANUSZEWSKI, Michael MOLENDA, Educational technology : a definition with commentary, Association for Educational Communications and Technology, 2007.

World Bank Group Flagshipp, *The Changing Nature of work*, 2019.

« Le mot de la semaine : EdTech | Bpifrance servir l'avenir », www.bpifrance.fr.

A. FUSTER-GUILLÓ, M. L. PERTEGAL-FELICES, A. JIMENO-MORENILLA, J. AZORIN-LOPEZ, M. L. RICO-SOLIVERES, F. RESTREPO-CALLE, *Evaluating Impact on Motivation and Academic Performance of a Game-Based Learning Experience Using Kahoot*, 2019.

Bobby CHERNEV, *29 Astonishing E-learning Statistics for 2022*, 2022.

BusinessWire, *Insights on the Learning Management System*, 2021.

Edutopia, *How to Use Gameplay to Enhance Classroom learning*, 2021.

Entertainment Software Association, *2021 Essential Facts about the Video Game Industry*, 2021.

Forbes, *Language Learning Apps are Seeing a Surge in Interest During the Covid-19 Pandemic*, 2020.

Forbes, *LMS 101 : Rethinking Your Approach to Employee Training*, 2017.

Fortune Business Insights, *Learning Management System*, 2022.

Fortune Business Insights, *Virtual Reality in Education Market Size*, 2019.

Global Market Insights, *E-Learning Market Trends 2022-2028*, 2021.

Globe Newswire, *World Game-Based Learning Market Report 2021-2026*, 2021.

GlobeNewswire, *Demand for Global Online Language Learning Market Size*, 2022.

GlobeNewswire, *Global Mobile Learning Industry*, 2020.

Anxiety, Stress & Depression among University Students, *Indian Journal of Forensic Medicine & Toxicology*, Online Classes during Covid-19 Pandemic, 2021

Information Technology and Innovation Foundation, *The Promise of Immersive Learning : Augmented and Virtual Reality's Potential in Education*, 2021

Jan L. PLASS, Bruce HOMER, Charles K. KINZE, *Foundations of Game-Based Learning*, 2015.

Lisa YOUNG, Una DALY, Jason STONE, *OER : The Future of Education is Open*, *Educause Review*, 28/08/2017.

Martin DOUGIAMAS, *Hed Talk Open EdTech Infrastructure for a Long-Term Future*, YouTube, 2022.

Melanie HANSON, *Average Cost of College Textbooks*, Education Data Initiative, 2021.

Markets and Markets, *Game-Based Learning Market Size, Share and Global Market Forecast to 2026*, 2022.

Markets and Markets, *MOOC Market worth $20.8 Billion by 2023*, 2018.

McKinsey & Company, *How Covid-19 Caused a Global Learning Crisis*, 2022.

Max ROSER, « Millions of children learn only very little. How can the world provide a better education to the next generation? , *Our World in Data*, juin 2022.

Papercut, *Massive Open Online Courses (MOOCs) Are Booming but Are They here to Stay?*, 2021.

Pew Research Center, Part III : *Bringing Technology into the Classroom*, 2013.

Pew Research Center, *Teens, Video Games and Civics*, 2008.

Sean GALLAGHER, *Online Education in 2019*, Boston, Northeastern University, 2019.

Shift, Facts and Stats that Reveal the Power of E-Learning, 2013.

Tiffany LAFLEUR, *The Top 10 Reasons why Mobile Learning is the Future of Education*, edapp, 2020.

The Conversation, « 5 reasons video games should be more widely used in school », 2021.

The Conversation, « Massive online open courses see exponential growth during Covid-19 pandemic », 2020.

The New York Times, « Coursera Adds 17 Partner Universities, Including Brown and Colombia », 2012.

The New York Times, « Remember the MOOCs? After Near-Death », 2020.

U.S. News and World Report, *What You'll Pay for an Online Bachelor's Degree*, 2020.

UNESCO, *Globally 1 in 3 Children Missed out on Remote Learning when Covid-19 Shuttered Schools*, 2020.

UNESCO, *The Digital Transformation of Education : Connecting Schools, Empowering Learners*, 2020.

Z. MOHD BASAR, A. NORHAINI MANSOR, K. AZHAR JAMALUDIN, B. SALWANA ALIAS, *The Effectiveness and Challenges of Online Learning for Secondary School Students : a Case Study*, Asian Journal of University Education, 2021.

Neurosciences

Steve MASSON, « Pour que s'activent les neurones », *Les Cahiers pédagogiques*, n° 527, février 2016, p. 18-19.

Stanislas DEHAENE, « Les quatre piliers de l'apprentissage, ou ce que nous disent les neurosciences », *Paris Innovation Review*, novembre 2013.

Steve MASSON, Jérémie BLANCHETTE SARRASIN, « Neuromythes et enseignement : connaître les mythes sur le fonctionnement du cerveau pour mieux enseigner », *Éducation Canada*, 55(3), 2015, p. 32-35.

Jérémie BLANCHETTE SARRASIN, Martin RIOPEL, Steve MASSON, « Neuromyths and their origin among teachers in Quebec », *Mind, Brain and Education, 13*(2), 2019, p. 100-109.

Jean-Christophe MEUNIER, « L'apport des neurosciences dans l'enseignement. », *Fédération des Associations de parents de l'enseignement officiel*, ASBL, 2014.

Stanislas DEHAENE, *Apprendre ! Les Talents du cerveau, le Défi des machines*, Odile Jacob, 2018.

Steve MASSON, *Activer ses neurones pour mieux apprendre et enseigner*, Odile Jacob, 2020.

Frédéric CASTAIGNÈDE, *Demain, l'école*, Les Pérégrines, 2018.

Steve MASSON, « Comprendre le cerveau pour mieux enseigner et apprendre dans le supérieur », conférence.

Grégoire BORST, *Apprendre à apprendre*, conférence donnée au lycée Diderot, à Paris, en janvier 2019.

Franck RAMUS, « Les neurosciences peuvent-elles éclairer l'éducation ? », conférence dans le cadre de la Semaine du cerveau 2018 organisée par le Département d'études cognitives de l'ENS.

Jean-Philippe LACHAUX, « Le cerveau attentif », intervention à la journée FFOD – Communotic, janvier 2014.

Éric GASPAR, « Quand les neurosciences rencontrent l'éducation », TEDx Alsace, 2014.

Demain, l'école, film documentaire, Frédéric Castaignède, 2017.

Autoenseignement

Amélie PUZENAT, *L'Instruction en famille : les familles musulmanes représentent-elles un cas spécifique ?*, CERI, 2018.

Sylvain WAGNON. « L'instruction à domicile, l'ambiguïté d'un refus », in : J. CAHON *et al. Refus et Refusés d'école*, Presses universitaires de Grenoble, 2020, p. 77-88.

Brian D. RAY, « A systematic review of the empirical research on selected aspects of homeschooling as a school choice », *Journal of School Choice*, 2017.

Mission « flash » sur la déscolarisation, communication d'Anne BRUGNERA, de Mme George PAU-LANGEVIN, 18 juillet 2018.

Conseil d'État, Assemblée générale, n° 401549, séance du 3 décembre 2020.

Ivan ILLICH, *Une société sans école*, Seuil, 1971.

Égalité des chances

François DUBET, « Peut-on produire des inégalités justes dans un monde de promotion de l'égalité ? », *Éducation et Socialisation*, 2020.

Marie DURU-BELLAT, *Les Inégalités sociales à l'école : Genèse et Mythes*, PUF, 2002.

David GUILBAUD, *L'Illusion méritocratique*, Paris, Odile Jacob, 2018.

Chantal JAQUET, *Les Transclasses ou l'Illusion du mérite*, par Elsa MOURGUES, France Culture, 2 octobre 2018

Rentrée scolaire : le mérite dépend-il du diplôme ?, « L'invité(e) des matins », France Culture, 31 août 2020.

Regards sur l'éducation 2019 : Les Indicateurs de l'OCDE, Éditions OCDE, Paris, 2019.

Laïcité

Le DVD, revue universaliste, *Laicité, what Else ?*, mars 2021, n° 682. Licra.

Jean BIRNBAUM, *Le Courage de la nuance*, Seuil, 2021.

Faut-il repenser la laïcité à l'école ?, « La grande table », France Culture, 02/11/2020.

30 ans de l'affaire du foulard de Creil : le voile de la discorde, France Culture, 03/10/2019.

Laïcité et École : Didier Lesch, France Inter, 21/10/2020.

1905-2020 : Le Long Chemin de la laïcité en France, avec Patrick Weil, « L'invité(e) des matins », France Culture, 13/12/2020.

Patrick WEIL, *De la laïcité en France*, Grasset, coll. « Essais et documents », 2021.

ZEP

Entre ghettos scolaires et collèges huppés, comment lutter contre les inégalités ?, « Entendez-vous l'éco », France Culture, 02/11/2020.

Les Orphelins de l'éducation prioritaire, « Grand reportage », France Culture, 11/12/2020.

Corinne PROST, « La politique d'éducation prioritaire : quel bilan ? », *Regards croisés sur l'économie*, n° 12, 2012.

Jean-Yves ROCHEX, « L'éducation prioritaire en France : constats et réflexions sur une politique incertaine », *Revue politique et parlementaire*, n° 1089.

L'Éducation prioritaire, Cour des comptes, octobre 2018.

Lydie HEURDIER, « La politique d'éducation prioritaire : Un projet conduit hors du champ politique (1981-2001) », *Vingtième Siècle. Revue d'histoire*, 2014, p. 155-168.

Du même auteur

Essais

Modèles politiques, PUF, 1972.
Analyse économique de la vie politique, PUF, 1973, 2015.
L'Anti-économique (avec Marc Guillaume), PUF, 1975, 2015.
La Parole et l'Outil, PUF, 1976.
Bruits. Économie politique de la musique, PUF, 1977 ; Fayard, 2000.
La Nouvelle Économie française, Flammarion, 1978.
L'Ordre cannibale. Histoire de la médecine, Grasset, 1979.
Les Trois Mondes, Fayard, 1981.
Histoires du temps, Fayard, 1982.
La Figure de Fraser, Fayard, 1984.
Un homme d'influence, Fayard, 1985.
Au propre et au figuré. Histoire de la propriété, Fayard, 1988.
Lignes d'horizon, Fayard, 1990 ; Le Livre de poche, 2004.
1492, Fayard, 1991 ; Le Livre de poche, 2004.
Économie de l'Apocalypse, Fayard, 1994.
Chemins de sagesse. Traité du labyrinthe, Fayard, 1996 ; Le Livre de poche, 1998.
Fraternités. Une nouvelle utopie, Fayard, 1999 ; Le Livre de poche, 2002.
La Voie humaine, Fayard, 2000 ; Le Livre de poche, 2006.
Les Juifs, le Monde et l'Argent, Fayard, 2002 ; Le Livre de poche, 2007.
L'Homme nomade, Fayard, 2003.

Raison et Foi. Averroès, Maïmonide, Thomas d'Aquin, Bibliothèque nationale de France, 2004.

L'Avenir du travail, avec P. Cahuc, F. Chérèque et J. C. Javillier, Fayard, 2007.

Une brève histoire de l'avenir, Fayard, 2006, 2009, 2015 ; Le Livre de poche, 2010, 2011.

La Crise, et après ?, Fayard, 2008 ; Le Livre de poche, 2009.

Le Sens des choses, avec Stéphanie Bonvicini et 32 auteurs, Robert Laffont, 2009 ; Le Livre de poche, 2010.

Survivre aux crises, Fayard, 2009 ; rééd. sous le titre *Sept Leçons de vie*, Le Livre de poche, 2010.

Tous ruinés dans dix ans ?, Fayard, 2010 ; Le Livre de poche, 2011.

Demain, qui gouvernera le monde ?, Fayard, 2011 ; Pluriel, 2012.

Candidats, répondez ! Précis à l'usage des électeurs, Fayard, 2012.

La Consolation, avec Stéphanie Bonvicini et 18 auteurs, Naïve, 2012.

Avec nous, après nous… Apprivoiser l'avenir, avec Shimon Peres, Fayard-Baker Street, 2013.

Histoire de la modernité. Comment l'humanité pense son avenir, Robert Laffont, 2013 ; Flammarion, 2015.

Urgences françaises, Fayard, « Pluriel », 2014.

Devenir soi, Fayard, « Pluriel », 2015, 2018.

Peut-on prévoir l'avenir ?, Fayard, 2015 ; « Pluriel », 2016.

100 jours pour que la France réussisse, Fayard, 2016.

Le Destin de l'Occident (avec Pierre-Henry Salfati), Fayard, 2016.

Vivement après-demain !, Fayard, 2016.

Histoires de la mer, « Pluriel », 2018.

Les Chemins de l'essentiel, Fayard, « Pluriel », 2019.

Comment nous protéger des prochaines crises, Fayard, 2018 ; « Pluriel », 2020.

Histoires de l'alimentation, Fayard, 2019.

L'Année des dupes. Alger, 1943, Fayard, 2019.

L'Économie de la vie, Fayard, 2020.

Histoires des médias : des signaux de fumée aux réseaux sociaux, et après, Fayard, 2021.

Il y aura d'autres jolis mois de mai, Fayard, 2021.

Faire réussir la France, 30 réformes majeures et 250 actions urgentes, Fayard, 2021.

Du même auteur

Dictionnaires

Dictionnaire du XXIe siècle, Fayard, 1998 ; Le Livre de poche, 2000.
Dictionnaire amoureux du judaïsme, Plon/Fayard, 2009 ; rééd. sous le titre *Petit Dictionnaire amoureux du judaïsme*, Pocket, 2014.

Romans

La Vie éternelle, Fayard, 1989 ; Le Livre de poche, 1990.
Le Premier Jour après moi, Fayard, 1990 ; Le Livre de poche, 2004.
Il viendra, Fayard, 1994 ; Le Livre de poche, 1995.
Au-delà de nulle part, Fayard, 1997 ; Le Livre de poche, 1999.
La Femme du menteur, Fayard, 1999 ; Le Livre de poche, 2001.
Nouv'Elles, Fayard, 2002 ; Le Livre de poche, 2004.
La Confrérie des Éveillés, Fayard, 2004 ; Le Livre de poche, 2006.
Notre vie, disent-ils, Fayard, 2014 ; Le Livre de poche, 2016.
Premier Arrêt après la mort, Fayard, 2017 ; Le Livre de poche, 2018.
Meurtres, en toute intelligence, Fayard, 2018.
Le Livre de Raison, Fayard, 2022.

Biographies

Siegmund Warburg, un homme d'influence, Fayard, 1985 ; Le Livre de poche, 1986.
Blaise Pascal ou le Génie français, Fayard, 2000 ; Le Livre de poche, 2002.
Karl Marx ou l'Esprit du monde, Fayard, 2005 ; Le Livre de poche, 2007.
Gândhî ou l'Éveil des humiliés, Fayard, 2007 ; Le Livre de poche, 2009.
Phares. 24 destins, Fayard, 2010 ; Le Livre de poche, 2012.
Les Penseurs du monde : Pascal, Marx, Gândhî, Robert Laffont, « Bouquins », 2012.
Diderot ou le Bonheur de penser, Fayard, 2012 ; « Pluriel », 2013.

Théâtre

Les Portes du Ciel, Fayard, 1999.
Du cristal à la fumée, Fayard, 2008.
Théâtre (réunissant *Les Portes du Ciel* et *Du Cristal à la fumée*, ainsi que *Il m'a demandé de l'attendre ici* et *Présents parallèles*), Fayard, 2016.

Contes pour enfants

Manuel, l'enfant-rêve (ill. par Philippe Druillet), Stock, 1994.

Mémoires

Verbatim I, Fayard, 1993 ; Le Livre de poche, 1998 ; Robert Laffont, 2011.

Europe(s), Fayard, 1994 ; Le Livre de poche, 2002.

Verbatim II, Fayard, 1995 ; Le Livre de poche, 1998 ; Robert Laffont, 2011.

Verbatim III, Fayard, 1995 ; Le Livre de poche, 1998 ; Robert Laffont, 2011.

C'était François Mitterrand, Fayard, 2005 ; Le Livre de poche, 2007 ; Fayard-Le Nouvel Observateur, 2012 ; « Pluriel », 2016.

L'Intégrale des chroniques, volume I, L'Express éditions, 2011.

À tort et à raison. Entretiens avec Frédéric Taddeï, Éditions de L'Observatoire, 2020.

Rapports

Pour un modèle européen d'enseignement supérieur, Stock, 1998.

L'Avenir du travail, Fayard-Institut Manpower, 2007.

300 décisions pour changer la France, rapport de la Commission pour la libération de la croissance française, XO-La Documentation française, 2008.

Paris et la Mer. La Seine est Capitale, Fayard, 2010.

Une ambition pour 10 ans, rapport de la Commission pour la libération de la croissance française, XO-La Documentation française, 2010.

Pour une économie positive, groupe de réflexion présidé par Jacques Attali, Fayard-La Documentation française, 2013.

Francophonie et Francophilie, moteurs de croissance durable, rapport à François Hollande, président de la République française, La Documentation française, 2014.

Vers une révolution positive, groupe de réflexion présidé par Jacques Attali, Fayard, 2018.

Beaux livres

Mémoire de sabliers. Collections, mode d'emploi, Éditions de l'Amateur, 1997.

Amours. Histoires des relations entre les hommes et les femmes (avec Stéphanie Bonvicini), Fayard, 2007 ; Le Livre de poche, 2010.

Remerciements

Je dois beaucoup à Charlotte Meyer, qui m'a accompagné depuis le début dans l'énorme travail de recherche bibliographique qu'a exigé ce livre, en répondant à mes questions et en vérifiant mes sources. Comme toujours, je dois aussi beaucoup à la relecture et aux questions exigeantes de mon éditrice, Sophie de Closets, à la compétence de ses collaborateurs chez Flammarion, et en particulier de la responsable de l'iconographie Marie Audet, de l'auteur de la couverture François Durkheim, de l'auteur de l'index César Perpignaà, des relecteurs pointilleux Eva Bouts, Virginie Garrett, Colette Malandain et Guillaume Robert. Je dois enfin beaucoup à des discussions avec d'innombrables personnes, dont Audrey Azoulay, Pierre Bourdieu, Boris Cyrulnik, Stanislas Dehaene, Angela Duckworth, Delphine Martinot, Alain Touraine. Et, sur des sujets particuliers, à Shannon Seban, Jérémie Fontanieu, Julie Martinez, Loris Chavanette, Aude Kerivel, Marcelle Scaglione, Laurence Boone, Éric Charbonnier, Jean-Marc Tasseto, Aoulad Lofti. Naturellement, nul autre que moi n'est responsable des propos ici tenus.

Enfin, j'espère que ceux qui voudront bien me lire me feront savoir s'ils y ont trouvé quelque intérêt, quelques erreurs, inévitables, ou quelques formulations qui leur sembleraient imprécises : on peut m'écrire à j@attali.com.

Table des matières

Cet ouvrage a été mis en pages par

<pixellence>

CET OUVRAGE
A ÉTÉ ACHEVÉ D'IMPRIMER
SUR ROTO-PAGE
PAR L'IMPRIMERIE FLOCH
À MAYENNE EN OCOTOBRE 2022

N° d'édition : 557013-0. N° d'impression : 101325
Dépôt légal : novembre 2022
Imprimé en France